Mondrian-Musik

Hermann Meier um 1945. | Kat. 8

Mondrian-Musik

Die graphischen Welten des Komponisten Hermann Meier

Herausgegeben von
Heidy Zimmermann, Michelle Ziegler und Roman Brotbeck

CHRONOS

Impressum

Begleitbuch zur Ausstellung
Mondrian-Musik. Die graphischen Welten des Komponisten Hermann Meier
28. Oktober 2017 bis 4. Februar 2018
Kunstmuseum Solothurn in Zusammenarbeit mit der Paul Sacher Stiftung

Herausgegeben mit freundlicher Unterstützung folgender Institutionen:
Paul Sacher Stiftung
Ernst von Siemens Musikstiftung
Basler Ortsgruppe der Schweizerischen Musikforschenden Gesellschaft

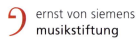

Paul Sacher Stiftung
Fondation Paul Sacher
Paul Sacher Foundation

ernst von siemens
musikstiftung

SMG Schweizerische Musikforschende Gesellschaft
SSM Ortsgruppe Basel

Ausstellung

Konzeption und Gestaltung: Michelle Ziegler
Beratung: Heidy Zimmermann
Organisation und Koordination: Michelle Ziegler
Restauratorische Betreuung: Patrick Lüthi
Registratur: Michèle Noirjean
Photographie: Paul Sacher Stiftung und Bildpunkt AG, Münchenstein
Lithographie: Bildpunkt AG, Münchenstein

Katalog

Konzeption und Redaktion: Heidy Zimmermann, Michelle Ziegler,
Roman Brotbeck
Lektorat: Sabina Neumayer
Register: Heidy Zimmermann und Michelle Ziegler
Umschlagbild: Hermann Meier, Diagramm vom 20. April 1979
(Paul Sacher Stiftung, Sammlung Hermann Meier)

© 2017 Chronos Verlag, Zürich
ISBN 978-3-0340-1418-2

Schwerpunkt «Hermann Meier in Solothurn 2017»

Kunstmuseum Solothurn
Christoph Vögele, Konservator
Robin Byland, Patricia Bieder, wissenschaftliche Assistenz
Christine Kobel, Sekretariat
Anna Bürkli, Registrarin
Til Frentzel, Jürg Dreier, Daniel Trutt, Technik
Claudia Leimer, Regula Straumann, Kunstvermittlung
Diana Brunner, Esther Eggenschwiler, Claudia Juranits, Jacqueline Kummli,
Empfang

Paul Sacher Stiftung Basel
Felix Meyer, Direktor
Ute Vollmar, Assistentin des Direktors
Hermann Danuser, wissenschaftliche Koordination
Angela Ida De Benedictis, Matthias Kassel, Simon Obert und Heidy
Zimmermann, wissenschaftliche Mitarbeit
Carlos Chanfón, Evelyne Diendorf, Sabine Hänggi-Stampfli, Tina Kilvio
Tüscher, Michèle Noirjean-Linder, Lynn Sutter und Heidrun Ziems, Archiv
und Bibliothek
Isolde Degen, Sekretariat
Rudolf Mitterer, Technik und Unterhalt

Hochschule der Künste Bern
Thomas Beck, Direktor
Thomas Gartmann, Leiter Forschung
Martin Skamletz, Leiter Forschungsschwerpunkt Interpretation
Roman Brotbeck, Verantwortlicher SNF-Projekt «Das Auge komponiert»
Michelle Ziegler, wissenschaftliche Mitarbeit «Das Auge komponiert»
Daniel Allenbach, wissenschaftliche Mitarbeit FSP Interpretation
Sabine Jud, Betriebsassistenz FSP Interpretation
Moana Bischoff, Renate Salzmann, Gestaltung HKB Atelier

Inhalt

Einleitung

HEIDY ZIMMERMANN, MICHELLE ZIEGLER, ROMAN BROTBECK

Als der Nachlass von Hermann Meier im Spätsommer 2009 von seinen Kindern in die Obhut der Paul Sacher Stiftung übergeben wurde, hätte niemand sich vorstellen können, dass das Schaffen dieses noch praktisch unbekannten Komponisten acht Jahre später Gegenstand einer monographischen Ausstellung samt einer Begleitpublikation und mehreren Konzerten sein würde. Wohl war Meier unter Kennern der Schweizer Musikszene als Aussenseiter und zeitweiliger Anhänger der Zwölftontechnik bekannt, doch war es dieser markanten Figur nie gelungen, im offiziellen Konzertleben Fuss zu fassen. Zu sperrig waren Meiers Kompositionen, zu wenig glücklich die Umstände seiner spärlichen Versuche zur Selbstpromotion. Der «Schönberg aus dem Schwarzbubenland» (Hans Oesch), der im komplexen Kapitel «Dodekaphonie in der Schweiz»[1] eine interessante, wenn auch eher periphere Rolle spielt, komponierte gleichwohl unbeirrt weiter; doch blieben seine Werke ungedruckt, und erst in den letzten Lebensjahren konnte er einige seiner Kompositionen überhaupt im Konzertsaal hören.

Die Aufarbeitung der Sammlung Hermann Meier war freilich alles andere als eine leichte Aufgabe. Obwohl durch die Nachkommen in eine pragmatische Ordnung gebracht und auf Listen erfasst, stellte der Nachlass eine ganz besondere archivarische Herausforderung dar. Zunächst einmal ging es darum, die schiere Menge der hinterlassenen Dokumente zu bewältigen und ihrer speziellen Materialbeschaffenheit gerecht zu werden, um schliesslich eine Vorstellung von Inhalten und Zusammenhängen zu gewinnen. Das Korpus von zumeist in Reinschrift vorliegenden Partituren erwies sich rasch als Gerüst eines umfangreichen Lebenswerks. Dazu kamen Hunderte von Notiz- und Arbeitsheften, die sich – obwohl grösstenteils von Meier selbst numeriert und geordnet – dem Studium versperrten, da sie fast durchweg in Stenographie geschrieben sind. Schliesslich besteht ein grosser und eindrucksvoller Teil des Nachlasses aus zumeist grossformatigen und bunt kolorierten Graphiken. Diese Verlaufsdiagramme, die Meier selber als «Pläne» oder «Mondriane» bezeichnet hat, waren ebenso faszinierend wie anspruchsvoll in der Handhabung. Fast immer mit Klebstreifen aus Schulheftseiten oder anderen kleinformatigen Papieren zu meterlangen Bändern montiert und später gerollt, mussten diese Dokumente in vielen Fällen erst restauriert werden, bevor sie überhaupt richtig untersucht, beschrieben und schliesslich dauerhaft archiviert werden konnten. Schon bei einer ersten Durchsicht wurde aber deutlich, dass es sich bei diesen «Plänen» um höchst interessante Schaffensdokumente handelt, die nicht nur für Meiers eigenen Kompositionsprozess aufschlussreich sind, sondern auch für die seit der Mitte des 20. Jahrhunderts virulente Diskussion über Notationsformen und die Zusammenhänge von Bild und Klang vielfältiges Anschauungs- und Vergleichsmaterial liefern.

Nachdem Hermann Meier im Jahr 2010 in Konzerten der Basel Sinfonietta mit zwei Orchesterstücken vorgestellt worden war,[2] bekundete die Hochschule der Künste Bern (HKB) Anfang 2012 ihr Interesse, den Komponisten ins Zentrum eines grossangelegten Forschungsprojekts zu stellen. So kam es zu einer glücklichen Zusammenarbeit mit der Paul Sacher Stiftung (PSS) und einem bis heute andauernden Projekt, das unter dem sprechenden Titel «Das Auge komponiert» während drei Jahren auch vom Schweizerischen Nationalfonds unterstützt wurde.[3] Im Rahmen dieses Projekts erarbeitete Michelle Ziegler ihre Dissertation über das Klavierwerk von Hermann Meier und eignete sich dafür auch die Stenographieschrift Stolze-Schrey an, was sie befähigte, über die umfangreichen Arbeitstagebücher tief in Meiers Schaffen und Reflektieren einzudringen;[4] auch befasste sich der Musiker Gaudenz Badrutt eingehend mit dem Tonbandstück *Klangschichten* (1976). Überdies erstellte Marc Kilchenmann im Rahmen eines zweimonatigen Stipendiums der Paul Sacher Stiftung eine erste Übersicht über die graphischen Pläne Meiers, die in manchen Fällen die definitive Zuordnung von Partituren und Diagrammen erleichterte.

Aus der produktiven Zusammenarbeit aller Beteiligten und der gemeinsamen Erforschung von Partituren, Kompositionsplänen und Arbeitsheften wie auch Korrespondenz und anderen Lebensdokumenten ergibt sich mittlerweile ein recht plastisches Bild von Leben und Werk des Komponisten Hermann Meier. Und auf dieser Zusammenarbeit basieren auch die Ausstellung im Kunstmuseum Solothurn sowie der vorliegende Band.

Biographisches

Am 29. Mai 1906 in Selzach bei Solothurn geboren, wuchs Hermann August Meier in einfachen Verhältnissen in der Stadt Solothurn auf. Sein Vater arbeitete als Schlosser, seine Mutter wirkte als Sängerin regelmässig bei den Passionsspielen mit, die das Dorf Selzach seit den späten 1890er Jahren über die Landesgrenzen hinaus bekannt gemacht hatten. Nach der obligatorischen Schulzeit bestand Meier die Aufnahmeprüfung ins Lehrerseminar. 1926 trat er eine Stelle als Lehrer der Gesamtschule Zullwil an, die er bis zu seiner Pensionierung 1973 innehatte. Die kleine Gemeinde Zullwil liegt im Solothurner Faltenjura im Schwarzbubenland und zählte damals kaum 600 Einwohner. Meier fühlte sich in der abgelegenen Gegend als Komponist isoliert und fuhr häufig mit Fahrrad, Bus und Zug nach Basel. Gleichwohl nahm er auch am Dorfleben teil, leitete verschiedene Chöre und vertrat, wenn nötig, den Organisten in der Kirche. 1933 heiratete er Marie Gasser, eine Fabrikantentochter aus Zullwil. Zwei Jahre später kam der erste Sohn Rudolf zur Welt, gefolgt von vier weiteren Kindern Margreth (1936), Max (1938), Veronika (1945) und Alfons (1950).

Die «tollsten Versuche auf eigene Faust»

Als junger Lehrer nahm Meier privaten Klavierunterricht und übte ausgiebig Klavier. Ab 1929 bildete er sich am Konservatorium Basel weiter: Er nahm Klavierstunden bei Ella Leisinger-Schmidlin und studierte Musiktheorie bei Georg Haeser sowie Komposition bei Ernst Müller. Daneben besuchte er Vorlesungen am musikwissenschaftlichen Institut der Universität Basel bei Jacques Handschin und Wilhelm Merian. Später lernte er zudem in der modernen Basler Johanneskirche bei Felix Brodtbeck das Orgelspiel. In den 1930er Jahren besuchte Meier auch häufig Konzerte der Allgemeinen Musikgesellschaft, des Basler Kammerorchesters und der Internationalen Gesellschaft für Neue Musik, darunter 1938 das legendäre Konzert mit der Uraufführung von Béla Bartóks Sonate Sz 110 für zwei Klaviere und Schlagzeug, bei der der Komponist selber am Klavier sass.

Bereits in seinen ersten Kompositionen der 1930er Jahre versuchte sich Meier von den Fesseln der Tonalität zu befreien, wie er in einem Bewerbungsbrief an René Leibowitz schildert: «Ohne dass ich von Schönberg eine Note kannte od. von Atonalität auch nur sprechen hörte kam ich aus innerm Müssen, aus unerklärlicher Neigung auf die ‹schiefe Bahn›. Erst als ich später im Radio Schönbergs 3. Str[eich] Quartett hörte, verstand ich mich selbst. Damit waren im Musik-konservativen Basel alle weiteren Studien für mich erledigt. Der jetzige Leiter am Radio Basel: Conrad Beck, machte die letzten Versuche, mich zur Tonalität zurückbringen. Möschinger in Bern versuchte es via Strawinski. 1938–45 machte ich dann die tollsten Versuche auf eigene Faust. Nichts befriedigte mich, das Schaffen stockte und der Zustand richtete mich fast zugrunde.»[5] Zu den frühesten erhaltenen Zeugnissen von Meiers Komponieren zählen erstaunlicherweise Anfragen zur Aufnahme ins Verlagsprogramm: Im Jahr 1935 schrieb Meier offensichtlich an die drei Verlage Breitkopf und Härtel (Leipzig), Schott (Mainz) und Universaledition (Wien), um sich nach Verlagsbedingungen und Honoraren zu erkundigen. Von allen drei Verlagen kamen Absagen. Ende der 1930er Jahre analysierte Meier zahlreiche Werke und

Hermann Meier und seine Klasse der Oberschule in Zullwil, Juli 1956. | Kat. 40

besorgte sich Partituren etwa von Arnold Schönbergs Suite op. 25 und dessen drittem Streichquartett sowie Alban Bergs *Lyrischer Suite*, und er las Erwin Steins berühmten Schönberg-Aufsatz «Neue Formprinzipien».[6] Parallel zum Selbststudium war Meier ab 1936 mit dem Komponisten Albert Moeschinger in Kontakt und nahm zwei Jahre später sporadisch bei ihm Unterricht.[7] Die ersten datierbaren Kompositionen Meiers, ein Stück für zwei Violinen und ein Stück für Violine solo, stammen aus dem Jahr 1935. Sein Frühwerk bis 1945 umfasst Klavier- und Geigenstücke, die sich in ihrer klaren neoklassizistischen Anlage am damals im zeitgenössischen Schweizer Musikschaffen vorherrschenden Idiom orientierten.[8]

Programm des 35. Hausabends
für zeitgenössische Musik, Bern,
10. April 1947, auf dem Programm:
Francis Engel, *Grabstele für ein junges
Mädchen* (1946–47), Robert Suter,
Improvisationen für Oboe und Viola
(1944), Franz Tischhauser, Sonatine
für Klavier (1941), Hermann Meier,
Trio für Flöte, Klarinette und Fagott
(o. J.), May Breguet, *Zwei Lieder nach
chinesischen Texten* (1946), Niklaus
Aeschbacher, Sonatine für Klarinette
und Klavier (1937), Marcel Wahlich,
Schilflieder (o. J.). | Kat. 12

Vernetzung und frühe Aufführungen

Wie später sein jüngerer Kollege Jacques Wildberger wandte sich
Meier auf Vermittlung des Basler Pianisten Paul Baumgartner an
den im Tessin lebenden Komponisten Wladimir Vogel, den damals
wichtigsten Vermittler der Zwölftontechnik in der Schweiz.[9] Er
habe bisher keinen geeigneten Lehrer gefunden und wolle «nun
aus diesen Schwierigkeiten und aus dieser Sackgasse herauskommen» schrieb er an Vogel mit der Bitte, dieser möge ihm «Unterricht in atonaler Musik zu erteilen».[10] Der Kompositionsunterricht
begann im Jahr 1946 mit einer Einführung in die Zwölftontechnik.
Da Vogel jedoch im Tessin lebte und Meier aufgrund seiner Ver-
pflichtungen als Lehrer zeitlich eingeschränkt war, fand der Unterricht unregelmässig, an unterschiedlichen Orten und als eine Art
Fernstudium in einem umfangreichen Briefwechsel statt. In den
ersten vier Jahren von 1946 bis 1950 fuhr Meier zudem mehrmals
für längere Aufenthalte in den Tessin, dann nahm der Kontakt bis
1955 ab, worauf der Unterricht abgebrochen wurde.

Regelmässig ermunterte Vogel seinen Privatschüler, sich mit
anderen Musikern und Komponisten auszutauschen. Bereits im
Frühjahr 1946 empfahl Vogel dem Berner Kritiker und Konzertveranstalter Hermann Gattiker, Meiers Trio für Flöte, Klarinette und
Fagott HMV 11 (1945–46) in seinen Hausabenden für zeitgenössische Musik aufzuführen.[11] Gattiker reagierte enthusiastisch, das
Werk werde eine «kleine Sensation».[12] Die Aufführung fand am
10. April 1947 im Rahmen des 35. Hausabends für zeitgenössische
Musik statt (Abb. rechts) – freilich mit absurdem Resultat. Laut
Meiers Bericht überforderte insbesondere der dritte Satz die drei
ungenügend vorbereiteten Interpreten: «Es war tatsächlich mehr
komische Musik. Im 60. Takt waren sie 2 Viertel auseinander, dann
setzten sie neu ein. Um im weiteren Verlauf sicherer zu sein, be-
gannen sie das Tempo zu übertreiben, um am Rhythmus den Halt
zu bekommen. So kamen sie recht zu Ende.»[13]

Im Juni 1948 wandte sich Meier an Paul Sacher mit dem Anliegen, er habe noch nie eine eigene Komposition gut gespielt gehört. Sacher, damals Präsident des Schweizerischen Tonkünstler-

vereins (STV), riet ihm, sich beim STV für eine Orchesterleseprobe
zu bewerben.[14] Meier sandte daraufhin die Partitur seiner ersten
Sinfonie HMV 21 (1947–48) ein und wurde angenommen. Das
Tonhalle-Orchester Zürich spielte in der Probe vom 19. April 1949
unter der Leitung von Volkmar Andreae den ersten Satz aus Meiers
Sinfonie. Diese Aufführung verursachte noch mehr Aufruhr als die
erste. Meier berichtet, wie Andreae ihn bereits in der Pause zu sich
holte: «Er stand bei Burkhard und Sacher und gestikulierte lebhaft.

Er packte mich am Arm als wollte er ihn ausreissen: ‹So sind Sie dieser Sünder: 8 schlaflose Nächte haben Sie mir verursacht›. Er sagte, er habe die Partitur sehr genau studiert, er werde sie spielen lassen, aber es ginge auf keinen Fall. Diese Musik richtig darstellen zu können benötigte er mindestens 6 Proben. Solche schwierige Musik eigne sich nicht für Durchspielproben. Ich solle aus dem zu Hörenden nicht falsch über das Stück urteilen; mehr als etwas Ungefähres könne nicht herauskommen.»[15] Laut Meiers Bericht fielen «ein Drittel bis die Hälfte» der Noten «unters Pult», die Musiker pfiffen, johlten und lachten. Allerdings äusserten sich die Kritiker über Meiers Stück mehrheitlich positiv. In den *Basler Nachrichten* war zu lesen, Meier sei von den gespielten Komponisten «der kühnste rücksichtsloseste und doch auch wieder poetischste»,[16] und Willi Schuh meinte in der *Neuen Zürcher Zeitung*, hinter «dieser (mindest einstweilen) sonderbaren Äusserungsform» stehe «ein Mensch und Musiker [...], der etwas zu sagen hat.»[17] Bloss der Kritiker der Basler *Nationalzeitung* stimmte in die Kritik der Orchestermusiker mit ein und sprach von der «mühseligen Durchpflügung eines chaotischen Symphoniesatzes»[18].

Im Dezember 1948 wurde Meier von Vogel eingeladen, «als Vertreter der Schweizerischen 12 Ton Musiker»[19] am Vorbereitungstreffen für den Ersten Internationalen Zwölftonkongress teilzunehmen. Dank einem Foto, das Vogel in seinem Bericht «Della musica dodecafonica» abdrucken liess,[20] ist die Runde der in Orselina anwesenden Komponisten dokumentiert (Abb. oben links).[21] Im Anschluss an das Treffen tauschte sich Meier mit Rolf Liebermann und Hans Joachim Koellreutter aus und traf sich regelmässig mit Erich Schmid in Zürich.[22] Doch verstärkten sich die Differenzen mit Vogel im Laufe des Jahrs 1950 zusehends, bis dieser den Schüler an Leibowitz verwies. Meier nahm mit dem in Paris wirkenden Komponisten Kontakt auf und erhielt dort vom 2. bis 9. Oktober Kompositionsstunden; danach kommentierte Leibowitz Übungen, die Meier per Post schickte. Am Ende des Jahres brach Meier auch dieses Fernstudium wegen künstlerischer Differenzen ab.

Vom Serialismus zur Klangfläche

Nach den erwähnten Aufführungen in Bern und Zürich erhielt Meier zwar einige interessierte Rückmeldungen, jedoch führten Anfragen bei Paul Sacher, Heinrich Strobel (Südwestfunk Baden-Baden) und Hermann Scherchen (Leiter des Radioorchesters und

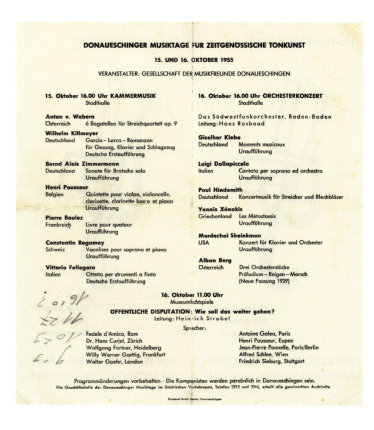

Programm der Donaueschinger Musiktage für zeitgenössische Tonkunst, 15.–16. Oktober 1955, an denen Meier teilnahm. | Kat. 30

des Musikkollegiums Winterthur), der Pro Musica Zürich und dem STV (Bewerbung für die Leseproben der Jahre 1952, 1954 und 1956) nur zu Absagen. Einzig der Austausch mit Erich Schmid (Tonhalle-Orchester Zürich) und Rolf Liebermann (Radioorchester Zürich) führte am 25. März 1955 zu einer extra für Meier organisierten Durchspielprobe, in der das Radioorchester Zürich wahrscheinlich das Orchesterstück HMV 32 (1954) spielte. Meier sass allerdings «mutterseelenalleine auf der Gerichtsbank».[23] Abgesehen davon spielte sein Freund Charles Dobler unter anderem bei den Gattiker Hausabenden in den Jahren 1951 und 1967 Sätze aus Meiers Klavierwerken.[24] Im übrigen blieb es bis ins Jahr 1976 still um den Solothurner Komponisten.

In der zunehmenden Isolation löste sich Meier von Vorbildern wie Schönberg oder Strawinsky, aber auch von seinem Lehrer

Wladimir Vogel ab. Das kündet sich bereits in der Klaviersonate HMV 24 (1948–49) an, mit der die Hauptphase von Meiers Schaffen beginnt. Um 1950 rang Meier in einer Serie Arbeitshefte um eine eigene Positionierung. Sie mündete in einer «Neuen Theorie»,[25] die nicht nur die Tonhöhen in Reihen ordnete, sondern auch rhythmische Werte, Dynamik und Akkorde nach vorgefassten Regeln permutierte. Damit hatte Meier ein eigenes serielles Verfahren entwickelt, das er im Orchesterstück HMV 25 (1949–50) und in den Klaviervariationen für Hermann Gattiker HMV 27 (1950–52) erstmals anwendete. Die charakteristischen Merkmale dieser Werke – eine ausgeprägte rhythmische Gestaltung, weite Sprünge, undurchdringliche Felder mit schnellen Notenwerten neben statischen Ruhepunkten – sind von da an für Meiers Schaffen kennzeichnend. Freilich verschob sich der Fokus in den 1950er und 1960er Jahren stetig, was sich insbesondere in den zwischen 1948 und 1968 entstandenen 27 Orchesterwerken manifestiert.

Mondrian-Musik

Mitte der 1950er Jahre reduzierte Meier das musikalische Material auf wenige, an geometrische Formen angelehnte Elemente wie «Punkte», «Striche» und «Flächen».[26] Anregen liess er sich dabei durch die konkrete und konstruktive Kunst von Piet Mondrian, Paul Klee, Hans Arp und Max Bill. Gleichzeitig änderte Meier seine Arbeitsweise radikal: Von nun an legte er seinen in herkömmlicher Notenschrift verfassten Kompositionen graphische Verlaufsskizzen zugrunde. Daraufhin reduzierte er die musikalischen Elemente, was zu geradezu puristischen Werken wie den Klavierstücken von 1957 führte. Die Nähe zur bildenden Kunst prägt namentlich das letzte der *Dreizehn Stücke für zwei Klaviere* HMV 45 (1959), zu welchem Meier notierte: «Vielleicht die 1. gelungene Mondrian-Musik. Nur noch Musizieren mit fertigen Flächen = Feldern. Es sind 4 Felder, nach den Primaten der Zonen, der Energetik, der Dynamik und der Breite. Die Felder sind neutral, unhörbar. Alles Innengeschehen möglichst eliminiert, so gestaltet, dass es sich gegen andere Fel-

rierte sie mit Texturen, deren konkrete Umsetzung er den Interpreten frei liess. Ab dem Stück für grosses Orchester HMV 53 (1961) verwendete er in einigen sonst herkömmlich notierten Partituren graphische Zeichen für Felder, die improvisatorisch auszufüllen sind. In den späten 1960er Jahren entstanden Kompositionen für immer mehr Tasteninstrumente, die – wie im Stück für zwei Klaviere, zwei Cembali und zwei elektronische Orgeln je vierhändig HMV 76 (1971–72) – bis zu acht Aufführende verlangen. Damit erhöhte Meier, der längst nur noch für die Schublade komponierte, rücksichtslos die Schwierigkeiten für Aufführungen seiner Werke.

Elektronische Phase und Spätwerk

Nach seiner Pensionierung zog Meier in die Westschweiz, wo er bis 1999 mit seiner Lebensgefährtin Helen Stebler lebte. Dort arbeitete er intensiv und konzipierte von 1973 bis 1983 ausschliesslich elektronische Werke, die er in graphischen Notationen festhielt. Ein wichtiger Anstoss kam von dem Musikwissenschaftler und späteren Schwiegersohn Hans Oesch, der Meier ermutigte, seine Ideen für elektronische Musik in einem Studio zu verwirklichen. Als Präsident der Heinrich-Strobel-Stiftung vermittelte Oesch einen Besuch im Experimentalstudio des Südwestfunks in Freiburg im Breisgau. Dort konnte Meier im Herbst 1976 zusammen mit dem Studioleiter Hans Peter Haller eine einzige elektronische Komposition realisieren, die *Klangschichten* für Tonband HMV 83. Dieses Werk bescherte ihm im selben Jahr den Werkpreis des Kantons Solothurn und eine öffentliche Aufführung anlässlich der Preisverleihung.

Im Jahr 1983 meldete sich – auf Empfehlung von Irène Gattiker, der Witwe des Berner Konzertveranstalters – der Bieler Pianist, Komponist und Konzertveranstalter Urs Peter Schneider bei Meier. Nachdem er Einblick in dessen Kompositionen erhalten hatte, regte er an, einen der elektronischen Pläne für zwei Klaviere umzusetzen. So kam es am 4. Februar 1984 in der Konzertreihe «Neue Horizonte Bern» zur Aufführung dieser neuen Komposition, des Stücks für

Im Arbeitsheft *Komposition für 2 Klaviere ab 20. April 1959* notierte Hermann Meier am 9. Juni 1959 zum letzten seiner *Dreizehn Stücke für zwei Klaviere* HMV 45 in Stenographie: «Vielleicht die 1. gelungene Mondrian-Musik. Nur noch Musizieren mit fertigen Flächen = Feldern.» | Kat. 48

der deutlich unterscheidet. Die Monotonie für Felderbildner. Fast zwangsneurotisch. Nur noch Architektonik mit Rechtecksfeldern, [Rechteck]flecken. Fixe Komplexe. à la Modulor.»[27] (Abb. oben)

Diesem Programm folgend operierte Meier in einer postseriellen Phase ab den 1960er Jahren mit Klangflächen, die er zunächst mit weiträumigen Clustern chromatisch ausfüllte. Radikal verwirklichte er dies im Stück für zwei Klaviere für Paul Baumgartner HMV 58 (1963), das auf einem einzigen, in vier Teile gegliederten Cluster mit dem Umfang $C–h''$ basiert. In der Folge begann Meier die Klangflächen, die er gemäss seinen Kompositionsplänen unvermittelt nebeneinander montierte, aufzulösen: Er strukturierte

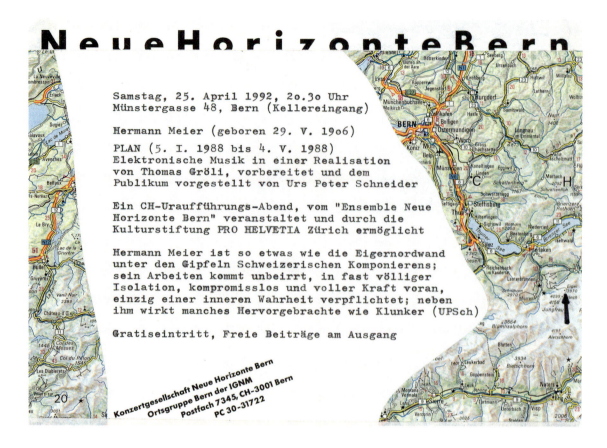

Zum Buch

Der vorliegende Band ist als Begleitpublikation zur Ausstellung *Mondrian-Musik. Die graphischen Welten des Komponisten Hermann Meier* entstanden. Er hat zum Ziel, mit zahlreichen Abbildungen die Akzente der Ausstellung zu spiegeln und das Schaffen von Meier in einem ersten Aufriss aus verschiedenen Perspektiven zu beleuchten (es sei hier darauf verwiesen, dass alle Exponate und Dokumente ohne Provenienznachweis aus der Sammlung Hermann Meier der Paul Sacher Stiftung [PSS–SHM] stammen). Die dreizehn Essays, die den Hauptteil des Buches ausmachen, basieren auf den Vorträgen des Symposiums «Das Auge komponiert. Hermann Meier und die Verbindungen von Bild und Klang in der Musik nach 1945», das im Januar 2017 an der Hochschule der Künste Bern abgehalten wurde.

In drei ersten Beiträgen werden die Aspekte von graphischer Notation seit 1950 erörtert, in deren Kontext Meiers Schaffen deutliche Konturen gewinnt. Daran schliesst sich ein Betrag über die Zürcher Konkreten, der auch Seitenblicke auf Meiers Interesse an bildender Kunst wirft. Je ein Beitrag gibt Aufschluss über Meiers wichtigsten Lehrer Wladimir Vogel und über seine Stellung unter den anderen Schweizer Vogel-Schülern. Eine wahrhafte Tour de Force vermittelt einen Überblick über die 27 Orchesterstücke Meiers, schält ihre Entwicklungslinien und kompositorischen Eigenheiten heraus. Ein Beitrag versucht eine erste Kategorisierung von Meiers graphischem Notieren, und schliesslich nähern sich drei Beiträge in Fallstudien einzelnen Werken aus den 1960er und 1970er Jahren.

Auf die wissenschaftlichen Beiträge folgen ein Interview mit zwei Interpreten von Meiers Klavierwerken, die ebenfalls am Symposium in Bern beteiligt waren, und eine Zusammenstellung von Kostproben aus den stenographierten Arbeitsheften, die einen Eindruck von Meiers hartnäckigem Reflektieren geben.

Endlich kommt dem umfangreichen Anhang eine besondere Bedeutung zu. Er macht den Band zu einer ersten grundlegenden Publikation über Hermann Meier. Eine Zeittafel gibt einen Überblick über gesicherte Daten zu Leben und Werk. Darauf folgt ein

Neue Horizonte Bern, Konzertprogramm 25. April 1992, Collage von Urs Peter Schneider.
Hermann Meier wird als «Eigernordwand unter den Gipfeln Schweizerischen Komponierens» vorgestellt.
| Kat. 111

zwei Klaviere HMV 94 (1983–84), sowie dreier weiterer Werke Meiers durch Schneider und Erika Radermacher. Im Jahr darauf organisierte Schneider im Rahmen des Europäischen Jahrs der Musik ein Konzert mit sechs Uraufführungen Meiers und liess weitere Meier-Programme folgen (Abb. oben); er war es auch, der seine Studenten auf Meier aufmerksam machte. Der Pianist Dominik Blum studierte das ganze Klavierwerk ein, führte es in verschiedenen Kontexten auf und brachte im Jahr 2000 eine erste Meier-CD heraus. Deren Präsentation konnte Meier noch miterleben, bevor er 2002 hochbetagt in Zullwil starb. Der Fagottist und Komponist Marc Kilchenmann setzte sich schliesslich für die Aufführung von Orchesterwerken ein und kümmert sich seit 2007 verlegerisch um Meiers Œuvre.

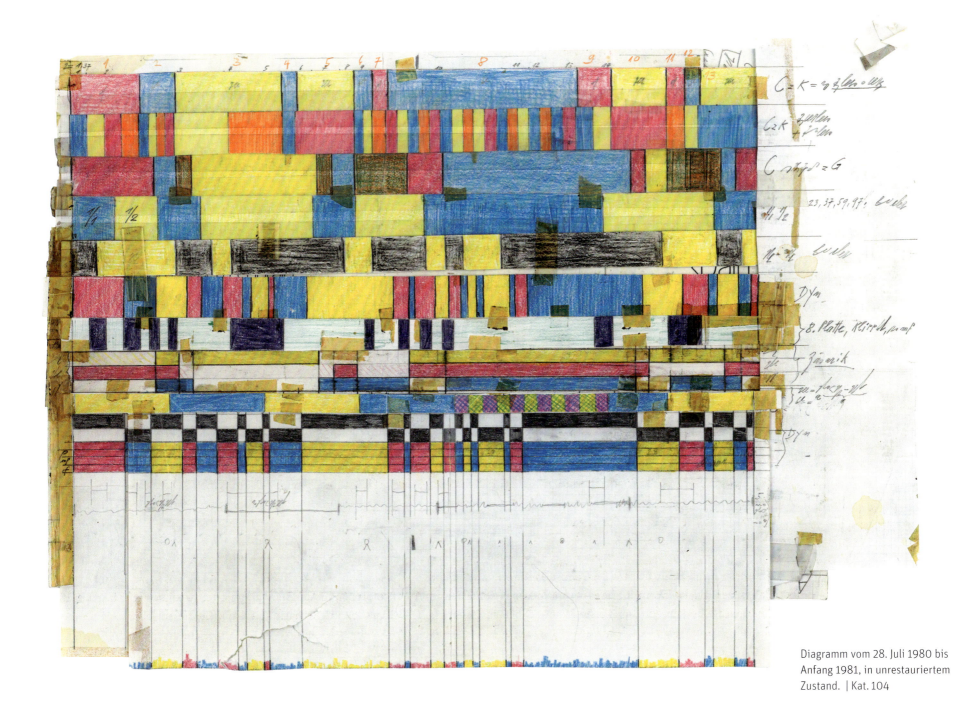

Diagramm vom 28. Juli 1980 bis
Anfang 1981, in unrestauriertem
Zustand. | Kat. 104

Werkverzeichnis (HMV), das hier als solches etabliert wird und – kombiniert mit einem Inventar des Nachlasses – einen Überblick über Meiers umfangreiches Œuvre vermittelt. Das Ausstellungsverzeichnis schliesslich versammelt die detaillierten Informationen über die 112 Exponate.

Dank

Sowohl die Ausstellung als auch das vorliegende Buch wären nicht möglich gewesen ohne das idealistische Engagement von drei Seiten: Der Direktor des Kunstmuseums Solothurn Christoph Vögele hiess uns mit einem grossen Vertrauensvorschuss willkommen und stellte sein graphisches Kabinett zur Verfügung. Hierfür und dafür, dass er auch die Vorbereitungen der Ausstellung mit kritischem Rat begleitet hat, sind wir ihm zu Dank verpflichtet. Felix Meyer unterstützte unser Vorhaben von Anbeginn mit wohlwollendem Interesse und ermöglichte als Direktor der Paul Sacher Stiftung die Realisierung von Ausstellung und Begleitbuch, indem er der Restaurierung und Digitalisierung zahlreicher Meier-Pläne die erbetene Priorität einräumte. Thomas Gartmann liess uns als Leiter der Forschungsabteilung an der HKB vielfältige Unterstützung zukommen und gewährte uns Gastrecht für die Durchführung des Symposiums im Januar 2017. Allen dreien sind wir von Herzen dankbar. Ein grosser Dank geht auch an die Autoren dieses Bandes, die sich auf unser Projekt eingelassen und in einem produktiven Austausch ihre Beiträge zum Abschluss gebracht haben. Den privaten Leihgebern, die die Ausstellung mit ihren Plänen, Graphiken und Photos bereichert haben, und namentlich Mâkhi Xenakis danken wir ganz herzlich. Erneut danken möchten wir den Kindern von Hermann Meier, ganz besonders Veronika Oesch-Meier und Alf Meier, die uns immer wieder geholfen haben, indem sie Informationen bereitgestellt und nach Ergänzungen für die Sammlung Ausschau gehalten haben. Von Herzen dankbar sind wir auch dem Team der Paul Sacher Stiftung, allen voran Michèle Noirjean für ihren unermüdlichen Einsatz bei der Aufarbeitung der Sammlung und der Vorbereitung der Ausstellung. Die Mitarbeiterinnen und Mitarbeiter des Kunstmuseums Solothurn haben uns bei den Vorbereitungen der Ausstellung in vielfältiger Weise unterstützt, wofür wir ihnen ebenfalls sehr dankbar sind. Auch Martin Skamletz, Sabine Jud und Daniel Allenbach von der HKB sind uns verschiedentlich hilfreich zur Seite gestanden. Ausserdem hat die HKB die Redaktionsarbeit am Buch mit einem namhaften Beitrag honoriert. Auch dafür herzlichen Dank. Für weitere verschiedenartige Unterstützung danken wir zudem Urs Peter Schneider, Dominik Blum, Angelika Salge und Heinrich Aerni (ZB Zürich), Monika Fringeli (Gemeindeverwalterin von Zullwil), Verena Heimgartner und Andrea Schweiger.

Dass der Hermann-Meier-Schwerpunkt in Solothurn als Ganzes realisiert und die Ausstellung auch mit mehreren Konzerten umrahmt werden kann, verdankt sich einer Reihe von Geldgebern, denen wir an dieser Stelle bestens danken; zu nennen sind insbesondere die Schweizerische Akademie für Geistes- und Sozialwissenschaften, der Schweizerische Nationalfonds, der Kanton und die Stadt Solothurn, die Fondation SUISA und die Stiftung Pro Helvetia. Schliesslich danken wir auch den Musikern, die Meier-Stücke einstudiert haben, und nicht zuletzt Kaspar Zehnder, der das Orchesterstück Nr. 6 in eines seiner Programme aufgenommen hat. Patrick Lüthi sind wir dankbar für seine äusserst fachkundige Restaurierung der diffizilen Meier-Diagramme und sein kreatives Mitdenken im Hinblick auf die Realisierung der Ausstellung. Fredi Zumkehr und Robert Bayer vom Atelier Bildpunkt haben mit viel Expertise alle anspruchsvollen Exponate photographiert und lithographiert, was wir sehr zu schätzen wissen. Schliesslich danken wir Daniel Boos und dem Museum Tinguely für die unkomplizierte Ausleihe einer Spezialvitrine. Eine grosse Freude war für uns HerausgeberInnen die Zusammenarbeit mit Sabina Neumayer und Hans-Rudolf Wiedmer vom Chronos Verlag. Sie haben uns mit Rat und Tat unterstützt, damit das Buch rechtzeitig erscheinen konnte. Dafür sind wir von Herzen dankbar, ebenso wie für die grosszügigen Druckkostenbeiträge, die uns die Ernst von Siemens Musikstiftung, die Paul Sacher Stiftung und die Ortsgruppe Basel der Schweizerischen Musikforschenden Gesellschaft gewährt haben.

Anmerkungen

1 Vgl. hierzu Ulrich Mosch, «Dodekaphonie in der Schweiz», in: *«Entre Denges et Denezy». Dokumente zur Schweizer Musikgeschichte 1900–2000*, hg. von Ulrich Mosch in Zusammenarbeit mit Matthias Kassel, Mainz etc. 2000, S. 228–243.

2 *Zwölf Töne für Bach*, Basel Sinfonietta unter der Leitung von Jürg Henneberger, 24. Januar 2010 in Basel, 26. Januar 2010 in Bern. Auf dem Programm standen das Stück für grosses Orchester HMV 50 (1960) und das Stück für Streicher, Bläser und zwei Klaviere für Werner Heisenberg HMV 71 (1968). Das Konzert ist dokumentiert auf der CD Hermann Meier, *Kammermusik und Orchesterwerke 1960–1969*, Zürich 2010 (MGB CD 6268).

3 «Das Auge komponiert – Die Verbindung von Bild und Klang in den graphischen Plänen und Partituren des Schweizer Komponisten Hermann Meier» (2013–2016). Das Projekt wurde von Roman Brotbeck geleitet, beteiligt war neben Gaudenz Badrutt und Marc Kilchenmann auch Daniel Weissberg.

4 Die Arbeit entstand im Rahmen der Graduate School of the Arts Bern, steht kurz vor dem Abschluss und wird im Herbst 2017 an der Universität Bern eingereicht (Erstgutachter Anselm Gerhard). Eine Publikation ist in Vorbereitung.

5 Hermann Meier an René Leibowitz, Brief vom 19. September 1950 (PSS, Sammlung René Leibowitz).

6 Heidy Zimmermann, «Hermann Meier, Arbeitsheft [1939]», in: *«On revient toujours». Dokumente zur Schönberg-Rezeption aus der Paul Sacher Stiftung*, hg. von der Paul Sacher Stiftung, Basel/Mainz 2016, S. 60–62.

7 Der Kontakt führte in den 1970er Jahren dazu, dass Moeschinger für eine kurze Zeit ein Zimmer in Meiers Wohnung in Yverdon bezog, vgl. Helene Ringgenberg, *Albert Moeschinger. Biographie*, Bern 2007, S. 185–86.

8 Vgl. Anselm Gerhard «Klassizistische Moderne in einem neutralen Land. Zur Situation Schweizer Komponisten in den zwanziger Jahren», in: *«Entre Denges et Denezy»* (wie Anm. 1), S. 161–172.

9 Vgl. Ulrich Mosch, «Dodekaphonie in der Schweiz» (wie Anm. 1), S. 228–243; Patrick Müller, «Zwischen Neoklassizismus und Avantgarde. Kompositionslehre in der Schweiz nach 1945», in: *«Entre Denges et Denezy»* (wie Anm. 1), S. 244–261.

10 Hermann Meier an Wladimir Vogel, Brief vom 21. September 1945 (Musikabteilung der Zentralbibliothek Zürich [im Folgenden ZB Zürich], Mus NL 116: Km 292).

11 Vgl. Doris Lanz, *Neue Musik in alten Mauern: die «Gattiker Hausabende für zeitgenössische Musik» – Eine Berner Konzertgeschichte, 1940–1967*, Bern 2006, S. 100.

12 Hermann Gattiker an Hermann Meier, Brief vom 25. Mai 1946 (PSS–SHM).

13 Hermann Meier an Wladimir Vogel, Brief vom 11. April 1947 (PSS–SHM).

14 Hermann Meier an Paul Sacher, Brief vom 4. Juni 1948 (PSS, Sammlung Paul Sacher), und Paul Sacher an Hermann Meier, Brief vom 7. Juni 1948 (PSS–SHM).

15 Hermann Meier an Wladimir Vogel, Brief vom 20. April 1949 (ZB Zürich, Mus NL 116: Km 321).

16 e. [Hans Ehinger], «Konzert ohne Publikum», in: *Basler Nachrichten*, 20. April 1949, Beilage zum Abendblatt Nr. 165 S. [5–6].

17 Willi Schuh, «Schweizer Komponistennachwuchs», in: *Neue Zürcher Zeitung*, 27. April 1949, S. 1.

18 -y, «Orchester-Leseproben», in: *Nationalzeitung*, 27. April 1949, Abendblatt Nr. 192, S. 3.

19 Wladimir Vogel an Hermann Meier, Brief vom 5. Oktober 1948 (PSS–SHM).

20 Wladimir Vogel, «Della musica dodecafonica», in: *Svizzera italiana* 105 (April 1954), S 16–22, hier S. 18. Nicht auf dem Bild zu sehen ist die brasilianische Pianistin und Komponistin Eunice Katunda, die als Mitglied des Musica Viva-Ensembles ebenfalls mit dabei war.

21 Vgl. die von Carlo Piccardi zusammengestellte Dokumentation *I pionieri della dodecafonia: nel 40.esimo anniversario della conferenza di Orselina (12–13 dicembre 1948) e del congresso di Milano (4–7 maggio 1949)*, Locarno, 23. Februar 1989, Locarno 1989.

22 Der angeregte Briefwechsel zwischen Meier und Schmid ist publiziert in: *Erich Schmid: Lebenserinnerungen*, Band 2: Briefe, hg. von Iris Eggenschwiler und Lukas Naef, Bern 2014, S. 275–315.

23 Hermann Meier an Wladimir Vogel, Brief vom 25. März 1955 (ZB Zürich, Mus NL 116: Km 344).

24 Das «Allegro risoluto für Klavier (1950?, UA)» im Programm vom 22. Juni 1951 entspricht vermutlich dem ersten Satz der Sonate für Klavier HMV 23 (1948–49), das «Klavierstück (1963)» vom 1. November 1967 vermutlich dem zweiten der *Zwei Klavierstücke für Lilo Mathys* HMV 36 (1955–56).

25 Hermann Meier, Arbeitshefte Nr. 23–26: *Komposition neue Theorie* [17.10.1949–08.03.1950] (PSS–SHM).

26 Vgl. Michelle Ziegler, «‹Nur bewegungslose, reglose Statik›. Hermann Meiers Stück für zwei Klavier (1958)», in: *Mitteilungen der Paul Sacher Stiftung* 29 (2016), S. 35–41.

27 Hermann Meier, Arbeitsheft *Komposition für 2 Klaviere ab 20. April 1959*, Eintrag vom 9. Juni 1959, S. XIII und XIIIa (PSS–SHM).

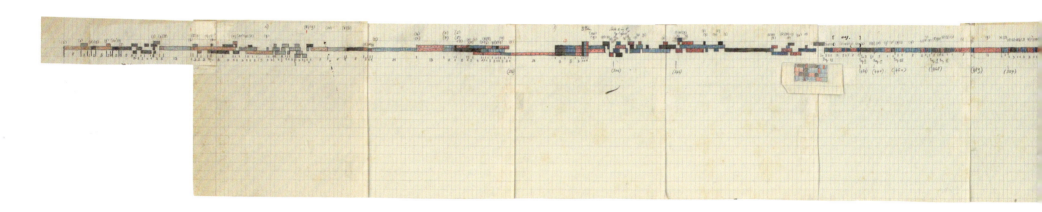

Stück für zwei Klaviere HMV 44
(1958), Diagramm vom 11. Oktober
bis 17. November 1958, Ausschnitt.
| Kat. 46

Koordinatensysteme musikalischer Gedanken

HEIDY ZIMMERMANN

Bei der Beschäftigung mit dem Œuvre des Komponisten Hermann Meier streift einen immer wieder die Einsicht, dass man es mit einem Graphomanen zu tun hat, einem Schreibsüchtigen im umfassenden Sinn, der kaum je ohne Stift und Papier unterwegs war und alles, was ihm durch den Kopf ging, zu Papier gebracht zu haben scheint; einem Sucher und Finder, der in verbalen und grössten-teils stenographierten Notizen festhielt, was ihn interessierte, und der neben dem Komponieren von herkömmlichen Partituren seine Klangvorstellungen seit Mitte der 1950er Jahre in Hunderten von geometrischen Skizzen visualisierte. Die über 250 ausgearbeiteten Graphiken – in den Jahren 1955 bis 1999 entstanden und von unterschiedlichster Machart – wecken unsere Neugier als Begleiter-scheinung zu einem praktisch unbekannten Œuvre. Es ist ebenso naheliegend wie aufschlussreich, solche künstlerischen Praktiken in den Kontext jener Auseinandersetzung über musikalische Gra-phik und Notation zu stellen, die zwischen ca. 1950 und 1970 die Akteure der Neuen Musik beschäftigt hat und die seither in meh-reren Wellen an die Oberfläche künstlerischer und wissenschaftli-cher Diskurse gelangt ist.[1]

Waren die Kritik an der traditionellen Notation und das De-siderat einer Erweiterung des Codes um 1950 auch nicht neu, so erschien doch die plötzliche Dichte und Vielfalt experimenteller Notationen als Symptom einer allgemeinen Krise, die in zwei gegen-sätzliche Richtungen tendierte: Überdeterminierung auf der einen und mehr oder weniger starke Unbestimmtheit der Notation auf der anderen Seite.[2] Wieweit Hermann Meier den Neue-Musik-Diskurs

19

und im speziellen die Notationsdebatten jener Jahre zur Kenntnis genommen hat, lässt sich zum jetzigen Zeitpunkt erst ansatzweise feststellen.[3] Gewiss ist hingegen, dass ein anderer Zusammenhang für ihn von grossem Interesse war: die seit dem Anbruch der Moderne immer wieder beschworenen Analogien zwischen Musik und bildender Kunst auf den Ebenen von Klang, Harmonie, Form und Komposition. Die Begegnungszonen des modernen Konstruktivismus, des Bauhauses mit seinen Ablegern und der New York School, von Exponenten wie Kandinsky und Schönberg, Klee, Wyschnegradsky, Varèse, Wolpe, Mondrian sind kulturgeschichtliche Hauptschauplätze, deren Ausstrahlungen in die verschiedenen Disziplinen kaum zu überblicken sind. Die von Musikern wie von bildenden Künstlern gleichermassen gesuchte Nähe ist es auch, welche bildlichen Notationen und musikalischen Graphiken immer wieder eine Art Brückenfunktion zwischen den Disziplinen abstrakter Moderne zukommen liess.[4] Dass die Brücken dabei oft weniger der linearen Übersetzung dienten als zu kreativen Missverständnissen hinführten, erscheint durchaus sekundär angesichts der künstlerischen Suggestion, die solche Bilder beiderseits ausüben konnten und können. Denn die Rede vom «Klang der Bilder» und von «sichtbarer Musik» ist ja tatsächlich suggestiv, gewinnt ihre Bedeutung freilich primär aus der Denkfigur der Metapher, verstanden als Übertragung einer Sineswahrnehmung von einem Feld auf ein anderes.[5]

In den letzten Jahren sind die graphischen Aspekte von Notation unter dem Paradigma des Ikonischen und insbesondere durch die Theorie der Schriftbildlichkeit erneut ins Zentrum kulturwissenschaftlicher Aufmerksamkeit gerückt worden, was sich in einer Vielzahl von Forschungsprojekten und Museumsausstellungen manifestiert.[6] Während Erhard Karkoschka, der den Begriff überhaupt im Bereich der Musik etabliert hat, schon 1966 «Das Schriftbild der Neuen Musik» systematisch zu fassen suchte, erfolgte dreissig Jahre später im Zuge von Schriftlichkeits- und Kreativitätsforschung ein «Materialisierungsschub», der das Wie nun wichtiger erscheinen lässt als das Was.[7] Immer weiter differenzierte Sichtweisen eines vermehrt interdisziplinären Diskurses haben seither wichtige Impulse gegeben, um das Verhältnis von Bild und Schrift hinsichtlich

musikalischer Notation weiter zu reflektieren. Begriffe wie Operativität, Diagrammatik, Materialität und Performativität haben dazu beigetragen, den Blick für kreative Prozesse zu schärfen und altbekannte «Schriftbilder» neu zu interpretieren. Dass dabei vorwiegend bildliche Partituren in den Blick genommen worden sind, erstaunt im interdisziplinären Umfeld wenig; sie erfüllen nicht nur vordergründig das Kriterium der Bildlichkeit, sondern sie versprechen auch am ehesten Aussicht auf Verständigung unter Beteiligten, von denen manche den Code konventioneller Musiknotation als hermetisch betrachten. Bemerkenswert ist aber doch, dass sich die Aufmerksamkeit im Wesentlichen auf einige wenige Objekte konzentriert, jene Handvoll musikalischer Graphiken, die – aus den einschlägigen Publikationen geläufig – den Status von individuellen Artefakten erlangt haben und als solche aus dem kollektiven Gedächtnis aufgerufen werden können.[8]

In den hier folgenden Überlegungen werde ich nicht darum herumkommen, ebenfalls auf einzelne dieser ikonischen Beispiele Bezug zu nehmen. Doch wähle ich insgesamt eine andere Blickrichtung. Nicht die fertige Partitur als ideale Repräsentation des musikalischen Werks bzw. als konservierte Anweisung für klangliche Realisierungen soll im Zentrum stehen, sondern die dieser vorgelagerte Visualisierung von Klang- und Formvorstellungen in unterschiedlichen Stadien des Kompositionsprozesses. Dieser Aspekt ist in der Debatte über Schriftbildlichkeit bis anhin erst punktuell berücksichtigt worden.[9] Doch ist es aufschlussreich, den Denkbildern, die sich in manchen Skizzenkonvoluten finden, nachzugehen und nach ihrer Bedeutung und Funktion zu fragen. Anhand von Beispielen aus dem abgesteckten Zeitraum lässt sich zeigen, welche schriftbildlichen Strategien Komponisten gewählt haben, um definitive Partituren zu erarbeiten. Parallel dazu sollen hier einige grundlegende Aspekte diskutiert werden, die in bildlichen Darstellungen wirksam werden: das Zeichnen von Musik noch vor der definitiven Kodierung, die Funktion von Koordinaten und Diagrammen sowie der Aspekt des Materials. Damit lässt sich ein Kontext umreissen, zu dem Hermann Meiers Schaffen immer wieder vergleichend und kontrastierend in Bezug zu setzen ist.

Musik zeichnen

«Der Beruf des Komponisten ist also der eines Schreibenden», konstatierte Karlheinz Stockhausen 1959 in seinem Darmstädter Seminar über «Musik und Graphik», er verwies auf die reihentechnischen Schreibpraktiken der Wiener Schule und sprach dabei ebenso sehr von seiner eigenen Zeit.[10] Tatsächlich ist der Kompositionsprozess im 20. Jahrhundert immer mehr ein Akt des Aufschreibens geworden, und dieses Faktum hängt mit verschiedenen Faktoren zusammen.[11] Zum einen rückt die Forderung nach permanenter Innovation und nach der Individualisierung des musikalischen Werks die Bedeutung der Materialbereitstellung in den Vordergrund; zum andern erlaubt die aufwertende Einstellung zum Kompositionsprozess, somit die Relativierung des Geniegedankens, intuitive und bewusste Entscheidungen schriftlich sichtbar zu machen, dies erst recht, wenn Komponisten nicht mehr selbstredend auch ausübende Musiker sind. Nicht zuletzt zeichnen sich in der zweiten Hälfte des 20. Jahrhunderts mehr oder weniger bewusste Rückkoppelungen ab: Aus der Auseinandersetzung mit Vorbildern und dem Bekanntwerden von Arbeitsskizzen (etwa jener Anton Weberns oder Igor Strawinskys)[12] resultieren sowohl Imitationsreflexe als auch eine gewisse Traditionsbildung. Wie niemals zuvor ist das absichtsvolle Anlegen, Aufbewahren und Zeigen von Arbeitsdokumenten im eigenen Studio, in Unterrichtssituationen oder in anderen einschlägigen Zirkeln zu einem Begleitphänomen des kompositorischen Prozesses geworden. Dabei erweist sich das Wechselspiel von Intuition und rationaler Planung nicht selten als ein Movens mit spannungsvoller Dynamik.

Neben verbalen und musikalischen Notizen wird das Potential graphischer Darstellungen auf vielfältige Weise genutzt. «One cannot ‹write› sound», stellte Cornelius Cardew einst lapidar fest.[13] Und Iannis Xenakis – als Komponist ebenso von der Mathematik wie von der Architektur her denkend – konstatierte rückblickend, dass es für ihn «natürlicher» war zu zeichnen: «A posteriori, je pense que j'avais le crayon facile: je dessinais, mes dessins représentaient des symboles musicales. Je connaissais le solfège tradi-

tionnel. Mais la libertée de pensée, pour moi, ne pouvait pas passer par là. J'étais persuadé qu'on pouvait inventer une autre méthode d'écrire la musique. Je me suis mis à imaginer des phénomènes sonores en m'aidant de dessins: une spirale, des faces entrecroisées …»[14] Von dieser Ausgangslage zeugen etwa die Skizzen zum Orchesterstück *Métastaseis* (1954), auf denen Xenakis mit parabolischen Gitterstrukturen den Aufbau von Streicherglissandos visualisierte.[15] Nur am Rande sei hier erwähnt, dass bei der Uraufführung von *Métastaseis* 1955 in Donaueschingen auch Hermann Meier im Publikum sass (vgl. die Abb. S. 12).

Die von Xenakis beschworene «Freiheit des Denkens» erscheint immer wieder als zentrale Motivation, um sich im kreativen Prozess von der herkömmlichen Notation zu lösen: «If I use traditional notation I lose the continuity. Let us say that I have a bush of three lines that stem from the same root. If I map it in the Cartesian system of coordinates I have before my eyes the picture of what it sounds like. If I were to write the same on staves I would have to break it down into many staves and continuity would be lost. The whole thing would be much more complicated.»[16] Eher selten scheinen Komponisten jedoch figürliche Zeichnungen als Ideenskizze für eine Komposition gewählt zu haben. Ein zum Gegenständlichen tendierendes Beispiel findet sich etwa im Skizzenkonvolut zu Klaus Hubers Violinkonzert *Tempora* (1969/70).[17] Die sorgfältig ausgearbeitete und mit Buntstiften kolorierte Zeichnung diente als Formplan für den Mittelteil einer dreigliedrigen Grossform. Die Grundschicht eines aus frei gezogenen Kurven sich formenden Bildes schichtet Horizonte über- bzw. hintereinander, die sich links der Mitte in einem Zentrum treffen, welches über die rote Farbgebung zur Linken und zur Rechten mit zwei unterschiedlich stark akzentuierten Epizentren korrespondiert. Die Unterschrift «Nature en automne» und die Ortsangabe «Muzot» erscheinen als Referenz auf den realen Ausgangspunkt dieser «Vision» während eines Aufenthaltes im Walliser Rilkeschloss. Dass indes bereits die Grundzeichnung auf der technisierten Fläche eines Streifens Millimeterpapier ausgeführt ist, deutet auf die Prämisse, zeichnerische Intuition mit präziser Formplanung zu kombinieren. So wird die

Kurvenzeichnung überlagert von einem senkrechten Linienraster, der den Zeitverlauf dieses drei Minuten dauernden Mittelteils in Zehnsekundenabschnitte gliedert, während die kolorierten Felder mit Entscheidungen bezüglich der Klanggestaltung und der Instrumentierung beschriftet sind. Solches Vorgehen bei der Planung der Gesamtform einer Komposition kommt bei Klaus Huber seit Mitte der 1950er Jahre in vielen Varianten vor und findet sich ab Mitte der 1970er Jahre auch bei seinen Freiburger Schülern (etwa bei Brian Ferneyhough, Younghi Pagh-Paan und Kaija Saariaho). Vorrangig geht es dabei um die Form, mithin um das Disponieren von Proportionen und Relationen, die nicht selten mit Symmetrien, goldenem Schnitt oder Fibonacci-Reihen reguliert werden, Ordnungsprinzipien, die im übrigen auch Hermann Meier gerne anwendete.

Die nicht kodierte bildliche Visualisierung von Musik bezieht sich also zentral auf zwei Aspekte: den Klang und die Form. Der Aspekt der Form wird bekanntlich in der Avantgarde nach 1950 ganz grundsätzlich zur Disposition gestellt, so dass jede Gestaltung einer formalen Anlage eine neue Herausforderung bedeutet. In den damit verbundenen Findungsprozessen spielen bildliche Skizzen und graphische Darstellungen eine eminente Rolle, nicht nur als Protokoll von Entscheidungen, sondern auch als Operationen, die auf die Vorstellungskraft selbst zurückwirken. Freilich ist musikalische Form eine Wahrnehmungskategorie, die sich per se in der Zeit abspielt. Bei traditionellen geschlossenen Formen konstituiert sich die Form aus der erinnerungsbasierten Wahrnehmung von Variation, Wiederholung, Kontrastierung, mithin aus der Dialektik von Teil und Ganzem und einer Wiedererkennungsleistung.[18] Angesichts einer Ästhetik der «offenen Form» verlieren diese Wahrnehmungskategorien allerdings an Relevanz und das *Erkennen* von Form verlagert sich auf elementare Wahrnehmungsmomente wie Klang und Ereignisdichte im Zeitverlauf.[19] Diese Einsicht hat Earle Brown bei einem seiner ersten Europa-Aufenthalte auf den Punkt gebracht, indem er festhielt, es gebe «no such thing as musical form – only the activating of time».[20] Ist die Verräumlichung von Zeit also eine

prinzipielle Funktion der graphischen Darstellung von musikalischer Form, so erstaunt es wenig, dass die ästhetischen Umwälzungen hinsichtlich ebendieser Form sich in einer vermehrten Visualisierung zeitlicher – wie eben auch klanglicher – Prozesse niederschlägt. Denn die bildliche Veranschaulichung von Form auf häufig grossformatigen, doch naturgemäss begrenzten Materialflächen erlaubt die synoptische Vergegenwärtigung von Proportionen und Gestalten, die sich ansonsten nur durch mentale Synthese in der zeitlichen Sukzession ergeben.

Koordinaten – Gitter – Diagramme

Die Projektion von Musik auf die zweidimensionale Fläche des Papiers – welcher Notation auch immer sie sich bedient – basiert auf zwei räumlichen Prämissen, die in ihrer Selbstverständlichkeit absolut trivial erscheinen und die doch nichts anderes sind als solide, kulturell und historisch bedingte Konventionen: die Links-Rechts-Orientierung der Leserichtung und die Koppelung von Tonhöhe, Ambitus und Frequenz mit einer vertikalen Achse.[21] Letzteres ist eine räumliche Orientierung, die aus der Übertragung einer taktilen Metaphorik – *acutus* (spitz) und *gravis* (stumpf) – über die Gehörswahrnehmung auf die Visualisierung von Klanglichem resultiert. Sie ist früh greifbar in der Form von Akzenten der antiken Prosodie und wird im Mittelalter mit den diastematischen Neumen zum Prinzip westlicher Musiknotation.[22] Die Assoziation von Tonhöhe mit räumlichem «oben» und «unten» und die entsprechende Projektion auf die zweidimensionale Fläche des Papiers bestimmt bezeichnenderweise nicht nur die konventionelle Notation, sondern – mehr oder weniger implizit – auch bildliche Notationen.

Der zweite Aspekt, die Konventionalität der Leserichtung, lässt sich an zwei etwas ungewohnten Beispielen demonstrieren. In beiden Beispielen begegnen wir herkömmlicher Notation, deren Leserichtung – den unterlegten semitischen Sprachen entsprechend – jedoch umgekehrt ist:

Abraham Z. Idelsohn, *Sefer ha-shirim* [...] (Liederbuch. [Sammlung hebräischer und deutscher Lieder für Kindergärten, Volks- und Mittelschulen]), Berlin und Jerusalem 1922, S. 40, Nr. 46: *Ha-dror* (Die Freiheit).

Tawfiq Srur, *Tarānīm mīladiyya* (Weihnachtslieder), Jerusalem 1992, S. 34: *Halummu, halummu ǧumū'* (Ihr Kinderlein, kommet).

Zu sehen sind eine arabische Version von «Ihr Kinderlein, kommet» und eine hebräische Übertragung der Nr. 3 aus Felix Mendelssohns *Sechs Liedern (Im Freien zu singen)* für gemischten Chor op. 41 («Es fiel ein Reif in der Frühlingsnacht» auf ein Gedicht von Heinrich Heine). Westlich sozialisierte Leser machen bei solchen Noten die Erfahrung, dass die Augen bewusst gegen die gewohnte Richtung gelenkt, Ligaturen, Punktierungen oder Akzidentien umorientiert und die Töne förmlich «buchstabiert» werden müssen, damit das Notierte erkennbar wird (lediglich die Halsung und die Fähnchensetzung sind nicht gespiegelt). Die beiden Liedersammlungen, aus denen die Beispiele stammen, zielen auf Rezipienten, die nicht primär lateinisch alphabetisiert wurden, auf Leserinnen also, denen vielmehr eine Rechts-Links-Orientierung geläufig ist.[23]

Wie bereits angedeutet, werden in der neuen Musik seit den 1950er Jahren vermehrt graphische Darstellungen genutzt, wenn es um die Planung einer Gesamtform, von Formteilen oder von spezifischer Klangentfaltung geht. Neben frei auf einer Fläche sich verteilenden Mindmaps spielen Synopsen und Verlaufsdiagramme eine herausragende Rolle, und an zahlreichen Fällen wird deutlich, wie sich das musikalische Denken auf einer durch eine x- und eine y-Achse orientierten Fläche entfaltet. Solche diagrammatischen Verfahren sind in der kulturwissenschaftlichen Forschung der letzten Jahre unter dem Begriff operativer Bildlichkeit verschiedentlich thematisiert worden.[24] Wenn Sibylle Krämer in ihren grundsätzlichen Betrachtungen zu einer Diagrammatologie feststellt, geistige Aktionen bedürften eines Spielfelds, und wenn sie das Koordinatenkreuz heranzieht als «plastisches Beispiel für ‹territoriale Strukturierung›, die dem Denken dient»,[25] so lässt sich dieser Überlegung eine besondere Stringenz abgewinnen, wenn man sie auf musikalische Notationen und deren Gerichtetheit überträgt. Denn bereits die «traditionelle Notenschrift ist eine Art rudimentäres Koordinatensystem», auf dessen Abszisse die Takte und auf dessen Ordinate die Tonhöhen sich abzeichnen.[26]

Die im Folgenden vorgeführten Beispiele mögen veranschaulichen, worauf mein Fokus liegt: auf der These, dass die gerichtete Fläche des Koordinatensystems und entsprechend verlaufende diagrammatische Konfigurationen in den Jahrzehnten nach 1950 einen vielfach genutzten operativen Raum darstellen, in dem die Erfindung von Musik sich entfaltet und der umgekehrt auch kreative Entscheidungen legitimiert.

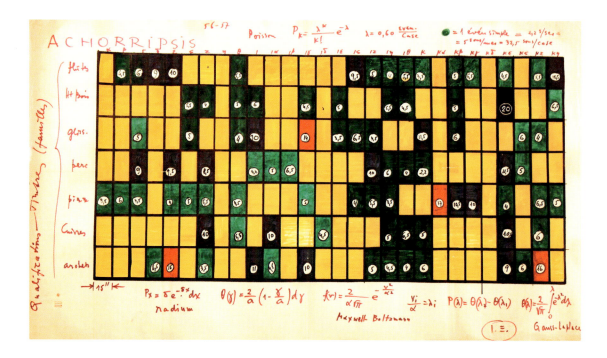

Iannis Xenakis, Diagramm zu
Achorripsis (1956–57) (Archives
famille Xenakis, Paris). | Kat. 53

Das Diagramm zum Orchesterstück *Achorripsis* (1957) von
Iannis Xenakis stellt eine eindrucksvolle Abstraktion des musikalischen Geschehens dar (Abb. oben).[27] Das ihm unterlegte Koordinatengitter ist auf der Abszisse in 15-Sekunden-Abschnitte unterteilt,
auf der Ordinate repräsentieren sieben Balken die Instrumentengruppen bzw. Klangfarben des Orchesters. Gelbe Felder stehen für
Pausen, die übrigen Farben und Bezifferungen symbolisieren Art
und Anzahl von Klangereignissen, die ihre Entsprechung in einer
konventionell notierten Partitur finden. Dieser graphischen Darstellung hat der Komponist so viel Bedeutung beigemessen, dass
er sie in schematisierter Form auf dem Umschlag der gedruckten
Partitur abbilden liess; eine Partitur, die übrigens auch Hermann
Meier – wie aus einer Notiz aus dem Jahr 1960 hervorgeht – studiert hat.[28]

Einen ganz anderen Stellenwert hat eine graphische Skizze
zu György Ligetis Orchesterwerk *Atmosphères* (1961) (Abb. S. 25).

Sie ist Teil eines umfangreichen Konvoluts mit unterschiedlichs-
ten Notaten. Neben einem auf ungarisch formulierten Exposé des
ganzen Stücks, in dem die jeweilige Dauer der 21 Formabschnitte
präzise bestimmt und mit sprachlichen Mitteln metaphernreich
charakterisiert sind,[29] existieren zahlreiche Listen und Tabellen zur
Organisation von Rhythmus und Tonhöhe. Die hier abgebildete
Skizze zeigt, wie sich graphisch artikulierte und sprachlich ausfor-
mulierte Form- und Klangvorstellungen ergänzen und gegenseitig
erhellen können. Während das Exposé eine erste Sammlung von
präzisen Entscheidungen und Stichworten darstellt, vermittelt die
‹Trichterskizze› zu den Teilen E und F (Takt 30–39) eine verräumlichte Anschauung von der Klanggestalt dieses klimaktischen Ab-
schnittes (vor dem abrupten Sturz der Piccolo-Töne ins vierfache
Forte der Kontrabässe). Das Koordinatengitter ist in der Horizontalen angelegt auf zehn Takte und in der Vertikalen auf einen Ambitus von sieben Oktaven (Spalte am linken Rand). Die flächige Darstellung der aufgefächerten Stimmregister simuliert die Bewegung
und Klangausdehnung der verschiedenen Instrumentengruppen,
während die Details der Orchestrierung dann in einer nächsten
Etappe mithilfe präziser Tabellen ausgearbeitet werden.[30]

Mit den Möglichkeiten elektronischer Klangerzeugung kommt
in der bildlichen Repräsentation von Musik als neuer Aspekt hinzu,
dass Tondauern nicht mehr per se punktuell und mensural, sondern
kontinuierlich als Linie auf dem Zeitstrahl der x-Achse gedacht werden. Ein prominentes frühes Beispiel ist die Darstellung der Zeitdau-
ern und Tonhöhen für die sogenannten Intonarumori, mechanische
Geräuscherzeuger, in Luigi Russolos *Risveglio di una città* (1916). Zwar
gibt es in dieser Partitur noch eine Taktvorzeichnung und -unterte-
lung sowie ein Fünfliniensystem, doch sowohl die Dauer als auch die
Lage der einzelnen Töne werden durch kontinuierliche Linien verräumlicht.[31] Bereits hier zeichnet sich die tiefgreifende Wirkung von
Spektrogrammen ab, hebt die auf Fourier-Analyse basierende Auflösung von Klang in Frequenz und Dauer dessen zeiträumliche Wahrnehmung doch auf eine neue Ebene.

Ein weiterer Schub für die lineare Darstellung von Tondauern
auf einer x-Achse resultiert aus Erfahrungen mit der Tonbandtech-

nik, die seit den späten 1940er Jahren allgemeine Verbreitung fand. So resümiert Roman Haubenstock-Ramati in seinem Darmstädter Vortrag über «Notation – Material und Form»: «Die Verwendung von Tonbändern, in Zentimetern pro Sekunde gemessen, regte zu einer neuen Darstellung rhythmischer Vorgänge an, und zwar nach dem Prinzip: Zeit gleich Raum. Die Notation ‹proportioneller Metren› bedeutet eine Überwindung des Zwangs der Taktstriche, die einen integralen Teil der traditionellen musikalischen Notation bildeten.»[32] Diese Prämisse ist inzwischen vielfach bestätigt. Plausibel scheint sogar, dass sich der Umgang mit Tonbändern (Klangkurven, Sonogrammen), die praktische Erfahrung, dass auf diesen die Zeit als Bandstrecke sichtbar wird, ja geschnitten und montiert werden kann, nicht nur auf die Darstellung, sondern auch auf das zeitbezogene Denken von Musik überhaupt ausgewirkt hat.[33]

Parallel dazu orientiert sich auch die Darstellung der Tonhöhen vermehrt an Tonorten und Frequenzen, die auf der y-Achse lokalisiert und mehr oder weniger kontinuierlich gedacht werden. Wer nicht selber Erfahrungen im elektronischen Studio sammelte, kam zumindest gelegentlich in Kontakt mit Partituren elektronischer Musik, wie etwa jener von Stockhausens *Elektronischer Studie II* (1954), die als erste gedruckte Partitur elektronischer Musik gilt.[34] Diese vielfach reproduzierte Partitur lagert zwei Koordinatensysteme übereinander, ein oberes für die Frequenz und die Dauer der Klänge, ein unteres für deren Schallstärke. Beim gemeinsamen Raster entspricht in der Horizontalen die Sekundeneinheit einer Tonbandlänge von 76,2 cm.

Es ist frappant, dass Hermann Meier weitab von den Zentren der Avantgarde just auch Mitte der 1950er Jahre begonnen hat, seine Kompositionen nicht nur in herkömmlichen Partituren darzustellen, sondern dafür auch geometrische Diagramme anzulegen. Eines der ersten Diagramme, die sich in seinem Nachlass erhalten haben, ist ein aus 24 Einzelblättern aus Schulheften montierter Streifen mit der beachtlichen Gesamtlänge von über fünf Metern, entstanden im März 1957 (Abb. S. 26–27). Die Darstellung erfüllt alle Kriterien eines Diagrammes und enthält neben Titel, Datum und Signatur auch eine Legende, welche den Farbcode erschliesst (blau, rot und gelb für ins-

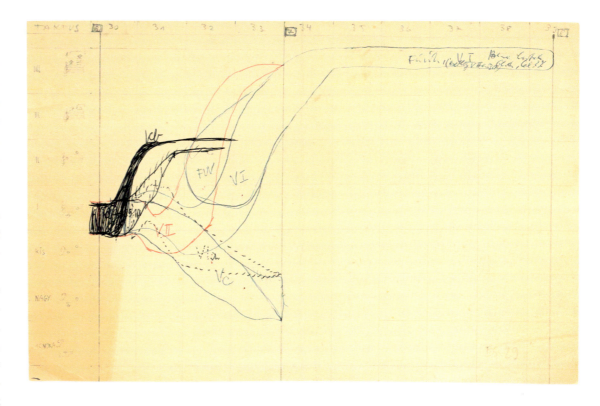

trumentale Register bzw. für «Akkordik», «Striche», «Punkte»). Ein wesentliches Merkmal dieses Stadiums von Meiers Diagrammen ist, dass er für seine Rastrierung an einer Takteinteilung festhält und daraus sekundär die Dauer des Stücks extrapoliert, ein Verfahren, das er in den folgenden Jahrzehnten immer wieder angewandt hat (im hier gezeigten Beispiel errechnet Meier aus der Anzahl von 1032 Takten eine Dauer von elf bis zwölf Minuten; die durchgestrichene Legende zu Beginn erläutert: «1 Takt = 1/2 Häuschen = 1/2 cm»; unten links wird revidiert: «2. Version [...] 1 cm = 1 Häuschen = 1 Takt», was der ausgeführten Partitur des Klavierstücks entspricht).

Die meistbeachtete musikalische Graphik überhaupt ist vermutlich Earle Browns *December 1952*, das Kernstück im Konvolut *Folio* (1952/53), an dem besonders die intendierte Multidirektionalität hervorgehoben wurde (Abb. S. 28).[35] Wohl hat der

György Ligeti, *Atmosphères* (1961), Skizze zu Takt 30–39 (PSS, Sammlung György Ligeti).

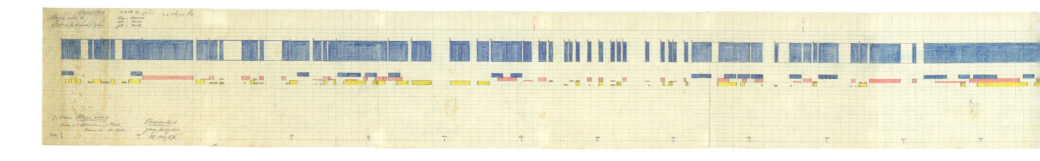

Diagramm 3.–31. März 1957 zum Klavierstück HMV 39 (1957), Ausschnitt. | Kat. 44

Komponist in einer Notiz zur gedruckten Ausgabe die Beliebigkeit der Orientierung und die Freiheit der Bewegungsrichtung kommuniziert: «The composition may be performed in any direction from any point in the defined space for any length of time and may be performed from any of the four rotational positions in any sequence»;[36] doch wer den Blick auf die Graphik richtet, entgeht kaum dem direktionalen Impuls des westlich alphabetisierten Auges, umso mehr, als die Konvention auch durch die rechts unten plazierte Signatur bestätigt wird. Demgegenüber wird in der etwas späteren Komposition *1953 for Piano* eine mögliche Umkehrung der Partitur dadurch impliziert, dass Brown eine zweite Unterschrift mit einer Drehung von 180 Grad an den oberen linken Rand gesetzt hat.[37] Ungeachtet der Ausrichtung ist für unseren Zusammenhang von Interesse, dass die rektanguläre Anordnung der Balken an einem unterlegten Koordinatensystem orientiert ist, das Brown zunächst auf ein leeres, weisses Blatt zeichnete, um dieses dem Träger der endgültigen Graphik, einem Transparentpapier, zu unterlegen. Die Länge und Breite der Balken beruht sodann auf der Umsetzung von zufällig generierten Zahlen.[38] Worauf es hier ankommt, ist die implizite Wirkung eines Koordinatensystems, das zunächst realiter eingesetzt und in einem zweiten Schritt wieder ausgeblendet worden ist, so dass es im Druck nicht erscheint.

Gegenüber Earle Browns *December 1952* werden die in den Jahren 1950–1951 entstandenen *Projections* von Morton Feldman für gewöhnlich als gerasterte Graphiken mit koordinierter An-

ordnung von relativen Tonhöhen und -dauern aufgefasst, dies obwohl in den gedruckten Ausgaben der Raster des karierten Papiers, auf dem Feldman die Stücke ursprünglich notiert hat, nicht wiedergegeben ist. Allerdings gab Feldman schon wenige Jahre nach der Veröffentlichung der ersten *Projection* einen Hinweis, den er später mit einer Anekdote über die Entstehung des Stücks beim Warten auf ein Nachtessen mit Wildreis in der Küche von John Cage ausgeschmückt hat: «The initial concept of the grid … Oh, it's like one of those things that you don't know is going to have significance afterwards. […] I just sat down at his [Cage's] desk and picked up a piece of notepaper and started to doodle. And what I doodled was *a freely drawn page of graph paper* – and what emerged were high, middle, and low categories.»[39] Bis anhin herrschte einige Verwirrung über diese Mitteilung und die Frage, auf welche Quelle sie sich bezieht. Doch vor kurzem hat der britische Musikwissenschaftler David Cline die verstreuten Dokumente von *Projection 1* zusammengeführt und den Mythos von der Entstehung dieses Stücks im Detail ausgeleuchtet.[40] Zunächst konnte Cline zeigen, dass eine im Nachlass von John Cage erhaltene Skizze mit einem frei gezeichneten Gitter sehr wahrscheinlich dem von Feldman erwähnten «doodle» entspricht.[41] Dass dieses Blatt wohl im Hinblick auf die Publikation von *Notations* von Feldman an Cage übergeben wurde, deutet nicht zuletzt auf den Stellenwert, den es für den Komponisten selbst gehabt haben mag. Neben der spontan anmutenden Skizze lokalisierte Cline im Nachlass des Pianisten David Tudor ein weiteres Blatt, das sich als

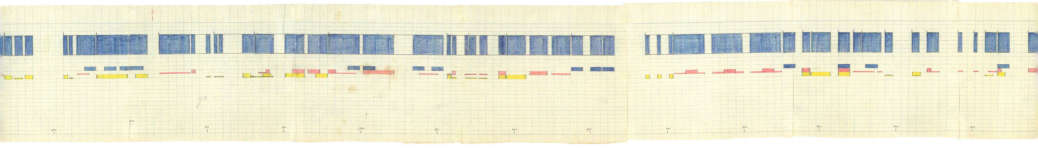

Entwurf von *Projection 1* erweist: Es ist ein einzelner Bogen Millimeterpapier, auf dem – wenn auch nicht deckungsgleich – der Anfang der Komposition aufgezeichnet ist.[42] Während der Raster in der endgültigen Version auf einer zweifachen Dreiteilung beruht, erprobte Feldman auf dem Millimeterpapier eine sechsfache Unterteilung der Tonhöhen, die er jedoch nicht weiterverfolgte. Die bekannte Reinschrift der *Projection 1* findet sich schliesslich im hinteren Teil eines Skizzenbuchs, in dem auch die *Projections 2–5* versammelt sind (Abb. S. 29).

Offenbar arbeitete Feldman – ein früher Bewunderer von Piet Mondrian übrigens,[43] wie Hermann Meier auch[44] – bevorzugt mit verschiedenen Arten von kariertem Papier, wobei das technische Millimeterpapier ein Ausnahmefall jenseits seiner graphischen Bedürfnisse gewesen zu sein scheint.[45] Von Bedeutung ist für unseren Zusammenhang, dass der «frei gezeichnete» Raster allem Anschein nach ein Sprungbrett war, das Feldman darauf brachte, auf kariertes Papier zurückzugreifen, um das gedruckte Gitter als Matrix für seine graphischen Notationen nutzbar zu machen. Der Komponist selbst sprach Jahre später in gewohnt launiger Weise über «a different music inventing different notations – or was it different notations creating a new music? – whatever».[46] Angesichts der skizzierten Quellenlage kommt Cline zu dem ebenso unspektakulären wie bedenkenswerten Schluss, «there is no other evidence [...] to suggest that he actively searched for a new notation before finding one.»[47] Signifikant an diesem Befund ist – über die Bestätigung der Anekdote hinaus – insbesondere die Folgerung,

dass Feldman nicht eine graphische Notation zu erfinden suchte, sondern in einem spontanen graphischen Akt auf der Fläche eines x-beliebigen Papiers auf eine diagrammatische Form stiess, deren Bedeutung als kreatives Potential sich erst im Nachhinein erweisen sollte.[48]

Exkurs: Millimeterpapier

Millimeterpapier – wie es in den hier angeführten Beispielen wiederholt begegnet ist – enthält mehrere, einander überlagernde Koordinatengitter, neben dem engmaschigen 1-mm-Geflecht Netze von dicker gezogenen Linien im Abstand von 5, 10 oder 50 mm. Auf diese Art unterstützt der Raster des Millimeterpapiers das Erstellen von geordneten Graphiken und bürgt gleichzeitig für deren Präzision.

Jüngst hat Manfred Sommer in einer umfassenden kulturhistorischen Erörterung über die «Bildfläche» dargelegt, wie sich die Struktur des Millimeterpapiers aus der rechtwinkligen Schichtung von schmalfasrigen Papyrusstreifen herleiten lässt, anders gewendet, dass die regelmässige Rasterung eine genuine Eigenschaft des Kulturguts Papier ist.[49] Im Blick auf normative Lineaturen und Rektangulierung leitet Sommer zudem die Allgegenwart von Linien und Karomustern aus dem Ziehen von Ackerfurchen auf einem orthogonalen Acker her. Damit begründet er Schritt für Schritt, dass sowohl die rechteckige Form des Blattes Papier, auf dem wir schreiben und zeichnen, als auch die darauf zu findenden Linien

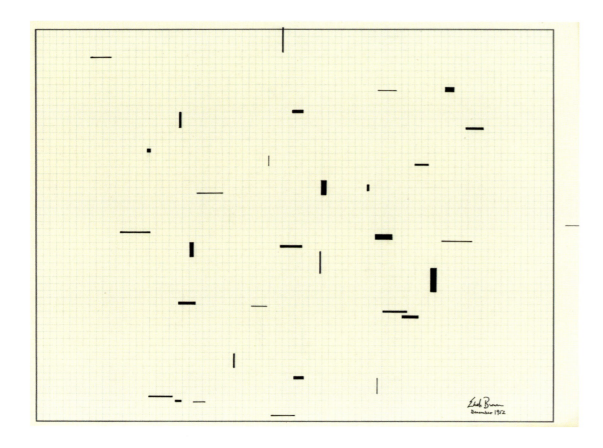

Earle Brown, *December 1952*, Reinschrift (PSS, Sammlung Mauricio Kagel). Für die hier abgebildete Version von *December 1952* benutzte Brown ein kariertes Transparentpapier, dessen Raster beim Kopieren überblendet wurde. | Kat. 52

und Gitter eine grundlegende Formatierung für Graphismen jeglicher Art darstellen.[50]

In der neuen Musik hat das Millimeterpapier für einige Zeit den Status eines Modeaccessoires genossen, dessen Verwendung im Kompositionsprozess nicht nur einen sicheren Rahmen, sondern auch ein gewisses Prestige versprach. Die Benutzung von Millimeterpapier als Inskriptionsfläche signalisiert stets eine technische Präzision, die durch exakte Konstruktionen entweder bestätigt oder auch durch zufällige bzw. freihändige Operationen konterkariert werden kann. So mag die anhaltende Attraktivität von Koordinatensystemen mit der Sicherung von Proportionalität und

«musica mensurabilis» zu tun haben. Hermann Meier hat, soweit ich sehe, bis auf ein kurioses Blatt aus seiner Jugendzeit, auf dem er die Fieberkurve seiner Gemütsverfassung festhielt, keinen Gebrauch von Millimeterpapier gemacht (Abb. S. 30). Aber er hat auch nur selten auf Blankopapier geschrieben oder gezeichnet.[51] Als Lehrer verfügte er über kariertes Papier à discretion, und er benutzte «Hüslipapier» – wie es auf Schweizerdeutsch bis heute heisst – in der einen oder anderen Rasterung bevorzugt als Operationsraum für seine zahlreichen Notizen und Notationen (Abb. S. 31).

Kreativität und Bricolage

Angesichts der hier ausgebreiteten Vielzahl von Visualisierungsstrategien beim Komponieren ist nun noch ein Aspekt anzusprechen, der auch für das Schaffen von Hermann Meier und dessen charakteristische Materialität eine nicht geringe Rolle spielt: der Zusammenhang von Werkzeug und «Denkzeug»[52] bzw. die Wechselwirkung zwischen manuellen, praktischen Handlungen und mentalen kreativen Prozessen. Wenn wir feststellen können, dass «inskribierte Flächen» Denkräume eröffnen, «erfinderisch machen»[53] und dass Schriftspiele ein kreatives Potential entfalten,[54] sollten wir nicht übersehen, dass auch der Umgang mit dem Aufzeichnungsmaterial an der Ingangsetzung von Kreativität einen Anteil haben kann. Und es spricht einiges dafür, dass die Handgreiflichkeit und die Privatheit des Materials in einem allerdings schwer zu fassenden Zusammenhang mit der Imaginationsfixierung steht. Gerade in Skizzen und Notationen, die nicht der offiziellen Kommunikation zu Handen von Verlagen oder Interpreten dienen, kommt dieses Moment immer wieder zum Tragen. Denn solange der Komponist, die Komponistin allein mit sich selber kommuniziert, ist er oder sie frei, in diesem schriftlichen «Selbstgespräch» idiolektische Notationen zu entwickeln, die geeignet sind, Spuren zur eigenen Klangimagination zu legen. Konventionelle, nicht private Notation ist, mit Earle Brown gesprochen, «stets eine Quelle von Schwierigkeiten und Versagungen für den Komponisten [...], da sie eine relativ unvollkommene und unvollständige Transkription dessen darstellt, was ein Komponist traditionellerweise ‹hört›».[55] Private Aufzeichnungen hingegen ermöglichen es, Visualisierungen von Klängen auszutesten und als Erinnerungshilfe zu nutzen; sie erlauben, die schriftliche Fixierung von Klangvorstellungen durch Abbreviaturen und individuelle Codes zu beschleunigen oder auch durch Überarbeitungen zu revidieren; und sie vermögen den kreativen Prozess in Gang zu halten, selbst wenn die Kreativität vorübergehend stagniert.

Der Übergang vom «Doodle» (Feldman) oder der «Bricolage» (Xenakis) zur Erfindung ist fliessend, und dabei kann auch die Sinnlichkeit des Materials und das handwerkliche Geschick eine Rolle spielen. Der eine konstruiert ein Rastralgerät, um sein sorgfältig gewähltes Skizzenpapier mit frei gezogenen Notensystemen in der Art von Mindmaps individuell zu organisieren (wie Strawinsky); ein anderer kapriziert sich auf Regenbogenfarbstift und Faber Castell-Bleistifte, um auf dem erstbesten Makulaturpapier zu notieren (wie Ligeti), ein dritter hantiert lieber mit Massstab und Millimeterpapier (wie Xenakis), wieder andere bevorzugen Leim und Klebeband, um Notate zusammenzukleistern und zu montieren und so die Zweidimensionalität der Papierfläche durch Überlagerung und Schichtung zu erweitern (wie Edgar Varèse und Hermann Meier).

In Kombination mit der Vielfalt von schriftbildlichen Eigenschaften vermitteln solche materiellen Aspekte von Schaffensdokumenten eine Ahnung von kompositorischen Prozessen. Zwar werden diese oberflächlichen Phänomene stets nur bedingt erlauben, die kreativen Vorgänge analytisch zu durchdringen und kausal zu verstehen – modisch ausgedrückt, die DNA eines Kunstwerks zu entschlüsseln –, da der Aspekt der reinen Kopfarbeit immer in Rechnung zu stellen ist. Dennoch eröffnen sie die Möglichkeit, das Wechselspiel von intuitiven Entscheidungen und rationaler Kontrolle, das die Entstehung von musikalischen Kompositionen begleitet, ein Stück weit zu beobachten. Darin liegt – abgesehen von der historischen und individuellen Aura dieser Papiere – letztlich die Faszination von Werkskizzen.

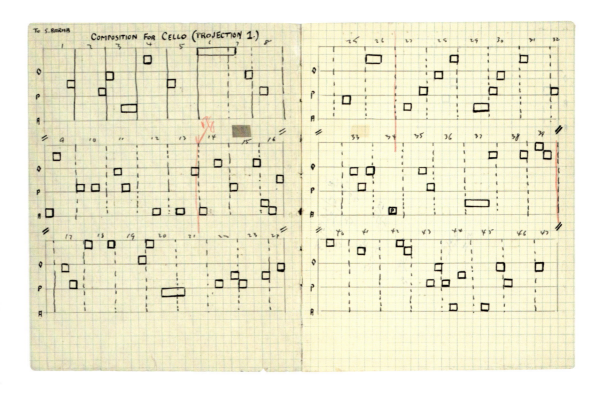

Morton Feldman, *Projection 1 for Cello solo* (1950–51), Reinschrift im *Skizzenbuch* 1 (PSS, Sammlung Morton Feldman). | Kat. 51

«Optische Musik»?

Nachem wir ein breites Spektrum von Visualisierungsstrategien beim Komponieren umrissen haben, soll nun das Schaffen Hermann Meiers im Zentrum einiger resümierender Überlegungen stehen. Doch zuvor noch ein Seitenblick, der zum Thema Musik und bildende Kunst zurückführt. Im Jahr 1951 war in einer Zürcher Kunstgalerie die Ausstellung «Optische Musik» mit Arbeiten von Camille Graeser (1892–1980), einem wichtigen Vertreter der Zürcher Schule der Konkreten zu sehen.[56] Es gibt keinerlei Anhaltspunkte dafür, dass Hermann Meier diese Ausstellung besucht oder auch nur davon Kenntnis genommen hätte. Gleichwohl zeigen sich erstaunliche Berührungspunkte zwischen den beiden Künstlern.

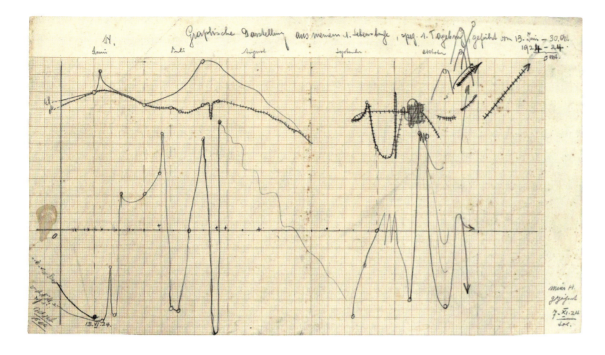

Hermann Meier, «Graphische Darstellung aus meinem 1. Lebenslaufe», vom 13. Juni bis 30. Oktober 1924. Erste diagrammatische Aufzeichnung des 18-jährigen Hermann Meier. | Kat. 1

und Paul Klee ebensosehr orientiert hat wie an Mondrian, zeigt allein schon die Übernahme der Begriffe Punkt, Strich und Fläche[61] für Elementarstrukturen in zahlreichen seiner Diagramme – wenn nicht als Wahrnehmungskategorien in seiner Klangvorstellung überhaupt.

Es ist offensichtlich, dass Funktion und Zweck von Meiers Diagrammen sich im Lauf der Jahre verändert haben. Zunächst dienten sie – oft in Kombination mit mathematischen Operationen – als Organisationsdiagramm für Kompositionen, die dann konventionell notiert wurden. Später erlaubten sie, elektronisch gedachte Musik zu visualisieren, in einigen Fällen entstanden sie auch erst nach der Niederschrift einer Partitur. Aufs Ganze gesehen lässt sich eine zunehmende Verselbständigung und immer weitere Differenzierung dieser operativen Technik feststellen. Es macht den Anschein, als habe für Meier die Wichtigkeit von graphischen Darstellungen mit der schwindenden Aussicht auf Aufführungen seiner Werke immer mehr zugenommen – denkbar ist, dass die aufwendigen Papierarbeiten auch eine kompensatorische Funktion erfüllten: Farben und Formen anstelle von realen Klängen – «optische Musik» gleichsam? So notierte Meier in einem Arbeitsheft von 1965: «Wäre es […] nicht am besten, wie vor 15 Jahren […] an grosser Wand Papier aufzuhängen und daran zu malen, nur jetzt nicht mehr wie dazumal bewusst auf Klang hinsteuernd, sondern total als Graph verselbständigt.»[62] Vielleicht ist es kein Zufall, dass seine ersten Diagramme just in jenen Jahren entstehen, in denen sich Absagen für die Bewerbung um Aufführungen häufen, während Meier beginnt, sich für Mondrian zu begeistern und in dessen Bildern eine Geistesverwandtschaft zu entdecken.[63] Umso mehr frappiert die Gleichzeitigkeit und vielleicht auch die Ähnlichkeit von Meiers Arbeiten in Zullwil mit der von Feldman beschriebenen New Yorker Szenerie: «I put sheets of graph paper on the wall; each sheet framed the same time-duration and was, in effect, a visual rhythmic structure. What resembled Pollock was my ‹all over› approach to the time-canvas.»[64]

Man kann sich ausserdem fragen, ob Meiers Suche nach einer optischen «Realisierung» von Kompositionen, dieses fast manisch

Während Meier für sich konstatierte, er müsse «wie der Maler entscheiden»,[57] schrieb Graeser 1949 ein Manifest mit dem Titel «Optische Musik». Darin postulierte der Maler, Graphiker und Designer, Konkrete Kunst sei «der musik gleichzustellen, denn sie schafft sinfonische klänge für augen, besonders für jene augen, die auch hören.»[58] Graeser arbeitete in jenen Jahren an einer Werkgruppe, die er «Loxodromische [schieflaufende] Kompositionen» nannte. Damit machte er für sich die postulierte Analogie von Musik und Malerei fruchtbar.[59]

Gewiss fallen deutliche Unterschiede ins Auge: bei Graeser ist das Moment der diagonal gesetzten Balken zentral, während Meier seine Graphiken stets rektangulär anlegt. Doch weisen Graesers Konstruktionen auch signifikante Ähnlichkeiten mit Meiers Diagrammen auf.[60] Ihr gemeinsamer Bezugspunkt ist zweifellos der Konstruktivismus, in dessen Theorie und Praxis das Suchen nach formalen Entsprechungen zwischen Musik und Malerei eine zentrale Rolle spielt. Dass Hermann Meier sich an Wassily Kandinsky

Klangflächengefüge oder Wandmusik für Hans Oesch HMV 75 (1970–71), graphische Skizze *Plan des 5. Gebietes* im Arbeitsheft *91–129.* | Kat. 76

anmutende Zeichnen von «Schauplänen», auch eine spekulative Seite hat. Das hiesse, dass die «Augenmusik» der Diagramme gewissermassen den Idealzustand von Meiers Klangkomposition repräsentieren konnte zu Zeiten, da die Realitätskontrolle der Klangvorstellung keine Option mehr war. Dafür spricht meines Erachtens auch der Befund, dass Meier bei einigen Kompositionen erst nach der Niederschrift einer konventionellen Partitur eine graphische Visualisierung vornahm. Dass der Komponist auch noch in den 1980er Jahren, als er seine Musik endlich im Konzertsaal hören konnte, weiterhin Diagramme anlegte, muss diesen Befund nicht negieren – es gibt auch liebgewonnene Gewohnheiten.

Nachdem die Diagramme Hermann Meiers nun nach jahrelangen Vorarbeiten in eine chronologische Ordnung gebracht und mit den jeweiligen Partituren in Beziehung gesetzt worden sind, tun sich zu diesem enormen Œuvre in verschiedene Richtungen Fragen auf, die hier als Ausblick am Schluss angedeutet seien. Lassen sich Konstanten oder signifikante Veränderungen in der Konzeption der graphischen Darstellungen eruieren? Wie verhalten sich die Diagramme zu den auskomponierten Partituren mit unterschiedlichen Besetzungen und zu den elektronisch konzipierten Stücken? Nicht immer sind in Meiers Diagrammen die Achsen und die zugehörigen Parameter eindeutig definiert. Daraus ergeben sich Fragen nach unterschiedlichen Vorgehensweisen bei der Organisation von Zeitverläufen, Tonhöhen und Klangfarben. Zentral ist auch die Frage, wie sich – ausgehend von den Diagrammen – die Gesamtform eines Stücks aus der additiven Montage von Teilen konstituiert und wie sich die auditive und die visuelle Ebene zueinander verhalten.

So ist zu hoffen, dass sich aus dem Studium dieses riesigen Corpus von Graphiken einerseits die Physiognomie des Komponisten Hermann Meier schärfer fassen lässt; und dass andererseits dieses vielgestaltige Corpus auch einen neuen Impuls liefert für die Diskussion über die weitläufigen Interessenfelder «Musik und Bild», Visualisierung von Klangvorstellungen, diagrammatisches Denken und graphische Notation.

Anmerkungen

1 Auf die Vorlesung über «Musik und Graphik» von Karlheinz Stockhausen bei den Darmstädter Ferienkursen für Neue Musik 1959 folgte eine von Roman Haubenstock-Ramati bestückte Ausstellung bei den Donaueschinger Musiktagen im Herbst 1959; publizistisch greifbar wurde die Debatte in *Notation Neuer Musik = Darmstädter Beiträge zur Neuen Musik* 9 (1965); ausserdem Erhard Karkoschka, *Das Schriftbild der Neuen Musik*, Celle 1966; John Cage, *Notations*, West Glover 1969.

2 Vgl. Björn Gottstein, «Notieren ohne Paradigma. Versuch einer Analyse der notationellen Krise 1950 bis 1970», in: *MusikTexte*, Heft 76/77 (1998), S. 25–29.

3 In Meiers Bibliothek finden sich drei Hefte der Zeitschrift *die reihe* (Nr. 3, 4 und 7), die komplett gelesen und mit Anstreichungen versehen wurden. Meier hatte also bereits 1958 bzw. 1960 Kenntnis von epochalen Texten wie Ligetis Analyse von Boulez' *Structure Ia* und «Wandlungen der musikalischen Form» oder Stockhausens «… wie die Zeit vergeht …» und las Berichte über elektronische Musik.

4 Vgl. etwa die wirkungsmächtige bildliche Darstellung von zwei Takten aus Bachs 6. Geigensonate in: Paul Klee, *Das bildnerische Denken* [1922], hg. von Jürg Spiller, Basel, Stuttgart 1956, S. 285–287, oder die ersten Reproduktionen des *Projet de clavier ultrachromatique* (1943) von Ivan Wyschnegradsky in: *Nicolas Obouhow, Ivan Wyschnegradsky. Numéro spécial,* hg. von Claude Ballif = *La Revue musicale* 290–291 (1972), S. 88–89.

5 Von den zahlreichen Ausstellungen und Publikationen, welche die Affinität von Musik und bildender Kunst thematisieren, seien hier stellvertretend genannt: *Vom Klang der Bilder. Die Musik in der Kunst des 20. Jahrhunderts*, hg. von Karin von Maur, München 1985; *Visuelle Partituren* [Ausstellungskatalog], hg. von Selma Klein Essink, Amsterdam 1986; Jean-Yves Bosseur, *Le Sonore et le visuel. Intersections musique/arts plastiques aujourd'hui*, Paris [1993]; *Töne – Farben – Formen. Über Musik und die bildenden Künste,* hg. von Elisabeth Schmierer, Susanne Fontaine, Werner Grünzweig, Matthias Brzoska, Laaber 1995; *Wie Bilder klingen. Tagungsband zum Symposium* Musik nach Bildern, hg. von Lukas Christensen und Monika Fink, Wien und Berlin 2011.

6 Vgl. etwa den nationalen Forschungsschwerpunkt «Eikones. Bildkritik. Macht und Bedeutung der Bilder» an der Universität Basel (2005–2017) und das Graduiertenkolleg «Schriftbildlichkeit. Über Materialität, Wahrnehmbarkeit und Operativität von Notationen» an der Freien Universität Berlin (seit 2008), sowie die Ausstellungen *Notation. Kalkül und Form in den Künsten*, Akademie der Künste Berlin, Berlin 2008, und *Der unfassbare Klang. Notationskonzepte heute*, hg. von Christoph Herndler und Florian Neuner, Wien 2014.

7 Peter Koch, Sibylle Krämer, «Einleitung», in: *Schrift, Medien, Kognition. Über die Exteriorität des Geistes*, hg. von dens., Tübingen 1997, S. 11.

8 Dazu gehören in erster Linie Earle Brown, *December 1952*, Sylvano Bussotti, *Piano Piece For David Tudor 3* (1959), Karlheinz Stockhausen, *Elektronische Studie II* (1954), Roman Haubenstock-Ramati, *Décisions* (1959–61), in zweiter Morton Feldman, *Projection 1* (1950), Mauricio Kagel, *Transición II* (1958/59), Luciano Berio, *Circles* (1960) u.a.

9 Vgl. Fabian Czolbe, *Schriftbildliche Skizzenforschung zu Musik. Ein Methodendiskurs anhand Henri Pousseurs Système des paraboles*, Berlin 2014, mit exemplarischer Forschung über Pousseur, und ansatzweise David Magnus, *Aurale*

Latenz. Wahrnehmbarkeit und Operativität in der bildlichen Notationsästhetik von Earle Brown, Berlin 2016; vgl. auch Elena Ungeheuer, «Schriftbildlichkeit als operatives Potential in Musik», in: *Schriftbildlichkeit. Wahrnehmbarkeit, Materialität und Operativität von Notationen*, hg. von Sybille Krämer, Eva Cancik-Kirschbaum und Rainer Trotzke, Berlin 2012, S. 167–182.

10 Karlheinz Stockhausen, «Musik und Graphik» (1959), in: ders., *Texte zur elektronischen und instrumentalen Musik*, Bd. 1, Köln 1963, S. 176–188, hier S. 177.

11 Vgl. Heidy Zimmermann, «Notationen Neuer Musik zwischen Funktionalität und Ästhetik», in: *Notation* (wie Anm. 6), S. 198–211.

12 Die Anfänge der Skizzenforschung hatten Beethoven zum Gegenstand. Mit der Publikation von Anton Webern, *Sketches [1926–1945]* (New York 1968) kamen Arbeitsweisen der Wiener Schule in den Blick, fast gleichzeitig wurde auch das Skizzenbuch zum *Sacre du printemps* als Faksimile zugänglich gemacht (Igor Strawinsky, *The Rite of Spring. Sketches 1911–1913*, London 1969).

13 Cornelius Cardew, «Notation – Interpretation, etc.», in: *Tempo* Nr. 58 (Sommer 1961), S. 21–33, hier S. 22.

14 Iannis Xenakis, «Si Dieu existait, il serait bricoleur», Gespräch mit Pascal Dusapin und Anne Rey, in: *Le Monde de la musique*, Paris (1979), Nr. 11, S. 92–97, hier S. 95.

15 Vgl. die Abbildung in *Notation* (wie Anm. 6), S. 251.

16 *Conversations with Iannis Xenakis*, hg. von Bálint András Varga, London 1996, S. 90.

17 Abgebildet und besprochen in Heidy Zimmermann, «‹Ich zeichne lieber, als dass ich rechne.› Zeitgestaltung im Kompositionsprozess bei Klaus Huber – dargestellt anhand von Skizzen», in: *Unterbrochene Zeichen. Klaus Huber an der Hochschule für Musik der Musik-Akademie der Stadt Basel, Schriften, Gespräche, Dokumente*, hg. von Michael Kunkel, Saarbrücken 2005, S. 149–178.

18 Vgl. Carl Dahlhaus, «Notenschrift heute», in: *Notation neuer Musik* (wie Anm. 1), S. 9–34, hier S. 33.

19 Die Neurobiologie rechnet mit einem «Gegenwartsfenster» von drei Sekunden; vgl. Wolfgang Ernst, *Im Medium erklingt die Zeit. Technologische Tempor(e)alitäten und das Sonische als ihre privilegierte Erkenntnisform*, Berlin 2015, S. 54.

20 Earle Brown, «Where is the art in music», handschriftliche Notiz auf einem Flyer der Donaueschinger Musiktage 1965 (The Earle Brown Music Foundation); vgl. auch Magnus, *Aurale Latenz* (wie Anm. 9), S. 275.

21 Vernachlässigt werden kann hier die von Sibylle Krämer reflektierte «Kulturtechnik der Verflachung» (vgl. dies., *Figuration, Anschauung, Erkenntnis. Grundlinien einer Diagrammatologie*, Berlin 2016, S. 15–17); dieser Prozess erscheint für den hier diskutierten Zusammenhang sekundär, bezieht er sich doch auf die Übertragung von visueller Drei- auf Zweidimensionalität, eine Räumlichkeit also, die für akustische Phänomene rein metaphorisch ist.

22 Vgl. Max Haas, *Musikalisches Denken im Mittelalter. Eine Einführung*, Bern 2005, S. 349 und 384.

23 Vgl. die Darstellung des Problems der Schreibrichtung in einer syrischen Handschrift von 1233/34 bei Heinrich Husmann, «Ein syrisches Sticherarion mit paläobyzantinischer Notation (Sinai Syr. 261)», in: *Hamburger Jahrbuch für Musikwissenschaft* 1 (1974), S. 9–57, S. 9–10.

24 Vgl. Michael May, «Diagrammatisches Denken: Zur Deutung logischer Diagramme als Vorstellungsschemata bei Lakoff und Pierce», in: *Zeitschrift für Semiotik* 17, 3–4 (1995), S. 285–305; Christian Stätter, «Bild, Diagramm, Schrift», in: *Schrift. Kulturtechnik zwischen Auge, Hand und Maschine*, hg. von Gernot Grube, Werner Kogge, Sibylle Krämer, München 2005, S. 115–133; und – bezogen auf ein musikalisches Beispiel – Angela Lammert, «Bildlichkeit von diagrammatischen Notationen. Unschärfe und Lesbarkeit», in: *Notationen in kreativen Prozessen*, hg. von Fabian Czolbe und David Magnus, Würzburg 2015, S. 123–144.

25 Krämer, *Figuration* (wie Anm. 21), S. 13–14.

26 Peter Hoffmann, *Amalgam aus Kunst und Wissenschaft. Naturwissenschaftliches Denken im Werk von Iannis Xenakis*, Frankfurt a. M. 1994, S. 28.

27 Iannis Xenakis, *Achorripsis* für Orchester (1957), Berlin und Wiesbaden 1958; vgl. ders. *Musiques formelles. Nouveaux principes formels de composition musicale*, Paris 1963, S. 49–52.

28 Vgl. Hermann Meier, Arbeitsheft *V. Instrumentation. Riemann*, S. 26 (PSS-SHM). Meier lieh die Partitur von Francis Travis. Den Hinweis auf die Stelle verdanke ich Michelle Ziegler.

29 In deutscher Übersetzung abgedruckt bei Erkki Salmenhaara, *Das musikalische Material und seine Behandlung in den Werken* Apparitions, Atmosphères, Aventures *und* Requiem *von György Ligeti*, Helsinki 1969, S. 178–179.

30 Vgl. hierzu auch Jonathan W. Bernard, «Rules and Regulation. Lessons from Ligeti's Compositional Sketches», in: *György Ligeti. Of Foreign Lands and Strange Sounds*, hg. von Louise Duchesneau und Wolfgang Marx, Woodbridge 2011, S. 149–168.

31 Vgl. Luigi Russolo, *L'arte dei rumori* (1916), Reprint Viterbo 2009, S. 72–73.

32 Roman Haubenstock-Ramati, «Notation – Material und Form» (1964), in: *Notation Neuer Musik* (wie Anm. 1), S. 51–54, hier S. 53.

33 Vgl. hierzu Jennifer Iverson, «Shared compositional techniques between György Ligeti's *Pièce électronique No. 3* and *Atmosphères*», in: *Mitteilungen der Paul Sacher Stiftung* 22 (2009), S. 29–33, und Benjamin R. Levy, «Shades of the studio: Electronic Influences on Ligeti's *Apparitions*», in: *Perspectives of New Music* 47/2 (2009), S. 59–87.

34 Karlheinz Stockhausen, *Elektronische Studien: Studie II* (1954), Wien 1956. Hermann Meier erfuhr über «graphisch ausgezogene Partituren elektronischer Musik» bei der Lektüre von Gottfried Michael Koenigs Artikel über Bo Nilssons *Audiogramme* (1958) in: *die reihe* 4 (1958), S. 85–88.

35 Earle Brown, *December 1952*, in: ders., *Folio (1952/53) and 4 Systems (1954)*, New York 1961, S. [3].

36 Brown, ebd., S. [II].

37 Earle Brown, *1953 for Piano*, in: ders., *Folio* (wie Anm. 35), S. [7]; vgl. auch die Werkeinführung S. [II].

38 Vgl. Magnus, *Aurale Latenz* (wie Anm. 9), S. 110.

39 Jan Williams, «An Interview with Morton Feldman» [1983], in: *Morton Feldman Says. Selected Interviews and Lectures 1964–1987*, hg. von Chris Villars, London 2006, S. 151–159, hier S. 153 (Hervorhebung HZ).

40 David Cline, *The Graph Music of Morton Feldman*, Cambridge 2016, S. 9–10.

41 Vgl. die Abbildung der Skizze aus der John Cage Collection der Northwestern University Library, ebd., S. 12.

42 Vgl. die Abbildung ebd., S. 17.

43 Vgl. Cline, *Graph Music* (wie Anm. 40), S. 79.

44 Meiers Beschäftigung mit Mondrian ist zwischen 1954 und 1969 mehrfach dokumentiert in der Korrespondenz mit Wladimir Vogel. Im Zusammenhang mit dem Besuch einer Mondrian-Ausstellung in Zürich stellt Meier fest: «Mondrian bin ich ganz verfallen» (Brief an Wladimir Vogel, 31. Juli 1955, Zentralbibliothek Zürich, Musikabteilung, Nachlass Wladimir Vogel, Mus NL 116: Km 345).

45 Hinzuweisen ist auf ein in der deutschsprachigen Feldman-Literatur verbreitetes Missverständnis: «Graph paper» ist nicht nur spezifischer Terminus für Millimeterpapier («engineering graph paper»), sondern auch Oberbegriff für verschiedene Sorten karierten Papiers.

46 Morton Feldman, «Crippled Symmetry» [1981], in: *Give my Regards to Eighth Street. Collected Writings of Morton Feldman*, hg. von B. H. Friedman, Cambridge, MA 2000, S. 134–149, hier S. 145.

47 Cline, *Graph Music* (wie Anm. 40), S. 12.

48 Vgl. ebd.; Feldman schrieb «graph music» in insgesamt siebzehn Partituren bis 1968 und notierte zeitgleich immer auch konventionell.

49 Manfred Sommer, *Von der Bildfläche. Eine Archäologie der Lineatur*, Berlin 2016, S. 237f.

50 Ebd., S. 23.

51 In der Gesamtheit der Diagramme finden sich nur in den Jahren 1959 bis 1962 einige auf blankem Zeichenpapier ausgeführte Exemplare.

52 Vgl. Krämer, *Figuration* (wie Anm. 21), S. 83: «Diagramme sind grafische Denkzeuge».

53 Ebd., S. 17–18.

54 Vgl. Czolbe, *Schriftbildliche Skizzenforschung* (wie Anm. 9), S. 97.

55 Earle Brown, «Notation und Ausführung Neuer Musik», in: *Notation Neuer Musik* (wie Anm. 1), S. 64–86, hier S. 70.

56 Vgl. die Einladungskarte zur Ausstellung «Optische Musik: Ölbilder 1946/1951» (1951), in: *Camille Graeser und die Musik*, hg. von der Camille Graeser Stiftung anlässlich der gleichnamigen Ausstellung im Kunstmuseum Stuttgart und im Aargauer Kunsthaus, Köln 2015, S. 36.

57 Hermann Meier, Arbeitsheft [loses Konvolut, 1965], undatierter Eintrag (PSS–SHM).

58 Camille Graeser, «Optische Musik» (1949), zit. nach Roman Kurzmeyer, «Optische Musik. Das Instrumentale bei Camille Graeser», in: *Camille Graeser* (wie Anm. 56), S. 52–63, hier S. 52.

59 Vgl. die zahlreichen Abbildungen in *Camille Graeser* (wie Anm. 56), passim.

60 Vgl. Vera Hausdorff, «Die Entstehung der Loxodromischen Kompositionen: Musikalische Einflüsse und vorbereitende Ideenskizzen», in: *Camille* Graeser (wie Anm. 56), S. 12–29.

61 Vgl. Wassily Kandinsky, *Punkt und Linie zu Fläche. Beitrag zur Analyse der malerischen Elemente* (1926), Bern 1955. Ein Exzerpt von Kandinskys Schrift findet sich in Hermann Meier, Notizbuch 91: *Kandinsky, Doesburg, Eckstein, Corbusier* [07.05.1954–30.05.1954, S. 1–6], Eintrag vom 7. Mai 1954 (PSS–SHM).

62 Meier, Arbeitsheft [1965] (wie Anm. 57).

63 Eine ganze Serie von Absagen empfing Meier in den Jahren 1952–1956, vgl. die Zeittafel, S. 189–192 in diesem Band.

64 Feldman, «Crippled Symmetry» (wie Anm. 46), S. 147.

Ästhetische Operativität

Über die Verbindung von Bild und Klang in der musikalischen Notation

DAVID MAGNUS

1957 formulierte John Cage eines seiner bekanntesten musik-ästhetischen Desiderate: «To let the sounds be themselves.»[1] Das Postulat einer Befreiung der Klänge[2] kann als Affront gegenüber der abendländischen Kompositionsgeschichte betrachtet werden. Denn diese zeichnet sich durch jahrhundertelange Bemühungen aus, einerseits komplexe klangliche Organisationsprinzipien zu entwickeln, andererseits diese musikalischen Anordnungen auf einer zweidimensionalen Inskriptionsfläche visuell zu fixieren. Die gegenseitige Bedingtheit von Klang und Notation wurde auch im Kontext der US-amerikanischen und europäischen Nachkriegs-avantgarde zu einer wesentlichen Hürde im Kompositionsprozess. Vor allem US-amerikanische Komponisten stellten sich die Frage, wie eine Musik «ohne Paradigma»[3] notiert werden sollte.

Auf diese Problematik wurde mit zahllosen Neuerungen des traditionellen Notenbildes reagiert. Diese Innovationen dienten der Suche nach angemessener Veranschaulichung spezifischer Klangvorstellungen. So ist es kaum erstaunlich, dass die Fülle von äusserst disparaten Notationsformen zu einem unübersicht-lichen Repertoire von Visualisierungsstrategien führte, für deren allgemeine Bezeichnung sich der Oberbegriff ‹Notenschrift› nicht mehr eignete. Denn es sollten zum Teil keine Noten, sondern Ge-räusche oder Klangereignisse dargestellt werden, die keiner tona-len Struktur zugeordnet werden konnten. Dies sollte auch auf eine

Art und Weise erfolgen, bei der die verwendeten Elemente und ihre Verräumlichung in der Partitur ein Engagement des Auges erforderten. Damit war der Weg für ein bildliches Notieren geebnet.

Bildlich sind diese Notationen aus zwei Gründen. Erstens weisen ihre Einzelelemente, wie bereits angedeutet, je nach Komponist eine unterschiedliche visuelle Form auf. Zweitens werden eben jene Elemente von Partitur zu Partitur nach heterogenen Logiken verräumlicht. Im Gegensatz zur sogenannten Standardnotation und zu anderen streng kodierten Zeichensystemen haben wir es hier mit einem optischen Phänomen zu tun, das unseren Blick jedes Mal aufs Neue herausfordert. Dieser Umgang mit musikalischer Notation zieht mindestens drei Konsequenzen nach sich:

1. Jeder bildlich notierende Komponist entwickelt eine eigene musikalische Visualisierungsstrategie, die seiner Klangästhetik entspricht. Dabei entfallen jegliche Ansprüche auf Wiederholbarkeit. Das heisst, Musiknotation wird demzufolge nicht mehr als allgemeingültiger Kode – im Sinne einer Übertragungsschrift – innerhalb eines bestimmten kulturellen Raumes verwendet.

2. Aus dem Verzicht auf ein starres, diskretes Zeichenrepertoire gehen Partiturbilder hervor, deren Elemente kein eindeutiges klangliches Korrelat haben. Dies hat zur Folge, dass sie aufgrund ihrer Gestalt und Anordnung nicht immer zum gleichen Klang führen, wie es bei den gewöhnlichen Noten der Fall ist, wenn sie in das Fünfliniensystem gesetzt werden.

3. Die bildlichen Elemente einer Partitur werden zwar oft in einer Legende erläutert, sind aber dennoch visuell mehrdeutig und lassen somit das klangliche Resultat offen. Dieser Umstand bedeutet eine Infragestellung des herkömmlichen Werkbegriffes. Denn man ist nicht mehr mit einer endgültig strukturierten und damit unverwechselbaren Aufeinanderfolge von Klangereignissen konfrontiert. Der musikalische Vollzug, den die bildlichen Elemente implizieren, ist der eines ‹Mitkomponierens› seitens der Ausführenden.

Ich möchte im Folgenden anhand einiger Beispiele zeigen, welche Aspekte von Musiknotationen als bildlich aufgefasst werden können. Neben der ersten, sogenannten «graph score»[4] von Morton Feldman (1926–1987) und einer der Standardnotation denkbar fern liegenden Partitur von Roman Haubenstock-Ramati (1919–1994) werde ich der Notationsästhetik des österreichisch-griechischen Komponisten Anestis Logothetis (1921–1994) einen besonderen Platz einräumen.

Die getroffene Auswahl soll Einblick in drei unterschiedliche Ästhetiken geben, die auf je eigene Weise das Problem einer Verbindung von Bild und Klang zu lösen versuchen. Die Disparatheit dieser Notationsformen wird helfen, dem medialen Prinzip hinter dem bildlichen Notieren auf den Grund zu gehen.

Bildliche Musiknotationen

Wenn man eine Vorliebe für Anekdoten pflegt, so darf man vielleicht von einer Art Gründungsszene in der frühen Experimentierphase mit bildlicher Musiknotation sprechen. Morton Feldman wird von John Cage zum Abendessen eingeladen. Während der Reis kocht, schnappt sich Feldman ein Notenblatt und kritzelt darauf, bis so etwas wie ein freigezeichnetes Millimeterpapier entsteht.[5] Damit war die *graph notation* geboren.[6] Dieser rasterartige Entwurf wurde zur Grundlage einiger Stücke von Feldman. Die erste einer Reihe von fünf Partituren mit dem Titel *Projection* entstand 1950 und wurde für den Cellisten Seymour Barab geschrieben.

Das Schriftbild von *Projection 1* zeugt zunächst von einem spärlichen Repertoire unterschiedlicher Symbolarten und einem äusserst ökonomischen Umgang mit denselben (Abb. S. 37). Grundsätzlich lassen sich in der Partitur drei Zeichentypen erkennen, die wiederum dreifach aufgeteilt sind: Die Spieltechniken werden mit Symbolen beziehungsweise Buchstaben (◊ = Flageolett-Töne, P = Pizzicati, A = Arco), das Register wird durch die unterschiedliche Demarkation der Kästchen in der Vertikalen (hoch, mittel, tief) und die Dauer mit Quadraten bzw. Rechtecken (kurz, mittel, lang) angezeigt. Jedes Kästchen beinhaltet vier Ikten, bei einem Tempo von M.M. = 72 pro Iktus. Genaue Tonhöhe und Dauer werden vom Ausführenden selbst bestimmt.

Mit Feldmans innovativer Gestaltung des Partiturbildes gehen zwei wichtige Neuerungen einher. Erstens wird mit den leeren Kästchen eine andere Beziehung zwischen Optik und Haptik gefordert. Die kognitive Leistung der Interpreten besteht demnach weniger in der Dekodierung und der darauffolgenden instrumentalen Realisierung eines Symbolrepertoires als vielmehr im spontanen Zusammenwirken des Blickaktes und der performativen Ausführung hin zum leeren, gezeichneten Raum. Das durch die Kästchen eröffnete bildliche Feld fungiert hier als Fläche für die Entfaltung der Klänge und dient damit der Verbindung von Schrift, Bild und Klang.

Daraus folgt zweitens, dass durch die von Feldman gewählte Darstellungsform eine Fokussierung auf die Räumlichkeit des Klanges möglich wird. Diese ist in drei eng miteinander verbundenen Sphären zu verorten: im gezeichneten Raum der Partitur, in ihrer eigentümlichen zeitlichen Ausdehnung und in ihrer Projektion in die physikalische Extension des Aufführungsortes. Bemerkenswert ist dabei, dass gerade dieser dritte Aspekt ebenfalls bildlich konzipiert ist. Die leeren Kästchen sind zweidimensional gezeichnet, aber dreidimensional gedacht: Einerseits stehen sie für die lineare Entfaltung des Klangs in der Zeit, andererseits für die Entfaltung desselben im Raum. Der Zirkulation des Klangs wird damit in der bildlichen Notation Feldmans ein Rahmen gegeben, und dieser ist ‹durchkomponiert›.

Die Beweggründe, sich bildlicher Elemente für die Visualisierung von Klang zu bedienen, sind von Komponist zu Komponist allerdings sehr verschieden. Feldman, war auf der Suche nach einer neuen Klangwelt, «a sound world more direct, more immediate, more physical.»[7] Haubenstock-Ramati verfolgte mit der Arbeit an neuen Notationsweisen hingegen andere Ziele, nämlich die Möglichkeiten von Entdeckung und Erfindung auszuweiten. Erstere bezieht sich auf das Material, während letztere die musikalische Form betrifft.[8] Zwischen beiden Polen findet ein «Umwandlungsprozeß von Material in Form [als] ununterbrochener Akt der Transformation von Entdecktem in Erfundenes [statt]. [...] Die schöpferische Rolle der Phantasie kann als die Kraft ver-

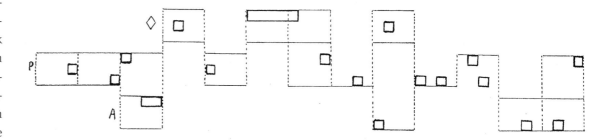

standen werden, Entdecktes zu Erfundenem zu erheben».[9] Dabei besteht laut Haubenstock-Ramati die «Mitteilungsfähigkeit [...] der musikalischen Niederschrift» in der «Korrelation zwischen Auge, Ohr und Technik: Technik des Spielens und des Komponierens».[10] Er sieht die Leistung einer bildlichen Partitur im Vermögen, durch mehrdeutige Formen «eine Art Provokation zur Improvisation» zu erschaffen, «durch die wieder etwas Wahres und Einmaliges zum Leben in unserer Zeit erweckt wird».[11]

In seiner aus 16 Blättern bestehenden Musikgraphik[12] *Décisions* (1959–61) verzichtet Haubenstock-Ramati auf eine Legende, die Bedeutung der bildlichen Elemente kann allenfalls aus den in anderen Partituren hinzugefügten Erläuterungen abgeleitet werden (Abb. S. 38 links).[13] Jede Seite ist als musikalische Einheit zu betrachten, obzwar das Bild eine gewisse Linearität andeutet, können die Blätter von den vier Rotationspunkten aus gelesen werden. Eine genaue Sequenz der bildlichen Elemente wird ebenso wenig angegeben wie die Tonhöhen und die Gesamtdauer der Stücke. Die Blätter können darüber hinaus in beliebiger Reihenfolge zur Aufführung gebracht werden, wobei nicht alle berücksichtigt werden müssen. Das hohe Mass an Unbestimmtheit erfordert eine umso grössere Hingabe der Interpreten, von deren einzigartigem Zusammenspiel von Auge, Ohr und Spieltechnik die klangliche Realisierung der Musikgraphik abhängt. *Décisions* steht damit für eine bildliche Partiturgestaltung, die sich von einigen grundsätzlichen Gestaltungsparadigmen des traditionellen Notenbildes ablöst.

Roman Haubenstock-Ramati, *Déci-sions* (1959–61), Musikgraphik Nr. 1 (PSS, Sammlung Roman Hauben-stock-Ramati). | Kat. 55

Anestis Logothetis, *Zeichen als Aggregatzustand der Musik*, S. 22: Tonhöhensymbole.

Anestis Logothetis' Streben nach neuen Formen der Musik-visualisierung galt einem anderen Aspekt, nämlich der Polymor-phie oder Vielgestaltigkeit der Partitur. Die praktische Umset-zung seiner Gedanken über den Einsatz bildlicher Mittel setzte etwas später ein als die seiner US-amerikanischen Zeitgenossen, doch Logothetis ist – auch unter den europäischen Komponisten des 20. Jahrhunderts – der vielleicht konsequenteste Zeichner von allen. In den Jahren um 1960 entwickelte er eine eigene No-tationsweise, die er mit einigen Nuancen für alle seine Kompo-sitionen, darunter auch Hörspiele und Opern, bis zu seinem Le-bensende benutzte.

Logothetis verstand seine bildlichen Partituren als «flexi-ble, aber doch verbindlich zu lesende Klangcharakterschrift, die je nach kompositorischen Intentionen, sich zu neuen Bildern zu-sammensetzen läßt, aus denen die Steuerung des Klangflusses und seine Strukturen ersichtlich werden».[14] Das von ihm entwickelte Zeichenrepertoire und seine spezifische Art, dieses auf der Inskrip-tionsfläche zu verräumlichen, zielt also nicht primär auf den ästhe-tischen Reiz, der seinen Schriftbildern sicherlich auch innewohnt, sondern auf die «Schaffung von Mitteln, die das Bewußtsein in einer polymorphen Klangwelt durch die Verbindlichkeit ihrer Zei-chen und Charaktere schärfen».[15]

Die einzelnen Elemente seines Zeichenrepertoires erläuterte Logothetis sukzessive in verschiedenen Schriften ab 1969.[16] Eine

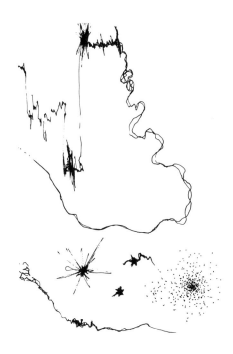

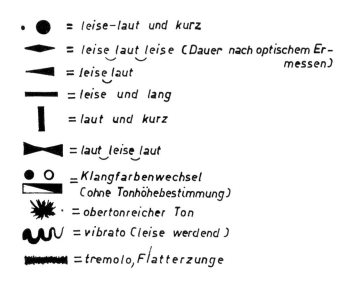

Anestis Logothetis, *Zeichen als Aggregatzustand der Musik*, S. 23: Aktionssignale.

Anestis Logothetis, *Zeichen als Aggregatzustand der Musik*, S. 24: Assoziations-Faktoren.

ausführliche Erklärung mit zahlreichen graphischen Beispielen findet sich aber erst in seinem Schlüsseltext *Das Zeichen als Aggregatzustand der Musik*.[17] Dort werden die Zeichen in drei Arten aufgeteilt:

Zum einen benutzte Logothetis die aus der konventionellen Notation hergeleiteten Tonhöhensymbole zur Vermittlung von Tonkonstellationen (Abb. S. 38 rechts). Diese sind in jeder Oktave zu spielen und werden je nach Partitur auf unterschiedliche Weise verräumlicht und miteinander verkettet.

Weiter entwarf er sogenannte Aktionssignale (Abb. oben links). Die dargestellten Linienbewegungen oder Punktzeichen gilt es auf das Instrument zu übertragen. Sie zeichnen sich durch ihre indexikalische Zweideutigkeit aus: Einerseits weisen sie auf den Charakter des betreffenden Klanges hin, andererseits sind sie als technische Anweisung für die manuelle Ausführung derselben zu betrachten. Signale und Symbole unterscheiden sich zu-

dem im Freiheitsgrad ihrer möglichen Interpretation: Während Signale zu variablen Klangergebnissen führen können, sind Symbole als fixierte Zeichen zu lesen.

Als letztes Element erscheinen die von Logothetis entworfenen Zeichen stellvertretend für Assoziationsfaktoren, welche auf Nuancen in der Lautstärke, im Klangfarbenwechsel und in den Toncharakteren verweisen (Abb. oben rechts).

An der Komposition *Konvenktionsströme* (1968) lässt sich die Verschmelzung aller Elemente des Notationssystems zeigen (Abb. S. 40). Aus der Art der Zeichenverknüpfung wird deutlich, dass die Partituren von Logothetis keine streng kodierten Symbolstrukturen sind, deren Inhalt es in wiederholbare klangliche Realisierungen zu übersetzen gilt. Vielmehr fordern sie durch die bildliche Verarbeitung der Einzelelemente und ihre vielfältigen Kombinationsmöglichkeiten den ‹musikalischen Blick› der Ausführenden heraus, welche diese mehrdeutigen Klangkonstellatio-

Anestis Logothetis, *Konvektionsströme* (1968), Partiturreinschrift (Archiv Anestis Logothetis, Wien).

Schriftlichkeit und Bildlichkeit

Lange Zeit galt Schrift als ein Medium für die Aufzeichnung mündlicher Rede. Ein prominenter Gegner dieser Ansicht war bekanntlich der französische Philosoph Jacques Derrida.[20] Seine *Logophonozentrismus*-Kritik kann als eine der Hauptinspirationsquellen neuerer Schrifttheorien betrachtet werden.[21] Seit Beginn der 1990er Jahre versuchen Wissenschaftlerinnen und Wissenschaftler unterschiedlicher Disziplinen, einen Schriftbegriff zu etablieren, der dieses Abhängigkeitsverhältnis auflöst. Dafür müssen Schriften drei Kriterien erfüllen:[22]

Das erste betrifft die Referenzfunktion: Schrift muss immer auf etwas ausserhalb sich selbst Bezug nehmen.

Darüber hinaus müssen Schriften eine wahrnehmbare Gestalt haben, die eine Nachbearbeitung ermöglicht. Diese Anforderung beschränkt sich nicht auf die visuelle Ebene, wie die Blindenschrift zeigt. Wichtig ist vielmehr der Aspekt der Verräumlichung von Schriftzeichen und die Möglichkeit, mit ihrer Anordnung experimentieren zu können.

Aus diesem Präsenzaspekt lässt sich schliesslich die Operationalität von Schriften ableiten, die darin besteht, dass Schriftsysteme aus eindeutig zu differenzierenden Elementen gebildet sind und damit dem Prinzip der Zwischenräumlichkeit folgen. Nach diesem auf der Notationsphilosophie Nelson Goodmans basierenden Prinzip muss jedes Element als Entität wiedererkennbar sein.[23] Kein Zeichen darf also in ein anderes übergehen. Nur so ist es möglich, mit Schriften nach bestimmten Regeln zu operieren.

Die drei beschriebenen Anforderungen beziehen sich auf eine Haupteigenschaft von Schrift: Was Programmiercodes, Schaltpläne oder mathematische Formeln gemein haben, ist eine ihnen zugrundeliegende «Strukturbildlichkeit».[24] Diese fordert ein Ab-Sehen von bestimmten gestalterischen Aspekten, denn die «Identität eines Zeichens beruht nicht mehr auf seiner konkreten Physiognomie, sondern allein auf der – durch Ausschlussoperationen charakterisierbaren – Position, die es innerhalb einer Gesamtkonfiguration einnimmt».[25] Es ist also diese «notationale Ikonizi-

nen zu immer neuen Klangbildern zusammenzusetzen haben. Es sind also die visuellen Nuancen dieses Notationssystems, die eine «echte Polymorphie»,[18] eine Vielgestaltigkeit im Sinne von Anestis Logothetis ermöglichen.

Aus medialer Perspektive sind bildliche Notationsästhetiken deswegen interessant, weil sie sowohl schriftliche als auch bildliche Eigenschaften aufweisen, sich aber keiner dieser Gattungen ganz zuordnen lassen. Die Schwierigkeit einer Klassifizierung trifft den Kern dessen, was ich als «ästhetische Operativität» vorgestellt habe.[19] Zunächst soll jedoch geklärt werden, welche Auffassungen von Schriftlichkeit und Bildlichkeit diesem begrifflichen Vorschlag zugrunde liegen.

tät»,[26] auf die mit dem Begriff der «Schriftbildlichkeit»[27] verwiesen wird. Wirft man allerdings einen Blick auf die junge Geschichte französischer und deutscher Bildtheorie,[28] so gibt es gewichtige Gründe, sich mit diesem Bildlichkeitsbegriff kritisch auseinanderzusetzen, denn allein die Frage, ob Bilder als Zeichen verstanden werden sollen, wird bis heute kontrovers diskutiert.[29] Der semiotischen Methode Vorrang zu geben, setzt eine Inventarisierung visueller Elemente und die Herausarbeitung von analytischen Konventionen voraus, welche die konstitutiven Merkmale von Bildern als Korrelat bestimmter semantischer Inhalte behandelt.[30] Für eine Reflexion über die Verbindung von Bild und Klang in den vorgestellten Partituren scheint dieser Ansatz allerdings nicht besonders geeignet zu sein, weil dabei die genuin bildlichen Aspekte des Bildes, d.h. eben jene Eigenschaften, die Bilder in ihrer Bildlichkeit von anderen visuellen Phänomenen unterscheiden, ausgeblendet werden.

Als Grundlage einer Herangehensweise, welche den Fokus auf diesen Aspekt richtet, bieten sich Bildtheorien phänomenologischer Prägung an, die teilweise einige Jahre vor den oben geschilderten Überlegungen im Bereich der Schrifttheorie entstanden sind.[31] Diesen Ansätzen ist die von Maurice Merleau-Ponty formulierte Überzeugung gemein, die besagt: «Sehen bedeutet immer, mehr sehen, als man sieht [...].»[32]

Aus dieser Überzeugung etwa kritisiert Georges Didi-Hubermans die irreführende Annahme, alle Bilder seien mittels einer kunstgeschichtlichen Interpretation «abgelesen und gemäß einer gesicherten – apodiktischen – Semiologie medizinischer Diagnostik dechiffriert worden [...]».[33] Nach Didi-Huberman lebt die Kunstgeschichte in der Illusion einer «Allübersetzbarkeit der Bilder», indem sie behauptet, dass der Kunsthistoriker durch die Ausübung ikonologischer oder ikonographischer Beschreibungen «alle Begriffe in Bilder und alle Bilder in Begriffe hat umsetzen können».[34]

Statt Methoden zur Dekodierung visueller Nuancen zu entfalten, wird hier die unbequeme Lage des Betrachters reflektiert, der sich vor dem Bild stets neu orientieren muss. Sich Aspekten der

Bildlichkeit zu öffnen, erfordert zwangsläufig ein Interpellieren des Blickes, sein erkennendes Potential zu eruieren, das sich während des Erblickens im eigentlichen Sehakt als das Undenkbare, d.h. als das Noch-nicht-Gedachte, herauskristallisiert.

Die hier ins Zentrum gerückte Form der Wahrnehmung ist also durch die «*konkrete Ordnung des Sichtbaren*» gekennzeichnet, die «*mit dem Sehen* und *mit den Dingen* im Zuge einer Erfahrung [entsteht], die sich *zwischen* Gesehenem, Sehendem und Mitsehendem abspielt und dem Geburtsstadium nie völlig entwächst».[35] Die Ordnung des Sichtbaren ist also nicht gegeben, sie entfaltet sich während des Sehaktes, wirkt somit produktiv und nicht reproduktiv. Ein solches Sehverhalten wird auch von den Ausführenden bildlicher Musikpartituren verlangt. Jeder Blick auf die verräumlichten Klangereignisse setzt einen Übersetzungsprozess in Gang, bei dem das Gesehene immer neuen Interpretationen ausgesetzt wird, aus denen wiederum unterschiedliche Klangrealisierungen hervorgehen.

Dem produktiven Sehen wohnt somit «eine ‹Unruh› inne, die im Blickfeld Spannungen erzeugt und wachhält» und wodurch ein ‹Mehr› entsteht: «Der Blick bedeutet einen Überschuß des Sehens im Gesehenen; nur er verhindert, daß das Sehen im Wiedersehen zur Ruhe kommt».[36] Dieser Überschuss ist jeglicher Form von Bildlichkeit inhärent. Als spezifischer Modus der Wahrnehmung setzt sie voraus, dass mit dem Blick etwas ‹gebildet› wird, das besondere ästhetische Eigenschaften aufweist. Diese Eigenschaften kommen erst bei der optischen – oder eben haptischen – Reibung mit dem Wahrnehmungsobjekt (der Musikpartitur) zum Ausdruck.

Mit Blick auf die herangezogenen Beispiele bildlicher Musiknotation und das dargestellte Verständnis von Bildlichkeit lässt sich fragen, inwiefern sich die epistemologisch-mathematisch geprägte Auffassung von Operativität in der Schrifttheorie um eine ästhetische Perspektive erweitern lässt. Dieser Frage soll abschliessend nachgegangen werden.

Ästhetische Operativität

Betrachtet man die gängigen Definitionen von Notation und Operativität, so wird das Augenmerk auf Rationalisierung und Effizienz gerichtet.[37] Beide Anforderungen zielen auf den höchstmöglichen Grad an Präzision. Die beanspruchte Genauigkeit beruht wiederum auf zwei bereits genannten Merkmalen von Schriftsystemen: Einerseits müssen die Zeichen visuell klar auseinandergehalten werden können und darüber hinaus eine eindeutige Zuordnung zu ihrem semantischem Gehalt ermöglichen. Doch was Präzision ausmacht, kann auch auf andere Art bestimmt werden. Logothetis betont in dieser Hinsicht, dass er seine bildliche Notation mit dem Ziel der Mehrgestaltigkeit entwickelt habe, sie sei daher «sehr ‹präzise›, präziser sogar als die auf eine einzige Gestalt gerichtete 5-linien-gleisige, herkömmliche Notation».[38] Er erläutert dies an einem Beispiel seiner Notation: «Angenommen, ich wollte, daß ein kurzer Ton, so oft er klingt, seine Tonhöhe wechselt, so stellt ein Punkt seine Wechselbarkeit in bezug zur Tonhöhe präziser dar als irgendein herkömmlich notiertes C oder H usw. Größe und Intensität der Zeichen sorgen für die Wechselbarkeit der Dynamik.»[39]

Diese gegenläufige Auffassung von Präzision eröffnet einen Denkhorizont, in dem *ästhetische Operativität* ergründet werden kann. Denn die von einer Notation erwartete Artikuliertheit muss nicht zwangsläufig auf dem binären Prinzip des Entweder-Oder basieren. Eine musikalische Anweisung kann auch ohne Zerlegung und ohne Fixierung der Aufeinanderfolge visueller Impulse zur performativen Realisierung von Klang führen. Diese besteht allerdings nicht im Nachvollzug einer festgelegten Zeichen-Kombinatorik, sondern in der Umsetzung wahrnehmbarer Nuancen, die jeglicher Form *ästhetischer Operativität* zugrunde liegt.

Anmerkungen

1 John Cage, «Experimental Music», in: *Silence. Lectures and Writings* [1961], London 1971, S. 10.

2 Die Formulierung erscheint bereits bei Edgard Varèse, z. B. im Vortrag am Mary Austin House (Santa Fe) 1936; vgl. Edgard Varèse, «The Liberation of Sound», in: *Perspectives of New Music* 5/1 (Autumn–Winter 1966), S. 11–19.

3 Björn Gottstein, «Notieren ohne Paradigma. Versuch einer Analyse der notationellen Krise 1950 bis 1970», in: *MusikTexte* Heft 76/77 (1998), S. 25–29, hier S. 25.

4 Vgl. John Holzaepfel, «Painting by Numbers. The *Intersections* of Morton Feldman and David Tudor», in: *The New Schools of Music and Visual Arts*, hg. von Steven Johnson, New York 2002, S. 159–172, hier S. 160.

5 Vgl. *Morton Feldman Says. Selected Interviews and Lectures 1964–1987*, hg. von Chris Villars, London 2006, S. 153.

6 Vgl. hierzu den Beitrag von Heidy Zimmermann und die Abbildung zu *Projection 1* in diesem Band, S. 26–29.

7 Morton Feldman, *Give my Regards to Eighth Street. Collected Writings*, hg. von B. H. Friedman, Cambridge, MA 2000, S. 6.

8 Vgl. Roman Haubenstock-Ramati, «Notation – Material und Form», in: *Notation = Darmstädter Beiträge zur Neuen Musik* 9 (1965), S. 51–54, hier S. 52.

9 Ebd., S. 53.

10 Ebd., S. 52.

11 Ebd.

12 Mit diesem Terminus werden vor allem die bildlichen Partituren Haubenstock-Ramatis bezeichnet, wobei die «‹musikalische Graphik› in ihren verschiedensten Formen, von den total graphischen Darstellungen bis zu den kurzen graphischen Strukturen, die in herkömmlich notierten Werken eingeschoben sind, – was den klanglichen Bereich betrifft – die ganz neue Musik beeinflußt und unverkennbar bereichert [hat]». Haubenstock-Ramati, *Notation* (wie Anm. 8), S. 52.

13 Roman Haubenstock-Ramati, *Décisions (für unbestimmte Klangquellen)*, Wien 1980. Eine Erläuterung der von Haubenstock-Ramati wiederholt verwendeten bildlichen Elemente findet sich in seiner Musikgraphik *Ludus musicalis. Modelle 1–6 für Spielmusikgruppen*, Wien 1970, S. 7. Dort werden schwarze Punkte und hohle Kreise als einzelne, kurze Töne für alle Melodieinstrumente und als einzelne Schläge (*pp/mf/f/ff*) für alle Schlagzeuginstrumente beschrieben; Balken sind als Cluster für Tasteninstrumente zu betrachten, jeweils *forte* (schwarze) oder *piano* (weisse), gerade schwarze Linien als Glissandi für Tasteninstrumente und wellige Linien als Glissandi für Streicher und Bläser («mit Hilfe der Klappe»).

14 Anestis Logothetis, *Zeichen als Aggregatzustand der Musik*, Wien und München 1974, S. 19.

15 Anestis Logothetis, «Kurze musikalische Spurenkunde. Eine Darstellung des Klanges», in: *Melos* 37 (1970), S. 39–43, hier S. 41.

16 Vgl. Anestis Logothetis. «Gezeichnete Klänge», in: *Neues Forum. Internationale Zeitschrift links von der Mitte* 16 (1969), Heft 183, S. 177–179, sowie ders., «Kurze musikalische Spurenkunde» (wie Anm. 15) und ders., *Impulse für Spielmusikgruppen*, hg. von Franz Blasl, Wien 1973.

17 Logothetis, *Zeichen als Aggregatzustand* (wie Anm. 14).

18 Ebd., S. 5.

19 Vgl. David Magnus, *Aurale Latenz. Wahrnehmbarkeit und Operativität in der bildlichen Notationsästhetik von Earle Brown*, Berlin 2016, S. 285, sowie ders., «Aesthetical Operativity. A Critical Approach to Visual Literacy with and beyond Nelson Goodman's Theory of Notation», in: *IMAGE. Zeitschrift für interdisziplinäre Bildwissenschaft*, Nr. 22 (Juli 2015), S. 129–153.

20 Vgl. u. a. Jacques Derrida, *Grammatologie*, übers. von Hans-Jörg Rheinberger und Hans Zischler, Frankfurt a. M. 1983, S. 25.

21 Vgl. u. a. Werner Kogge, «Erschriebene Denkräume. Grammatologie in der Perspektive einer Philosophie der Praxis», in: *Schrift. Kulturtechnik zwischen Auge, Hand und Maschine*, hg. von Gernot Grube, Werner Kogge und Sybille Krämer, München 2005, S. 137–169; Rainer Totzke, «Logik, Metaphysik und Gänsefüßchen. Derridas Dekonstruktion und der operative Raum der Schrift», in: ebd., S. 171–186; Dieter Mersch, «Spur und Präsenz. Zur ‹Dekonstruktion› der Dekonstruktion», in: *Die Sichtbarkeit der Schrift*, hg. von Susanne Strätling und Georg Witte, München 2006, S. 21–39.

22 Vgl. hierzu Gernot Grube und Werner Kogge, «Zur Einleitung: Was ist Schrift?», in: Grube/Kogge/Krämer, *Schrift* (wie Anm. 21), S. 9–21.

23 Vgl. Nelson Goodman, *Sprachen der Kunst. Entwurf einer Symboltheorie*, Frankfurt a. M. 1995, S. 127–132.

24 Sybille Krämer, «‹Schriftbildlichkeit› oder: Über eine (fast) vergessene Dimension der Schrift», in: *Bild, Schrift, Zahl*, hg. von Horst Bredekamp und ders., München 2003, S. 157–176, hier S. 163.

25 Sybille Krämer, «‹Operationsraum Schrift›. Über einen Perspektivenwechsel in der Betrachtung der Schrift», in: Grube/Kogge/Krämer, *Schrift* (wie Anm. 21), S. 23–57, hier S. 31.

26 Ebd.

27 Krämer, *Schriftbildlichkeit* (wie Anm. 24).

28 Grundlegend für die Bilddebatte sind die – teilweise voneinander sehr divergierenden – Positionen von u. a. Louis Marin, Hubert Damisch, Jacques Rancière, Georges Didi-Huberman sowie von Gottfried Boehm, Hans Belting, Horst Bredekamp und Dieter Mersch.

29 Vgl. hierzu die semiotischen Ansätze von Roland Posner, «Das Bild in der Semiotik», in: *Wege zur Bildwissenschaft. Interviews*, hg. von Klaus Sachs-Hombach, Köln 2004, S. 22–52, Winfried Nöth, «Zeichentheoretische Grundlagen der Bildwissenschaft», in: *Bildwissenschaft zwischen Reflexion und Anwendung*, hg. von Klaus Sachs-Hombach, Köln 2005, S. 33–44, und die kritische Haltung von Gottfried Boehm gegenüber dem Universalitätsanspruch der Semiotik in seinem Aufsatz «Die Hintergründigkeit des Zeigens. Deiktische Wurzeln des Bildes», in: *Wie Bilder Sinn erzeugen*, Berlin 2007, S. 19–33, besonders S. 27–33.

30 Vgl. dazu die paradigmatische Studie zu Paul Klees *Pflanzen-analytisches* (1932) bei Felix Thürlemann, *Vom Bild zum Raum. Beiträge zu einer semiotischen Kunstwissenschaft*, Köln 1990, S. 19–42 (zuerst auf französisch in: ders., *Paul Klee. Analyse sémiotique de trois peintures*, Lausanne 1982, S. 41–60).

31 Vgl. dazu vor allem Gottfried Boehm, «Zur Hermeneutik des Bildes», in: *Seminar: Die Hermeneutik und die Wissenschaften*, hg. von Hans-Georg Gadamer und dems., Frankfurt a. M., 2. Aufl., 1985 [1978], S. 445–471.

32 Maurice Merleau-Ponty, *Das Sichtbare und das Unsichtbare, gefolgt von Arbeitsnotizen*, übers. von Regula Giuliani und Bernhard Waldenfels, hg. von Claude Lefort, München, 2. Aufl., 1994 [1986], S. 311.

33 Georges Didi-Huberman, *Vor einem Bild*, übers. von Reinold Werner, München und Wien 2000, S. 11.

34 Ebd.

35 Vgl. Bernhard Waldenfels, *Der Stachel des Fremden*, Frankfurt a. M. 1990, S. 209 [Hervorhebung i. O.].

36 Bernhard Waldenfels, *Sinnesschwellen. Studien zur Phänomenologie des Fremden 3*, Frankfurt a. M. 1999, S. 147.

37 Vgl. Dieter Mersch, «Kritik der Operativität. Bemerkungen zu einem technologischen Imperativ», in: *Internationales Jahrbuch für Medienphilosophie* 2 (2016), Heft 1, S. 31–52, hier S. 37.

38 Anestis Logothetis, «Antwort auf den Leserbrief. Gedanken zu Logothetis' ‹Styx›», in: *Anestis Logothetis. Klangbild und Bildklang*, hg. von Hartmut Krones, Wien 1998, S. 139–141, hier S. 139.

39 Ebd.

SÜDWESTFUNK

ANSTALT DES ÖFFENTLICHEN RECHTS

Abt.: **Musik**

Südwestfunk Baden-Baden · Hans-Bredow-Straße

BADEN-BADEN

Herrn
Hermann Meier
Zullwil/Solothurn/Schweiz

Hans-Bredow-Straße
Fernsprecher 3751 – 3881
Fernschreib-Nr. 0782858
Landeszentralbank Baden-Baden
Rhein-Main-Bank A.G. Filiale Baden-Baden
Süddeutsche Bank A.G. Filiale Baden-Baden
Postscheckkonto: Karlsruhe 63418

Ihre Zeichen	Ihre Nachricht vom	Unsere Zeichen	Tag	Hausapparat
		Dr.St/Pf.	16.3.55	

Sehr geehrter Herr Meier,

entschuldigen Sie, dass Sie solange nichts von uns
gehört haben. Wir haben mit Interesse auf Grund Ihrer
"Orchestermusik" Ihren eigenwilligen Stil kennen gelernt und bedauern sehr, dass Ihr Werk nicht von der
Schweizerischen Sektion der ISCM der Jury vorgelegt
wurde, denn allein in diesem Fest, das im Juni bei
uns stattfindet, hätten wir den Rahmen gesehen, in
dem ein so neuartiges Stück hätte aufgeführt werden
können. In unserer laufenden Produktion sehen wir
dazu leider keine Möglichkeit. Wir müssen Ihnen deshalb die Partitur wieder zurückschicken.

Mit besten Empfehlungen
SÜDWESTFUNK
ANSTALT DES ÖFFENTL. RECHTS

i.A:

Alle Zuschriften sind ausschließlich an den „Südwestfunk" und nicht an Einzelpersonen zu richten.

Schweizerische Rundspruchgesellschaft
Société Suisse de Radiodiffusion - Società Svizzera di Radiodiffusione

Studio Zürich

Telephon 26 17 20
Briefe: Postfach Zürich 42
Postcheck-Konto: VIII 8900

Herrn Hermann Meier
Z u l l w i l
Solothurn

Ihr Zeichen	Ihre Nachricht vom	Unser Zeichen	Zürich, 3.April 54
		Li/es	Brunnenhofstrasse 20-22

Gegenstand

Lieber Herr Meier,

Ich schicke Ihnen Ihre beiden Partituren mit gleicher Post
wieder zurück. Leider sehe ich gar keine Möglichkeit, diese
unheimlich schweren Stücke ausserhalb der Programmgestaltung
in den Proben unterzubringen. Es ist ja völlig sinnlos, in
diesem Falle mit einer halben Probe irgend etwas zu pfuschen.
Um auch nur einen Satz eines dieser Stücke anständig zu spielen,
braucht ein Orchester mindestens drei dreistündige Proben und
die habe ich im Moment leider einfach nicht zur Verfügung.
Ich will versuchen, ob sich im Laufe der nächsten Saison
vielleicht doch einmal eine Möglichkeit findet, Ihnen zu helfen.
Vielleicht unterhalten wir uns darüber im Herbst. Damit aber
die Noten nicht verloren gehen, schicke ich sie Ihnen lieber
zurück.

Verlieren Sie den Mut nicht, ich glaube, dass Ihnen man-
ches gelungen ist von dem grosse Herren noch nicht einmal
träumen.

Mit herzlichen Grüssen
Ihr
Schweiz. Rundspruchgesellschaft
Landessender Beromünster
Die Orchesterleitung:

(Rolf Liebermann)

Beilage

Anfang der 1950er Jahre bemühte sich
Hermann Meier um Aufführungen seiner
Werke und erhielt lauter Absagen.

Heinrich Strobel (Südwestfunk) an
Hermann Meier, Brief vom 16. März
1955. | Kat. 23

Rolf Liebermann (Schweizerische Rundspruchgesellschaft) an Hermann Meier,
Brief vom 3. April 1954. | Kat. 24

Klangmorphologien, Strukturbeziehungen und Übersichtsdiagramme

Zur Rolle von bildhaften und graphischen Skizzen bei seriellen und postseriellen Komponisten

PASCAL DECROUPET

In *Musikdenken heute*, seinem Vorlesungszyklus bei den Internationalen Ferienkursen für Neue Musik in Darmstadt 1960, äusserte sich Pierre Boulez ironisch über die alljährlich wechselnden Moden in der neuesten Musik: Nach dem Jahr der chiffrierten Reihen folgten jene der neuen Klangfarben, der koordinierten Tempi, der Stereophonie, der musikalischen Aktionen, des Zufalls usw.[1] Einige dieser «Neuentdeckungen» eignen sich ganz besonders als Einstieg in die Frage nach bildhaften oder graphischen Vorstellungen bei den damaligen Komponisten. Neue Klänge, sofern sie elektronisch hergestellt werden, brauchen die Übersetzung in herkömmliche Notation gar nicht – andererseits standen in den Rundfunk-Studios aber Geräte zur Verfügung, die die Klänge visualisierten, wie zum Beispiel Sonographen. Werden solch neue Klänge durch unübliche Spielweisen hervorgebracht, so bedarf es neuer Zeichen, um die herkömmliche Notenschrift zu bereichern. Spielen mehrere Musiker gleichzeitig in unterschiedlichen Geschwindigkeiten, so braucht es auch eine Methode, dies in der Partitur darzustellen, insbesondere dann, wenn die Musiker nicht länger in festen Tempi agieren, sondern unabhängig voneinander verlangsamen oder beschleunigen müssen. Bei Aktionen stellt sich allgemein die Frage, in wieweit herkömmliche Partituren nicht auch Aktionen, will sagen Gesten zur Hervorbringung von Klang, enthalten – zumindest in Form von Symbolen. Die schroffe Polarisierung in zwei ihrem Wesen nach ganz unterschiedliche und somit nicht zu vereinbarende Notationsformen, nämlich Resultatschrift und Aktionsschrift, lässt sich aus der Faszination für bzw. der Abneigung gegen das neue Phänomen erklären.[2]

Neue Ideen verlangen nach neuen Darstellungsformen – einer solch lapidaren Formulierung wird sicher jeder beipflichten können, und gerade die Einführung des Raumes als «fünfter Parameter» im Jahre 1958 scheint dies zu belegen, denn wie sollte man auf dem Notenpapier Bewegungen im Konzertraum darstellen? In Karlheinz Stockhausens *Gruppen* (1955–57) etwa sind die drei Orchester in der Partitur übereinander gedruckt, und aus deren Aktivitätszonen kann auf die räumliche Dramaturgie geschlossen werden. Auf spezifische Zeichen, die die resultierenden Raumverläufe anzeigen würden, hat Stockhausen hier verzichtet. Anders in den Skizzen zu Boulez' *Tombeau*, dem 1959 in einer ersten Fassung uraufgeführten Schlusssatz aus *Pli selon pli* (1959–89): Sie enthalten einige interessante und explizite Zeichnungen.[3] In seiner Planung sah Boulez vor, die Instrumente nach homogenen Gruppen räumlich voneinander zu trennen: Zunächst sollten sie kontinuierliche Drehungen darstellen, anschliessend aber auch komplexere Raumformen. Ähnliche Ideen hatte er ein Jahr zuvor bereits in seinem Orchesterwerk *Doubles* (1958) umgesetzt.[4]

Für die hier aufgeworfene Fragestellung wird es besonders interessant, wenn entsprechende Überlegungen, gegebenenfalls auch anhand von Zeichnungen, für Parameter entworfen werden, die ansonsten durchaus traditionell notiert werden, wie zum Beispiel die Dynamik. Der Unterschied zu herkömmlichen Aufführungsanweisungen liegt im Ziel der Niederschrift: Was hier skizziert wird, sind Verläufe, Prozesse, die es nach ihren grundsätzlichen Transformationstendenzen (und nicht bereits in allen Details) aufzuzeichnen gilt. Eine schematische Darstellung, die

gleichsam aus sich heraus zu einem System von Kombinationsmöglichkeiten auffordert, ist für die angestrebten Zwecke absolut ausreichend: Sie zeigt Variationen zwar bloss in groben Zügen, genügt aber vollends als erste Ebene der Kontrolle.

Nicht unähnlich verhält es sich mit Übersichtdiagrammen für ganze Formverläufe. Als Beispiel diene zunächst eine Skizze zu Henri Pousseurs *Trait* für 15 Streicher (1962) (Abb. S. 47). Was sich gleichsam unmittelbar einprägt, ist der Eindruck sich ständig verändernder Dichteverhältnisse: Die Musik scheint zu ‹atmen›, sowohl mit kontinuierlichen Veränderungen (crescendi oder diminuendi) als auch mit plötzlichen Brüchen und harten Übergängen. Die verschiedenen Ebenen der Skizze präzisieren sich gegenseitig: Scheint die obere Zeichnung bereits ein recht genaues Planungsstadium widerzuspiegeln, so bietet die unmittelbar darunter folgende einen gesamthaften Überblick. Die verbalen Eintragungen noch weiter unten erläutern schliesslich besondere Ausarbeitungskategorien im Parameter der polyphonen Gestaltung.

Auch im Falle von Iannis Xenakis' Orchesterwerk *Achorripsis* (1956–57) lässt sich der Gesamtverlauf aus einer einzigen Graphik ablesen, einem Verteilungsdiagramm der Texturen, das der Komponist auf die Vorderseite der Partitur drucken liess. Peter Hoffmann hat die Logik des Verteilungsschemas auf der Grundlage von Poissons Wahrscheinlichkeitsverteilung aufgeschlüsselt und gezeigt, wie über mehrere Stufen der Anwendung desselben Prinzips (Gesamtverteilung; Anwendungen auf die Spalten, die die Zeiteinheiten darstellen; Anwendung auf die Zeilen, die für die Instrumentengruppen stehen; abschliessend noch Anwendung auf die Diagonale) eine spezifische statistische Verteilung der unterschiedlichen Aktivitätsdichten entstanden ist. Die rekursive Anwendung des Wahrscheinlichkeitsgesetzes auf mehreren sukzessiven Ebenen führt hier zu einem unüberschaubaren und nicht teleologisch gerichteten Resultat.[5] Stockhausen rekurrierte in der Hochphase der europäischen aleatorischen Musik ebenfalls auf statistische Verfahren, kombinierte diese allerdings mit deutlich wahrnehmbaren Gestalten. So arbeitete er in *Gesang der Jünglinge* (1955–56) auf verschiedenen Ebenen mit Bewegungsformen, die sowohl eine unvorhersehbare Innenverteilung von Impuls- oder Silbenfolgen garantieren als auch an der Aussenseite übergeordnete ‹melodische› Verläufe erkennen lassen.

Historischer Kontext

Bevor wir tiefer in die Werkstatt von Komponisten einsteigen, um besondere Formen der bildhaften oder graphischen Skizzierung auf ihre Funktionen im Schaffensprozess bzw. in den fertigen Partituren zu befragen, soll der allgemeinere musikgeschichtliche Kontext dieser Avantgarde hier mit besonderem Augenmerk auf die Interaktion zwischen Graphik und Klang kurz rekapituliert werden.[6]

    Ende August 1959 hielt Stockhausen in Darmstadt die Hauptvorlesung *Musik und Graphik*.[7] Neben seiner eigenen Komposition *Zyklus* (1959) für einen Schlagzeuger besprach er auch Werke von Sylvano Bussotti, John Cage, Cornelius Cardew und Mauricio Kagel. Bereits im Herbst 1958 hatte Cages *Concert for Piano and Orchestra* (1957/58) in Köln eine denkwürdige Aufführung erfahren, über die Heinz-Klaus Metzger einen Beitrag für das musikalische Nachtprogramm des Westdeutschen Rundfunks verfasste, der unter dem Titel «John Cage oder Die freigelassene Musik» bekannt wurde.[8] Leider schlug der Plan fehl, dieses Werk bei den Ferienkursen 1959 unter besseren Bedingungen aufzuführen.[9]

    Bei den Donaueschinger Musiktagen am 17. und 18. Oktober 1959 gab es zusätzlich zu den Konzerten eine Ausstellung «Musikalische Graphik», zusammengestellt von Roman Haubenstock-Ramati, der damals bei der Universal Edition in Wien als Lektor für Neue Musik tätig war. Karl Heinz Ruppel, der die gesamte Veranstaltung für die Musikzeitschrift *Melos* rezensierte, schrieb kein Wort über diese Ausstellung, setzte aber unter die Überschrift (mit der damals programmatischen Kleinschrift) *musikalische grafik: Ausstellung in Donaueschingen 1959* das Bild einer «Partiturseite» aus Luciano Berios *Thema, Omaggio a Joyce* (1958).[10] Aus der Broschüre zu dieser Ausstellung geht hervor, was es damals an «grafischem» zu sehen gab.[11] Bemerkenswert ist ferner, dass in der Broschüre zwischen

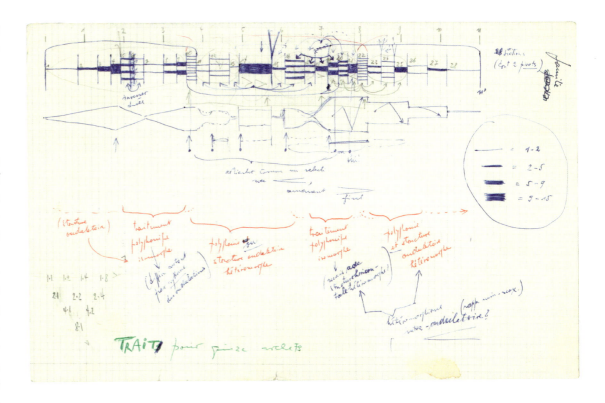

Henri Pousseur, *Trait für 15 Streicher* (1962), Skizze zur Formübersicht (PSS, Sammlung Henri Pousseur).

«mise en page» (also dem eigentlichen Drucksatz – heute würde man «Layout» sagen) und «neue darstellung» unterschieden wird (Abb. S. 49). Auf den Rückseiten diverser Partituren hat die Universal Edition seit den 1950er Jahren für Komponisten aus dem eigenen Verlag unter der Überschrift «neue Musik / stabile / mobile / musikalische grafik» geworben.[12]

    Eine der Besonderheiten der «mise en page» besteht in Haubenstock-Ramatis Initiative, die Aktivitätszonen der einzelnen Musiker oder Orchestergruppen dadurch hervorzuheben, dass bei Inaktivität nicht länger leere Notensysteme gedruckt werden, sondern die entsprechenden Stellen als weisser Hintergrund erscheinen (in Boulez' *Improvisations sur Mallarmé I–II*, in Stockhausens *Gruppen* und *Zeitmasse* – letztere von Stockhausen «gesetzt».) Dadurch wird das Partiturbild nicht nur luftiger, sondern auch auf struktureller Ebene deutlicher. Unter «neue darstellung» werden Partituren mit graphischen Elementen aufgeführt, sei es zu elektronischen Kompositionen (Stockhausens *Studie II* [1954] war sogar als grosse transparente Plastik – «Sonderausführung» – zu sehen) oder zu aleatorischen Partituren, wovon sich gerade Cages (im Katalog mit dem abweichenden Titel geführtes) *Piano Concert* und Busottis *Piano Pieces for David Tudor* (1959) durch ihre zeichnerischen Qualitäten und die daraus resultierende Unbestimmtheit der klanglichen Realisierung am stärksten von herkömmlichen Notationsformen entfernten, so dass hier oft von einer Eigenständigkeit des Zeichnerischen bzw. Graphischen gesprochen wird.

In den Jahren 1960–1962 wurde das Atelier Mary Bauermeister in Köln zu einer der zentralen Begegnungsstätten der Avantgarde aus verschiedenen Künsten. Bei der ersten Veranstaltung im Atelier wurden neben neueren Gemälden (als solche wurden auch Bilder von Bussotti verzeichnet) ebenfalls Partiturauszüge von Cage, Cardew und Kagel gezeigt. Ausserdem hing Morton Feldmans *Piano Three Hands* (1957) einem Gemälde gleich am Fenster hinter dem Klavier. Die gespielte Musik war neben einem Klavierstück von Cardew selbst ausschliesslich den amerikanischen Komponisten Cage und Feldman gewidmet. Die Veranstaltung stand unter dem Titel «Musik–Texte–Malerei–Architektur» und fand am 26. März 1960 statt, also zweieinhalb Monate vor dem Contre-Festival, das parallel zum IGNM-Fest in Köln abgehalten wurde.[13]

In den damaligen theoretischen Auseinandersetzungen wurde eine Besonderheit der neueren Notationsformen gerne unterstrichen, nämlich jene bereits erwähnte Erweiterung der herkömmlichen Resultatschrift durch eine Aktionsschrift. Diese Gegenüberstellung ist sowohl in Stockhausens Einleitungsreferat als auch in Metzgers Einführungstext zu Cages *Concert for Piano and Orchestra* von zentraler Bedeutung. Zwar mag das Konzept «Aktionsschrift» an ältere Formen wie Griffschrift und Tabulaturen erinnern, doch gibt es trotz aller Ähnlichkeiten einen qualitativen Unterschied. Das graphisch Gegebene lässt nicht notwendigerweise

auf die resultierenden Klänge schliessen, was bei Tabulaturen für den kundigen Leser sehr wohl der Fall ist, denn die Übersetzung der technischen Realisationsanweisungen löst bei ihm durchaus eine präzise klangliche Vorstellung aus. Diese Unterscheidung zwischen einer Symbolschrift, die zugleich Spielanweisung wie Notat des Klangresultats ist, und einer Aktionsnotation, die vom Klangresultat abgekoppelt *scheint*, ist zu einem Mythos experimentellen Komponierens seit den 1960er Jahren geworden. Dabei besteht das Problem darin, dass eine ganz besondere Erscheinungsform (bestimmte indeterminierte Notationsformen bei Cage) zur Regel erklärt wurde und die darauf gemünzten Schlüsselkonzepte (namentlich Trennung von Schrift und Klang sowie Indetermination der klanglichen Realisierung) diskursiv auch für anders gelagerte Auslegungen herangezogen wurden. Bei Helmut Lachenmann zum Beispiel dient die Aktionsschrift, anders als bei Cage, sehr wohl der Hervorbringung zuvor bestimmter klanglicher Resultate. Für diese galt es, eine adäquate Notationsform zu erfinden, da die vom Komponisten intendierten Klangfarbennuancen anhand der herkömmlichen Symbolschrift nicht zu bestimmen waren. Die Tatsache, dass das klangliche Resultat durch die besondere Notationsform extrem eng umschrieben ist, beweist schon der Umstand, dass auch Interpreten, die zum Beispiel *Pression* (1969–70/2010) für Cello ohne zusätzliche Hinweise des Komponisten erarbeiten, Klänge hervorbringen, die sich von denjenigen besser informierter Interpreten nur unwesentlich unterscheiden. Die in der Literatur verbreiteten Theorien, welche gerade die Unabhängigkeit von graphischer Spielanleitung bzw. instrumentaler Geste und Klang zur Besonderheit dieser Partitur stilisieren, verfehlen aus meiner Sicht die eigentliche kompositorische und interpretatorische Problematik völlig.[14]

Im Rahmen der Diskussionen um das «offene Kunstwerk» (Umberto Eco) wurde die in graphischen Notationsformen manchmal gegebene Unbestimmtheit bei der Aufführung auch mit der Fragestellung der «Werkkategorie» verknüpft.[15] In der Tat hatte die Veränderung des Strukturbegriffs in der seriellen und postseriellen Musik zur Folge, dass Formteile permutierbar

musikalische grafik

a) mise en page

1. aus pierre boulez, improvisation sur mallarmé I +

2. aus pierre boulez, improvisation sur mallarmé II +

3. aus pierre boulez, le marteau sans maître (vorarbeit für die neuausgabe)

4. aus roman haubenstock-ramati, ständchen sur le nom de heinrich strobel +

5. aus roman haubenstock-ramati, séquences pour violon et orchestre ++

6. aus karlheinz stockhausen, gruppen für drei orchester ++

7. aus karlheinz stockhausen, zeitmaße +

8. aus anton webern, op. 24 (vorarbeit für die gesamtausgabe)

1—6 und 8 mise en page von roman haubenstock-ramati

7 mise en page von karlheinz stockhausen

b) neue darstellung

9. aus luciano berio, thema

10. earl brown, piano piece for david tudor +++

11. aus john cage, piano concerto (orchesterstimmen: flöte, tuba)

12. sylvano bussotti, piano piece for david tudor 1 +

13. sylvano bussotti, piano piece for david tudor 2 +

14. sylvano bussotti, piano piece for david tudor 3 +

15. sylvano bussotti, piano piece for david tudor 4 +

16. sylvano bussotti, piano piece for david tudor 5 +

17. aus franco evangelisti, incontri di fasce sonore +

18. roman haubenstock-ramati, interpolation +

19. aus roman haubenstock-ramati, petite musique de nuit ++

20. roman haubenstock-ramati, ,,décisions''; studie in form ++

21. roman haubenstock-ramati, ,,décisions'' — détail (sonderausführung)

22. aus mauricio kagel, transicion II ++

23. aus gottfried m. koenig, klangfigur II

24. bo nilsson, 20 gruppen +

25. bo nilsson, quantitäten +

26. aus karlheinz stockhausen, elektronische studien: studie II +

27. aus karlheinz stockhausen, elektronische studien: studie II (sonderausführung)

28. karlheinz stockhausen, klavierstück XI +

29. aus karlheinz stockhausen, zyklus für schlagzeug

30. karlheinz stockhausen, refrain ++

+ bereits erschienen, universal edition

++ in vorbereitung, universal edition

+++ in vorbereitung, b. schott's söhne, mainz

wurden, ohne dass dabei jedoch der Gesamtzusammenhang aufgelöst worden wäre (solchen Beispielen begegnen wir sowohl in der europäischen als auch in der amerikanischen aleatorischen Musik): Es handelte sich also nicht notwendigerweise auch um Angriffe auf die Kategorie des Werkes. Hier wurden die Ebenen verwechselt. Bestimmte Determinationen konnten abhängig von der effektiven Reihenfolge in einer Ausführung anders erklingen: In Stockhausens *Klavierstück XI* (1956) verändert jeder Abschnitt den nächsten, weil am Schluss die Angaben zu Tempo, Dynamik und Anschlagsart für die Gestaltung des folgenden Abschnitts stehen. In *Constellation* (1957) aus Boulez' dritter Klaviersonate gibt es ebenfalls je nach Reihenfolge unterschiedliche Bestimmungen für Dynamik- oder Tempoveränderung. Für die Aufeinanderfolge

der Abschnitte in Stockhausens *Mikrophonie I* (1964) wird vom Komponisten lediglich ein Gesamtverlauf mit Verknüpfungsregeln vorgegeben, aber weder eine Reihenfolge von Abschnitten noch bevorzugte Parameter, durch die die Verbindungen herzustellen wären. In Berios *Epifanie* (1959–61/1965) gibt es ebenfalls die Möglichkeit, die als Einzelhefte gebundenen Sätze in unterschiedlichen vom Komponisten aber vorgegebenen Reihenfolgen zu spielen; dabei ist interessant, dass bestimmte Teilserien immer gleich bleiben, während andere mobiler sind. Insbesondere dem Heft C, in dem mehrere Charaktere kombiniert werden, die in anderen Teilen einzeln beleuchtet erscheinen, schreibt Berio eine explizite Finalfunktion im Sinne einer abschliessenden Synthese zu. Diese Kompositionen selbst wurden aber von ihren Schöpfern sehr wohl als Werke mit einer erkennbaren Identität verstanden, auch wenn die Reihenfolge der Abschnitte nicht mehr kennzeichnend war für die Identitätsbildung.

Weshalb bildhaft bzw. graphisch skizzieren oder notieren?

Während für die Tonhöhen, Dauern und Dynamik auch bei neuen ästhetischen Anliegen die herkömmlichen Notationsformen oft weiterhin benutzt wurden, scheinen einige andere, durch die Tradition weniger kodifizierte kompositorische Parameter für graphische Skizzierungen oder Notationen besonders prädestiniert zu sein. Zum Teil handelt es sich dabei um Angaben, die bislang so nicht benötigt wurden, so dass das Feld für freie Erfindungen offen stand, zum Teil wurden die herkömmlichen Vorschriften als zu unübersichtlich eingeschätzt. Letzteres trifft insbesondere dann zu, wenn es nicht mehr gilt, diskrete Werte zu bezeichnen, sondern innerhalb eines Parameters kontinuierliche Übergänge zu realisieren.

1. Neue Spielarten

Bekanntlich wurden in der postseriellen Musik die bereits bei Anton Webern und Béla Bartók differenzierten Spielweisen auf Streichinstrumenten erweitert, um vor allem geräuschhafte Klänge zu produzieren. Neben Glissando und Cluster spielten aber gerade auch Spielarten eine Rolle, welche das gesamte Instrument als Gegenstand der Klangproduktion verstanden und Spielweisen verlangten, die von geschulten Musikern nicht selten als Angriff auf ihr Instrument verstanden wurden. Da es sich letztlich aber um eine endliche Anzahl neuer Spielweisen handelt, genügt es, wenn man jeweils ein Symbol für sie bestimmt. Besondere Beispiele finden sich um 1960 in den frühen Partituren Krzysztof Pendereckis (*Anaklasis*, *Threnos* oder Streichquartett Nr. 1) oder in Pousseurs Werken für Streicher (*Ode* für Streichquartett, 1961, sowie *Trait*).

2. *Space notation*

Nach Preisgabe des Metrums (Rhythmen wurden zu Dauern unterschiedlicher Länge) kam der Betrachtung der musikalischen Ereignisse in «Realzeit» eine zunehmende Bedeutung zu. Gerade bei Cage ist das deutlich zu sehen, denn die gleichzeitig zu seinen Arbeiten mit *tape music* entstandene Partitur *Music of Changes* (1951) verbindet auf manchmal merkwürdige Weise eine proportionale Dauernnotation mit einer sogenannten *space notation*, bei der die räumliche Verteilung der Notenköpfe auf dem Blatt die zeitliche Verteilung bei der Aufführung abbildet. Fortgesetzt wurde diese Tendenz in Cages zunehmend unbestimmter werdenden Partituren, wobei gerade die Dauer einer Zeile oder gar eines Stückes im Gegensatz zu andern klanglichen Details sehr genau bestimmt sein konnte. Sehr eindrucksvoll in dieser Hinsicht ist auch die Reinschrift von Stockhausens *Zeitmasse* (1955–56), denn gerade jene Abschnitte, welche sich durch unabhängige (aber meist doch proportionale) Tempoveränderungen in den einzelnen Instrumenten auszeichnen, wurden vom Komponisten sehr genau gezeichnet, so dass trotz aller Diskurse zur Wandelbarkeit der Partitur von Aufführung zu Aufführung eine ‹Idealgestalt› des Werkes in seiner räumlichen Notation vorgegeben ist.

3. Vibrato

Bei Parametern, die neu ins Repertoire von variablen Gestalttransformationen aufgenommen werden, stellt sich jeweils die Frage, welcher Aufführungshinweis für Interpreten am sinnvollsten ist. Im Band *Notation* der *Darmstädter Beiträge* wird gerade dieser pragmatische Aspekt von Interpretenseite stark hervorgehoben und die jeweilige Zuweisung neuer Bedeutungen zu alten oder bereits von anderen Komponisten verwendeten Zeichen beklagt.[16] Beim Vibrato gibt es nicht nur die Möglichkeit mit oder ohne Vibrato zu spielen, sondern auch dessen relative Geschwindigkeit kann variiert werden. Handelt es sich um vereinzelte Angaben, so mag eine verbale Kodierung durchaus sinnvoll erscheinen; soll aber im Laufe eines Klanges von einer Vibrato-Geschwindigkeit zu einer andern moduliert werden, dann ist die graphische Lösung aufgrund ihrer

Suggestivkraft wahrscheinlich effizienter. Man denke etwa an die Veränderungen der Vibrationsgeschwindigkeit bei den ersten Orchesterclustern in Pendereckis *Anaklasis* (1959–60). In *Cassandra's Dream Song* (1970) setzt Brian Ferneyhough sowohl verbale als auch graphische Angaben ein: In Sektion 3 zum Beispiel wird der Übergang von non vibrato zu molto vibrato durch eine breiter werdende Wellenlinie zusätzlich graphisch illustriert.

4. Tempovorschriften

Der Alternative zwischen verbalen Angaben und Graphik begegnen wir auch bei fluktuierenden Tempowechseln, wie sie etwa in Stockhausens *Klavierstück VI* (1955) vorkommen. In der Fassung, die Marcelle Mercenier und David Tudor kurz nach der Fertigstellung spielten, sind alle Tempowechsel wie üblich verbal angegeben;[17] erst für die Drucklegung Mitte der 1960er Jahre – als die erste grosse Welle musikalischer Graphik zwar bereits abgeklungen war, diese aber als Gestaltungsmittel weiterhin ‹aktuell› blieb – wählte Stockhausen jenes bekannte Liniensystem oberhalb des Notentextes.

Fallbeispiel: die Strukturskizzen zu Karheinz Stockhausens *Kontakte*

In der Komposition *Kontakte* (1958–60) für Klavier, Schlagzeug und elektronische Klänge galt Stockhausens Aufmerksamkeit ganz der Frage der Verbindung zwischen zwei unterschiedlichen Klangwelten. Was das Klavier sowohl von Teilen der Schlaginstrumente als auch von der Elektronik trennt, ist seine unveränderliche halbtönige Stimmung; spezifische Spielarten helfen jedoch, Zwischenbereiche zu schaffen. So können zum Beispiel komplexe Akkorde oder gar Cluster auf dem Klavier in eine gewisse Nähe zu unbestimmten Schlaginstrumenten (Tamtam oder Gong) gebracht werden oder auch eine Schnittmenge mit elektronisch erzeugten Klängen schaffen. Solche Überlegungen auf der reinen und vom Kontext unabhängigen Klangebene reichen aber nicht aus, um

musikalischen Zusammenhang zu stiften. Folglich hat Stockhausen eine höhere Ebene morphologischer Prinzipien entworfen, zu der alle Klangquellen gleichermassen beitragen können, und die im Bereich der Klangbehandlung angesiedelt ist: Die kompositorische Verarbeitung wird also hierarchisch über die ‹gegebene› Klangnatur gestellt. Die von Stockhausen ausgewählten morphologischen Grundkategorien bestehen aus Gestalttypen, die von grösster Einfachheit sind, aber gerade diese elementare Qualität erlaubt es ihnen, übergeordnet zu funktionieren. Die besagten Gestalttypen sind: Punkte (zeitlich isolierte Ereignisse – die vertikale Dichte von Akkorden bzw. die Komplexität von Klängen tritt hier nicht als entscheidendes Merkmal hervor), Gruppen (Tonfolgen, die zu übergeordneten Einheiten – quasi ‹Melodien› – verschmelzen), sowie kontinuierliche Töne mit internen Veränderungen (das Symbol, das Stockhausen in seinen Skizzen verwendet, entspricht dem üblichen Zeichen für Triller). Übersetzt in die klangtypologischen bzw. spektromorphologischen Kategorien Pierre Schaeffers handelt es sich um Impulse, Ketten von gehaltenen Tönen mit glattem Zeitverlauf sowie ‹iterativen Morphologien› (wahrnehmbare Mikrorhythmik, die aber als Qualitäten des Klanges – etwa als Körnung – aufgefasst werden und nicht als Rhythmus).[18] Diese Gestalttypen können auf alle erdenklichen Weisen miteinander kombiniert werden, sowohl horizontal (Aufeinanderfolge) als auch vertikal (Überlagerung), als Einzelbestimmung für ein gegebenes Feld oder als gemischter Charakter.

Die Strukturskizzen zu den einzelnen Abschnitten von *Kontakte* lassen erkennen, dass die räumliche Verteilung über die instrumentalen Klangquellen an oberster Stelle (unmittelbar nach der Bestimmung der Abschnittsdauern) steht. Es folgen die Determinationen für Lautstärke, Tonform (die oben beschriebenen Gestalttypen), Tonlage, Geschwindigkeit und Instrumente – erst zum Schluss arbeitet Stockhausen also die Kombinationen bzw. Übergänge zwischen den Klangfarben aus. Die Formabschnitte für «Instrumente allein» und «Instrumente und Elektronik gemischt» sind in gleicher Weise skizziert; die Abschnitte für «Elektronik allein» wurden nach anderen Prinzipien ausgearbeitet. Für die Abschnitte «Instrumente allein» fügte Stockhausen später zwar elektronische Klänge hinzu, doch haben diese an der skizzierten Strukturierung nicht teil, so wie auch die Instrumente in den rein elektronischen Abschnitten einige Klänge strukturell gleichsam frei einwerfen können. Von besonderem Interesse sind also die gemischten Abschnitte, da hier beide Klangmedien zur Realisierung gemeinsamer Bestimmungen eingesetzt und verteilt werden.

Ein diesbezüglich sehr aussagekräftiges Skizzenblatt betrifft den Abschnitt IV der veröffentlichten Partitur (Abb. S. 53). Dies ist der erste Abschnitt des Werks, in dem beide Klangkörper (Instrumente und Elektronik) gleichberechtigt behandelt werden, und entsprechend aufschlussreich ist die Verteilung der Bestimmungen zur Tonform über die beiden Klangkörper, denn einmal nehmen sie beide mit ähnlichen Figuren am Klanggeschehen teil, ein andermal sind die morphologischen Charaktere komplementär verteilt. Abschnitt IV ist in sechs Teile unterschiedlicher Länge gegliedert. In Teil IV/1 wechseln die beiden Klangkörper mit ähnlichen Gruppenfiguren ab (dass diese Gruppen alle eine unterschiedliche Anzahl von Tönen vorweisen, gehört zu den stilistischen Merkmalen der seriellen Musik mit dem Ziel ständiger Variation). In Teil IV/2 übernimmt die Elektronik die Punkte, während die Instrumente ‹iterative Morphologien› spielen. Die für Teil IV/3 vorgesehene Mischung aller Klangtypen verdeutlicht Stockhausen auf zwei verschiedenen Ebenen: Einerseits spielen die Instrumente nur sehr kurze Gruppen, während die Klangfolgen in der Elektronik bedeutend länger ausfallen, andererseits sind die Gestalten in der Elektronik auf zwei krebsläufige Schichten verteilt, was besondere Auswirkungen auf die gedehnten Klangformen (melodisch vs. iterativ) hat, die darüber hinaus ihren jeweiligen Registerbereich austauschen. In den Teilen IV/4–5 ist die Verteilung der Typologien ausgeglichen, sie wird in IV/4 durch Synchronisierung der Gruppen zwischen Instrumenten und Elektronik sogar zu einer eigenständigen Qualität. Im abschliessenden Teil IV/6 ist wieder ein Komplementärverhältnis für die Verteilung der Punkte und Gruppen zu erkennen, wobei die Verräumlichung der Klänge ein

zusätzliches Merkmal ergibt (in der Skizze ist zu lesen: «hin + her tanzen»).

Da diese Skizze im Massstab gezeichnet ist, entsprechen die räumlichen Abstände den späteren zeitlichen Abständen (vertikal skizziert Stockhausen ganz konventionell von tief nach hoch). Zu erkennen ist zudem, dass die qualitative Verteilung der graphischen Elemente für den Komponisten eine erste Kontrollebene bedeutete, und dass genauere Zeitverhältnisse im Sinne von Proportionen (3 : 2 in Teil IV/1, 2 : 3 in Teil IV/2) oder genaueren Längenmassen für die Elektronik erst in einem nachfolgenden Schritt eingefügt bzw. ausgearbeitet wurden. Das graphische Element dient also einer grundsätzlichen Verteilung, das heisst: der qualitativen Ebene, die der quantitativen Ausarbeitung vorangeht. Das ‹Massband› ist ein nachgeschaltetes Hilfsmittel und keineswegs eine vorgeordnete Kontrollinstanz (wie man bei seriellen und elektronischen Werken fälschlicherweise häufig annimmt).

In weiteren Skizzen zu *Kontakte* treffen bildhafte und graphische Skizzierung aufeinander, da Stockhausen sowohl verbal beschreibt, was sich in den Klängen an Veränderungen ereignen soll, als auch die erwarteten Resultate graphisch abbildet. Die graphischen Komponenten des Skizzierungsprozesses sind insbesondere für die Tonhöhenverläufe der Klangkomponenten aussagekräftig. Die entsprechenden Darstellungen knüpfen sowohl an herkömmliche Notationen als auch an sonographische Darstellungen an, da beide den gleichen Bezug zum Koordinatensystem haben. In einigen Fällen dient allerdings die Zeichnung als zusätzliche Verdeutlichung der verbalen, bildhaften Kategorien, etwa wenn es heisst der «Klang knospt» oder «eine Welle nimmt alle mit» bzw. «Töne werden ‹abgeschossen›». Anspielungen auf Feuerwerkskörper wie «spritzt auseinander mit vielen Farben» werden unmittelbar an technische Realisationsmöglichkeiten gebunden («Farbglissando W49» – die Typenbezeichnung für einen im Studio eingesetzten Hörspielfilter –, «verschiedene Filtereinstellungen»). Weitere Skizzen zeigen das Verhältnis unterschiedlicher Morphologien zueinander an (wie «Impulse um die kontin[uierlich gehaltenen Töne] herum, sehr dicht daneben»), während andere lediglich die

Ausgangskategorie (zum Beispiel Akkord) benennen. Die Zeichnungen zeigen an, wie damit verfahren wird: im Falle von Akkorden zum Beispiel deren blockhafte Verschiebung oder Auflösung in Schwärme aus Punkten bevor sich abermals ein Akkord in höherer oder tieferer Transposition bildet. Abschliessend verzeichnet Stockhausen noch eine ganze Reihe von ‹Überholungen›, wobei er nach seriellem Prinzip alle erdenklichen Kombinationsmöglichkeiten durchspielt (seriell meint hier nicht eine spezifische Reihenfolge, sondern ein endliches System aller ableitbaren Erscheinungsformen).

Einige komplexe graphische Skizzen rufen Erinnerungen an Zeichnungen aus Paul Klees Unterrichtsunterlagen wach. In der Tat war 1957 unter dem Titel *Das bildnerische Denken* ein erster Band von Klees pädagogischen Materialien veröffentlicht worden, und es ist bekannt, dass dieser Band kurz nach seinem Erscheinen unter Komponisten ‹das Geschenk› schlechthin war.[19] Gerade Stockhausens Zeichnungen zu «Flächenschichtung, statisch [oder] wechselnd» können ihre Ähnlichkeit mit den Darstellungen Klees nicht leugnen (und wollen dies wohl auch nicht).[20] In einem wesentlich späteren Text hat Boulez darauf hingewiesen, dass die Lektüre der Klee-Schriften gerade deshalb für ihn von Bedeutung war, weil diese keine musiktechnischen Fragen zum Inhalt hatten, sondern weil dort allgemeine Probleme der Struktur- und Formbeziehungen behandelt wurden, Betrachtungsweisen, die sich durchaus auch auf musikalische Sachverhalte übertragen liessen bzw. neue Überlegungen anstossen konnten.[21] Hier ist von Bedeutung, dass die entsprechenden Vorstellungen gleichsam ‹für sich› gegeben oder entwickelt werden konnten und nicht notwendigerweise aus der Multiplizierung von auf tieferen Ebenen wirkenden seriellen Strategien resultierten. Somit wurde für die Formvorstellungen ein eigener Erfindungsspielraum geschaffen, der anschliessend, zum Beispiel durch entsprechende Verallgemeinerung bzw. systematische Variationen auf den unterschiedlichen implizierten Ebenen, lediglich mit den anderen Strukturebenen in eine genügende Analogie zu bringen war, um die prinzipielle Einheit nicht zu gefährden. Solches gleichzeitiges Denken in zwei entgegengesetzte

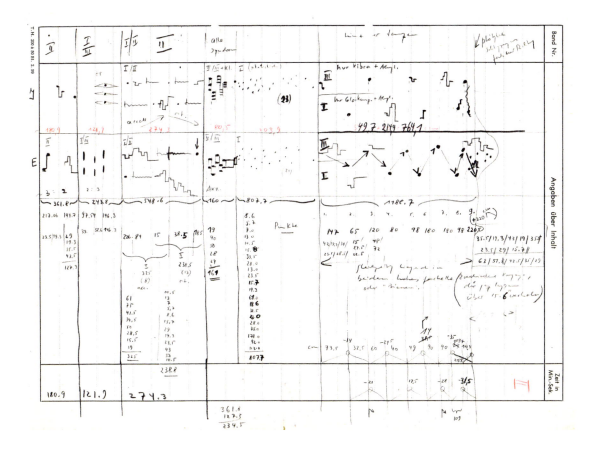

Karlheinz Stockhausen, *Kontakte* für Klavier, Schlagzeug und elektronische Klänge (1958–60), Übersichtsskizze zu Abschnitt IV (© Stockhausen-Stiftung für Musik, Kürten).

wenn auch komplementäre Richtungen («bottom up» und «top down») ist aber selbstverständlich keine Besonderheit der seriellen oder postseriellen Komponisten.

Aus den angeführten Beispielen wird klar, dass für die meisten hier genannten Komponisten der Rekurs auf graphische Mittel, sowohl bei der Skizzierung als auch bei der Notation der Partituren, eher pragmatische Gründe hatte. Eine Verselbständigung des Bildnerischen gehörte kaum zu ihren Intentionen, auch wenn sich einige von ihnen der «zweckentfremdeten» Verwendung ihrer Partituren oder gar Skizzen aus «marktstrategischen» Gründen nicht verwehrt haben: Die von Verlagen und Konzertveranstaltern angepriesenen «Neuheiten» wurden als Mittel zum Zweck hingenommen. Die Tatsache aber, dass sich mit graphischen Mitteln neue Sachverhalte adäquater ausbilden bzw. darstellen liessen, zeigt die Verschiebungen innerhalb des Komponierens selbst an: Ausdifferenzierung bereits bekannter Kategorien, Erfindung neuer Möglichkeiten (insbesondere der Klanghervorbringung) sowie eine veränderte Hierarchie der Klangkomponenten (sinkende Bedeutung der Tonhöhen zugunsten von Klangfarbe oder gar Verräumlichung) unter besonderer Berücksichtigung der Klangqualitäten. Das Innenleben der Klänge galt fortan nicht mehr als vorgegeben. Dem Gestaltungswillen eröffneten sich neue Perspektiven, die Spielraum für Ideen boten, welche mit musikimmanenten Vorstellungen nicht unbedingt am besten zu umschreiben waren: Gerade bildhafte Vorstellungen jenseits der bekannten extramusikalischen Funktionen haben geholfen, diesen neuen Bereich allmählich zu erschliessen.

Anmerkungen

1 Pierre Boulez, *Musikdenken heute 1 = Darmstädter Beiträge zur Neuen Musik* 5 (1963), S. 17.

2 Vgl. Carl Dahlhaus, «Notenschrift heute», in: *Notation = Darmstädter Beiträge zur Neuen Musik* 9 (1965), S. 9–34; wiederabgedruckt in ders., *Schönberg und andere*, hg. von Hans Oesch, Mainz 1978, S. 244–269.

3 Die entsprechenden Skizzen sind faksimiliert in *Pierre Boulez. Tombeau. Fac-similé de l'épure et de la première mise au net de la partition*, hg. von Robert Piencikowski, Wien 2010, S. 46 (Instrumentengruppen), S. 55 (Raum), S. 59 (Dynamik).

4 Vgl. Jonathan Goldman, «Listening to *Doubles* in Stereo», in: *Pierre Boulez Studies*, hg. von Edward Campbell und Peter O'Hagan, Cambridge 2016, S. 246–269.

5 Peter Hoffmann, *Amalgam aus Kunst und Wissenschaft. Naturwissenschaftliches Denken in den Werken von Iannis Xenakis*, Frankfurt a. M. 1994, S. 78–79.

6 Im Hinblick auf die Rezeptionschronologie ist Dieter Schnebels Aufsatz «Sichtbare Musik», in: *Denkbare Musik. Schriften 1952–1972*, hg. von Hans Rudolf Zeller, Köln 1972, S. 301–335, sehr aufschlussreich.

7 Von der fünfteiligen Vorlesung wurde lediglich das Einleitungsreferat veröffentlicht: Karlheinz Stockhausen, «Musik und Graphik» in: *Darmstädter Beiträge zur Neuen Musik* 3 (1960), S. 5–25.

8 Heinz-Klaus Metzger, «John Cage oder Die freigelassene Musik», in: *Musik auf der Flucht vor sich selbst*, hg. von Ulrich Dibelius, München 1969, S. 133–149; zuerst in italienischer Übersetzung veröffentlicht in *Incontri musicali* 3 (Mailand 1959), S. 16–31; die Sendung wurde am 30. Juli 1959 ausgestrahlt.

9 Aufschlussreiche Dokumente dazu finden sich in *Karlheinz Stockhausen bei den Internationalen Ferienkursen für Neue Musik in Darmstadt 1951–1996*, hg. von Imke Misch und Markus Bandur, Kürten 2001, insb. S. 234–250.

10 Karl Heinz Ruppel, «Donaueschingen führt auch 1959», in: *Melos* 26 (1959), S. 342–345, Abbildung von Berios *Thema* auf S. 343.

11 Mein aufrichtiger Dank gilt Frau Jana Behrend (SWR Archiv), die mir eine Kopie der Broschüre zur Verfügung stellte.

12 Vgl. auch den Katalog *dodekaphonische, serielle, elektronische, stabile – mobile, musikalische grafik*, Universal Edition Wien [1961].

13 *intermedial kontrovers experimentell. Das Atelier Mary Bauermeister in Köln 1960–62*, hg. vom Historischen Archiv der Stadt Köln, Köln 1993, S. 18–19.

14 Symptomatisch sind die Beiträge von Tania Orning, «*Pression* – a Performance Study», in: *Performance Research* 5 (2012), S. 12–31, und «*Pression* Revised. Anatomy of Sound, Notated Energy, and Performance Practice», in: *Sound & Score. Essays on Sound, Score and Notation*, hg. von Paulo de Assis, William Brooks und Kathleen Coessens, Leuven 2013, S. 94–109.

15 Vgl. Carl Dahlhaus, «Plädoyer für eine romantische Kategorie. Der Begriff des Kunstwerks in der neuesten Musik», in ders., *Schönberg und andere* (wie Anm. 2), S. 270–278.

16 *Notation* (wie Anm. 2).

17 Diese Fassung ist nur als Manuskript zugänglich, sowohl in der Stockhausen-Stiftung als auch in anderen Bibliotheken, die in den 1980er Jahren Exemplare einer limitierten Fotokopie-Edition erwarben, darunter die Paul Sacher Stiftung.

18 Zur Terminologie Schaeffers, siehe Pascal Decroupet, «Die Klangfarbe ist tot. Es lebe der Klang. Sichtung einiger Beiträge zur Frage der spektromorphologischen Klangkomposition und Klangbeschreibung bei Instrumentalmusik», in: *Musiktheorie* 27/4 (2012), S. 293–304.

19 Pierre Boulez, *Le Pays fertile. Paul Klee*, hg. von Paule Thévenin, Paris 1989, S. 8: Boulez bekam den Band von Stockhausen geschenkt, während Pousseur erzählte, dass Boulez ihm den Band kurze Zeit darauf auch geschenkt habe.

20 Paul Klee, *Das bildnerische Denken*, hg. von Jürg Spiller, Basel 1957; für den Vergleich mit Stockhausens Skizzen siehe insbesondere den Abschnitt «Dividualität-Individualität» (ab S. 239) und darin die Zeichnungen zu den Gliederungscharakteren (S. 243).

21 Pierre Boulez, *Le Pays fertile* (wie Anm. 19), insb. S. 122–134.

Sinfonische Klänge für die Augen

Die Zürcher Konkreten und die Musik

VERA HAUSDORFF

Vermutlich schon Ende der 1940er, sicher Anfang der 1950er Jahre wurde Hermann Meier auf die Kunst der Zürcher Konkreten aufmerksam, als er durch seinen Kompositionslehrer Wladimir Vogel Zugang zu den Häusern der Basler Sammler Annie und Oskar Müller-Widmann und Marguerite Arp-Hagenbach erhielt. Diese hatten begeistert gegenstandslose, aus formal und rational kontrollierbaren Elementen aufgebaute Kunst gesammelt, die seit den 1920er Jahren in Osteuropa, den Niederlanden, Frankreich, Deutschland und der Schweiz entstanden war.[1] Dabei handelte es sich um Werke von Künstlern, die den Bewegungen des osteuropäischen Konstruktivismus, des niederländischen De Stijl, des deutschen Bauhauses und somit der Gründergeneration dieser Avantgardeströmungen angehört hatten. In die Sammlung gelangten auch vereinzelt Werke von Schweizer Künstlern.

Diese «gebaute» Kunst faszinierte Meier und rückte in den folgenden Jahren ins Zentrum seiner Aufmerksamkeit. Ab 1953 informierte er sich in der Gewerbebibliothek Basel über abstrakte und konkrete Malerei (Abb. S. 56 links).[2] In der Orchestermusik *Hommage à Hans Arp* HMV 31 (1953) beschäftigte er sich explizit mit den Gemälden von Sophie Taeuber-Arp und Hans Arp, deren Strukturen er direkt in die musikalische Gestaltung übertrug (Abb. S. 56 rechts). 1955 besuchte Meier im Kunsthaus Zürich jene Mondrian-Ausstellung,[3] die er rückblickend noch Jahre später

Hermann Meier, Exzerpt von Wassily Kandinskys *Punkt und Linie zu Fläche*, in: Notizbuch *91* (1954), S. 1. | Kat. 34

Hermann Meier, Arbeitsheft *Klavier, Dreiecksschicksale 1953, Hommage à Arp f. Orchester 1953*, Eintrag vom 17. August 1953, S. [17]. | Kat. 32

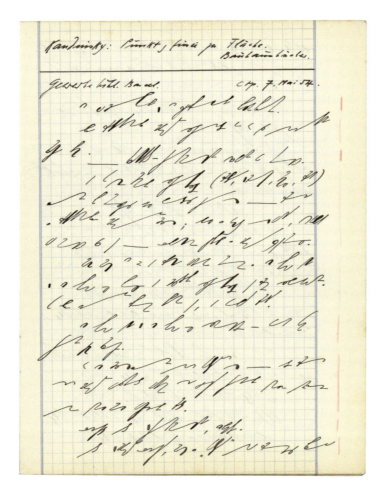

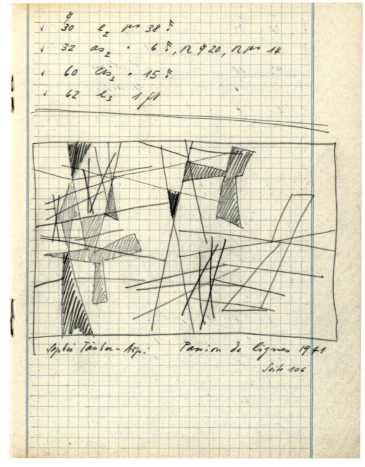

als wegweisend für sein Schaffen betrachtete.[4] Die Gemälde des De-Stijl-Künstlers mit ihren orthogonalen schwarzen Linien und den rechteckigen Feldern in den Grundfarben Gelb, Rot und Blau dienten ihm fortan als Vorbild für seine «Mondrian-Musik» aus «simplen Rechtecksfeldern». Nach dem Besuch der Ausstellung hielt Meier fest, dass er keine Ruhe habe, bevor er nicht zu einer «ähnlichen Geisteshaltung wie Mondrian» gelange.[5] Die Notizen zur Komposition des Orchesterstücks Nr. 4 *A Mondrian* HMV 34

(1955) dokumentieren schliesslich seine Absichten, die Elemente seiner Komposition in Anlehnung an Mondrians Bildsprache zu reduzieren.[6] Er wandte sich von der Melodie als prägendem Gestaltungsmerkmal ab und montierte hart geschnittene Klangfelder, die er mit «Punkten» und «Strichen» strukturierte (Abb. S. 58). Besondere Anregungen fand er auch im Schaffen Max Bills, mit dem er sich ab 1954 austauschte und den er später persönlich traf.

Meiers Begegnung mit den Zürcher Konkreten

1936 wurde von den Künstlern Leo Leuppi und Max Bill die für die Schweiz bedeutende Ausstellung «Zeitprobleme in der Malerei und Plastik» im Kunsthaus Zürich mitorganisiert. Im Katalog definierte Bill erstmals den Begriff der «konkreten gestaltung», der für die Schweizer Künstler – insbesondere die der konstruktiv-konkreten Richtung – wegweisend werden sollte.[6a] Unter den Ausstellenden waren ausser dem Mitinitiator der Ausstellung, Max Bill, der Maler und Graphiker Richard Paul Lohse und die Malerin und Gebrauchsgraphikerin Verena Loewensberg. Sie sollten später unter der Bezeichnung Zürcher Konkrete international bekannt werden. Der Maler und Gestalter Camille Graeser, der 1933 von Stuttgart nach Zürich emigriert war, gelangte 1937 zur Gruppe, als Leo Leuppi im Anschluss an den grossen Erfolg der Zeitprobleme-Ausstellung die Künstlervereinigung «Allianz, Vereinigung moderner Schweizer Künstler» gründete. Die vier Künstler Bill, Graeser, Loewensberg und Lohse trafen immer häufiger zu gemeinsamen Ausstellungen im In- und Ausland zusammen, und man bezeichnete sie bald als die Zürcher Konkreten. Sie bildeten jedoch weder eine Arbeitsgemeinschaft noch hatten sie eine Schule begründet.

Sowohl in der Sammlung Müller-Widmann als auch in der Sammlung Marguerite Arp-Hagenbach waren Leuppi und Bill mehrfach vertreten, letzterer mit dem Bild *Blaues Excentrum* von 1958/59; ein quadratisches Bild, das aus arithmetisch geteilten Quadrat- und Rechteckflächen aufgebaut ist, die ähnlich auch in Hermann Meiers Verlaufsplänen zu finden sind.[7] Meier brachte Max Bill die grösste Bewunderung entgegen, fürchtete manchmal sogar, nicht nur ‹mondrian-›, sondern auch ‹bill-hörig› und somit zu wenig eigenständig zu sein.[8] In der Sammlung Arp-Hagenbach gab es aber ausser den Gemälden und Plastiken Bills auch ein Gemälde von Lohse mit dem Titel *Cinq thèmes en même formes* aus dem Jahr 1950 (Abb. rechts), das aus horizontal unterteilten vertikalen Streifenelementen aufgebaut ist und unübersehbar musikalische Einflüsse zeigt. Daher verwundert es, dass

Hermann Meier bei seiner Faszination für die Zürcher Konkreten sich nicht ausführlicher mit Lohses *Modularen und Seriellen Ordnungen* befasst hat, die so offensichtlich von serieller Musik beeinflusst waren. Camille Graeser, der zur Jahreswende 1937/38 Allianz-Mitglied wurde, und Verena Loewensberg befanden sich erstaunlicherweise in keiner der beiden Sammlungen, so dass Hermann Meier ihre Kunst – wenn überhaupt – erst viel später wahrnahm. Bei beiden Künstlern lässt sich der musikalische Einfluss auf ihr Werk deutlich nachvollziehen. Insbesondere Graesers aus kleinen Quadratelementen gebaute Bilder der frühen 1950er Jahre, *die Loxodromischen Kompositionen*, die er 1951 in einer Ausstellung mit dem Titel «Optische Musik» präsentierte, weisen viele Gemeinsamkeiten mit Hermann Meiers Verlaufsplänen auf.

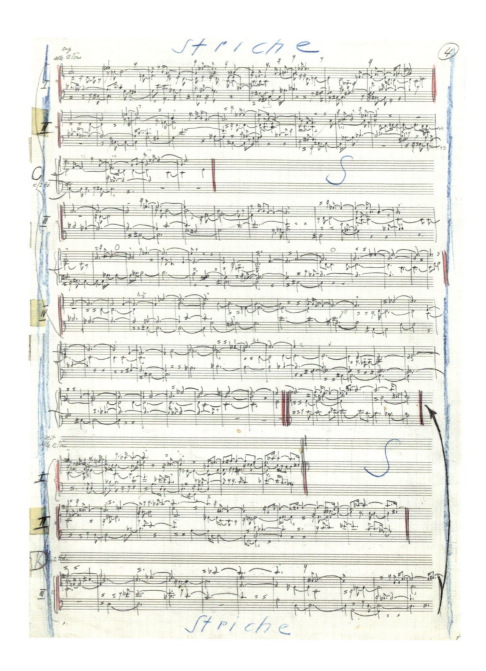

Hermann Meier, Stück für zwei Klaviere
HMV 44 (1958), Skizzen zu «Punkten»
und «Strichen», S. 1 und 4. | Kat. 45

Verwandt mit dem Werk der vier Zürcher Konkreten ist auch das Œuvre des Baslers Robert Strübin, den Meier bewunderte und mit dem er sich persönlich getroffen hat.[9] In einem Arbeitsheft von Oktober 1973 bemerkte Meier, dass einer seiner Kompositionspläne – es handelt sich vermutlich um sein erstes Diagramm für ein elektronisches Stück (Abb. S. 155 unten) – Ähnlichkeit mit den Musikbildern Strübins habe und erinnerte sich: «[...] diesen fragte ich einst, ob er nicht aus eigener Erfindung solche Bilder bauen könnte, dass man dann von diesen aus die Musik konstruieren könnte?! Er lachte bloss, wahrscheinlich überfordert von dieser Idee; aber irgendwie befinde ich mich jetzt in der Lage, dieses einstige Ansinnen an Strübin an mich selbst zu richten und aus eigener Phantasie (besser: architektonischer Konstruktion) den Plan zu bauen, ganz ohne inneres Musikhören, um dann danach die Musik herzustellen. Denn architektonische Musik kann nur auf dem Brasilia-Reissbrett entworfen, geplant und konstruiert werden). Die Kopisten haben sich umzuschulen, sie sollen Pläne in Noten übertragen und vor allem in elektronische graphische Befehle.»[10]

Einflüsse von Zwölftonmusik und Jazz

In der Kunst aller vier Zürcher Konkreten spielte die moderne Musik stets eine Rolle, während der Jazz nach meinen bisherigen Recherchen vor allem Loewensberg und Bill begeisterte. Die Einflüsse auf das Schaffen waren jedoch bei allen vier Künstlern ganz unterschiedlich.

Camille Graeser
Graesers Affinität zur Musik hat für Teile seines Œuvres eine grosse Relevanz.[11] Seiner Suche nach musikalischen Analogien, die er in seinen theoretischen Schriften 1944 zu erläutern begann, lag der Wunsch zugrunde, eine nicht nachbildende, sondern unabhängig selbstschöpferische Kunst zu entwickeln, die der Musik gleichzustellen war, «denn sie schafft sinfonische klänge für augen, besonders für jene augen, die auch hören».[12]

Während eines Berlinaufenthaltes im Winter 1915/16 hatte Graeser Anregungen für eine neue, an der Musik ausgerichteten Kunst durch den Kontakt mit Herwarth Waldens Galerie «Der Sturm» erhalten. In deren Avantgarde-Kreisen wurden bereits damals Verbindungen zwischen Musik und bildender Kunst diskutiert. Aus der Sicht Kandinskys war es Arnold Schönberg gelungen, die einzelnen Elemente seiner Kunst, die Töne, von ihren Fesseln zu lösen. Dies trieb ihn an, ähnliche Wege für die bildende Kunst zu suchen. Walden selbst schrieb in einer um 1917 publizierten Einführung in die Aktivitäten seiner Galerie, die letzte Konsequenz der modernen Kunst sei es, auf die Darstellung eines Gegenstandes ganz zu verzichten und nur Farben und Formen zu malen. «Dadurch ist die Malerei der Musik gleichgestellt, die ja auch nichts darstellt, sondern nur durch Ton und Rhythmus wirkt.»[13] Graeser dürfte bereits damals erkannt haben, dass eine rationale Musik (wie Bachs *Kunst der Fuge* und auch die damals schon diskutierte ganz aktuelle Musik Schönbergs) wichtige Anregungen für die abstrakte Malerei bieten konnte.

Die Anregungen des Sturmkreises um Herwarth Walden nahm Graeser ab Mitte der 1940er Jahre wieder auf und entwickelte sie weiter. So griff er auf musikalische Komponenten wie etwa den Rhythmus zurück und begann, diesen durch auf Zahlenbeziehungen basierende Flächen-, Form- und Farbverhältnisse in seine Kunst zu übertragen. Insbesondere das Prinzip der Progression, also die Verwendung von gestaffelten, grösser oder kleiner werdenden Flächen, scheinen in seiner Malerei eine ähnliche Rolle zu spielen wie Tonintervalle in der Musik.

Ein weiterer Aspekt sind Ähnlichkeiten der Bildelemente zur musikalischen Notenschrift. Kleine Quadrate, Rechtecke, seltener auch kleine Kreis- oder Dreiecksformen scheinen – orthogonal angeordnet – rhythmisch über den Bildgrund zu laufen, wie etwa in der Zeichnung *Quadrate in Verwandlung* aus dem Jahr 1949. Dabei werden die Bildelemente wie Reihenstrukturen in der Musik permutiert.[14] In der Entwurfszeichnung zu diesem Blatt hat Graeser zwölf kleine Würfelelemente den zwölf Tönen einer Oktave entsprechend auf der Basis eines Rasters so angeord-

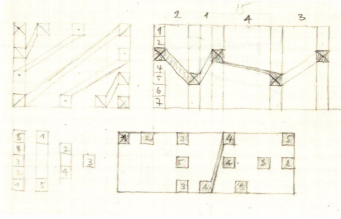

Camille Graeser, *Kolor-Sinfonik*
(1947/50), Öl auf Leinwand (Musée
de Peinture et de Sculpture,
Grenoble).

Camille Graeser, Skizzenblatt mit
diversen Systemstudien, o. J., Bleistift
auf kariertem Papier (Camille Graeser
Stiftung, Zürich).

net, dass – wie in Schönbergs Technik – kein Element innerhalb der Serie wiederholt wird.[15]

Schönbergs Methode inspirierte Graeser auch zu jener Werkgruppe von Zeichnungen und Bildern, die in seinem Werk die stärkste Analogie zur Musik aufweist. Er subsumierte diese unter dem Begriff «Schrägrelationen»[16] oder «Loxodromische Kompositionen».[17] Im Zeitraum von 1946 bis 1951, mit einem Nachzügler aus dem Jahr 1955, entstanden insgesamt 15 Varianten in Form von 17 autonomen Zeichnungen und 14 Gemälden, wobei Graeser die Bildidee, die er in der autonomen Zeichnung entwickelte, verschiedentlich als Gemälde – oder Gemälde auch erneut als autonome Zeichnungen – realisierte.[18] Es handelt sich um Kompositionen aus diagonal verlaufenden Balken, die orthogonal auf der Bildfläche angeordnete Quadrate oder Rechtecke verbinden, welche in manchen Fällen freischwebend erscheinen. Insbesondere für die letzten Werke der Gruppe, *Kolor-Sinfonik* von 1947/50 und *Vertikal-schräg-horizontal* von 1947/55, wählte er breite Querformate, die wie eine Partitur von links nach rechts gelesen werden können, so dass sich in den Werken ein zeitlicher Aspekt hinzugesellt (Abb. oben links). Den kleinen Kästchenelementen, die er in den späten Werken der

Gruppe zu progressiv gestaffelten Stäben zusammenfasste und zum Teil durch diagonale Balken miteinander verband, legte er die arithmetische Folge 1, 1+1=2, 1+2=3, 1+3=4, 1+4=5 zugrunde (Abb. oben rechts).

Beeinflusst sind die Loxodromischen Kompositionen insbesondere von den beiden letzten Werken Piet Mondrians, *Broadway Boogie Woogie* (1942/43) und *Victory Boogie-Woogie* (1942–44), die ebenfalls aus kleinen Kästchenelementen bestehen. Bei Graeser werden die Kästchen jedoch mit schrägen Elementen verbunden. Diese «Schräggliederungen» treten, so der Künstler in einer mit «Gedanken» betitelten Notiz vom 13. Februar 1953, «in logischer Weiterentwicklung mondrianscher Thesen in vielfältigsten Neigungsgraden auf, die das Bildgeschehen in ganz neuer Art dramatisierend in Erscheinung treten lassen. Dazu kommen die weissen negativen Räume [des Bildgrundes], die sich schieben und drängen und ein verstärktes Orchesterkonzert ergeben.»[19] Bis ins Spätwerk hinein spielen die an Notenintervalle erinnernden intervallartigen Flächenunterteilungen bei Graeser in verschiedenen Werkgruppen eine wesentliche Rolle. Manche der schmalen Hochformate seiner als *Relationen*[20] bezeichneten, ab 1958/59 entstandenen

Streifenbilder, bei denen die horizontalen Streifenbahnen ein Verhältnis von 1:2:4:8 aufweisen, scheinen geradezu Analogien zu Passagen von Meiers Plänen zu sein, wie in Graesers Werk überhaupt ausgesprochen viele formale gestalterische Entsprechungen zu Meiers Verlaufsplänen zu finden sind.

Richard Paul Lohse

Wie Graeser begeisterte sich auch Richard Paul Lohse für Bach und die Zwölftonmusik, hörte aber auch Symphonik des 19. Jahrhunderts und Wagner-Opern. 1936 hatte er durch seine Mitgliedschaft bei den Freunden des Neuen Bauens (FNB), die sich vereinzelt mit den Mitgliedern des Vereins Pro Musica[21] trafen, Kontakte zu Hermann Scherchen, Wladimir Vogel und Rolf Liebermann geknüpft.[22] Sowohl Vogel als auch Liebermann dürften ihm die Grundlagen der Zwölftonmusik nahegebracht haben. Auch in späteren Jahren sollte Lohses Begeisterung sowohl für die Dodekaphonie als auch für die serielle Musik nicht abklingen. Lohse teilte seine Leidenschaft für zeitgenössische Musik mit seinem Künstlerfreund Friedrich Vordemberge-Gildewart, dessen Werk auch Hermann Meier sehr schätzte. Die beiden Freunde trafen sich in den Jahren 1952 bis 1959 regelmässig zum Besuch der Donaueschinger Musiktage für zeitgenössische Tonkunst. In Lohses Bibliothek findet sich zudem ein umfangreicher Bestand an Programmheften und zeitgenössischer Musikliteratur, der darauf hinweist, dass der Künstler nicht nur Konzerte gehört, sondern sich auch theoretisch mit der Thematik auseinandergesetzt hat.[23]

Allerdings begann Lohse nicht vor 1943, diese Prinzipien in seiner Malerei umzusetzen. Möglicherweise erhielt er einen Impuls durch die Uraufführung von Anton Weberns Variationen für Orchester op. 30 mit dem Stadtorchester Winterthur unter der Leitung Hermann Scherchens am 3. März 1943 in Winterthur. Schönbergs Zwölftontechnik beeinflusste Lohse sicherlich bei der Entwicklung einer ersten Werkgruppe seiner *Seriellen Ordnungen.* Zwischen 1943 und 1948 entwarf er eine Anzahl von weissgrundigen Bildern mit gestuften senkrechten Bandvertikalen, sogenannten Vertikalstrukturen.[24] In vielen Entwurfszeichnungen, die der

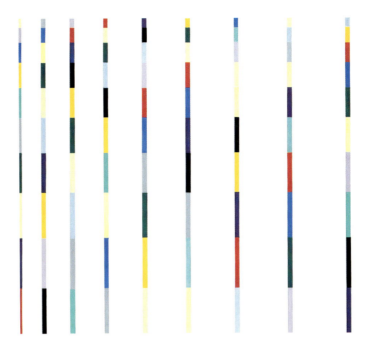

Richard Paul Lohse, *Zwölf vertikale und zwölf horizontale Progressionen* (1943–44), Öl auf Leinwand (Kunsthaus Zürich, Leihgabe der Richard Paul Lohse Stiftung, Zürich).

Gruppe vorausgingen, erforschte Lohse die Möglichkeiten der Objektivierung und Anonymisierung der Bildmittel und der Addierbarkeit von gleichen Bildelementen. Überlegungen machte er sich auch zu den Bewegungsvorgängen im Bild. Wie auch bei Graeser, Bill und Loewensberg, die Mitte der 1940er Jahre ähnliche Verfahren anwandten, erreichte der Künstler dies mit den Prinzipien der Progression und Degression und der Intervallisierung.

Die Progression fand Anwendung in einem ersten Werk mit dem Titel *Zwölf vertikale und zwölf horizontale Progressionen* von 1943/44 (Abb. oben). Schon Lohses Verwendung von zwölf mal zwölf Elementen lässt unwillkürlich an die Zwölftontechnik denken. Der Künstler baute die Komposition, der er ein rechteckiges Querformat zugrunde legte, aus zwölf senkrechten Farbbändern auf, deren gegenseitiger Abstand progressiv von Band zu Band um eine Einheit zunimmt, bis das letzte Band mit dem rechten Bildrand abschliesst. In der Senkrechten sind die schmalen Farb bänder ebenfalls von oben nach unten progressiv unterteilt. Beginnend mit einem kleinen Quadrat nimmt die Höhe jedes folgenden Streifenabschnitts um die Höhe dieses kleinen Quadrats zu, bis der untere Bildrand erreicht ist. Dadurch, dass die Elemente mit dem Bildrand zusammenfallen, verweist Lohse auf die Erweiterbarkeit der Bildstrukturen. Sie lassen sich unbegrenzt gedanklich fortsetzen. Auch die Farbgebung ist besonders gestaltet: Der Künstler verwendete für die zwölf vertikalen Streifenelemente jedes senkrechten Streifens zwölf unterschiedliche bunte Farben und Grautöne. Wie in einer Reihentafel der Zwölftonmusik oder auch in einer Gruppentafel kommen die zwölf Farbtöne immer in einem anderen Streifenabschnitt der vertikalen Reihe vor, so dass jede Farbe im Bild gleich oft vorkommt. Auf diese Weise wird das Bild auch in der horizontalen Richtung dynamisiert und werden die Bildelemente einem zeitlichen Ablauf unterworfen.

Verena Loewensberg

Eine existenzielle Rolle spielte die Musik im Leben von Verena Loewensberg: Musik, insbesondere der Jazz, war ihre grosse Leidenschaft – und seit den 1950er Jahren oft auch ihr Broterwerb. Bereits in ihrer Jugend war sie vom modernen Ausdruckstanz fasziniert und nahm später, nach einer abgebrochenen Tanzausbildung, immer wieder «tänzerisch-musikalische Elemente» in ihre Bildchoreographien auf.[25] 1953 heiratete Loewensberg Alfons Wickart, einen begeisterten Musikliebhaber und Schallplattensammler, 1964 eröffnete sie in Zürich an der Rössligasse 8 ein Schallplattengeschäft, den City Discount, und verkaufte dort Avantgardistisches: neben neuen Jazzplatten auch neue klassische und aussereuropäische Musik.[26] Das tiefe Interesse an der Musik, insbesondere am Jazz und an der Minimal Music, hat sie lebenslang beibehalten und in ihre Malerei integriert.[27] 1963 konnte Loewensberg das Cover einer Schallplatte des Jazzmusikers Klaus Doldinger gestalten.[28] Sie wählte hierfür ihr Gemälde «Ohne Titel», 1956–57, aus der Gruppe der *Rhythmischen Formgruppierungen gleicher oder ähnlicher Elemente*, eine quadratische auf einem Raster basierende Bildgestaltung aus Quadraten und Rechteckelementen. Mit der Verwendung dieses vom Rhythmus geprägten Bildes reagierte Loewensberg kongenial auf die Rhythmik der Jazzmusik, für die das Plattencover bestimmt war. Loewensbergs *Formgruppierungen gleicher oder ähnlicher Elemente* stehen durch ihren Einsatz von standardisierten Bildelementen Hermann Meiers Flächen und Streifen, die er für Instrumentengruppen in den Verlaufsplänen verwendet, recht nahe.

Max Bill

Das Interesse von Max Bill an der Musik und seine Kontakte zur Musikszene waren vielfältig und reichen von seiner frühen Jugend bis ins hohe Alter. Bereits als Schüler und Student spielte Bill Cello.[29] Nach einer Ausbildung zum Silberschmied an der Zürcher Kunstgewerbeschule begann er 1927 ein Studium am Bauhaus in Dessau, nach seiner Ansicht «damals die fortschrittlichste Kulturstätte Europas»[30].

Nach dem Besuch des Vorkurses bei Josef Albers und László Moholy-Nagy und des Fachs Malerei bei Wassily Kandinsky und Paul Klee sowie – wegen seiner Vorbildung – Moholy-Nagys Metallwerkstatt wurde Bill 1928 Mitglied der Bauhaus-Bühnentruppe unter der Leitung Oskar Schlemmers. Neben dieser Tätigkeit begann Bill auch in der Bauhauskapelle Banjo zu spielen. Die Band spielte tanzbare Jazz-Musik und bekam öffentliche Engagements.[31] Das Ensemble wurde durch die ebenso für den Jazz wie für die Avantgardemusik der damaligen Zeit charakteristischen «Geräuschtöner» bestimmt, gemeint ist «jede Art von tonverändernden Materialien», die imstande waren, «garantiert tanzbare Musik hervorzubringen.»[32] Damit traf die Bauhaus-Jazzband den populären Nerv der Zeit.

1928 nach Winterthur zurückgekehrt, engagierte sich Bill ab 1930 bei der Zürcher Kleinkunstbühne «Der Krater». Im gleichen Jahr lernte er dort auch seine spätere erste Frau, die diplomierte Konzert-Cellistin und Photographin Binia Spoerri kennen. Diese war befreundet mit der Architektin Elsa Burckhardt-Blum, die mit ihrem Zwillingsbruder, dem Komponisten Robert Blum, aktiv am «Krater» beteiligt war. Auf der Kraterbühne gab es ebenfalls moderne Tanzaufführungen und Bill konnte dort seine an der Bauhausbühne erworbenen Fähigkeiten einbringen. «Er fertigte Bühnenbild-Dekorationen an und liess sich zweitweise als Mitwirkender auf der Bühne sehen.»[33]

Seine Begeisterung für den Jazz behielt der Künstler zeitlebens. 1991 entwarf er für das 25. Jazz Festival in Montreux das offizielle Werbeplakat (Abb. rechts). Dieses zeigt ein in vier Unterquadrate unterteiltes quadratisches Feld, denen wiederum fächerartig angeordnete Dreieckelemente in den Farben Magenta, Blau, Gelb und Orange einbeschrieben sind. Die zulaufenden Spitzen der Dreiecke befinden sich bei jedem Unterquadrat in einer anderen Ecke. Diese Anordnung erzeugt eine Rotation innerhalb der Komposition, die durch die in jedem Quadrat permutierte Farbenfolge noch unterstützt wird. Die stark bewegte Komposition scheint eine Resonanz auf die Rhythmik des Jazz zu sein.

Ab 1933 beschäftigte sich Bill vermehrt mit zeitgenössischer Musik. So war er einerseits für Hermann Scherchen als Gebrauchsgraphiker tätig. Für dessen 1936 in Brüssel gegründeten Ars Viva Verlag entwarf er das Signet sowie einen schwarz-weissen Standardumschlag für die dort erscheinenden Partituren. Diesen verwendete Bill auch als Grundlage für das Cover der von Scherchen 1936 herausgegebenen Vierteljahresschrift *Musica Viva*. Auch für die Pro Musica entwarf Bill 1935 das Signet.[34] Den Komponisten Wladimir Vogel traf Bill erstmals 1933, kurz nachdem dieser in die Schweiz emigriert war. Möglicherweise war der Kontakt über Scherchen zustande gekommen, denn 1934 gestaltete Bill für den Ars Viva Verlag Vogels *Tripartita*.[35] Vogel und Bill teilten viele Interessen. Der Komponist beschäftigte sich seit seinen Berliner Jahren mit moderner Kunst und Architektur, insbesondere mit der Kunst der Konstruktivisten. Seit der Architekt Erich Mendelsohn, wie Vogel einst Mitglied der Novembergruppe, ihn darauf aufmerksam gemacht hatte, dass in seiner Partitur *Zwei Etüden* für Orchester (1930) im graphischen Bild klare architektonische Formen zu erkennen seien, beschäftigten Vogel strukturelle Gemeinsamkeiten in der Musik und in der Architektur, die er in seiner Zürcher Zeit weiterentwickelte.[36] Da sich auch Max Bill für

strukturelle Übereinstimmungen zwischen Musik und bildender Kunst interessierte, boten sich im Gespräch viele Anknüpfungspunkte, etwa Bachs Fugen, Albert Einsteins Theorien oder Kandinskys Œuvre.[37] Anfang der 1950er Jahre erteilte Bill Vogel in Hinblick auf die Eröffnung der Hochschule für Gestaltung in Ulm im Jahr 1955 einen Kompositionsauftrag, «der darin bestand, für die feierliche Einweihung dieses von Bill erbauten Hochschulkomplexes fanfarenartige Blechbläsersätze zu schreiben».[38] Später war Bill noch einmal für Vogel als Graphiker tätig und gestaltete den Umschlag für *Dai tempi più remoti. Tre pezzi per pianoforte* (1977). Vogel widmete ihm im Gegenzug sein Streichtrio *Graphique* (1976).

1954 nahm auch Hermann Meier Kontakt mit Max Bill auf, erkundigte sich nach der nächsten grösseren Ausstellung seiner Werke und bat um ein Treffen, um sich mit ihm über strukturelle Analogien zwischen Kunst und Musik auszutauschen. Vermutlich hatte Vogel ihn dazu ermuntert und auf mögliche Gemeinsamkeiten in der konstruktivistischen Formensprache hingewiesen. Allerdings kam ein Treffen erst 1959 zustande. Meier, der auf seinem Weg zur Entwicklung einer neuen Musik ständig auf der Suche war, fragte Bill, wie er sich die neue Musik vorstelle, worauf dieser antwortete: «sehr geehrter herr meier, besten dank für ihren brief. […] ich glaube, dass ich gewisse ideen habe, die sich in der musik realisieren lassen müssten, und die meines erachtens fast ungenützt sind. Elemente davon finden sich wohl stellenweise bei bartok oder im jazz. Vor allem könnte ich mir rhythmen auf schlaginstrumenten vorstellen mit wenigen tonlinien dazu. Aber nicht eine so gequälte verkrampfung wie die 12-töner es meist machen, auch nicht der viele ballast. Es müsste motorisch und zugleich ganz leicht und transparent sein, fast gewichtslos, etwa so wie man sich in der erinnerung mozart oder von webern vorstellt, was dann beim hören leider wieder vergeht. Eine solche musik wäre nötig, aber fehlt vollständig.»[39]

Der Einfluss von Johann Sebastian Bachs *Kunst der Fuge*

Einen ganz wesentlichen Einfluss auf die Formensprache der Zürcher Konkreten übte die *Kunst der Fuge* von Johann Sebastian Bach aus. Bachs Werk war schon Anfang des 20. Jahrhunderts durch die Maler wiederentdeckt worden, die in seiner Musik die Verbindung von struktureller Strenge und polyphoner Harmonie als vorbildhaft empfanden.[40] Auch Johannes Itten äusserte sich in diesem Sinne:

«Die Abstrakten oder Konkreten versuchten und versuchen, aus den reinen ungegenständlichen Formen und Farben heraus Bildorganismen zu schaffen, die aus sich heraus so wahr und schön sind wie eine Bachsche Fuge im Akustischen.»[41] Lange galt *Die Kunst der Fuge* als unvollendet und wurde als Lehr- und Unterrichtswerk verstanden, das nicht zur Aufführung komponiert worden sei. Doch nachdem die Partitur vom Mathematiker und Musiker Wolfgang Graeser mit Hilfe der Gruppentheorie neu geordnet, von ihm als Orchesterfassung instrumentiert und in der Bach-Gesamtausgabe veröffentlicht worden war,[42] fand das Werk Eingang ins Konzertrepertoire. Hermann Scherchen etwa dirigierte die *Kunst der Fuge* am 19. Februar 1928 in Winterthur in der Graeserschen Orchesterfassung als Schweizer Erstaufführung.[43] Max Bill erfuhr davon, während er noch am Dessauer Bauhaus studierte.[44] Die Gesetzmässigkeiten Bachscher Fugen beschäftigten damals einige der Bauhaus-Studenten und auf Anregung Klees machte sich ein Kollektiv, darunter Konrad Friedrich Püschel, der Pianist und Maler Heinrich Neugeboren und Gerda Marx, an die graphische und plastische Umsetzung einer Bachschen Fuge.[45] Bill diskutierte Bachs Fugen seit 1933 mit Vogel, welcher der Thematik ebenfalls grosses Interesse entgegenbrachte.[46] In seinen Briefen an Meier erwähnt Vogel die *Kunst der Fuge* verschiedentlich und sie dürfte auch in den Gesprächen zwischen den beiden Thema gewesen sein. Dass Meier die *Kunst der Fuge* bereits 1929 im Konzert gehört hat, belegt ein Programm im Nachlass.[47] Wie beispielhaft die Bachschen Fugen für Bill waren, geht aus seiner ersten Definition der «konkreten Gestaltung» von 1936 hervor: «Wenn es auch nicht angeht, ohne weiteres musikalische Formbildung mit der Formung innerhalb von Malerei und Plastik zu vergleichen, ist es dennoch möglich, Parallelen zu ziehen, um dadurch auf einfache Weise anzudeuten, von welchen Gesichtspunkten aus die konkrete Gestaltung betrachtet werden kann. Die Musik hat Formen herausgebildet, wie die Bachsche Fuge, welche ewige Gültigkeit behalten werden; diese musikalische Form beruht nicht auf Naturnachbildung, sondern ist rein geistige Schöpfung eines Themas, welches durch phantasievolle, plan- und gesetzmäßige Bearbeitung verwandelt und gesteigert wird und dadurch die in der Musik eigene Wirkung, eines tonalen Ablaufs, innerhalb von Raum und Zeit, vollendet entstehen lässt. Ebenso wie die klaren, sauberen musikalischen Formen dem Hörenden angenehm sind, dem Wissenden in ihrem Aufbau Freude bereiten, sollen die reinen klaren Formen und Farben [der konkreten Gestaltung] den Betrachter optisch erfreuen.»[48]

Graeser wiederum, dem die *Kunst der Fuge* als eine Art Massstab für sein eigenes künstlerisches Schaffen galt, da sie für ihn die Prinzipien der Objektivität, Beziehungsdichte und Regelhaftigkeit verkörperte, schrieb 1948 in einem Brief: «Die rhythmischen Zahlenreihen oder Progressionen ergeben eine in meinen Bildern gewollte Harmonie, die streng überwacht und kontrolliert, keine Zufälligkeiten duldet. Daher können wir Maler der Konkreten Kunst unsere Schöpfungen mit den Fugen von Joh. Seb. Bach adäquat bezeichnen.»[49] In der Federzeichnung *Zarte Fuge in Rot-Grün-Schwarz* von 1948/49 sind zarte horizontale und vertikale Tuschfederstriche orthogonal angeordnet und progressiv gestaffelt, ähnlich wie bei einer Fuge ein Thema zeitlich versetzt und in unterschiedlichen Tonhöhen wiederholt wird.[50] Nicht nur in der Titelgebung, sondern auch durch zeichnerische und malerische Mittel wird deutlich, dass er eine Entsprechung mit den Fugen von Bach beabsichtigte.

Am 10. August 1941 konnten auch Lohse und seine spätere Ehefrau in Begleitung von Vogel eine Aufführung der Orchesterfassung der *Kunst der Fuge* hören, als sie an dem von Scherchen geleiteten Ferienkurs «Vier Jahrhunderte orchestraler Musik» in Winterthur teilnahmen.[51] Das Stück wurde in einem Programm mit Werken von Bach bis Strawinsky aufgeführt und vorab durch Scherchen mit musikhistorischen Erläuterungen eingeführt.[52] Es ist interessant, dass Lohse während Scherchens Einführungsvortrags am Rand des Konzertprogramms eine kleine Linienzeichnung anfertigte, die den Verlauf des Themas, das in der ersten Fuge vorgestellt und in den weiteren Fugen und Kanons auf verschiedenste Weise variiert wird, in treppenartig auf- und absteigenden Stufen festhielt. Damit setzte er die geometrischen Prinzipien, wie etwa die spiegelbildliche Umkehrbarkeit graphisch um. Lohse wurde dadurch offensichtlich zu einer Gruppe von Bil-

dern inspiriert, die in seinem Werk eine radikale Änderung herbeiführte. Er fand nun zu einer modularen Bildsprache. 1942 fertigte er eine erste hochrechteckige Entwurfszeichnung mit dem Titel *Gestufte Vertikale* an, der ein kleines Quadrat als Basiseinheit zugrundeliegt.[53] Es krönt vertikale Streifenbänder, im Wechsel grün und blau eingefärbt, die in zwei Abfolgen treppenartig von links nach rechts absteigen. Ihnen liegen kontinuierlich wachsende Streifen in den Komplementärfarben Magenta und Orange gegenüber, die direkt an die grünen und blauen Bänder anschliessen. Die Streifenbänder erinnern in ihrem amplitudenhaften Auf- und Absteigen an musikalische Klänge. Lohse hat in dieser Zeichnung das Prinzip der spiegelbildlichen Umkehrbarkeit direkt umgesetzt und zu Bachs Fugen eine adäquate Ausdrucksmöglichkeit gefunden. Die mit dem Quadrat kombinierten vertikalen Streifenbänder, allerdings progressiv mehrfach unterteilt und farblich gegliedert, finden sich auch in der um 1945 entstandenen Zeichnung *Rhythmische Progression/Fugenthema*, bei der der Begriff Fuge auch im Titel Erwähnung findet. Die Zeichnung setzte er im Bild *Thema für eine optische Fuge* (1945)[54] um und legte dieses wiederum als Grundmodul seinem Bild *Zehn gleiche Themen in fünf Farben* von 1946/47 zugrunde, das in seiner Komplexität einen Höhepunkt innerhalb der Werkreihe zur Fugenthematik darstellt (Abb. S. 66 links). In jedem der zehn Themen werden Streifenelemente in einer arithmetisch ansteigenden Reihe im Verhältnis $1:2:3:4:5$ aufsteigend vorgeführt, um dann gespiegelt wieder abzusteigen. Mit seinen Massen von 64 x 200 Zentimetern scheint dieses ungewöhnlich breite Querformat der Fugenthematik einer «Verzeitlichung» Rechnung zu tragen. Die Bedeutung des lateinischen Wortes *fuga* (Flucht) wird hier optisch deutlich, indem jede Form und Farbe «flüchtet», das heisst kanonartig versetzt ist, wodurch sich Stufen und Treppen bilden. Der rhythmisch bewegte Eindruck, den diese gestaffelten Flächen vermitteln, sorgt nicht nur für ein flächiges, sondern für ein raumzeitliches Bildmoment: Die Bewegungsabläufe entwickeln sich hier sowohl im räumlich gegliederten als auch im zeitlich sich erstreckenden Nach- und Miteinander der Bildelemente.

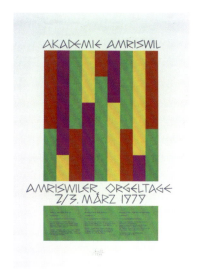

Max Bill, Plakat für die Amriswiler Orgeltage 1979, Lithographie (Museum für Gestaltung, Zürich, Plakatsammlung, ZHdK).

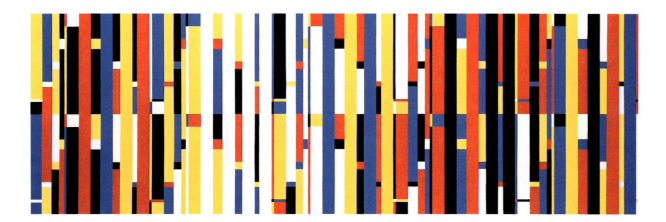
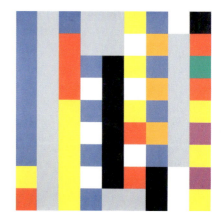

Richard Paul Lohse, *Zehn gleiche Themen in fünf Farben* (1946–47), Öl auf Leinwand (Richard Paul Lohse Stiftung, Zürich).

Camille Graeser, *Triade (Triadisches Thema)* (1946/55), Öl auf Leinwand (Aargauer Kunsthaus, Aarau, Geschenk der Freunde der Aargauischen Kunstsammlung).

Wie Lohse verwendete auch Max Bill verschiedentlich arithmetisch unterteilte Bandelemente, um Musikalisches auszudrücken, so etwa in seinem Plakat für die Amriswiler Orgeltage am 2. und 3. März 1979, in dem komplementär eingefärbte, sich spiegelbildlich gegenüberliegende Streifen in den Farben Grün und Rot sowie Gelb und Violett auf- und absteigend im Verhältnis 4:6, 2:8, 4:6, 6:4, 2:8, 6:4, 4:6, 2:8 und 4:6 unterteilt sind (Abb. S. 65). Gegliedert wird die Struktur, der ein Raster aus 10 x 10 Modulen zugrundliegt, durch die Farbpaare, die die Bildfläche in Bewegung setzen.

Auch Graesers *Triade* von 1946/55 (Abb. oben rechts) liegt wie bei Max Bills Plakatentwurf ein Quadratraster zugrunde. Er besteht aus 9 x 9 Quadrateinheiten. Das Bild gehört zur Werkgruppe der *Rhythmischen Additionen*, die Graeser ab Mitte der 1950er Jahre entwickelt hat.[55] Die Bildidee, die er in vielen Skizzen ausarbeitete, geht allerdings schon auf das Jahr 1946 zurück. Im Bild verschmelzen Quadrate zu längeren oder kürzeren monochromen Rechtecken oder zu grösseren Quadraten, andere bilden senkrechte kürzere und längere Farbstreifen. Die Farbe spielt für die Komposition eine entscheidende Rolle, und mit ihrer Hilfe gliedert der Künstler das Bild senkrecht in drei gleich grosse Zonen von 3 x 9 Quadratfeldern, die dem Bild den Titel geben.

Sowohl Bills Plakat als auch Lohses *Zehn gleiche Themen in fünf Farben* von 1946/47 gleichen frappant Hermann Meiers Verlaufsdiagrammen, insbesondere dem Diagramm zur «Mauer» im Stück für grosses Orchester und drei Klaviere (HMV 60) aus dem Jahr 1964 (Abb. S. 139). Graesers *Triade* weist in seiner Farbigkeit, seiner Anordnung von Quadratflächen und Streifenelementen eine erstaunliche Ähnlichkeit mit Meiers Diagrammen für elektronische Musik auf (vgl. Abb. S. 166–167).

Wie erwähnt, orientierte sich Hermann Meier in den 1950er Jahren an der Kunst Max Bills und Piet Mondrians, um sich radikal von musikalischen Vorbildern – insbesondere Schönberg – zu lösen und kompositorisch eigene Wege zu gehen. Parallelen zum Schaffen der Zürcher Konkreten finden sich in den Proportionen, die fortan die rhythmische Gestaltung seiner Werke prägte. Ab 1960 wirkte sich die Orientierung am De Stijl und an den Konkreten auch auf die Bildsprache seiner Kompositionspläne aus: Die rechtwinklige Anordnung von Rechtecken führt zu einer eminenten Betonung der Horizontalen und Vertikalen.

Anmerkungen

1 Zum Bestand der Sammlungen siehe: *In memoriam Oskar Müller-Widmann, 1887–1956,* ([mit Ansprache von] Georg Schmidt; [mit Katalog] Sammlung Oskar-Müller-Widmann), Basel 1956, und *Sammlung Marguerite Arp-Hagenbach,* Ausst.-Kat. Basel Kunstmuseum 1967.

2 In der Gewerbebibliothek lieh Meier u. a. Johannes M. Sorges *Einführung in d. Betrachtung der abstrakten und konkreten Malerei,* Hans Arps *On my way,* Paul Klees *Über die moderne Kunst,* Piet Mondrians *Essays, 1941–43* (auf Englisch) und Wassily Kandinskys *Punkt und Linie zu Fläche* aus.

3 *Piet Mondrian,* Ausst.-Kat. Kunsthaus Zürich, 1955.

4 Vgl. das Kapitel *Monologe eines einsam Schaffenden* in diesem Band, S. 181–188.

5 Hermann Meier an Wladimir Vogel, Brief vom 31. Juli 1955 (Musikabteilung der Zentralbibliothek Zürich [im Folgenden ZB Zürich], Mus NL 116: Km 345).

6 Vgl. das Kapitel *Monologe eines einsam Schaffenden* in diesem Band, S. 181–188.

6a *Zeitprobleme in der Schweizer Malerei und Plastik,* Ausst.-Kat. Kunsthaus Zürich 1936.

7 Das Bild, eine Schenkung Marguerite Arp-Hagenbachs, befindet sich seit 1968 im Kunstmuseum Basel (Inv. G 1968.46).

8 Hermann Meier an Wladimir Vogel, Brief vom 12. März 1959 (ZB Zürich, Mus NL 116: Km 349).

9 Vgl. *Robert Strübin: Musik sehen, Bilder hören,* hg. von ZwischenZeit Basel, [Text- und Bildredaktion: Tilo Richter], Basel 2010.

10 Hermann Meier, Arbeitsheft *181–200* [31.08.1973–08.10.1973, S. 199b], Eintrag vom 6. Oktober 73 (PSS–SHM).

11 Der Abschnitt zu Camille Graeser ist im Wesentlichen eine Zusammenfassung des Beitrags von Vera Hausdorff, «Die Entstehung der Loxodromischen Kompositionen: Musikalische Einflüsse und vorbereitende Ideenskizzen», in: *Camille Graeser und die Musik,* hg. von Camille Graeser Stiftung, Zürich, Kunstmuseum Stuttgart, Aargauer Kunsthaus, Ausst.-Kat. Kunstmuseum Stuttgart, Aargauer Kunsthaus, Aarau 2015/16, Köln 2015, S. 12–27.

12 Zit. nach Camille Graeser, «Optische Musik, 1950», in: *Zürcher Künstler im Helmhaus,* Ausstellungszeitung, Zürich 1950; wiederabgedruckt in: *Camille Graeser und die Musik* (wie Anm. 11), S. 152.

13 Herwarth Walden, *Der Sturm. Eine Einführung,* Berlin [1917], S. 4.

14 Siehe dazu die Ausführungen von Fabian Czolbe, «Kontrapunktik und serielles Denken zwischen Musik und Bild», in: *Camille Graeser und die Musik* (wie Anm. 11), S. 64–73, besonders S. 72.

15 Die Zeichnung und die Entwurfszeichnung sind abgebildet in: *Camille Graeser und die Musik* (wie Anm. 11), S. 84.

16 Camille Graeser, «Autobiographie» in: *Künstlerlexikon der Schweiz, XX. Jahrhundert,* Frauenfeld 1958–1967, Bd. 1, 1958–1961, S. 375–378, hier S. 376.

17 Die Werkgruppe ist vollständig abgebildet in: *Camille Graeser und die Musik* (wie Anm. 11). Sie ist ausserdem verzeichnet bei Rudolf Koella, *Camille Graeser. Bilder, Reliefs, Plastiken,* mit einem Vorwort von Eugen Gomringer (Camille Graeser Werkverzeichnis, Bd. 3; Œuvrekataloge Schweizer Künstler, Nr. 15), hg. von der Camille Graeser Stiftung und dem Schweizerischen Institut für Kunstwissenschaft, Zürich 1995.

18 Siehe dazu Vera Hausdorff, «Loxodromische Kompositionen» und «Loxodromische Kompositionen auf farbigem Grund», in: *Camille Graeser. Vom Entwurf zum Bild. Ideenskizzen und Entwurfszeichnungen,* hg. von der Camille Graeser Stiftung, Ausst.-Kat. Haus Konstruktiv, Zürich, Museum Ritter, Waldenbuch 2009/10, Köln 2009, S. 60–63 und 64–67.

19 Siehe dazu die Notizen Graesers im Archiv der Camille Graeser Stiftung.

20 Siehe dazu Vera Hausdorff, «Frühe Relationen», in: *Camille Graeser. Vom Entwurf zum Bild. Ideenskizzen und Entwurfszeichnungen* (wie Anm. 18), S. 84–87.

21 Siehe dazu *Pro Musica: der neuen Musik zulieb. 50 Jahre Pro Musica, Ortsgruppe Zürich der internationalen Gesellschaft für Neue Musik (IGNM),* im Auftrag der Pro Musica Zürich hg. von Joseph Willimann, Zürich 1988, S. 29–30.

22 Vielleicht stellte auch Lydia Woog den Kontakt zu Scherchen her, sie schloss sich wenig später dessen in Zürich gegründeten «Arbeiterchor» an. Mit dem politisch links stehenden Liebermann hatte Lohse Kontakt, da er seit 1936 Mitglied einer Singgruppe der Naturfreunde war, die Liebermann als Dirigent leitete. Siehe dazu: «Lydia und der Dirigent», in: Odette Rosenberg-Katzenfuss, *Lydia Woog, eine unbequeme Frau. Schweizer Aktivistin und Kommunistin,* Zürich 1991, S. 45–47.

23 Die Unterlagen befinden sich im Archiv der Richard Paul Lohse Stiftung in Zürich.

24 Die Werke sind abgebildet in: *Richard Paul Lohse. Modulare und Serielle Ordnungen 1943–84. Ordres Modulaires et Sériels 1943–84. Modular and Serial Orders 1943–84,* Zürich 1984, S. 247–245.

25 Elisabeth Grossmann, *Verena Loewensberg 1912–1986,* hg. von Henriette Coray Loewensberg, Zürich 2012, S. 11.

26 Annemarie Bucher, «Verena Loewensberg – Versuch einer Rekonstruktion von Leben und Werk», in: *Verena Loewensberg 1912–1986. Retrospektive.* Ausst.-Kat. Aargauer Kunsthaus Aarau, 16. 8. – 4. 10. 1992, S. 18.

27 Vgl. Grossmann, *Verena Loewensberg 1912–1986* (wie Anm. 25), S. 64.

28 Es handelt sich um eine Platte mit dem Titel «Jazz made in Germany», die in einer Reihe der Zeitschrift *Twen* und des Philips Plattenlabels erschien. Für die Entwürfe dieser heute vergessenen Serie aus rund 70 Scheiben benutzte der Art Director Willy Fleckhaus konkrete Kunst von Karl Gerstner, Max Bill und anderen engagierten Graphikern wie Heinz Edelmann und Günther Kieser. Das Cover der Schallplatte ist abgebildet in: Grossmann, *Verena Loewensberg 1912–1986* (wie Anm. 25), S. 63, Abb. 72.

29 Vgl. Angela Thomas, *Mit subversivem Glanz. Max Bill und seine Zeit,* Bd. 1: 1908–1939, Zürich 2008, S. 71.

30 Max Bill, «Vom Staatlichen Bauhaus in Weimar zur Hochschule für Gestaltung in Ulm», in: *Magnum* 1, (1953), S. 59.

31 Zur Bauhaus-Jazzband siehe Anke J. Hübel, *Vom Salon ins Leben. Jazz, Populärkultur und die Neuerfindung des Künstlers in der frühen Avantgarde,* Bielefeld 2015, S. 97–105. Die Musiker und ihre Instrumente werden aufgeführt bei Xanti Schawinsky, «metamorphose bauhaus», in: *Bauhaus und Bauhäusler,* hg. von Eckhard Neumann, Bern und Stuttgart 1985, S. 115–120, hier S. 116.

32 Theodor Lux Feininger, *Zwei Welten. Mein Künstlerleben zwischen Bauhaus und Amerika,* Halle (Saale) 2006, S. 90.

33 Thomas, *Mit subversivem Glanz* (wie Anm. 29), S. 310–311.

34 Siehe dazu Willimann, *Pro Musica* (wie Anm. 21), 1988, S. 60.

35 Thomas, *Mit subversivem Glanz* (wie Anm. 29), S. 178, 383, 403. Abb. des Um-
    schlags der von Bill gestalteten *Tripartita* auf S. 403.

36 Vgl. hierzu auch den Beitrag von Doris Lanz in diesem Band, S. 69–77.

37 Vgl. Thomas, *Mit subversivem Glanz* (wie Anm. 29), S. 405.

38 Wladimir Vogel, *Schriften und Aufzeichnungen über Musik: «Innerhalb – ausser-
    halb»*, hg. von Walter Labhart, Zürich 1977, S. 284.

39 Max Bill an Hermann Meier, Brief vom 29. April 1959 (PSS–SHM).

40 Siehe dazu das Kapitel «Die Fuge in der Bildenden Kunst», in: Jörg Jewanski
    und Hajo Düchting, *Musik und Bildende Kunst im 20. Jahrhundert. Begegnungen,
    Berührungen, Beeinflussungen*, Kassel 2009, S. 277–311.

41 Zit. nach Susanne Fontaine, «Ausdruck und Konstruktion. Die Bachrezeption
    von Kandinsky, Itten, Klee und Feininger», in: *Bach und die Nachwelt*, hg. von
    Michael Heinemann und Hans Joachim Hinrichsen, 4 Bde., Laaber 1997–2005,
    Bd. 3: *1900–1950*, hg. von Joachim Lüdtke, 2000, S. 397–426, hier S. 407.

42 *Joh. Seb. Bachs Werke. Die Kunst der Fuge. 1750. In der Neuordnung von Wolf-
    gang Graeser. Nach der kritischen Ausgabe (Bachs Werke, Jahrgang XLVII,
    Supplementband)* (= *Veröffentlichungen der Neuen Bachgesellschaft* 28, 1), Leip-
    zig 1927.

43 Der Winterthurer Aufführung folgten weitere in den Monaten März und April in
    Zürich, Lausanne, Genf und Frankfurt am Main.

44 Thomas, *Mit subversivem Glanz* (wie Anm. 29), S. 116ff.

45 Klaus-Jürgen Winkler, *Baulehre und Entwerfen am Bauhaus 1919–1933*, Weimar
    2003, S. 106.

46 Thomas, *Mit subversivem Glanz* (wie Anm. 29), S. 405.

47 Programm des Konzerts der Allgemeinen Musikgesellschaft vom 23. Februar
    1929 im Basler Münster, gespielt wurde die Graesersche Fassung unter Felix
    Weingartner (PSS–SHM).

48 Zit. nach *Zeitprobleme in der Schweizer Malerei und Plastik* (wie Anm. 6a), S. 9.

49 Camille Graeser an Familie Heiniz in Stuttgart, Durchschrift des Briefs vom
    11. April 1948 (Archiv der Camille Graeser Stiftung, Zürich).

50 Die Zeichnung ist abgebildet in: *Camille Graeser und die Musik* (wie Anm. 11),
    S. 83.

51 Das Konzertprogramm sowie das Programm des Ferienkurses, die Teilnehmer-
    liste und die Mitschriften Ida Alis Lohse-Dürners befinden sich im Archiv der
    Lohse-Stiftung in Zürich.

52 Die Instrumentalisierung hatte Roger Vuataz seinem Freund Hermann Scher-
    chen gewidmet. Das von Scherchen geschenkte Exemplar war mit der hand-
    schriftlichen Widmung «Herrn Bill in freundschaftlicher Dankbarkeit Hermann
    Scherchen Zürich 7. V. 50» versehen und befindet sich heute in der Bibliothek
    von Max Bill. Siehe Thomas, *Mit subversivem Glanz* (wie Anm. 29), S. 179.

53 Die Zeichnung ist abgebildet in: *Richard Paul Lohse. Zeichnungen – Dessins
    1935–1985*, Baden 1986, S. 84.

54 Für die Abbildung siehe: *Richard Paul Lohse. Modulare und Serielle Ordnungen*,
    Köln 1973, S. 66; Abb. 50.

55 Siehe dazu: Vera Hausdorff, «Rhythmische Additionen», in: Camille Graeser.
    Vom Entwurf zum Bild (wie Anm. 18), S. 72–75. Im Katalog werden 20 Werk-
    gruppen ausführlich vorgestellt.

«Versuchen Sie ‹Brasilia› in ein Musikstück zu verwandeln»

Die Bedeutung visueller Kunst für Wladimir Vogels Komponieren

DORIS LANZ

Berlin, März 1924. Wladimir Vogel (1896–1984), seit knapp drei Jahren Kompositionsstudent von Ferruccio Busoni,[1] sucht den Meister auf, um ihm seine jüngste Arbeit zur Begutachtung vorzulegen. Details der persönlichen Unterredung sind nicht überliefert, wohl aber eine Tagebuchnotiz des Pianisten Gottfried Galston, welche, milde formuliert, einen etwas ratlosen Busoni zu erkennen gibt. «Mein Schüler W. Vogel», zitiert Galston den Freund, «brachte sein neues opus für zwei Klaviere. Zadora hat sich beklagt.[2] 60 Seiten geht das immer in Sechzehnteln, welche parallel (aber kakophonisch) neben und übereinander herlaufen.»[3] Besagtes Opus trägt den schlichten Titel *Komposition für ein und zwei Klaviere* und wurde gemäss Autograph bereits 1923 fertiggestellt.[4] Eine präzisere Datierung ist nicht beizubringen, doch legt der Umstand, dass Vogel das Werk erst im März 1924 zu Busoni brachte, eine Entstehung oder zumindest Fertigstellung in der zweiten Jahreshälfte 1923 nahe – eine grobe Eingrenzung, die, wie sich zeigen wird, in unserem Zusammenhang nicht unwesentlich ist.

Die mutmasslich erste öffentliche Darbietung der *Komposition* erfolgte am 16. April 1926 in Berlin. Kurt Westphal und Wladimir Padwa interpretierten das Stück im Rahmen des 17. Abends der *Novembergruppe*.[5] Für den Programmzettel hatte Vogel eine

Werkeinführung verfasst, die einem direkten Abgleich mit der Partitur stellenweise ebenso wenig standhält wie Busonis Höreindruck eines nicht enden wollenden Stroms aus Sechzehnteln. Scheint das Urteil des Lehrers, soweit von Galston kolportiert, der *Komposition* weitgehende Absenz von Formung zu unterstellen, so lässt Vogels Analyse vor unseren Augen im Gegenzug eine wohl-konturierte, gar dreidimensional gestaltete, gleichsam imaginär be-gehbare musikalische Architektur erstehen. Nicht um «‹Musik›[,] gespielt auf zwei Klavieren», handle es sich bei seinem Werk, son-dern um ein «Gebäude», erstanden «aus verborgensten Gründen, Tiefen, Widerspenstigkeiten und Vorzügen des Materials und aus der Technik des Instrumentes.»[6] Jede «Phase», resümiert er nach einer Beschreibung der einzelnen Abschnitte, «ist [...] nur Unterbau für die folgende, das Einzelne, die Thematik, die Linie, die Farbe, das konstruktive Gerüst ist selbstverständlich vorhanden (selbst mit Sorgfalt, damit die einzelnen Stockwerke ihren Unterbau und Halt haben). Will man Details sehen, verweile man an einem sol-cher Stockwerke [sic] – das Ganze aber erfordert *Mitbewegung*, das Erlebnis einer Musik-Architektur.»[7]

Mit diesem Textausschnitt sei hier zunächst auf einen Stol-perstein hingewiesen, der sich in die Argumentationswege drängt, wenn es darum geht, der Bedeutung visueller Künste für Vogels kompositorische Praxis auf die Spur zu kommen: In seinen Werk-kommentaren sind blosse metaphorische Beschreibung und Hin-weise auf eine tatsächliche kompositorische Relevanz von Archi-tektur und/oder bildenden Künsten[8] nicht immer klar zu scheiden. Vielmehr ist zu fragen: Wo haben wir es lediglich mit einem Trans-fer von visuell konnotiertem Vokabular in den Bereich des Klingen-den zu tun, mit einer begrifflichen Übernahme also, die allein der bildhaften Beschreibung musikalischer Form dient? Wo wiederum verbirgt sich – möglicherweise gar hinter einer Metapher – jener Bezug, der im Rahmen dieses Beitrags in erster Linie interessiert: nämlich ein auch kompositorisch bewusst vollzogener Brücken-schlag von architektonisch-bildnerischer zu musikalischer Gestal-tung?[9] Auf den ersten Blick mutet der zitierte Absatz aus Vogels Werkkommentar wie eine phantasievolle Variante althergebrach-ter, musikbeschreibender Architekturmetaphorik an, aus der sich nicht automatisch eine auch für den kompositorischen Prozess bedeutsame Kommunikation zwischen Raum- und Zeitkunst ab-leiten lässt. Immerhin wäre denkbar, dass Vogels Rede von einem «Gebäude» nicht zuletzt als eine kleine Verbeugung vor seinem Lehrer gedacht war. In der Druckausgabe seiner *Fantasia contrap-puntistica* nämlich – notabene in der Fassung für zwei Klaviere – hatte Busoni den grossformalen Verlauf des Werks mithilfe der Skizze eines Gebäudes zu erhellen versucht.[10]

Doch nicht nur Vogels (verbale) Texte begünstigen hie und da voreilige Schlüsse, auch die graphischen Erscheinungsbilder seiner Partituren können einem genaueren Hinsehen im Wege stehen. Denn nicht wenige dieser Partiturbilder sind geeignet, ein Beschreiben mittels insbesondere der Baukunst entlehnter Meta-phern nachgerade zu provozieren. Dies illustriert etwa eine Doppel-seite aus dem Partiturdruck der *Ritmica scherzosa*, mithin des zweiten Satzes der 1930 komponierten *Zwei Etüden* für Orchester (Abb. S. 71). Im Handumdrehen lässt sich dieser Ausschnitt begriff-lich in ein ‹Bauwerk› verwandeln, das beispielsweise geschichtete ‹Quader› (T. 139/140), einen imposanten ‹Block› (T. 141/142) sowie auf- und absteigende, aus kleinen ‹Bausteinen› gefügte ‹Trepp-chen› (T. 143–148) zu erkennen gibt, welche später mit einem ‹Un-terbau› versehen werden (T. 149–151). Doch so verlockend dieses oder ein ähnliches, aus dem Baukasten bestücktes Begriffsfeld im konkreten Fall sein mag: Es entspringt lediglich (individuellen) bildlichen Assoziationen, geweckt durch einige an der Oberfläche der Partitur erfassbare Strukturen, seine Zuordnung zum Noten-text ist zunächst arbiträr, es generiert erneut bloss ‹uneigentliche Rede›, suggeriert Architektur, wo kompositorisch möglicherweise gar nicht Architektur gemeint war.

Und doch: Grundsätzlich verkehrt ist es mitnichten, Vogels Musik visuell zu assoziieren. Problematisch, um nicht zu sagen falsch, ist es indessen, aus visuellen Assoziationen auf eine gleich-sam ‹abbildliche› Musik zu schliessen. Ein Kurzschluss, der – da-her die ausführliche Warnung – durch besagte Metaphern, mögen sie von Vogel selbst oder seinen Exegeten stammen, befördert

Wladimir Vogel, *Zwei Etüden* für Orchester (1430), Partiturdruck, 3. verbesserte Auflage, Bote & Bock 1955, 2. Ritmica scherzosa, Takt 139–151.

wird. Vogel war nicht an ‹Abbildlichkeit› interessiert, sondern an Strukturverwandtschaft, an struktureller Analogie, die ein Tertium Comparationis, ein zu definierendes Bindeglied zwischen visueller Kunst und Musik, erfordert. Dies sei nachfolgend verdeutlicht.

Wenden wir uns zu diesem Zweck erneut der *Komposition für ein und zwei Klaviere* zu. Schiebt man in Vogels Begleittext die abenteuerliche Bildsprache erst einmal beiseite, so zeigt sich eine Ebene, die in der Tat eine bewusste kompositorische Bezugnahme auf bildnerische Formprinzipien nahelegt. Zu solchem Blick gleichsam unter die metaphorische Oberfläche des Textes zwingt insbesondere Vogels Biographie, die eine zeitlebens hohe Affinität des Komponisten zur bildenden Kunst, Architektur und überhaupt zu visuellem Gestalten zu Tage fördert. Dazu einige Eckpunkte aus der Zeit vor Vogels erzwungener Emigration in die Schweiz:[11] Mit bildenden Künstlern scheint er bereits als Jugendlicher direkt in Kontakt gekommen zu sein, erst in Moskau, anschliessend in Birsk (Ural), wo seine Familie während des Ersten Weltkriegs interniert war. Nachdem die Vogels 1918 nach Deutschland, in das Herkunftsland des Vaters, abgeschoben worden waren und sich in Berlin niedergelassen hatten, absolvierte der Sohn an der Kunstschule Charlottenburg eine Dekorationslehre, bewegte sich sodann im Umfeld von Herwarth Walden und dessen Galerie «Der Sturm», wurde 1922 Mitglied der Musiksektion der Novembergruppe,[12] die sich ursprünglich aus Architekten und bildenden Künstlern konstituiert hatte, und ging einige Jahre später im Hause des Architekten Erich Mendelsohn ein und aus.

Das prägendste Erlebnis mit bildender Kunst während der Berliner Zeit dürfte indessen Vogels Besuch der Weimarer Bauhaus-Ausstellung im Spätsommer 1923 gewesen sein.[13] Über die Bedeutung dieser Werkschau für seine eigene Entwicklung als Komponist berichtete er rund viereinhalb Jahre später in einem ausführlichen Schreiben an den Berliner Komponisten und Musikpublizisten Max Butting,[14] welcher Vogels Schaffen zuvor in den *Sozialistischen Monatsheften* gewürdigt hatte.[15] Einige Zeilen widmet Butting hier auch der *Komposition für ein und zwei Klaviere*, zitiert dabei aus Vogels Programmnotiz, vermehrt die Architektur-

metaphern seinerseits, legt Vogels Musik überhaupt aufs Architektonische fest und vergleicht den Komponisten entsprechend mit einem «echte[n] Baumeister».[16] Entscheidend ist hierbei jedoch Buttings Hinweis auf die Bedeutung des Elementaren: Vogel, so Butting, operiere mit «primitiven, besser […] ganz ursprünglichen Elementen», die er zusammenfüge und «in Formen» bringe.[17] Genau an diesem Punkt setzt nun Vogels für unseren Zusammenhang höchst aufschlussreiche Replik an, die nachfolgend entsprechend ausführlich zitiert sei:

«Inhaltlich bringen Sie […] konzentriert vieles[,] was wir miteinander öfters in Gesprächen erörtert hatten. Besonders treffend finde ich das Erfassen der ‹primitiven oder besser ganz ursprünglichen Elemente …›. Ich entsinne mich, und gebe Ihnen hiermit im vielen [sic] Recht, welchen schlagende [sic] und aufwirbelnde Wirkung des Bewußtwerdens eigener Triebe auf mich meine Reise nach Weimar zur Bauhaus-Ausstellung 1924 [recte: 1923] gemacht hatte, meine Bekanntschaft mit ihm (Kandinsky, Klee etc. …) und die geweckten Erkenntnisse aus darauf folgenden Gesprächen mit Busoni, der ja damals mit uns war … (oder eher umgekehrt! …)[.] Bei der Besichtigung der Arbeiten des Bauhauses sah ich an den zahlreichen Arbeiten wie dort die ursprünglichsten Elemente der bildenden Kunst erfasst, verstanden und gelehrt und angewandt wurden. Mit welch klarer Darstellung man dem Beschauer die eigentliche Bedeutung eines ‹Kreises›[,] einer ‹Linie›[,] eines ‹Vierecks›[,] eines ‹Punktes›, ihre gegenseitige Funktion im ‹gegebenen› Raum zeigte[,] […] mit welcher Systematik man die unsymetrischste [sic] Komposition – völlig zum Gleichgewicht zwang – und so – *formte!* Alle diese Dinge verbewußten [sic] in mir meine eigene [sic] Triebe in dieser Richtung. Das in der bildenden Kunst … .»[18] Was, fragt Vogel anschliessend, «lehrt man diesbezüglich in der Musik bei uns??», zur «elementaren Bedeutung» nämlich «eines Tones im legato[,] im staccato[,] in [1]/4tel od. 1/8 … von der Spannung zwischen Intervallen […]. Die alte Harmonie- u. Kontrapunktlehre hatten es zwar ‹unbewußter›, besser gemacht; aber mit dem Verlassen der [sic] rein-tonalen Bodens –[,] der konventionellen Bindung der Cadenz etc. … kann uns nur das Erfassen der Bedeutung der ‹Elemente an sich› – was geben ... .»[19] Von der Ausstellung und Busonis Kommentaren vor Ort «beeindruckt», habe er, resümiert Vogel, seine «Ziele» erkannt und sich dem «Elementenspiele» zugewandt.[20]

Bei jenen «eigene[n] Triebe[n]» Vogels, die ihm die Bauhaus-Schau offenbar ins Bewusstsein zu rufen vermochte, ging es also um Elementarisierung und sodann Funktionalisierung der Elemente mit Blick auf ein Ganzes, eine ausbalancierte Form. In solchem «Elementenspiele» treffen sich bildende Kunst und Musik, genauer: Besagtes Bindeglied, das Tertium Comparationis, ist das funktionalisierte Element.[21] Hinweise auf eine in diesem Sinne konstruktive kompositorische Verfahrensweise finden sich bereits auch in Vogels Kommentar zu seiner *Komposition für ein und zwei Klaviere*, die möglicherweise in unmittelbarer Reaktion auf das Weimarer Erlebnis entstanden war. Zu den Passagen der Werkeinführung, die oben vorerst verschwiegen wurden, zählen unter anderem die folgenden: Seine *Komposition*, so Vogel, bezwecke ein «Wiedererleben der Form als Ganzes» und hierbei, das ist entscheidend, eine «Konzentrierung der *Funktionen* der musikalischen *Elemente*».[22] Als «einziges Element», das die «dynamische Konstruktion» trage, bezeichnet Vogel im konkreten Fall die «Bewegung».[23]

Die augenfälligste (aber auch akustisch die deutlichste) Entsprechung zu diesen verbalen Ausführungen gibt die Partitur in jenem Teil zu erkennen, der mit *Finale* überschrieben ist. Es gliedert sich, abgesehen von einer Coda, in drei Abschnitte, die Vogel als *Rhythmika I, II* und *III* bezeichnet. Jede *Rhythmika* lässt sich analytisch auf wenige rhythmische Grundmotive herunterbrechen, welche jeweils über mehrere Takte hinweg repetitiv zum Einsatz gelangen und auf diese (einfache) Weise Form konstituieren.[24]

Das folgende Notenbeispiel zeigt eine schematische und im Detail vereinfachte Verlaufsskizze. Nicht erfasst sind Tempowechsel – über Teil (b) der *Rhythmika I* notiert Vogel «langsamer», über Teil (b) der *Rhythmika II* «Largo» – sowie die Abfolge unterschiedlicher Taktarten in *Rhythmika I* und Teil (b) von *Rhythmika II*. In *Rhythmika I* wechselt Vogel zunächst zwischen 6/4 und 5/4, so-

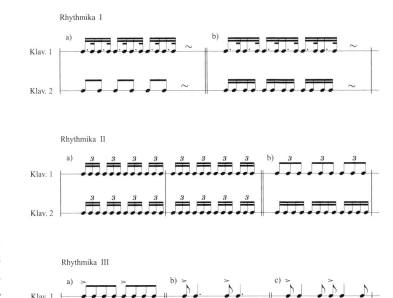

dann 3/4 und 2/4, während die letzten sechs Takte im Metrum 3/8 gehalten sind. Teil (b) von *Rhythmika II* umfasst die Taktarten 3/4, 2/4 sowie (für je einen Takt) 5/4 und 4/4. Überdies finden sich zumal in *Rhythmika I* teils Varianten der hier gezeigten rhythmischen Grundgestalten. Beispielsweise wird der Achtelpuls des zweiten Klaviers oftmals in daktylische Bewegung (ein Achtel und zwei Sechzehntel anstelle zweier Achtel) aufgelöst.

Mutet der Typus «Rhythmika», der zum Zeitpunkt der öffentlichen Darbietung der *Komposition für ein und zwei Klaviere* im April 1926 freilich auch im Einklang mit damals zumal von der Novembergruppe propagierten Ideen und Entwürfen einer ‹mechanischen› Musik stehen sollte,[25] hier noch wie eine erste Versuchsanordnung an, so entwickelte Vogel sein Konzept schrittweise zu einem grundlegenden Bestandteil seines kompositorischen Vokabulars.[26] In den bereits erwähnten *Zwei Etüden für Orchester* gewinnt die «Rhythmika» bzw. «Ritmica» gar die Gestalt eigenständiger Sätze, die entsprechende Überschriften tragen (*Ritmica funebre, Ritmica scherzosa*). Vogels Elementarisierung des Materials beschränkt sich indessen nicht auf die Ebene der Bewegung: Zusätzlich zur systematischen formbildenden Arbeit mit kleinen rhythmischen Elementen liesse sich insbesondere eine elementare Behandlung von Intervallspannungen nachweisen,[27] ein Verfahren, das Vogel ab 1937 mithilfe der Zwölftontechnik, systemgemäss, verdichten wird.

Blicken wir an dieser Stelle noch einmal auf den zitierten Brief Vogels an Max Butting. Vogel bezieht sich dort – ungeachtet des zuvor im Zusammenhang der *Komposition für ein und zwei Klaviere* verbal errichteten «Gebäude[s]» – explizit auf die «bildende Kunst» als Impulsgeber für seinen eigenen konstruktivistischen Ansatz und nennt namentlich Wassily Kandinsky und Paul Klee. Letztlich aber bleibt unklar, was er unter den Begriff subsumiert, ob konkret die Architektur mit gemeint ist.[28] Glaubt man dem Komponisten, so soll es erst seine spätere Begegnung mit Erich Mendelsohn gewesen sein, die ein künstlerisch produktives Interesse auch an der Baukunst weckte. Ungefähr 1931 zeigte er Mendelsohn die Partitur der *Zwei Etüden* für Orchester – und dieser tat, wonach das Notenbild wie erwähnt ruft: Er assoziierte es mit seinem eigenen Metier, der Architektur. Vogel bemerkte dazu rückblickend: «Mendelssohn [sic] sah sich die Partitur mit mir an und war verblüfft, im graphischen Bild ‹klare architektonische Formen› zu erkennen. Ich erklärte ihm dann – vom Musikalischen her – die Funktion der verschiedenen Instrumental-Gruppen im Bau und Gefüge des ganzen Stückes. Von da an beschäftigten mich solche ‹gemeinsamen Nenner› in der Musik und Architektur, die ich dann in meiner Zürcher Zeit weiter entwickelt habe.»[29]

Zwar mag man letztlich bezweifeln, dass derartige «gemeinsame Nenner» – jenseits aller musikbeschreibenden Metaphern – während der 1920er Jahre ganz ausserhalb von Vogels Blickfeld gelegen haben sollen. Fest steht jedoch, dass er sich später, in besagter «Zürcher Zeit», explizit mit strukturellen Parallelen von Musik und Architektur auseinandersetzen wird. Vogel übersiedelte 1964 definitiv nach Zürich, musste aber mit seiner Auskunft

bereits auch die 1950er Jahre gemeint haben, als er, noch in Ascona lebend, regelmässig eine ‹Absteige› in Zürich nutzte. Denn im Nachlass Vogels befindet sich ein Dossier mit der Aufschrift «Architektur-Seminar»,[30] in dem sich unter anderem maschinenschriftliche Vortragsnotizen von 1951 befinden. Ein Konvolut trägt das Datum «1. 5. 51», ein zweites «6. 6. 1951». Soweit ersichtlich, war Vogel damals von einem Kreis junger Architekten, dem insbesondere Heinz Ronner und André Studer angehörten,[31] eingeladen worden, über Musik und ihre strukturellen Bezüge zur Architektur (Vogels Notizen zufolge aber auch zur bildenden Kunst) zu referieren. Die nachstehende Transkription einiger Zeilen aus Vogels Notizen zum Stichwort «Rhythmus» illustriert die Stossrichtung des Seminars. Darauf, dass hier nun die Architektur (rechte Spalte) ihrerseits erstaunlicherweise ohne weiteres mit Metaphern belegt wird («rhythmische» bzw. «Rhythmen»), sei hier nur am Rande hingewiesen.

Rhythmus:

16tel Teilung mit weniger Punktierung	rhythmische Fensterfassade
Schnellere Rhythmen (mehr Aufteilungen) werden bedingt durch die Höhe der Tonlage und Charakteristik des Instrumentes.	Mehr Aufteilungen (schnellere Rhythmen) werden bedingt durch das Gewicht und die Art des Materials.
Tiefe Instrumente meist schwerfällig.	Langsame Rhythmen schwere Materialien, schnellere Rhythmen leichtere Materialien.[32]

Einem Einladungsschreiben von Heinz Ronner zufolge[33] ging Vogels Seminar im Oktober 1952 in eine zweite Runde, und gut zwölf Jahre danach scheint die Veranstaltung eine späte Neuauflage erlebt zu haben. «Lieber Herr Vogel», schrieb erneut Ronner, inzwischen Professor an der ETH Zürich, im November 1964, «wir sind erfreut über die Möglichkeit, Sie nach langem wieder einmal bei uns zu haben [...]. Es wird besonders für die Architekten unter uns von grossem Interesse sein, von Ihrer Warte aus eine Wertung der neueren Entwicklungen in den verschiedenen Disziplinen der Kunst zu vernehmen. Ihre Gegenüberstellung von gewissen Arbeitsprinzipien in Musik und Architektur hat mir in vieler Hinsicht Klarheit verschafft.»[34]

Freilich besagt Vogels *theoretische* Beschäftigung mit Schnittstellen zwischen Musik und Architektur noch nichts über deren Niederschlag in seinen unterdessen entstandenen Kompositionen. Gleichwohl fällt auf: Aus analytischer Perspektive hält Vogel, der nun längst dodekaphon komponiert, am Prinzip der ‹konstruktivistischen› Verfahrensweise, die er in der Zwischenkriegszeit entwickelt hatte, fest. Ob dieser Ansatz jedoch strukturelle Analogien zu (ästhetisch kompatibler) Architektur oder aber zu anderen Genres aus dem Bereich der visuellen Künste auslotet, erschliesst sich allein aufgrund der Notentexte nicht ohne weiteres.

Was aber sagt Vogel selber dazu? Diesbezügliche Notizen sind im Nachlass eher dünn gesät. Ein erhellendes Dokument findet sich jedoch im Jahr 1979. Damals, bereits in hohem Alter, brachte Vogel auf Einladung von Hans Oesch vor einer Hörerschaft des Musikwissenschaftlichen Seminars der Universität Basel das Stichwort des Architektonischen wieder explizit ins Spiel – und zwar, anders als in seiner frühen Programmnotiz zur *Komposition für ein und zwei Klaviere*, durchaus in engerem strukturvergleichenden Sinne. Unter dem Thema «Strukturen» vermerken die Vortragsnotizen: «Wichtig sind nicht die Reihenstrukturen, sondern *architektonische Formstrukturen*; rhythmische *Elemente* und Figuren als *formbildend* im Aufbau der Teile, wie der Großform. Diese architektonischen Formen bilden den Sinn einer Komposition oder ihrer Teile. Also: Formstrukturen[,] nicht Reihenstrukturen, sind da wichtig. Konstruktivistisches Prinzip: ‹Konstruktive Kunst›[.]»[35]

Was nun – diese Frage drängt zumal im Kontext des vorliegenden Bandes – hat Vogels kompositorisch bedeutsame Faszination für die visuellen Künste mit derjenigen seines Schülers Her-

Wladimir Vogel mit der Partitur seiner *Arpiade*, ca. 1957. Vogel schickte dieses Foto mit der Bemerkung «En écoutant Arpiade» als Grusskarte zu Weihnachten 1957 an seine Freundin Annie Müller-Widmann (PSS, Fonds Annie Müller-Widmann). | Kat. 10

mann Meier zu tun? Das Thema sei abschliessend, soweit es sich im Briefwechsel der beiden dokumentiert,[36] zumindest angerissen.

Meier hatte Vogel erstmals im Jahr 1945 kontaktiert, blieb in der Folge während mehrerer Jahre dessen Schüler im engeren Sinne, suchte allerdings bis Ende der 1960er Jahre immer wieder Vogels Rat in künstlerischen Fragen. Reflexionen zu bildender Kunst und Architektur nehmen in der Korrespondenz, mehr noch in den Briefen Meiers als in jenen Vogels, breiten Raum ein. Inwiefern jedoch letzterer den entscheidenden Impuls für die sich nachgerade zur Obsession entwickelnde Beschäftigung des Schülers mit visueller Gestaltung gegeben hatte, erschliesst sich aus dem Briefwechsel im Grunde nicht. Diese Frage ist hier aber ohnehin zweitrangig. Wichtiger in unserem Zusammenhang ist dies:

Über die Natur von kompositorisch zu bewältigenden Bezügen zwischen Musik und visueller Kunst waren sich die beiden nicht einig. Halten wir zu Vogel noch einmal fest: (1) Bei seinen kompositorischen Bezugnahmen auf die visuellen Künste, namentlich auf Formprinzipien des Konstruktivismus und seiner Ausläufer, geht es nicht um Versuche einer wie auch immer gearteten ‹Abbildlichkeit›, sondern um das Ergründen struktureller Analogien. (2) Entsprechend hält Vogel stets an einer durchaus strikten Trennung von Zeit- und Raumkunst fest, anerkennt deren Wesensunterschiede. Der Begriff der Dynamik (im Sinne von ‹Bewegung›) ist bei Vogel zentral. ‹Statisch› wirkende Texturen kommen zwar vor, jedoch nicht verselbständigt, sondern in der Funktion eines kontrastierenden Moments. Meier jedoch schien der Utopie einer Tilgung jener Wesensunterschiede zuzustreben. Diese grundlegende Differenz zu Vogel kündigt sich deutlich im August 1951 an, als Meier über seine Experimente mit einer rhythmischen Reihe berichtet: «[H]ier haben Sie den Delinquenten [die Komposition], von dem ich Ihnen in Bern sprach. [...] Es ist der Versuch, alles auf der Rhythmik aufzubauen.» Letztere aber soll gerade nicht Bewegung bzw. Dynamik, sondern Statik erzeugen: «Zugrunde liegt eine rhythmische Reihe von 12 verschieden langen Werten. Diese Werte erfahren ca. 1 Dutzend Vergrösserungen und Verkleinerungen und Unterteilungen in gleichmässige und ungleichmässige Gruppen. Ich hab alles Fliessen und Strömen herausnehmen wollen, dass also trotz des Ablaufs in der Zeit statt dieses Geschehens ein statischer Zustand sich ergäbe. Ich denke an Bilder der Kubisten oder Arps.»[37]

Erst 1966 jedoch bricht die Differenz, um nicht zu sagen das Missverständnis, offen auf. Vogel erteilte Meier, nachdem dieser über die Stadt Brasilia geschwärmt hatte, den väterlichen Rat: «Versuchen Sie ‹Brasilia› in ein Musikstück zu verwandeln: Die innere architektonische Gestalt – für Form[,] die innere Funktion der Reihe – für Strukturen der Musikelemente. Alles wird gerechtfertigt durch die Funktion der Elemente.»[38] Einige Zeit später teilt Meier mit: «Ihre Ratschläge betreffend ‹Brasilia› wurden mir nahezu zu einem Programm, aber die Sache ist wohl für einen Stär-

keren vorbehalten.»[39] Und nach weiterer drei Monaten: «Die Partitur, die endlich fertig geworden ist und die ich ins Unerlaubte, aber nicht Blaue hinein dem Brasiliaarchitekten Oskar Niemeyer widmete, hat mich im Stich gelassen. [...] Sie befriedigt meine Ansprüche nicht. Es ist aber so[,] dass es mir nicht gelingt, dieselben sprachlich zu definieren [...]. Bleiben also nichts als die sehr vagen und schwer hinkenden Analogien zu Mondrian und Brasilia.»[40] Da wird Vogel ungewöhnlich deutlich. «Seit vielen Jahren», heisst es in seiner Replik, «bemühen Sie sich Vorstellungen, die Sie sich über Musik machen[,] zu realisieren, also vom Intellekt diktierte ‹Vor-Bilder› in Musik zu setzen. Dies ist eine reine intellektuelle Einstellung zur Musik und zu Ihren Kompositionsversuchen. Dies ist meines Erachtens nicht nur einseitig, sondern auch falsch.» Und in Klammern setzt er drauf: «(Sie denken in Formen, die z.B. nicht aus der Musik primär, sondern von aussermusikalischen Elementen u[nd] Formen *abgebildet* sind, und die Sie auf die Musik u[nd] ihr ‹Material› übertragen u[nd] übersetzen versuchen. Das ist doppelt falsch).»[41] Auf den ersten Blick verwirrt diese Passage; Vogel scheint sich hier teilweise selber zu widersprechen. Näher besehen jedoch erhellt sie abermals das oben Ausgeführte: Die Brücke von visueller Kunst zu Musik kann nur über ein Drittes, nämlich das ‹Element› und dessen Funktionalisierung, geschlagen werden. Dieses Elementare jedoch muss sodann im ureigenen Material der Musik gedacht werden. Meiers Schaffensblockade ortet Vogel demgegenüber im «doppelt falsch[en]» Anspruch einer abbildlichen Übertragung aussermusikalischer Elemente (und Formen) auf die Musik.

Anmerkungen

1 Die Meisterkurse Busonis an der Berliner Akademie der Künste (1921–1923) hatte Vogel zu diesem Zeitpunkt bereits erfolgreich absolviert, suchte jedoch auch anschliessend den Rat des geschätzten und krankheitshalber beurlaubten Lehrers. Vgl. Tamara Levitz, *Teaching New Classicality. Ferruccio Busoni's Master Class in Composition*, Frankfurt a. M. etc. 1996, S. 267, 269.

2 Michael von Zadora (1882–1946), polnisch-amerikanischer Pianist und einstiger Schüler Busonis. Vgl. Gottfried Galston, *Kalendernotizen über Ferruccio Busoni*, hg. von Martina Weindel, Wilhelmshaven 2000, S. 208, Anm. 19.

3 Ebd., S. 26, Eintrag vom 22. März 1924.

4 Vgl. Zentralbibliothek Zürich (im Folgenden ZB Zürich), Nachlass Wladimir Vogel. Das Autograph (Signatur Mus NL 116: 52: 1: 1) ist an zwei Stellen datiert: Auf dem Deckblatt mit «comp. 1923», auf S. 68, unter dem letzten System, mit «Berlin / 1923».

5 Vgl. Programmzettel vom 16. April 1926; eingesehen in: ZB Zürich, Nachlass Wladimir Vogel, Mus NL 116: 52: 2: 5.

6 Ebd.

7 Ebd. (Hervorhebung im Original gesperrt).

8 Zur besseren Verständlichkeit der Argumentation werden die beiden Bereiche in diesem Beitrag begrifflich getrennt.

9 Vgl. zu diesem Problemkreis (unabhängig von Vogel) auch: Anselm Gerhard, ««A musical Composition may be compared to the Elevation of a Building›. Architekturmetaphern als Triebfedern musikästhetischer Paradigmenwechsel», in: *Musik und Raum. Dimensionen im Gespräch*, hg. von Annette Landau und Claudia Emmenegger, Zürich 2005, S. 175–189.

10 Vgl. Ferruccio Busoni, *Fantasia contrappuntistica*. Choralvariationen über ‹Ehre sei Gott in der Höhe› gefolgt von einer Quadrupelfuge über ein Bachsches Fragment, für zwei Klaviere, Leipzig [1922], Edition Breitkopf (Nr. 5196). Vgl. u. a. auch Gerhard, «Architekturmetaphern» (wie Anm. 9), S. 185 sowie Abbildung S. 186. Im vorliegenden Zusammenhang ist bemerkenswert, dass auch Hermann Meier in Partiturreinschriften bisweilen die Grossform in einem Übersichtsdiagramm darstellte.

11 Die folgenden Angaben stammen, wo nicht anders vermerkt, aus: Hans Oesch, *Wladimir Vogel. Sein Weg zu einer neuen musikalischen Wirklichkeit*, Bern und München 1967, S. 12–14, 17–18, 41.

12 Vgl. dazu ausführlich Nils Grosch, *Die Musik der Neuen Sachlichkeit*, Stuttgart und Weimar 1999, S. 19–99.

13 Die Ausstellung fand vom 15. August bis Ende September 1923 statt; vgl. u. a. Magdalena Droste, *Bauhaus 1919–1933*, Köln etc. 1998, S. 106. Wann genau Vogel, der Busoni nach Weimar begleiten durfte, die Ausstellung besucht hat, ist, soweit ich sehe, nicht dokumentiert.

14 Vgl. Wladimir Vogel an Max Butting, Brief vom 27. März 1928, zitiert in: Dietrich Brennecke, *Das Lebenswerk Max Buttings*, Leipzig 1973, S. 68–69. Das Original ist nicht mehr auffindbar. Auf die eminente Bedeutung dieses Briefs für das Verständnis von Vogels Ästhetik hat Friedrich Geiger (das Schreiben ebenfalls bereits aus Brennecke zitierend) in einem grundlegenden Beitrag zu den *Zwei Etüden für Orchester* nachdrücklich hingewiesen; vgl. Friedrich Geiger, «Expressivität, konstruktiv gebändigt. Wladimir Vogels ‹Zwei Etüden für Orchester›», in: *Musica* 50 (1996), S. 189–197. Zur Rolle des Bauhaus-Konstruktivismus für Vogels Kompositionsweise vgl. bereits auch Walter Labhart, «Wladimir Vogel – Ein Klavierkomponist der neuen Musik. Anmerkungen zu seinen Klaviersolowerken», in: *Piano-Jahrbuch* 2 (1981), S. 76–94, hier S. 81.

15 Vgl. Max Butting, «Vogel», in: *Sozialistische Monatshefte* 34 (1928), S. 271–272; lediglich in Auszügen auch zitiert in Brennecke, *Lebenswerk* (wie Anm. 14), S. 68.

16 Butting, «Vogel» (wie Anm. 15), S. 272.

17 Ebd.

18 Vogel an Butting (wie Anm. 14), S. 68–69 (Hervorhebung sowie Auslassungen ohne Klammern im Original; mutmasslich handelt es sich bei letzteren jedoch nicht um Textkürzungen Brenneckes, vgl. Anm. 14, sondern um die für Vogels Briefe typischen ‹Gedankenpausen›). Siehe auch die Zitation des Briefs bei Geiger, «Expressivität, konstruktiv gebändigt» (wie Anm. 14), S. 191, 195.

19 Vogel an Butting (wie Anm. 14), S. 69 (Auslassungen ohne Klammern im Original).

20 Ebd.

21 Vgl. dazu auch Geiger, «Expressivität, konstruktiv gebändigt» (wie Anm. 14), S. 195; Labhart, «Ein Klavierkomponist » (wie Anm. 14), S. 81.

22 Programmzettel vom 16. April 1926 (wie Anm. 5), Hervorhebungen DL.

23 Ebd.

24 Vgl. u. a. auch Labhart, «Ein Klavierkomponist » (wie Anm. 14), S. 80.

25 Vgl. Grosch, *Musik der Neuen Sachlichkeit* (wie Anm. 12), S. 68–72.

26 Vgl. u. a. Labhart, «Ein Klavierkomponist » (wie Anm. 14), S. 80–83; Geiger, «Expressivität» (wie Anm. 14), S. 191–196; Doris Lanz, *Zwölftonmusik mit doppeltem Boden. Exilerfahrung und politische Utopie in Wladimir Vogels Instrumentalwerken*, Kassel 2009, u. a. S. 97–104.

27 Vgl. u. a. (und spezifisch für die *Etüden für Orchester*) Geiger, «Expressivität, konstruktiv gebändigt» (wie Anm. 14).

28 Abgesehen von der architektonischen Hauptattraktion, dem Haus am Horn, gab es in Weimar auch Modelle und zeichnerische Darstellungen von Bauten zu sehen; vgl. Droste, *Bauhaus* (wie Anm. 13), S. 105–106.

29 Zitiert aus Oesch, *Wladimir Vogel* (wie Anm. 11), S. 41.

30 Vgl. Wladimir Vogel, Mappe «Architektur-Seminar» (ZB Zürich, Nachlass Vogel, Mus NL 116: Ca 12).

31 Heinz Ronner wohnte damals in just jenem Haus, in dem auch Vogel in Zürich jeweils abstieg. André Studer wiederum war der Lebenspartner (und wenig später Ehemann) der Tochter von Dora Spoerry, Vogels damaliger Mäzenin. Petra Ronner danke ich für diese Auskünfte.

32 Wladimir Vogel, Mappe «Architektur-Seminar» (wie Anm. 30), Konvolut vom 1. Mai 1951. Die Absätze in der Transkription entsprechen dem Original.

33 Vgl. Heinz Ronner an die Seminarteilnehmer_innen, Brief datiert «im Oktober 1952», Kopie in: Vogel, Mappe «Architektur-Seminar» (wie Anm. 30).

34 Heinz Ronner an Wladimir Vogel, Brief vom 10. November 1964 (ZB Zürich, Nachlass Vogel, Mus NL 116: Kr 468).

35 Wladimir Vogel, [Notizen zu einem Vortrag am Musikwissenschaftlichen Seminar Basel, gehalten am 25. Januar 1979], handschriftlicher Entwurf (ZB Zürich, Nachlass Vogel, Mus NL 116: Ca 18: 10) (Hervorhebungen DL).

36 Mein herzlicher Dank gilt an dieser Stelle Michelle Ziegler, die mir ihre Transkription der umfangreichen Korrespondenz zur Verfügung stellte.

37 Hermann Meier an Wladimir Vogel, Brief vom 19. August 1951 (ZB Zürich, Nachlass Vogel, Mus NL 116: Km 332).

38 Wladimir Vogel an Hermann Meier, Brief vom 1. Juli 1966, stenografische Abschrift (PSS–SHM).

39 Meier an Vogel, Brief vom 27. Oktober 1966 (ZB Zürich, Nachlass Vogel, Mus NL 116: Km 356).

40 Meier an Vogel, Brief vom 27. Januar 1967 (ZB Zürich, Nachlass Vogel, Mus NL 116: Km 357). Die Rede ist vom Orchesterstück HMV 65.

41 Vogel an Meier, Brief vom 2. Februar 1967 (PSS–SHM), Hervorhebung DL.

Diagramm vom 9. Januar 1961 zum Stück für grosses Orchester, Klavier vierhändig und Schlagzeug HMV 52 (1960–61). | Kat. 58

Das «kleine Hänschen» Hermann Meier und seine Mitschüler

Wladimir Vogels Schweizer Kompositionsstudenten

ROMAN BROTBECK

«Lieber Herr Vogel! Immer und ewig nur verbale Gratulation, wohl gutgemeinte, aber beschämende – da bin ich neben Liebermann und Wildberger das kleine Hänschen geblieben, der verschämt das Geburtstagssprüchlein aufsagt: Gute Gesundheit für Sie und Ihre Frau, und neue Werke für mich!» So gratulierte Hermann Meier am 27. Februar 1982 seinem ehemaligen Lehrer Wladimir Vogel zum 86. Geburtstag. Da sich der Brief im Nachlass von Vogel nicht findet, ist zu vermuten, dass er nicht abgeschickt wurde.[1] Im gleichen Jahr lud mich Vogel nach einem Radiobeitrag über ihn zu einem Gespräch ein, und bis heute verstehe ich nicht, weshalb er mich damals nicht auf seinen ehemaligen Schüler Hermann Meier aufmerksam machte. Bei der Frage nach seinen Schülern sprach Vogel nur von Rolf Liebermann, Jacques Wildberger und – eher im Sinne eines Nachtrags – von Robert Suter, der später auch noch kurz bei ihm studiert habe. Inzwischen wissen wir, in welchem Masse Vogel das Bild, welches er als Komponist hinterlassen wollte, mit ebenso gezielten Unterlassungen wie Zuspitzungen steuerte, und ich frage mich, was der Grund für das Übergehen von Hermann Meier gewesen sein könnte. Vogel gelang es noch 1966, seinem Biographen Hans Oesch gegenüber sowohl seine jüdische Herkunft als auch seine radikalen kommunistischen Positionen der 1920er Jahre zu verschweigen. Erst Walter Labhart entdeckte 1978 die Schallplatte mit den Propagandaliedern «Heimlicher Aufmarsch» von Vogel und «Vorwärts und nicht vergessen» von Hanns Eisler, wenig später auch noch weitere politische Propagandasongs Vogels[2] und er führte diese Gesänge erstmals in Vogels Werkverzeichnis auf.[3] Dank den Forschungen von Friedrich Geiger und Carlo Piccardi wissen wir heute, wie sehr Vogel in der Berliner Zeit ab 1926 in die äusserst wirksame sowjetische Propagandamaschinerie und die Charmeoffensiven gegenüber Exilrussen eingebunden war.[4] Nie mehr später wurden Vogels Werke in so hohen Auflagen gedruckt.

1966 hätte Vogel dieses Kapitel Oesch gegenüber mindestens andeuten können, ohne gleich in Misskredit zu fallen. Er tat etwas anderes: Er suggerierte seinem Biografen ein erstes Kapitel, das mit «Skrjabin» überschrieben ist. Hier beschreibt Oesch die persönliche Begegnung mit Alexander Skrjabin in einer Weise, dass man fast schon den Eindruck gewinnt, Vogel habe Unterricht bei ihm genossen.

Die Wirklichkeit war eine andere, denn Vogel konnte als Teenager bloss Konzerte mit Skrjabin hören und ihm dank Vermittlung eines Bekannten möglicherweise einmal die Hand reichen;[5] kurz nach Ausbruch des Ersten Weltkriegs wurde der 18-jährige Vogel als Sohn eines Deutschen ins von Moskau 1300 km entfernte Birsk verbannt. 1915 starb Skrjabin. Von einer intensiven Beziehung kann also keine Rede sein. Aber Vogels Kommunikationsstrategie der 1960er Jahre war äusserst erfolgreich, denn er konnte sich damit zum Vermittler zwischen Ost und West ernennen; diese Selbstkonstruktion als Vermittler zwischen Skrjabin und Schönberg passte perfekt in die Zeit des kalten Krieges, und sie wirkte noch lange nach.

In der teilweise umfangreichen Korrespondenz mit seinen Schülern taucht der Name Skrjabin kein einziges Mal auf, Schönberg hingegen schon. Im Fall von Hermann Meier ist diese Korrespondenz immens.[6] Mit keinem andern Schüler hat Vogel so regelmässig und so lange korrespondiert, mit keinem sich so intensiv beschäftigt. Der Briefwechsel zwischen Vogel und Meier greift

weit über Musikalisches hinaus, berührt Privates und Intimes und zeugt streckenweise von einer echten Freundschaft. Weshalb also die spätere Unterschlagung seines Namens? Hielt Vogel ihn als Komponisten für zu unbekannt oder zu unbedeutend, um seinen Namen zu erwähnen? Oder wollte er verschweigen, dass er bei Meier als Lehrer gescheitert war?

Hermann Meier (1906–2002)

Unter den Vogel-Schülern ist Meier ein Spezialfall: Im Unterschied zu Liebermann, Wildberger und Suter, die nacheinander bei Vogel Kompositionsunterricht nahmen und diese Ausbildung als Abschluss oder – im Fall Suters – als letzte Erweiterung ihrer kompositorischen Ausbildung auffassten, gab sich Meier nie zufrieden mit dem, was er bei Vogel lernte; er litt förmlich unter den strengen Zwölftonverfahren und der Disziplin, die Vogel ihm abverlangte. Ende 1949 kündigte aber Vogel in einem langen und vernichtenden Brief nach mehr als vier Jahren den Kompositionsunterricht auf, weil er an Meiers «Starrheit verzweifle».[7] Zwar muss Vogel diesen drastischen Ton bald bedauert haben, und er nahm den Kontakt zum in Selbstzweifeln dämmernden Meier erneut auf. So kam es bis 1951 immer wieder zu Treffen und öfter auch zu gemeinsamem Unterricht mit Jacques Wildberger, der am 15. Juli 1949[8] seine erste Stunde bei Wladimir Vogel nahm. Trotz des intensiven Briefwechsels schrieb Meier aber immer weniger und schliesslich überhaupt nichts mehr davon, was er kompositorisch betrieb. Im Februar 1982 hätte er seinem ehemaligen Lehrer durchaus vieles zu zeigen gehabt, und dass er den ironisch-unterwürfigen Hänschen-Brief wohl nicht wegschickte, deutet doch an, wie sehr sich Meier seines kompositorisch radikalen Weges bewusst war.

Auch die andern Schweizer Schüler hatten Probleme mit ihrem Lehrer; diese wurden aber meist erst Jahre nach dem eigentlichen Kompositionsunterricht offenbar und hatten unterschiedliche Ursachen. Meier ist unter den Schülern insofern eine Ausnahme, als er kein Konservatorium besucht und keine

professionelle Position im Musikleben erlangt hatte. Als Liebermann während des Zweiten Weltkrieges bei Vogel Kompositionsunterricht nahm, war er schon ein anerkannter Chansonkompo-
nist. Wildberger war 1949 Korrepetitor und Kapellmeister am
Stadttheater Basel und Suter, der 1956 für kurze Zeit bei Vogel studierte, war zu dieser Zeit bereits ein gestandener Komponist und
vor allem ein gefragter Jazzpianist. Solche Qualifikationen hatte
Meier nicht zu bieten, doch Vogel hielt ihm während sechs Jahren die Treue und bemühte sich im Rahmen seiner Möglichkeiten
auch um Aufführungen von Meiers Kompositionen. Spannungen
im Verhältnis tauchten schon sehr früh auf, und sie hatten vor
allem mit Vogels rigider Auslegung der Zwölftontechnik zu tun,
der Hermann Meier nicht folgen konnte oder wollte. Ende 1945
schrieb Vogel an Meier: «Wenn ich einerseits die Schwierigkeit
u[nd] Langsamkeit Ihrer Arbeitsweise einsehe u. verstehe, so
kann ich Ihnen die Sache nicht anders erleichtern, als Ihnen den
Weg zu zeigen u. zu empfehlen, den alle Musiker die [den Weg]
von der Atonalität im Sinne Schönbergs gegangen sind – nämlich
den Weg der strengen u. dann evolutionären 12-Ton-Technik. An
dieses Problem müssen Sie mal dran; es wird Ihnen nicht erspart
bleiben. Sie werden darin eine menschliche ‹geistige› Probe zu
bestehen haben.»[9]

Meiers Antwort auf diesen Rat ist erstaunlich, denn er betrachtete schon 1945 – nach wenigen Monaten des Unterrichtes –
die Dodekaphonie nicht als Endziel, sondern als Durchgangssta-
dium: «Das Handwerkliche macht mir noch schwer Mühe. Ich
weiss, dass ich durch die 12 Ton-Technik hindurch muss, ich hab da
gar keinen freien Willen, mir ist diese Art Musik keine Richtung,
ich kann nicht wählen: Schönberg oder Hindemith!»[10] Ein halbes
Jahr später konnte sich Meier noch immer nicht auf eine strenge
Zwölftontechnik einlassen: «Bei mir gedeiht das Unkraut üppig.
Ich weiss gar nicht, wie sich mir alles unter der Hand in Unkraut
verwandelt. Ich will klar und sauber bleiben und überblick ich das
Ganze, so bin ich in einem Sumpf. Ich stelle an mich selbst hohe
Ansprüche und dann kommen regelmässig solche Nichtigkeiten
heraus. Dabei bin ich 40 und bin noch so ein elender Pfuscher!»[11]

Schliesslich schickte Meier seinem Lehrer eine weit ausgreifende und formal vielgestaltige Zwölftonkomposition, das Klavierstück HMV 16 (1947, Abb. S. 84) und bemerkte u. a. dazu: «Ich
schrieb verschiedene Transpositionen der Reihe untereinander,
strich gemeinsame Töne und stellte die Noten so um, dass etwas
melodisch Brauchbares herauskam. […] Allerdings geriet ich da aus
dem strengen Stil, ich musste da und dort etwas ‹nachsäubern›. […]
Der Aufbau der Form im Grossen macht mir die schwerste Mühe.
Ich bin noch ein ganz miserabler Architekt. Dann kompromisslete
ich im Leben zu viel[,] um in der Kunst zu einem klassisch-saubern
Stil gelangen zu können.»[12] Dass Meier «aus dem strengen Stil»
geriet, liegt teilweise auch an der besonders strengen Reihe, die
er konstruiert hatte. Er wählte eine symmetrische Zwölftonreihe,
die keinerlei Krebsform ermöglicht. Und die Reihe selbst besteht
nur aus vier Intervallen, enthält keine Terzen bzw. Sexten und beschränkt sich auf wenige melodische Konstellationen.

1	2	3	4	5	6	7	8	9	10	11	12
	11									11	
	-1	2	6	2	5	1	5	2	6	2	-1
h	b	c	fis	gis	cis	d	g	A	es	F	e

Diese enormen Einschränkungen erhöhen die Redundanz
der Elemente und erklären, weshalb Meier mit dem Wegstreichen
gemeinsamer Töne oder mit dem Umstellen von Noten «melodisch Brauchbares» zu finden sucht.

Das Stück (Abb. S. 84) beginnt mit einer Exposition der Reihe,
die wie ein Passacaglia-Thema vorangestellt wird (T. 1–4). In Kleinst-
variationen werden die weiteren Reihen exponiert und von Meier
auch nummeriert. Allerdings führt Meier schon bei der fünften Variation die Reihe in die mittlere Lage (T. 14–17) und ab der sechsten Variation in den Diskant (T. 17–20). Bis zur achten Variation hält Meier
am Schreiten in Viertelnoten der Reihentöne fest, dann wird die
Reihe zunehmend in ihren Kontext eingebunden und verliert ihre
strukturierende Rolle. Der Höhepunkt dieser Entwicklung ist die

Hermann Meier, Klavierstück HMV 16 (1947), Takt 1–22 und 39–41.

elfte Variation, bei der die Reihe zuerst in den Randtönen, dann erstmals als vierstimmiger Akkord und schliesslich in eine Melodie eingebunden erscheint (Abb. S. 84 rechts). Eine solche Disposition, bei der die Reihe zuerst als Bassthema einer Variationsform exponiert wird, dann aber kontinuierlich dieser thematischen Funktion enthoben und schliesslich in den Kontext aufgelöst wird, könnte man als Flucht aus der Reihentechnik beschreiben. Immerhin reagierte Vogel interessiert auf die Komposition: «Aus Ihren Notensendungen sehe ich, dass der Moment gekommen ist, in langer Zusammenarbeit einen Schritt weiter zu machen.»[13]

Allerdings war die genauere Besprechung der Partitur wohl nicht sehr glücklich verlaufen, denn Meier notierte am Schluss der Komposition in grosser und schnell hingeworfener Schrift: «schlecht! alles». Tatsächlich ist das Werk alles andere als streng dodekaphonisch: Die Reihen sind miteinander ‹verklebt› und als solche oft nicht mehr erkennbar, und vor allem gibt es ‹Fehler›, zum Beispiel zu Beginn der dritten Variation (Abb. S. 84 links, 2. System, T. 12–13). Bei der dritten Variation unterläuft Meier beim Wechsel zum dritten System ein Fehler, und er schreibt im Bass *a* statt *as*, was zur Folge hat, dass alles Nachfolgende um einen Halbton verschoben ist und in dieser Variation das *as* und das *fis* in der Reihe wiederholt werden. Solche offensichtlichen Flüchtigkeitsfehler waren in der strengen Dodekaphonie als dilettantisch verpönt, noch schlimmer muss für Vogel aber gewesen sein, was Meier sich in den andern Stimmen an Freiheiten erlaubte. An der Stelle mit dem Schreibfehler etwa setzt Meier auf dem *a* (statt *as*) in der rechten Hand einen Quintklang und nachfolgend auf dem *es* (statt *d*) einen echten Dominantseptakkord (*e–gis–h–d*), der sich mit seiner affirmativ-tonalen Wirkung im zwölftönigen Umfeld als völliger Fremdkörper ausnimmt. Hätte sich Meier nicht geirrt und hier *d* im Bass geschrieben, wäre der Stilbruch noch drastischer ausgefallen!

Heute macht dieser freie und undogmatische Umgang mit der Dodekaphonie gerade das Besondere an Meiers dodekaphoner Phase aus. Der abstrakte Konstruktivismus wird überwunden und die Reihe, als ästhetisch vieldeutiges Element verwendet, tritt mal strukturierend-thematisch, mal mobileartig verspielt, mal völlig mit ihren Kontexten verwachsen auf. Das ist nie ein Komponieren aus der Reihentechnik heraus, wie es Vogels zentrales Anliegen war, sondern ein Komponieren mit der Reihe und zuweilen auch über die Reihe. Deshalb ist der Dominantseptakkord über dem falschen *es*, das ein *d* hätte sein sollen, letztlich so sinnig: Ein Schreibfehler generiert eine originelle Musik.

Eigentlich wollte Vogel den Unterricht mit Hermann Meier bereits 1949 beenden. Als dann aber Jacques Wildberger als neuer Schüler hinzukam, wurde die pädagogische Arbeit doch weitergeführt. Man traf sich regelmässig zu dritt in Wildbergers Elternhaus in Basel.

Das Verhältnis blieb aber schwierig, weil Meier sich auf die Vogelschen Prämissen nicht einstellen konnte. Wohl auch mit Blick auf den damals noch sehr folgsamen Wildberger schrieb Vogel im Sommer 1950 an Hermann Meier erneut einen strengen Brief: «Die Verwendung der Reihen ist bei Ihnen ‹mechanisch›, der Affekt, der die ‹Musik› begleitet od. begründet ist ein expressionistischer (kein esthetischer, od. rein konstruktiver). Sch[erchens] Bemerkungen sind auch meine eigenen Bedenken, die ich Ihnen so oft zu verstehen gab. Aber sie wollen u. konnten sie nicht ‹annehmen› u. fahren fort auf dieselbe Art zu komponieren. Ich weiss mir keinen Rat mehr.»[14]

Ein gutes Jahr später war es dann Hermann Meier, der den Unterricht in einem langen und aufschlussreichen Brief aufkündigte. Meier betrat darin das Gebiet einer seriellen Organisation der Tondauern, auf dem ihm Vogel nicht mehr viel helfen konnte. Er habe «eine rhythmische Reihe von 12 verschieden langen Werten» entwickelt. «Diese Werte erfahren ca. 1 Dutzend Vergrösserungen und Verkleinerungen und Unterteilungen in gleichmässige und ungleichmässige Gruppen. Ich hab alles Fliessen und Strömen herausnehmen wollen, dass also trotz des Ablaufs in der Zeit statt dieses Geschehens ein statischer Zustand sich ergäbe. Ich denke an Bilder der Kubisten oder Arps.»[15] Damit erklärte Meier implizit, dass Vogel an seiner weiteren kompositorischen Entwicklung nicht mehr beteiligt sein würde. Er wollte auch gar keinen Rat von Vogel mehr, sondern schrieb bloss noch: «Bitte schauen Sie mal drein.»[16] Und erst nach diesen Ausführungen kam Meier auf seine pekuniären Verhältnisse zu sprechen, mit denen er vordergründig die Beendigung des Unterrichtes legitimierte: «In 3 Wochen, am 15. Sept., muss ich ins neue Haus zügeln. Glauben Sie etwa, ich hätte besondere Freude? Keine Spur davon, denn finanziell werden mir Hemmungen auferlegt, die wohl wirksamer sind als die mir bisher aus Lärm und Platzmangel erwuchsen. Dazu kommen die Kinder. Es war also mein wirkliches Glück, Sie 1945 kennen zu lernen. Aus äussern, aber unerbittlichen Notwendigkeiten muss ich fortan auf Ihre Unterweisung und auf die Zusammenkünfte bei Wildberger verzichten.»[17] Und gleich darauf formulierte Meier äusserst luzid sein weiteres Lebensprogramm: «Auch zukünftig werde ich nichts als Experimente verbrechen – das darf ich mir als Dilettant gut erlauben – und ich werde sie Ihnen immer zeigen. So lange ich von der Sucht zum Abstrusen besessen bin, bin ich als Schüler doch eine unmögliche Kreatur.»[18]

Trotz dieser Distanzierung lud Vogel Meier weiterhin zu gemeinsamem Unterricht bei Wildberger ein, ein letztes Mal noch zu Beginn des Jahres 1953. Ob diese Treffen tatsächlich stattfanden, lässt sich allerdings nicht belegen. Auch Wildberger begann zu jener Zeit, sich dem Einfluss Vogels zu entziehen.

Jacques Wildberger (1923–2006)

Nach den schwierigen Jahren mit Meier bedeutete es für Vogel wohl einen Lichtblick, als Wildberger ihn im März 1949 wegen Unterrichts anfragte: «Ich würde mich sehr freuen, wenn ich mit einer Autorität die musikalischen, technischen und weltanschaulichen Grundlagen der Zwölftontechnik diskutieren könnte.»[19] Da ist von Anfang an ein ganz anderer Ton, als man ihn im Briefwechsel mit Meier antrifft. Hier wird nicht nur um Unterricht, sondern um die Diskussion von Grundlagen gebeten. Wildberger liess sich dann ganz auf Vogels Unterricht ein und beteiligte sich begierig an dodekaphonen Diskussionen. Er war geradezu

erzürnt darüber, dass Vogel den Zwölftonkongress verschieben musste, weil die internationalen Gäste infolge der Koreakrise nicht reisen wollten. Da er selber wegen seiner Arbeit am Basler Theater nicht am Kongress teilnehmen konnte, wandte er sich schriftlich an diesen mit Fragen zur rhythmischen Struktur der Dodekaphonie, einerseits «zum Typus des Tempostückes», das in den raschen Bewegungen ein Durchhören der Reihen verhindere, andererseits zu Strawinsky, Bartók und zur osteuropäischen und asiatischen Foklore, deren Rhythmik er gerne mit der Dodekaphonie verbinden würde.[20]

Während unserer Begegnungen in den 1980er und 1990er Jahren erzählte mir Wildberger, wie intensiv der Unterricht bei Vogel gewesen sei und wie sie zusammen oft stundenlang nach harmonisch spannenden Lösungen im Zwölftonstil gesucht hätten. Vor allem habe Vogel ihm beigebracht, in weiten Lagen zu komponieren und auf die Veränderungen der Intervalle zu hören, wenn diese in weiter Lage gesetzt würden. Gewisse Intervalle klängen durch die Oktavierung schärfer, z.B. Quarten und kleine Terzen; andere würden konsonanter, z.B. Quinten und grosse Terzen. Aber auch wegen der Klarheit und Durchsichtigkeit des Satzes empfahl Vogel, beim Komponieren den gesamten Tonhöhenraum zu nutzen.

Im ersten der *Quattro Pezzi per Pianoforte* (1950), an denen Wildberger schon vor dem Kompositionsunterricht bei Vogel geschrieben hatte und die er mit Vogel während fast eines Jahres überarbeitete und verfeinerte, lässt sich dieser Einfluss sehr schön beobachten. Der Beginn des Werks ist eine achttaktige Studie zu den vier Gestalten der Reihe, die in der Setzweise auf grösstmöglichen intervallischen Reichtum angelegt ist und streng architektonischen Prinzipien folgt (Notenbeispiel S. 87). Die acht Takte mit je einem Reihendurchlauf pro Doppeltakt erinnern schon fast an ein klassisches Thema. Die vier Reihendurchläufe sind auf stringente Art verknüpft ohne konstruktives Knicken beim Übergang von der einen Reihenform in die andere. Wildberger komponiert die vier Reihenformen in einer einzigen Schlaufe, die vom *Cis* (als erstem Ton der Grundreihe, T. 1) zu Beginn zum *cis'''* (als letztem Ton der Krebsform) am Ende durchläuft (T. 8):

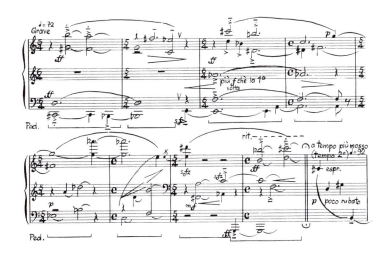

	1	2	3	4	5	6	7	8	9	10	11	12
h				h								
b							b					
a					a							
as			gis							as		
g	G							g				
fis		fis							fis			
f						f					F	
e												e
es						es					es	
d			d						d			
cis	Cis							cis				
c			c							c		
h					h							
b							b					
a				a								

Takte

1+2 Grundstellung: grün von links nach rechts.

3+4 Krebsumkehrung: blau von rechts nach links.

5+6 Umkehrung: blau von links nach rechts.

7+8 Krebs: grün von rechts nach links.

rot: Konstruktionstöne.

Jacques Wildberger, *Quattro pezzi per pianoforte* (1950), I. Introduzione, T. 1–8.

Wie manche Reihen von Vogel hat auch Wildbergers Reihe einen hohen Konstruktionsgrad, weist zahlreiche Binnensymmetrien auf und stellt sich damit in die Tradition der Wiener Schule. Die als unendlicher Reichtum gelobte Freiheit, welche die über 479 Millionen möglichen Zwölftonreihen bieten, wurde schon früh in der Geschichte der Dodekaphonie mit Symmetrien, Allintervallreihen etc. um das Zehntausendfache eingeschränkt.[21] Im Unterricht muss Vogel auf den thematischen Qualitäten der Reihe insistiert haben, denn Wildberger schrieb im Herbst 1949, er habe eine neue Reihe entwickelt, um «die linearen Kräfte mehr ausbeuten zu können und die motivischen Verknüpfungen, oder um einen Weg zur Gestaltbildung und Thematik zu finden».[22]

Die vier Formen der Reihe wurden von Wildberger von Anfang an als Gesamtgestalt konzipiert. Das folgende Schema, das von links und von rechts zu lesen ist, versucht diese ansatzweise symmetrische Anlage nachvollziehbar zu machen. Beginn (cis) und Ende (e) der Grundreihe differieren um eine Kleinterz; nach der Grundstellung bringt Wildberger den Spiegelkrebs über der Achse e, was zum – um eine Kleinterz erhöhten – g führt, das im Tritonusverhältnis zum Anfangston der Grundreihe (cis) steht. Von diesem g aus erfolgt nun die Umkehrung zurück nach e und von diesem e aus der Krebs, der zum cis des Anfangs führt. Das b bil-

det die Mittelachse aller Reihen und den Tritonus zum Endton der Grundreihe (e). Es ist gewissermassen der verminderte Septakkord cis-e-g-b mit seinen Tritoni, der das Grundgerüst der Gesamtstruktur aller vier Reihen formt.

Die zentralen Töne in der Konstruktion werden von Wildberger in der Setzweise hervorgehoben. Neben dem cis als Klammer werden auch e und g repräsentativ gesetzt und das b, welches in allen vier Reihenformen die Mittelachse bildet, bringt Wildberger in vier verschiedenen Oktavlagen.

Im Juli 1950 hatte Wildberger die *Quattro Pezzi* vollendet. Im gleichen Monat schrieb Vogel den oben zitierten Brief an Meier, in dem er ihm die rein mechanische Verwendung der Reihentechnik vorwarf und den ästhetischen und konstruktiven Affekt vermisste. Hinter diesem Urteil dürften auch die Klavierstücke von Wildberger gestanden haben, die jeden Expressionismus vermeiden und konstruktive wie ästhetische Aspekte ideal verbinden.

Wildberger war stolz auf sein erstes dodekaphones Werk und er versuchte, es verschiedenen Leuten vorzustellen und zur Aufführung zu empfehlen. Dafür bat er Vogel um Kontakte, insbesondere in Neapel, wo Wildberger die Sommerferien 1950 verbrachte. Vogel schickte ihm zwar am 1. August entsprechende Adressen, dämpfte aber zugleich Wildbergers Stolz: «Sie müssen *selber* darüber nicht vergessen, dass diese Klavierstücke Ihr op. 1 im 12-Ton-System sind und dass es noch viel zu schaffen gibt, um sich einen ständigen u. festen Namen zu machen!»[23] Vogels irritierende Art, seinen willigsten und treusten Schüler immer wieder an seine künstlerischen Grenzen und Defizite zu erinnern, führte 1953 zum Abbruch des Unterrichts. Je mehr Wildberger sich selbständig machte und je mehr seine Erfolge zunahmen, desto umfassender formulierte Vogel seine Vorbehalte. Ein Grund dafür dürfte nicht zuletzt gewesen sein, dass Vogel auf Unterrichtsstunden finanziell angewiesen war und Wildberger als Schüler nicht verlieren wollte. So schrieb Vogel Anfang 1952: «Zweifelsohne, Sie haben auch in den bisherigen Arbeiten ‹eigene› Töne u. ‹Noten› – doch noch zu unentschieden u. diese liegen in der Art die 12-Tontechnik zu verwenden. Nun – auf was wir uns jetzt zu konzentrieren hätten[,] wäre: neue Klangelemente daraus zu bilden; Neue Bausteine; Vorstellungen u. nicht nur Vorbilder. Die interessante Arbeit fänge erst jetzt für mich an!»[24] Ein Jahr später wurde Vogel noch persönlicher und grundsätzlicher: «Was ich bis jetzt in Ihren Arbeits-Kompositions-Plänen vermisse und was eigentlich den Sinn einer solchen bilden sollte – sind die Inhalte u. geistigen Aspekte. […] Sie müssten sich also klar über Ihre menschlichen Hintergründe werden. Ihre eigenen Reaktionen auf die Sie umgebende äussere und innere Welt belauschen, den bewussten, wie den unbewussten Schichten Ihres Sein näherkommen.»[25]

Selbst als Wildberger 1953 mit *Tre mutazioni* in Donaueschingen einen Erfolg erzielte, nahm Vogel diesen auch für sich in Anspruch und meinte, Wildberger sei nun «aus dem Rahmen des Nur-Schülers od. Amateurs gehoben» worden, nur um im nächsten Satz Wildberger wieder zum «Nur-Schüler» zu machen: «Zum

Stück selber habe ich mehrere Bemerkungen u. Vorschläge zu machen, die wir mündlich besprechen können.»[26]

In den folgenden Jahren nahm die Intensität der Beziehung zwischen Vogel und Wildberger deutlich ab. Man blieb aber in regelmässigem und freundlichem Kontakt. Erst sehr viel später kam es noch zweimal zu künstlerischen Auseinandersetzungen, die belegen, wie weit die Wege der beiden Komponisten inzwischen auseinandergegangen waren. Geradezu kränkend reagierte Vogel auf Wildbergers Kritik an seinem dramma-oratorio *Flucht* (1962–64), mit dem Vogel auf einen internationalen Durchbruch hoffte. «Vielleicht berührt Sie die im Werk stark im Vordergrund stehende Geistigkeit nicht. Oder … Sie fühlen sich selber getroffen.»[27] Der andere Konflikt entzündete sich an der Radioausstrahlung von Wildbergers «*… die Stimme, die alte schwächer werdende Stimme …*» (1973–74). Vogel kritisierte die Textbehandlung und die Stilmischung, die ihn gar an Kurt Weill und Hanns Eisler erinnere. Wildberger entgegnete: «Was sie bezüglich Weill und Eisler sagen, trifft sich ja merkwürdig: Tatsächlich interessieren mich diese Komponisten schon seit einiger Zeit intensiver als auch schon; dazu kommen neuerdings Symphonien des späten Schostakowitsch, gewisse Erscheinungen aus der Pop-Musik, aus dem free jazz und aus der Folklore der südamerikanischen Diktaturen: Musik, um überleben zu können.»[28] Dass er fünfzig Jahre früher ebenfalls mit diesem gesellschaftskritischen Tonfall komponiert und mit Hanns Eisler und Kurt Weill in Kontakt gestanden hatte, gibt Vogel im Briefwechsel mit Wildberger ein weiteres Mal nicht preis.

Trotz dieser Konflikte hat sich kein anderer Schüler so nachdrücklich auf Vogel eingelassen wie Jacques Wildberger, und umgekehrt hat Vogel keinen seiner Schüler so kontinuierlich beobachtet und rezipiert. Noch fünf Tage vor seinem Tod diktierte er einen Brief an Wildberger, indem er «die Kritik Ihres neuen Stückes» erwähnt: «Ob wir uns wiedersehen werden, weiss ich nicht. Letzterenfalls schicke ich Dir meine besten Wünsche für die Weiterentwicklung Deiner Kunst.»[29] Endlich konnte Vogel, im letzten Satz, seinem ehemaligen Schüler das Du anbieten und Wildbergers Arbeit nun auch als Kunst bezeichnen.

Robert Suter (1919–2008)

Vogels letzter Schweizer Schüler, Robert Suter, hatte es mit seinem Lehrer deutlich schwerer als der Kollege Wildberger. Wohl unter Wildbergers Einfluss und vielleicht auch in einer gewissen Konkurrenz zu diesem, weilte Suter 1956 während zehn Tagen im Tessin, um bei Vogel das dodekaphone Komponieren kennenzulernen. Im Gegensatz zu Meier und Wildberger war Suter damals schon etabliert als Komponist und legendärer Jazzpianist, der den leichtfüssigen und weitgehend auskomponierten Schweizer Jazz der 1950er Jahre stark mitprägte. Zudem war er seit 1955 auch Dozent für Komposition und Theorie an der Basler Musik-Akademie.

Zwar äusserte Vogel Wildberger gegenüber, der Unterricht mit Robert Suter sei erfolgreich verlaufen: «Mit Suter ging es ordentlich. Ich bin mit ihm zufrieden u. hoffe dass er es auch mit mir ist. – Wir haben wenig Theorie getrieben, dafür sehr viel Praxis: Hör-Praxis.»[30] Doch stürzte sich Suter im Unterschied zu den übrigen Vogel-Schülern nicht gleich auf die dodekaphone Technik. Erst fünf Jahre nach dem Unterricht bei Vogel begann Suter mal mehr, mal sehr viel weniger streng zwölftönig zu komponieren. Das erste Stück, das Suter nach dem Unterricht bei Vogel 1956 schrieb, ist ein unvollendet gebliebenes Klaviertrio.[31] Es trägt den launigen Titel *Von den seltsamen Gedanken dreier Musikinstrumente*. Suter arbeitet in diesem Trio mit einem Repertoire instrumentenspezifischer Floskeln und reflektiert deren Abgenutztheit und Klischiertheit. Jeder neue Satz kommentiert in spassiger Weise den vorausgegangenen. Und alle Sätze tragen, einer Programmsuite ähnlich, einen Hinweis auf die Handlung der Musik. Der für ihn neuen musikalischen Welt nähert sich Suter vorerst also ironisch-selbstreflektiv, was sich vor allem darin äusserst, dass Suter Dissonanzen in vorher nie dagewesenem Ausmass zulässt.

Leider ist der letzte Satz nicht vollendet. Er hätte den Höhepunkt des Spasses und des gewitzten Umgangs mit falschen Tönen darstellen sollen, die Überschrift lautet: «Da aber finden wir die glückliche Lösung: Wir treiben schliesslich lauter Unsinn». Denkbar ist, dass Suter bei seinem Vorhaben, Dissonanzen als Unsinn zu deklarieren, plötzlich bange wurde. In diesem Klaviertrio schafft er es, seinen alten musikantischen Stil beizubehalten und diesen gleichzeitig mit zahlreichen Dissonanzen zu brechen und zu ironisieren. Möglicherweise wurde Suter bei der Arbeit am letzten Satz bewusst, dass er mit seinem Vorgehen, seine bisherigen musikalischen Mittel mit Dissonanzen zu verspotten, auch die Dissonanzen der Verspottung aussetzt.

Vogel mahnte am Neujahrstag 1957 zu einer ernsthaften musikalischen Auseinandersetzung, und er wünschte auch von Suter – wie bei Meier und Wildberger – die persönliche Weiterentwicklung. Seine Aufgabe bestehe nun darin, das bei ihm Gelernte zu assimilieren: «Assimilierung zwischen den – sagen wir um die Sache einfach zu machen – ‹beiden Suter's›, welche in Ihnen wohnen … […] der Eine, der immer da war u. der andere der kommen möchte u. manchmal auch völlig present ist. Und es kommt eigentlich fast immer darauf an – wie sich der alteingessene ‹Roby› zum kommenden Robert Suter verhält.»[32] Ähnlich wie bei Hermann Meier beargwöhnte Vogel bei Suter (wohl zurecht) die (zu) freie Art des Komponierens und das Beibehalten traditioneller Kompositionsweisen. In einem Brief zu einer Radiosendung, in der neben Klaus Huber, Ernst Pfiffner und Robert Suter auch Eduard Staempfli auf dem Programm stand, äusserte er sich nicht zu Suters Komposition, dafür sehr ausführlich zu Staempfli: «Staempfli's Stück hob gut an und endete enttäuschend. Viel Können u. Arbeit und doch unbefriedigend vor allem weil er den Zeitbegriff u. die Ausdehnungsform noch völlig aus der vor-dodekaphonischen Zeit seines Schaffens übernommen hat. Darum läuft sich bei ihm das Stück – tot. […] Er macht Musik, er ‹musiziert› mit der 12 Tontechnik, wie man es mit den traditionellen machte. Das geht so nicht. Es ist fast tragisch, so ein musikpotenter Komponist u. so irgendwie – daneben! Ich bewundere u. bedaure ihn in Einem … Mit der 12 Ton Musik kann man nicht ‹musizieren›. Man muss entweder was ‹aussagen› – oder was ‹erfinden›. Aber ‹musizieren› à la Hindemith – geht es nicht. Sein ‹gesundes› Musiker-Naturel – spielt bei ihm einen bösen Streich. – Schade, schade …»[33] Das «Musiker-Naturel» könnte sehr wohl auch auf Suter gemünzt gewesen sein;

als ob Vogel mit der Kritik an Staempfli durch die Blume auf Suter zielte. Denn auch Suter zögerte, seinen bisherigen Stil zu verlassen und das Komponieren mit zwölf Tönen als eine grundsätzlich neue Phase zu verstehen.

Robert Suter befand sich damals in einer privaten Krise und eröffnete Vogel am 27. November 1958, dass er nun bei den «alten Wildbergers» lebe und sich zur Scheidung entschieden habe, weil er «aus dem Elend nicht mehr herauskomme».[34] Vogel reagierte ohne Empathie auf Suters schwierige Lage; vielmehr hielt er zwei Tage nach dem auf Radio Beromünster ausgestrahlten *Musikalischen Tagebuch Nr. 2* (1950) an der Rolle des strengen und Höheres fordernden Lehrers unbeirrt fest: «Lieber Robert Suter, es hat nicht eines Wiederhörens Ihres ‹musikalischen Tagebuches› bedurft, um Ihre Begabung und die Blitze einer Persönlichkeit, die drin funken, zu bekräftigen … Aber dies waren Versprechungen, welche auf Vollendeteres und Grösseres deuteten. Diesem Versprechen sind Sie verpflichtet und heute, 8 Jahre nach dem ‹Tagebuch›, erwarten wir alle – ein Werk, von Format und Dimension. Dass Ihr privates Leben, all' diese Jahre quasi ‹vergiftet› war – könnte als Erklärung wohl angenommen werden, dass es Ihnen unmöglich war dieses Versprechen voll zu erfüllen. Ich hoffe vom ganzen Herzen: die Lösung in Ihrem Leben, wenn auch Chok-artig – bringe Ihnen jene innere Concentration, welche für den nötigen Schritt Sprung od. Wurf von uns gefragt u. verlangt wird.»[35] Anschliessend empfahl Vogel, Suter solle auf den Kompositionsauftrag des Basler Musikkredits verzichten oder diesen verschieben, weil er noch nicht weit genug sei.[36] Wenig später folgte ein interessanter Hinweis, der gegen eine allzu enge Verbindung zwischen Suter und Wildberger gerichtet scheint: «Was Sie finden müssten ist eine naive Begeisterung für den Klang und Ton und Liebe zum Material. Im Gegensatz zu Wildberger, der das geistig-spekulative und symbolisch-formale in sich stark ausgeprägt trägt – schien mir immer, dass Ihre Hauptbegabung eher in der Sprache selber liegen müsste: die Einbeziehung der Sprache in die Musik u. ihre verschiedenen Aspekte, so wie sie in dem Musikal. Tagebuch zu spüren sind. – Ich glaube – dort müssen Sie neu ansetzen! U. nicht so in abstrakt-formellem.»[37]

Die Entwicklung verlief gerade umgekehrt, als Vogel es suggerierte: Wildberger arbeitete nach 1960 häufig mit Texten, und das Spekulative und Formalistische wich einer zunehmend politischen und gesellschaftskritischen Position, während Suter immer wieder die Möglichkeiten und Grenzen absoluter Musik thematisierte.

Rolf Liebermann (1910–1998)

Vogels erster Kompositionsschüler in der Schweiz war in den frühen 1940er Jahren Rolf Liebermann. Hermann Scherchen, als dessen Assistent Liebermann tätig war, hatte den Kontakt vermittelt. Allerdings liegen die Anfänge im Dunkeln, weil der wohl schon 1940 einsetzende Unterricht geheim gehalten werden musste, da Vogel keine Arbeitserlaubnis hatte und als Jude jederzeit hätte ausgewiesen werden können. Im Nachlass Vogels finden sich die ersten Briefe von Liebermann erst ab 1943. Zu dieser Zeit etablierte sich Liebermann bereits als Komponist ernster Musik. Insbesondere für die *Polyphonen Studien* für Kammerorchester (1943), eine Frucht seiner Studien bei Vogel, suchte er nach einer Aufführungsmöglichkeit. Bei diesen Bemühungen geriet Liebermann allerdings in die Räder des Schweizer Musikbetriebes und erlebte, welche Aversionen ein Teil der Schweizer Musikvertreter gegen den unermüdlichen Hermann Scherchen hegte, der Liebermanns *Studien* in einer solistisch besetzten Version in Gstaad aufführen wollte. Vogel muss Liebermann diesbezüglich gewarnt haben, denn dieser bedankte sich später mit folgendem Bericht über ein Telefongespräch mit dem Dirigenten Luc Balmer:

«Ich: Ich habe ein Telegramm von Scherchen, der am 1. August in Gstaad die P[olyphonen] St[udien] machen möchte …

Balmer: Es ist natürlich bedauerlich wenn Sie das Stück bei uns zurückziehen wollen.

Ich: Zurückziehen????? Das fällt doch gar nicht zusammen.

Balmer: Wir haben uns dem Bund gegenüber verpflichtet, *nie* gehörte Werke zu machen und das fiele bei Ihnen dann weg, trotz der *unzulänglichen* Besetzung. Aber machen Sie was Sie wollen. Ich übernehme die Verantwortung nicht, sprechen Sie mit Sacher und mit Kägi (der es dirigiert), ob man Sie noch *streichen* kann. Aber es ist natürlich unangenehm; weil es Scherchen wieder einmal einfällt in der Welt herum zu telegraphieren, müssten wir alles umstossen. Und dazu kommt noch, dass es für Sie dann noch immer nicht sicher ist, dass er es wirklich macht. Er ist ganz gut imstande, am 30. Juli wieder abzusagen … etc. pp.»[38] Liebermann konnte Scherchens Angebot nicht annehmen, denn «mit diesen Schweizer Bonzen» wollte er sich «keinesfalls überwerfen».[39]

Auch die gemeinsame jüdische Herkunft sprach Liebermann mehrmals an. So schrieb er Vogel, wie «unsere Rasse»[40] die amerikanische Musik präge, und erzählte von antisemitischen Verletzungen, die er in seiner Jugendzeit in Zürich erfahren hatte.[41]

Die Strenge und Unerbittlichkeit, die sich in Vogels Unterricht der späteren Schüler zeigte, musste auch schon die Arbeit mit Liebermann geprägt haben. Jedenfalls entschuldigt sich Liebermann Anfang 1944 für seine mangelnde Aufmerksamkeit, die Vogel offenbar beanstandet hatte: «Stets wenn ich im weiten Ozean meiner Ahnungslosigkeit schwimme, sind Sie das Rettungsboot und die seltenen Fälle, da ich selber Land finde, verdanke ich Ihrer Geduld und Schulung. Es liegt also grade umgekehrt, als Sie vermuten: nicht ich desinteressiere mich an Ihrem Unterricht – ich hoffe im Gegenteil stets, dass es nicht Ihnen eines Tages verleide. Wenn ich also seinerzeit unaufmerksam war, dann schreiben Sie es bitte meiner Krankheit, meiner Übermüdung oder meiner schlechten Erziehung zu – keinesfalls aber einem Desinteressement. Ich bin zwar vielleicht unbegabt, sicher faul, aber nicht so dumm, um nicht einzusehen, dass Sie mir unendlich viel gegeben haben und – noch viel geben müssen, so viel, dass ich mir gar nicht vorstellen kann, dass es jemals ein Ende haben könnte.»[42]

Zwei Jahre später wurde Liebermann Tonmeister bei Radio Beromünster – im Vertrag wurde die Funktion als «Abhörkapellmeister»[43] bezeichnet. Damit war auch der Unterricht bei Vogel beendet. Liebermann begann seinen stetigen Aufstieg zum führenden Musikmanager des 20. Jahrhunderts. Diese Karriere sollte auch das Verhältnis zu Vogel stark verändern. Den Glauben an die Exklusivität der Zwölftontechnik hatte Liebermann schon bald verloren, wie aus einer Bemerkung zum Zwölftontreffen in Orselina deutlich wird: «Ich komme selbstverständlich gerne nach Orselina – gab es doch schon häufig weit weniger gewichtige Gründe, die mich veranlassen konnten ins Tessin zu fahren. Tagen die Kontrapunktiker im Tamaro? Und die Ästhetiker in Monte Verità?»[44] Ein Jahr später formulierte er noch schärfer: «Im Prinzip bin ich durchaus für einen zweiten Zwölftonkongress. Aber er müsste Wesentliches bringen und gewisse Fragen à fond klären, sonst könnten wir leicht lächerlich werden. Wenn Sie in Darmstadt la Clique dodécaphonique erlebt hätten (Leibowitz – Rufer und der daran klebende Klüngel) wären Sie so in Op[p]osition gekommen, dass Sie wie Lehar weiterkomponieren würden. Wir müssen heraus aus dieser lächerlichen überheblichen Isolation, in die wir uns selbst begeben.»[45] Und über die Einladung von René Leibowitz schreibt Liebermann, er «hoffe nur, das Referat von Leibowitz werde etwas gehaltvoller sein als seine bisherigen in Zürich und Mailand gehaltenen Seichtigkeiten.»[46]

Bis 1954 kommentierte Vogel Liebermanns Kompositionen regelmässig, und Liebermann bedankte sich immer wieder freundlich für die Ratschläge, zuletzt für eine Kritik an seiner Oper *Penelope* (1954). Dieser Brief wirft ein Licht auf Liebermanns spätere Entwicklung und erklärt ein Stück weit, weshalb er lange Jahre auf das Komponieren verzichten konnte und auch den Third Stream nicht weiterführte: «Ihre Analyse ist nicht nur klug, sie hilft (und das ist wichtig) weiter! Ich bin seit Donaueschingen in einem völligen Loch, ich sehe nicht, welche Konsequenzen gerade aus dem Concerto zu ziehen sind, der Einfall mit dem Jazz war gut, aber das kann man doch nicht weiter machen. Bei der Oper ist alles viel leichter. Da lebe ich von Situationen (psychologischen und szenischen); da denke ich nicht nach, sondern bin ganz locker und spontan. Wie viel leichter ist doch alles mit Text. Aber im Konzertsaal bin ich völlig ratlos.»[47]

Später kam es aufgrund der unterschiedlichen Rollen und Karrieren öfters zu Konflikten zwischen Liebermann und Vogel. Schon in Zürich ärgerte sich Liebermann darüber, dass Vogel «mit

nernd: «Cher Ami, Je suis très touché de vos deux lettres qui m'ont presque un peu gêné: je n'ai rien fait que vous n'eussiez fait vous-même dans la même situation. Finalement, c'est vous qui m'avez ouvert les yeux et qui avez donné une forme à ma vie. Et c'est encore vous qui avez eu de la confiance et de la patience envers le jeune chien que j'étais et qui préférait tellement la liberté au travail. Re-trouver cet esprit est aujourd'hui mon plus grand souci!»[50]

Der strenge Lehrer und seine ungezogenen Schüler

Das Gesamtbild der Vogel-Schüler ist heterogen, obwohl sie – und das zeigen die Briefwechsel eindrücklich – bei Vogel alle durch dieselbe disziplinierende Schule gehen mussten. Den Kern seiner Lehre fasste Vogel an seinem 70. Geburtstag, der im gesamten deut-schen Sprachraum mit zahlreichen Artikeln gefeiert wurde, in ei-nem Werkkommentar zu *Die Flucht* noch einmal zusammen: «Die Wiederaufwertung des realen und nicht des ‹verfremdeten› Tones und eine Zurückführung auf die Intervalle, die den Duktus und das Gefüge der musikalischen Struktur bestimmen, charakterisieren die linearen und vertikalen Elemente, wobei Vertrautes und Neu-artiges vereinigt und neu erlebt werden. [...] Vermieden wird jede Manieriertheit, aber beibehalten die Merkmale des dodekaphoni-schen Stils. [...] Beschränkung auf das Wichtigste und Substanzielle des Strukturellen.»[51] Eine solch asketisch eingeschränkte Sicht der Dodekaphonie hatte Rolf Liebermann schon 1945 aufgegeben; er wechselte in ein freies Komponieren im vollchromatischen Raum und orientierte sich auch bald nicht mehr an Reihenmodellen. So ist seine Klaviersonate von 1951 entstanden zu der Zeit, als Meier und Wildberger in Zwölftontechnik unterwiesen wurden, ein ex-pressionistisches Monument, das im Sinne der Atonalität immer den chromatischen Raum voll nutzt, aber grosszügig auf verschie-dene Klaviertraditionen und -stile zurückgreift. Wildberger ist der einzige von Vogels Schülern, der dem Weg seines Lehrers konse-quent gefolgt ist und sich nur langsam und unter Einfluss anderer,

einer Kohlhaasartigen Besessenheit sich in Verhandlungen»[48] ein-schaltete. Ähnliche Unstimmigkeiten gab es auch während Lieber-manns Hamburger Zeit, weil Vogel sein «Dramma oratorio» *Thyl Claes* gerne als Oper rausbringen wollte, was Liebermann ablehnte: «Es könnte sonst so etwas Furchtbares dabei herauskommen wie der Versuch der szenischen Darstellung der Matthäus-Passion, der vor ein paar Jahren gemacht wurde.»[49]

Als Liebermann als Direktor an die Pariser Oper berufen wurde, schrieb ihm Vogel zwei Briefe, in denen er Liebermanns Ar-beit in Hamburg in höchsten Tönen lobte. Der implizite Wunsch, Liebermann möchte etwas für seinen Lehrer in Paris unterneh-men, ist offensichtlich. Liebermanns Antwort war ebenso kurz wie elegant, nochmals an die Strenge des Unterrichts bei Vogel erin-

vor allem jenem Bernd Alois Zimmermanns, von Vogels Vorbild lösen konnte. Noch das *Epitaphe pour Evariste Galois* (1962) ist bis in die Details der Sprechchor-Behandlung direkt von Vogel beeinflusst. Danach vollzieht sich ein deutlicher Bruch, indem Wildberger seinen musikalischen Stil stark verändert und Klangverfremdungen aller Art einbezieht. Vogel kritisierte diese Entwicklung, was Wildberger zur Feststellung veranlasste, der Lehrer setze sich «geradezu polemisch von den Methoden der Jüngeren ab».[52] Interessanterweise wurde das Verhältnis zwischen Robert Suter und Vogel zunehmend besser. Anlässlich des 70. Geburtstages von Vogel bat ihn der 47 Jahre alte Suter nochmals um Unterricht, mit der Begründung, er empfinde «in letzter Zeit ein immer steigendes Bedürfnis, in irgend einer Form den Faden jener kurzen Zusammenarbeit wieder aufzunehmen. Es wäre für mich in erster Linie als geistiger Ansporn, als unerbittliche Kritik sehr wichtig.»[53] Vor allem aber fand Suter in Vogel, der sich immer stärker einem asketischen Stil verpflichtete, einen willkommenen Adressaten, um gegen die Avantgarde – und implizit auch seinen Freund und Konkurrenten Wildberger – zu argumentieren. In privaten Gesprächen spöttelte Wildberger immer wieder, Suter lasse neben sich eigentlich nur Mozart bestehen. Tatsächlich zog Suter diesen Vergleich auch Vogel gegenüber: «Der Hinweis auf Mozart – ich bin mir des Rangunterschiedes ja trotzdem bewusst! – ist mir eine wichtige Bestätigung. Gerade bei der heute grassierenden Jagd nach dem Neuen droht in besonderem Mass die Gefahr, dass sich das Neue verliert, bevor es sich überhaupt konkretisieren konnte. Das führt zu einem Leerlauf des stets Neuesten, das an sich ja beziehungslos wird, wenn die dahinterstehenden Brücken gleich wieder abgerissen werden. Resultat ist eine völlige Indifferenz und Unverbindlichkeit der Erfindung, die ja nun keiner kritischen Prüfung mehr unterzogen werden kann. Die Geschichte sollte doch wenigstens soviel lehren, dass auch das Kühne und Neue nur im Verhältnis zum ‹Normalen› in Erscheinung treten konnte. Und in gewissen Fällen war es ja dann die Vollendung der scheinbar ‹Normalen›, die zum Kühnen und Neuen geführt hat. Da wären wir dann wieder bei Mozart ...»[54]

Hermann Meier blieb in diesem Kreis der Aussenseiter. Nicht nur Vogel, auch Wildberger, mit dem ich mich sehr viel öfter und länger getroffen habe, sagte nie ein Wort von diesem Komponisten, mit dem zusammen er bei Vogel studiert hatte. Gegenüber Vogel spielte Meier auf der künstlerischen Ebene bis zum Schluss die «unmögliche Kreatur»; von dem, was er wirklich trieb, drang kaum etwas durch; umso grösseres Gewicht bekamen private Angelegenheiten. So schaffte es ausgerechnet jener Vogel-Schüler, der sich früh und am radikalsten von seinem Lehrer trennte, so etwas wie eine Freundschaft zu Vogel aufzubauen, und Vogel konnte gegenüber Meier die Rolle des autoritären Komponisten wenigstens teilweise ablegen.

Anmerkungen

1 Hermann Meier an Wladimir Vogel, Briefentwurf vom 27. Februar 1982 (PSS–SHM).

2 Telefonische Auskunft vom 29. Februar 2016 und undatiertes Schreiben Walter Labharts an den Autor (April 2016).

3 Walter Labhart, *Wladimir Vogel. Konturen eines Mitbegründers der Neuen Musik*, 166. Neujahrsblatt der Allgemeinen Musikgesellschaft Zürich auf das Jahr 1982, Zürich 1982. Als Herausgeber von Vogels Schriften hat Labhart bereits 1977 den Agitprop-Gesang «Der heimliche Aufmarsch gegen die Sowjetunion» erwähnt (Wladimir Vogel, *Schriften und Aufzeichnungen über Musik: «Innerhalb – ausserhalb»*, revidiert, hg. und mit einem Nachwort versehen von Walter Labhart, Zürich 1977, S. 274).

4 Carlo Piccardi, «Le sotterane convergenze politiche di Wladimir Vogel», in: *La Svizzera: Terra d'Asilo – Die Schweiz als Asylland* (Atti – Kongressbericht – Ascona 1998), Bern etc. 1998, S. 107–127; Friedrich Geiger, *Die Dramma-Oratorien von Wladimir Vogel*, Hamburg 1998; vgl. auch Doris Lanz, *Zwölftonmusik mit doppeltem Boden. Exilerfahrung und politische Utopie in Wladimir Vogels Instrumentalwerken*, Kassel 2009.

5 In einem ausführlichen Brief vom 19. März 1984 an Bálint András Varga, der nach Vogels russischer Vergangenheit fragte, erwähnt Vogel keine persönliche Begegnung, sondern nur den Besuch von Konzerten mit Werken Skrjabins (Musikabteilung der Zentralbibliothek Zürich [im Folgenden ZB Zürich], Mus NL 116: Lv 17).

6 Ich danke Michelle Ziegler für die Überlassung ihrer 120 Seiten umfassenden Transkription des Briefwechsels zwischen Wladimir Vogel und Hermann Meier.

7 Vogel an Meier, Brief vom 31. Dezember 1949 (PSS–SHM).

8 Wladimir Vogel an Jacques Wildberger, Brief vom 5. Juli 1949 (Universitätsbibliothek Basel [im Folgenden UB Basel], Nachlass Jacques Wildberger).

9   Vogel an Meier, Brief vom 20. November 1945 (PSS–SHM).

10 Meier an Vogel, Brief vom 7. Dezember 1945 (ZB Zürich, Mus NL116: Km 294).

11 Meier an Vogel, Brief vom 20. Juli 1946 (ZB Zürich, Mus NL116: Km 297).

12 Meier an Vogel, Briefabschrift vom 2. April 1947 (PSS–SHM).

13 Vogel an Meier, Brief vom 16. April 1947 (PSS–SHM).

14 Vogel an Meier, Brief vom 3. Juli 1950 (PSS–SHM).

15 Ebd.

16 Ebd.

17 Meier an Vogel, Brief vom 19. August 1951 (ZB Zürich, Mus NL 116: Km 332).

18 Ebd.

19 Wildberger an Vogel, Brief vom 31. März 1949 (ZB Zürich, Mus NL 116: Kw 332 [1]).

20 Wildberger an den Zweiten Internationalen Kongress für Zwölftonmusik, Brief vom 24. Mai 1950 (ZB Zürich, Mus NL 116: Kw 192).

21 Von den 479'001'600 (=12!) möglichen Reihen gibt es nur 276'480 (0.06 %) symmetrische und 46'272 Allintervallreihen (0.01 %). Dank an Viktoria Heu, Institut de Recherche Mathématique Avancée (IRMA) Strasbourg, für die Berechnungen.

22 Wildberger an Vogel, Brief vom 15. Oktober 1949 (ZB Zürich, Mus NL116: Kw 330).

23 Vogel an Wildberger, Brief vom 1. August 1950 (UB Basel, Nachlass Wildberger).

24 Vogel an Wildberger, Brief vom 4. Januar 1952 (UB Basel, Nachlass Wildberger).

25 Vogel an Wildberger, Brief vom 20. Januar 1953 (UB Basel, Nachlass Wildberger).

26 Vogel an Wildberger, Brief vom 21. Oktober 1953 (UB Basel, Nachlass Wildberger).

27 Vogel an Wildberger, Brief vom 14. Dezember 1966 (UB Basel, Nachlass Wildberger).

28 Wildberger an Vogel, Brief vom 19. März 1978 (ZB Zürich, Mus NL116: Kw 202[2]).

29 Vogel an Wildberger, diktierter Brief vom 14. Juni 1984 (ZB Zürich, Mus NL116: Lw 68).

30 Vogel an Wildberger, Brief vom 12. Oktober 1956 (UB Basel, Nachlass Wildberger).

31 Robert Suter, *Von den seltsamen Gedanken dreier Musikinstrumente* für Violine, Violoncello und Klavier. Das unveröffentliche Werk basiert möglicherweise auf früheren Skizzen, die Reinschrift ist nicht eindeutig lesbar mit 1957 datiert (alle Dokumente in PSS, Sammlung Robert Suter). Suter selber bezeichnet das chromatische, aber nicht reihenbasierte Stück als «radikalen Versuch», nach dem Unterricht bei Vogel mit dem Jugendwerk abzuschliessen; «Statement von Robert Suter», in: «*Entre Denges et Denezy*». *Dokumente zur Schweizer Musikgeschichte 2000–1900*, hg. von Ulrich Mosch in Zusammenarbeit mit Matthias Kassel, Mainz etc. 2000, S. 225–227, hier S. 226.

32 Vogel an Suter, Brief vom 1. Januar 1957 (PSS, Sammlung Robert Suter).

33 Vogel an Suter, Brief vom 13. Juli 1958 (PSS, Sammlung Robert Suter).

34 Suter an Vogel, Brief vom 27. November 1958 (ZB Zürich, Mus NL 116: Ks 532).

35 Vogel an Suter, Brief vom 29. November 1958 (PSS, Sammlung Robert Suter).

36 Ebd.

37 Vogel an Suter, Brief vom 13. Januar 1959 (PSS, Sammlung Robert Suter).

38 Liebermann an Vogel, Brief vom 8. Juli 1943 (ZB Zürich, Mus NL 116: Kl 293).

39 Ebd.

40 Liebermann an Vogel, Brief vom 4. Juli 1945 (ZB Zürich, Mus NL 116: Ksch 478).

41 Liebermann an Vogel, Brief vom 10. August 1943 (ZB Zürich, Mus NL 116: Kl 295).

42 Liebermann an Vogel, Brief vom 10. Januar 1944 (ZB Zürich, Mus NL 116: Kl 290).

43 Liebermann an Vogel, Brief vom 12. Juni 1945 (ZB Zürich, Mus NL 116: Kl 289).

44 Liebermann an Vogel, Brief vom 24. September 1948 (ZB Zürich, Mus NL 116: Ksch 473).

45 Liebermann an Vogel, Brief vom 30. Oktober 1949 (ZB Zürich, Mus NL 116: Kl 288).

46 Liebermann an Vogel, Brief vom 10. Februar 1950 (ZB Zürich, Mus NL 116: Ksch 470).

47 Liebermann an Vogel, Brief vom 8. November 1954 (ZB Zürich, Mus NL 116: Kl 282).

48 Liebermann an Vogel, Brief vom 27. Mai 1955 (ZB Zürich, Mus NL 116: Ksch 515).

49 Liebermann an Vogel, Brief vom 24. April 1963 (ZB Zürich, Mus NL 116: Kh 101).

50 Liebermann an Vogel, Brief vom 7. Oktober 1975 (ZB Zürich, Mus NL 116: Kt 141).

51 Wladimir Vogel, «Zu meinem Dramma-Oratorio ‹Flucht›», in: *Programmheft der Tonhalle-Gesellschaft Zürich*, 8. November 1966 (ZB Zürich, Mus NL 116: 29: 8).

52 Wildberger an Vogel, Brief vom 12. Dezember 1966 (ZB Zürich, Mus NL 116: Kw 216).

53 Suter an Vogel, Brief vom 28. Februar 1966 (ZB Zürich, Mus NL 116: Ks 548).

54 Suter an Vogel, Brief vom 29. März 1970 (ZB Zürich, Mus NL 116: Ks 554).

«Grosse Wand ohne Bilder»

Sämtliche Orchesterwerke von Hermann Meier – ein Leseprotokoll

MICHEL ROTH

> Aber die Dimension der Kunst ist nicht
> die Dimension, sondern der Mut.[1]
> Ludwig Hohl

Vorbemerkung

Doppelseitig ausgedruckt auf A4 sind sie genau 9,7 Zentimeter dick, Hermann Meiers 27 Orchesterwerke, gescannt 586,5 Megabyte gross, folgt man der Seitenzählung der Partituren insgesamt 1670 Seiten lang, brutto 4378 Gramm schwer, komponierte 15'585 Takte, die Gesamtdauer noch unermesslich.

Schon beim stundenlangen Ausdrucken und noch verstärkt durch das einheitliche Schriftbild kommt mir dieses Konvolut vor wie eine grosse papierene Wand, die ich nun ausschliesslich notenlesend, also ohne Blick auf Meiers bildhafte Partiturentwürfe, durchsteigen will.

Grosse Wand ohne Bilder – ein Titel, den Meier selbst für eines seiner letzten Werke gefunden hat.[2]

Mangels Aufführungen habe ich von den meisten Stücken nur eine innere Klangvorstellung verbunden mit der intensiven Leseerfahrung mit Meiers Handschrift.

Dazu ein Protokoll.

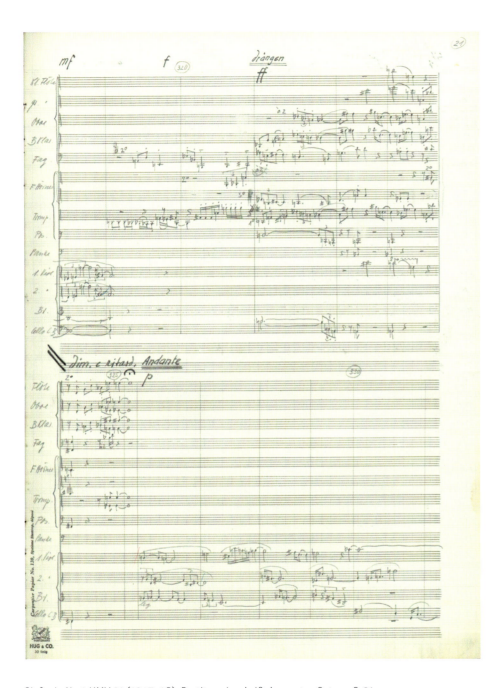

Sinfonie Nr. 1 HMV 21 (1947–48), Partiturreinschrift des ersten Satzes, S. 21.

HMV 21: Sinfonie Nr. 1 (1947–48), 3 Sätze

Das «Andante» besticht durch grosse satztechnische Elastizität: Motivisch durchbrochener Satz, zersplitternd, dann wieder grössere fugenartige Expositionen, stellenweise Anwendungen von Umkehrungs- oder Proportionskanons. Man entdeckt Stratifikationen wie bei Elliott Carter. Übergeordnet ist eine Vorliebe für chromatische Tonfelder erkennbar, vertikal wie horizontal. Bei dieser instrumentatorisch sehr feingliedrig angelegten Partitur überraschen pauschal für alle Instrumente geltende, einfach über die Flötenstimme geschriebene Dynamikangaben. Meier balanciert dagegen die wechselseitige Gewichtung aus: Im Manuskript weisen Angaben wie «a 2» oder «primo» bzw. «secondo» vielerorts Änderungsspuren auf (Abb. links). Der Höhepunkt des 1. Satzes (S. 26–29) türmt sich auf wie Passagen in Charles Ives' Orchesterstücken. Einzelne Stimmverläufe fransen dabei heterophon aus und changieren zwischen Registern: Das schweisst die in sich rhythmisch konturierten Schichten zu einer Klangmasse zusammen. Oder ist es umgekehrt, und gross angelegte Einheiten werden kleingliedrig ausdifferenziert? Das «Adagio molto» gemahnt an Arnold Schönbergs Diktum, mit Polyphonie lasse sich das Tempo der Darstellung beschleunigen:[3] Meier spaltet aus seinem Thema charakteristische Bewegungsmomente ab, führt diese eng, überlagert sie und verdichtet Thematisches in die Fläche, in die Gleichzeitigkeit; letztlich verfestigen sich aber solche polyphon auseinanderströmenden Bewegungsenergien immer wieder zu homophonen Ostinati (T. 37–49). Beim Lesen des 3. Satzes, «Vivace assai», flimmert die innere Vorstellung – wie vielgestaltig ist diese Musik im Detail! Immer neue Figuren werden generiert, permutiert, intervallische Varianten ausprobiert; und doch sehen sich ihre Konturen zum Verwechseln ähnlich und umreissen meist verwandte Tonfelder. Es scheint, als würden im Hintergrund streng Tonaggregate verschoben, deren Spuren jedoch wie bei einem Drip-Painting unterschiedlichste Instrumentalfiguren ausschleudern. Wiederum ordnungsbildend wirkt die straffe rhythmische Stratifikation der Einzelstimmen.

HMV 24, Sinfonie Nr. 2 (1948–49), 3 Sätze

Das Studium dieser in vielerlei Hinsicht mit der Sinfonie Nr. 1 (HMV 21) verwandten Partitur gerät schon in den heftig durchgestrichenen und neukomponierten Eröffnungstakten des 1. Satzes, «Allegro risoluto», zur Textphilologie. Meier hat seine sorgfältige Reinschrift – wohl nach dem Hören der ersten Sinfonie – auffallend flüchtig umgearbeitet, er schreibt von einer «2. Orchestration» (Partitur, S. 31). Man spürt in jeder Änderung die Folgen dieses plötzlichen physischen Gegenübertretens der eigenen Klänge und ein Ringen um stärkere Plastizität (Abb. rechts). Die Eingriffe sind zahlreich, doch immer punktuell und setzen unterschiedlich an: Wie bei der Sinfonie Nr. 1 ändern hier viele Verdopplungen, es erfolgen auch grössere Umregistrierungen, Lagenwechsel, vereinzelt harmonisch wirksame Umstellungen von Akkorden und sogar thematische Ergänzungen – es wäre also passender, von einer zweiten Fassung zu sprechen. Anderseits ermöglicht Meiers bereits erwähnte satz- und setztechnische Flexibilität, Einzelteile teils radikal umzubauen, ohne dabei die Gesamtform im geringsten anzutasten. Die grosse Quantität verbunden mit der gewissen Abgeschiedenheit ihrer Entstehung berechtigt, Meiers Musik als eine Art geschlossenes System zu begreifen, auf das – wie in diesem Fall – Ausseneinflüsse eine meteorartig plötzliche und folgenreiche Wirkung haben. Gegen Ende des zweiten Satzes (»Adagio«) sticht eine kammermusikalische Passage ins Auge (T. 185–200). Das Gesamtfeld ist klar organisiert, doch im Detail permanenten Veränderungen unterliegend. Es sind evolutionäre Prozesse, tentative Mutationen, die auch schnell wieder von der Bildfläche verschwinden können, wodurch ihr Impulsmoment versiegt, Platz für Neues entsteht. Abschliessend ein «Allegro vivace». Der Erzähler in Robert Walsers *Räuber*-Roman kokettiert einmal damit, dass seine Umschweife den Zweck haben, «Zeit auszufüllen». Wäre es übertrieben zu behaupten, dass die Ereignisse in Meiers Musik immer auch als Platzhalter zu verstehen sind? Als Raum- und Zeitfüller? Chronos statt Kairos – gefüllte statt erfüllte Zeit? Ein Gegenstück zu den clusterähnlichen Klangvolumina, die fast jede Figur oder jeden Akkord umhüllen, sind

Hermann Meier, Sinfonie Nr. 2 HMV 24 (1948–49), Partiturreinschrift, S. 16.

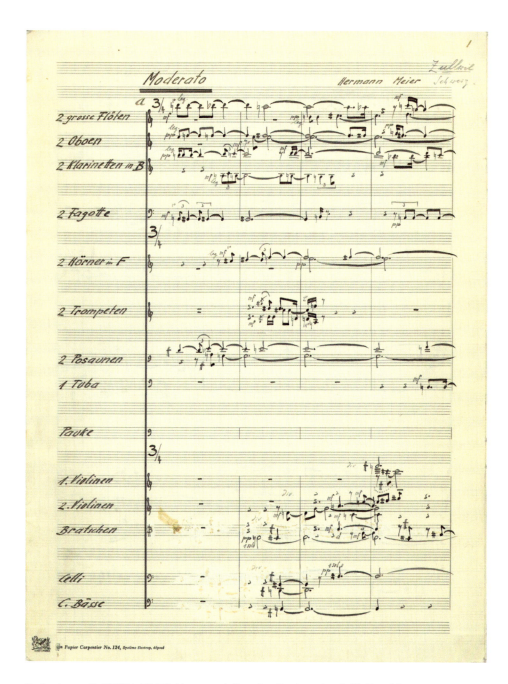

Orchestermusik HMV 31 (1953), *Hommage à Hans Arp*, Partiturreinschrift, S. 1. | Kat. 33

die Zeitvolumina, die nur durch eben diese raumgreifenden Ge-stalten auf ihre geplante Grösse anwachsen können. Ich habe den Eindruck, dass hier das Ganze alles, das Einzelne fast nichts be-deutet.

HMV 25, Orchesterstück Nr. 1 (1949–50), Molto Allegro

Etwas Atemberaubendes: Es gibt während zwei Dritteln die-ses Stücks keinen Moment der Stille! Der bereits in den bei-den Sinfonien beobachtete Vorgang des Auffüllens von Zeit mittels Bewegungs- oder Klangkontinua mündet hier in eine wörtlich pausenlose Präsenz. Die Faktur ist dabei eher dünner geworden, die rhythmischen Überlagerungen sind einfacher, motorischer, ergänzt durch immer wieder sehr lang ausgehaltene Töne in einem anderen Register. Erst im letzten Drittel (ab S. 41) ballen sich chromatische Tonfelder in weiter Lage rhythmisch homophon im ganzen Orchester, nun gegliedert durch zahlreiche Generalpausen. Die Leserichtung schwenkt um: Nach den seitenlangen waagrecht sich fortsetzenden Haltebögen kann ich mich dem visuellen Effekt der plötzlich einbrechenden senkrechten Säulen der Tutti-Akkorde nicht entziehen. Erste Zweifel: Ist mein Lesen der Partituren wirklich so immun gegenüber Bildern, wie ich vorgebe? Oder standen bei Meier solche Partiturbilder am Anfang, bevor sie sich in seinen Graphi-ken vom Notenpapier abstrahierten?

HMV 26, Orchesterstück Nr. 2 (1951), Allegro deciso e risoluto

Zunächst fallen reihenartig abspulende Tonfolgen auf – die Zwölftonräume scheinen mehr als in den Werken zuvor nicht nur konstitutiv, sondern richtiggehend ausbalanciert zu sein. Passagenweise werden dazu wie in Anton Weberns Symphonie op. 21 (1928) die Oktavlagen fixiert. Anderseits stechen immer wieder reine Oktavklänge auf C ins Auge, die sich gegenüber dem zwölftönigen Anfangsakkord geradezu kokett verhalten und als Schlussakkord diesem auch genau gegenübergestellt werden. Im Verlauf des Stücks erscheinen viele polyphone Liniengeflechte, rhythmisch untereinander oft komplementär organisiert. Auch sie sind spürbar geprägt von einer kontrapunktischen Ordnung, die sich an dodekaphonen Prinzipien orientiert, wobei gelegentlich einzelne Stimmen merkwürdig lange auf den Einsatz einer anderen zu warten scheinen, bevor sie wiederum ihren tonalen Beitrag an die Gesamtstruktur abarbeiten dürfen. Dieser etwas konvulsivische Duktus wird jedoch durch weit gespannte Legatobögen wiederum abgemildert und in grosse lineare Verläufe überführt. Letztlich wirkt das Orchesterstück Nr. 2 weniger blockhaft als seine Vorgänger, eher melodisch bis hinein in die über längere Strecken kammermusikalisch eingeflochtene Paukenstimme (T. 363–463).

HMV 30, Orchesterstück Nr. 3 (1952–53)

Meiers reihentechnische Verfahrensweise wird hier noch offensichtlicher, wobei sich immer wieder Derivate aus der Anfangsreihe abspalten, die ostinatohaft wiederholt werden. So entstehen harmonisch stehende, klangfarblich und vor allem in ihrer Innendynamik und Rhythmik ausdifferenzierte Flächen. Dies ist offensichtlich die grundlegende Idee des Stücks, denn Meier stellt verschiedene Texturen fast didaktisch nebeneinander: Klangartikulationen mit arpeggiohafter Binnenmelodik werden abgelöst von sich überlagernden pulsierenden Tonrepetitionen (z. B. Ziffern 8–14). Von den bisherigen Stücken scheint mir diese Partitur die satztechnisch reichhaltigste, die zugleich Extrempunkte dieses Spektrums unvermittelt nebeneinanderstellt, meist durch Generalpausen getrennt und mit auffälligen Tempowechseln zugespitzt. Nichts wird geglättet, und noch weniger werden die klaren kompositorischen Vorgänge mit Beischmuck kaschiert.

HMV 31, Orchestermusik (1953), *Hommage à Hans Arp*

Beim Lesen erste Ermüdungserscheinungen, da sich bestimmte Klangtypen und Texturen bis ins Motivische hinein zu wiederholen beginnen. Trotzdem neue Details: Erstmals bemerke ich, wie gross – bisweilen ungelenk gross – die melodischen Intervallsprünge in einzelnen Stimmen sind, wobei gerade diese Mo-

Orchesterstück HMV 32 (1954), Particellauszug mit Eintragungen, S. 23.

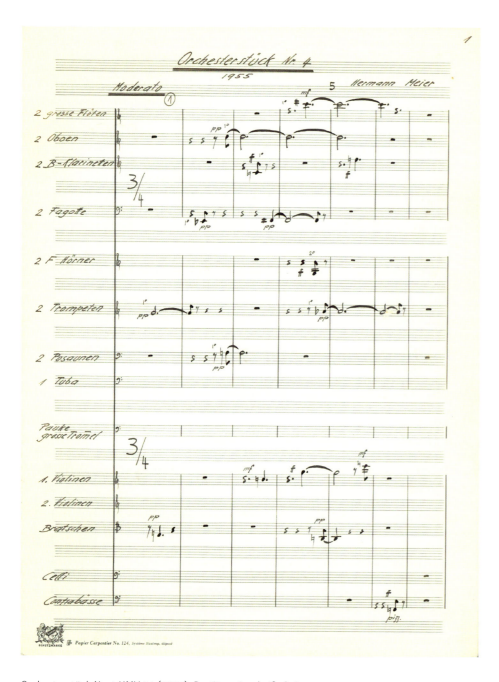

Orchesterstück Nr. 4 HMV 34 (1955), Partiturreinschrift, S. 1.

mente auch verdichtend rhythmisiert sind, was den Effekt einer gewissen Überspanntheit – oder vielleicht das Gegenteil: den Effekt einer gewissen Loslösung einzelner Töne vom melodischen Spannungsbogen – noch verstärkt. Zusätzlich artikuliert Meier die markanten Lagenwechsel oft mit dynamischen Kontrasten. Es ist Meiers erste Orchesterpartitur, die ausnahmslos nur drei Dynamikstufen verwendet: *fortissimo*, *mezzoforte* und *pianissimo* (Abb. S. 98). Diese dramaturgische Klarheit lässt an Partituren der Wiener Klassik denken. Doch in den Stimmen geschehen dynamische Vereinzelungen, die eher an serielle Stücke erinnern. Lässt man sich nicht mehr vom Partiturbild, sondern von der Klangvorstellung leiten, überwiegen vor allem die dadurch entstehenden Raumwirkungen, also wie sich einzelne Register agil nach vorne und wieder in den Hintergrund bewegen (z. B. T. 175–245). Eine virtuose Tubapartie (T. 9–12) – von Meier nachträglich etwas entschärft durch Uminstrumentierung zum Kontrabasss – erinnert mich daran, dass auch die Paukenstimme in früheren Stücken (z. B. HMV 26) immer wieder erstaunlich virtuose und dynamisch extrem bewegliche Schlagfolgen vorsah. Meiers Komponieren ist weitgehend immun gegenüber traditionellen Satzfunktionen und Spielfiguren der einzelnen orchestralen Register, was besonders an den stereotypen «Rändern», etwa Tuba und Pauke, ohrenfällig wird.

HMV 32, Orchesterstück (1954–55)

Von dieser Partitur existiert auch ein später erstellter «Auszug zur Orchesterpartitur 1954». Meier hat darin die Rhythmik vereinfacht, z. B. die mehrdimensional pulsierenden Klangflächen als stehende Akkorde notiert und ergänzt mit der Angabe: «mässige rhythmische Innenbewegung» (S. 4), «zieml. lebhaft rhythmisch bewegt» (S. 5), «unregelmässig rhythmisiert» (S. 12), «rhythmisch lebhaft gegliedert» (S. 15) – und auf die Dynamik bezogen: «In der Vertikalen sind die Akkorde nicht homogen dynamisiert» (S. 22) und «in der Horizontalen sehr bunter, lebhafter dynamischer Wechsel» (S. 23, Abb. S. 99). Gleichzeitig wird stellenweise in der Partitur mit Bleistifteintragungen die Gesamtwirkung der Texturen kurz charakterisiert: «mel. Floskeln, keine H-St.» (S. 8), «Rhyth. Spiel der drei Klanggruppen» (S. 12), «Polyphonie Linien» (S. 20), «Homophonie mit Akkordik» (S. 24). Seit Beginn meiner Lektüre von Meiers Werken sind dies die ersten sprachlichen Hinweise, auf die ich stosse. Seine Begrifflichkeit ist meiner nicht unähnlich, sogar an den Begriff der «Floskel» habe ich gedacht, ihn aber bislang vermieden und vorsichtshalber von «Figuren» gesprochen. «Floskel» würde aber tatsächlich präziser zu meinem Eindruck passen, dass viele Detailereignisse dieser Musik wie sinnentleerte Platzhalter innerhalb eines grösseren Sinnzusammenhangs wirken. Merkwürdig einzig die Bezeichnung «keine H[aupt]-St[imme]», denn ich wäre nicht darauf gekommen, dass in diesen neuartigen Texturen überhaupt satztechnische Hierarchien bestehen.

HMV 34, Orchesterstück Nr. 4 (1955), *A Mondrian*

Eine «Haupt-Stimme» sucht man auch im Orchesterstück Nr. 4 vergeblich: Im Gegensatz zu allen früheren Stücken finden sich hier weder «Floskeln» noch überhaupt erkennbare Stimmen im Sinne von kontinuierlichen Verläufen bei einzelnen Instrumenten. Fast alle Ereignisse werden von Pausen umrahmt, was an die Punktuelle Musik des europäischen Serialismus oder an Orchesterwerke John Cages erinnert (Abb. S. 100). Der Beginn ähnelt in vielerlei Hinsicht der Satzstruktur von Karlheinz Stockhausens *Kontra-Punkte* (1953), wobei sich auf keiner parametrischen Ebene eine glatte Zwölfordnung manifestiert, sondern sich schon in den ersten fünfzig Takten markante Wiederholungen und kurzfristige Tonzentren einkerben. Tatsächlich kehrt das Stück im weiteren Verlauf nie mehr in diesen Anfangszustand zurück; im Duktus weiterhin ‹punktuell›, schafft Meier parametrisch vielfältig lokale Zusammenhänge, darunter Tonderivate, die über längere Zeit innerhalb eines Registers oder einer Schicht zu verharren scheinen (z. B. T. 244–273). Daraus können sich Akkorde zusammenballen, die sich schliesslich über genaue oder leicht variierte Wiederholungen grossformal vernetzen. Durch die Weglassung der ‹Floskeln› und die radikale Vereinzelung jedes Ereignisses verschwindet nun der

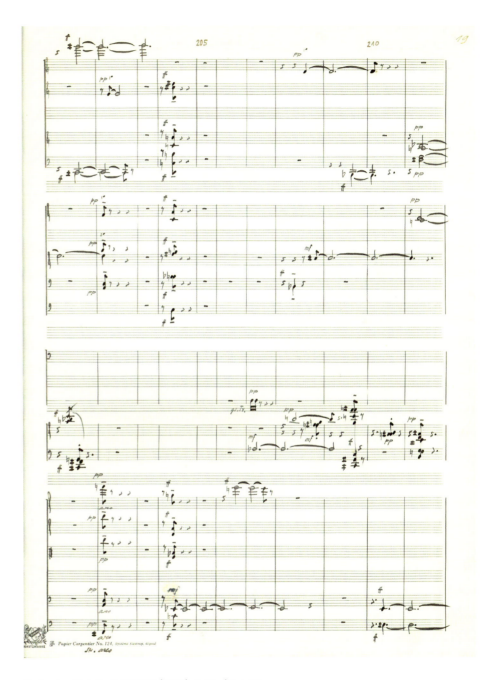

Orchesterstück Nr. 5 HMV 35 (1955), S. 19. | Kat. 37

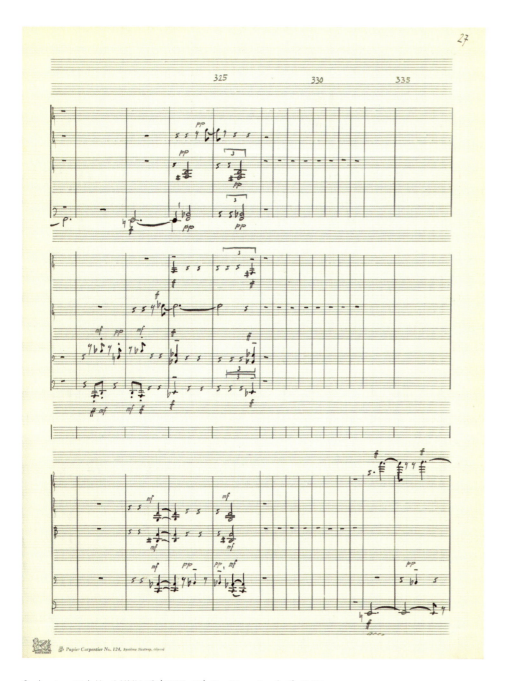

Orchesterstück Nr. 6 HMV 38 (1956–57), Partiturreinschrift, S. 27.

Leseeindruck einer Dichotomie von Stoff und Form, von Teil und Ganzem: Die Noten werden zu isomorphen und doch individuell tragenden Bausteinen der kompositorischen Architektur.

HMV 35, Orchesterstück Nr. 5 (1955)

Zunächst sticht die erstmalige Verwendung des Klaviers als Orchesterinstrument ins Auge und die Erweiterung des Schlagzeugapparats. Das Partiturbild erinnert mich daran, was Helga de la Motte einmal über die Rolle des Klaviers in *Déserts* (1949–54) von Edgard Varèse festgehalten hat: Der Klavierpart bündle das Geschehen und habe die Funktion eines Verstärkers.[4] Tatsächlich erinnern Meiers Faktur und Klanglichkeit etwas an Varèses Stück, wobei dem Klavier eine noch polyvalentere Funktion zukommt: Es erstaunt mich beim Lesen, wie mächtige Orchesterereignisse mit feinen, kaum vernehmlichen Klavierklängen kombiniert werden, aber ebenso heftige Klangballungen des Klaviers dem Orchester ebenbürtig gegenübertreten (Abb. S. 101). Die blockhafte Registrierung in Holz, Blech und Streicher gewinnt mit dem Klavier ein viertes, die anderen drei potentiell vernetzendes Register hinzu. Da sich in diesem Stück auch die Perkussion mehr und mehr zu einem eigenen Register auszubauen beginnt, könnte man dem Klavier eine Mittlerfunktion zwischen Attacken und langgezogenen Liegeklängen zuschreiben, beides prägende Elemente dieser Partitur. Stellenweise überschätzte der Komponist vermutlich die Präsenz und Standhaftigkeit des Klaviers im orchestralen Gesamtklang (z. B. T. 74–77): Man wünschte sich dann einen Synthesizer oder eine Orgel. Anderseits ist diese Behandlung des Klaviers insofern konsequent, als Meiers instrumentale Setzweise von wenigen spieltechnischen Differenzierungen abgesehen sowieso kaum instrumentenspezifisch ist: Die rohe Gleichbehandlung, das ungeglättete Nebeneinanderstellen ganz verschiedener Klangcharaktere scheint den speziellen Sound von Meiers Orchesterstücken auszumachen. Abschliessend noch eine andere Beobachtung: Trotz hohem Abstraktionsgrad tritt ein kleines Motiv in Erscheinung (besonders prägnant T. 178–181), das sich variiert durch alle Register zieht. Es ist eine Tonwiederholung, meist zwei Sechzehntel, der man durchaus auch eine vernetzende Funktion zuschreiben möchte, denn sie entspringt unverkennbar den Schlaginstrumenten, flackert aber punktuell in allen anderen Registern auf.

HMV 38, Orchesterstück Nr. 6 (1956–57)

Das 6. Orchesterstück fasziniert als verwickelte Montage, für einmal nicht nur von sich wiederholenden Akkorden und orchestralen Klangfarbenkombinationen, sondern auch wieder von Floskeln und vermehrt kammermusikalischen Interaktionen. Man könnte es das Scherzo der Meierschen Totalsymphonie nennen, wie 3. Sätze von Beethoven, Bruckner oder Mahler: repetitiv bis zur stotternd überdrehten Mechanik und doch voller überraschender Wechsel. Meiers Lieblingstempobezeichnung Moderato wird hier zu Allegro vivace. Frei assoziiert könnte man im Stück eine kompositorische Anwendung der Abseitsregel erkennen: Das Orchesterkollektiv schreitet drängend voran, zieht sich aber unerwartet zurück und schickt so immer wieder Einzelstimmen ins Offside, die teils penetrant lang dort verharren. Öfters bleiben aber die sich auftuenden Leerräume auch ungefüllt – Spielunterbruch: Die längste Generalpause des Stücks ist acht Takte lang (T. 326–334) (Abb. S. 102).

HMV 41, Orchesterstück Nr. 8 (1957)[5]

Meiers kompositorische Mittel sind ausgesprochen elementar – erstaunlich ist, dass ihm trotzdem von Werk zu Werk neue Nuancierungen gelingen. Jedes Stück lässt sich als Hypothese auffassen, die eng eingrenzt, darin aber umfassend neue Grundkenntnisse schafft, tiefere Gründe erschliesst. In diesem Orchesterstück scheint die Fragestellung zu sein: Wie weit lassen sich Klangblöcke in polyphon pulsierende, Pausen durchsetzte Einzeltonrepetitionen auflösen, ohne dass die Harmonizität, die vertikale Intervallspannung ihre Wirkung verliert? Wenn beim Orchesterstück Nr. 6 (HMV 38) die Vereinzelungen und langen Pausen grossformal wirksam waren, so ist beides hier lokal einflussreich: Die Tonbestandteile von Akkorden werden individuell rhythmisiert, häufig

durch *staccato*-Anweisungen oder Pausen segmentiert und durch extreme dynamische Kontraste aufgeraut (z. B. Ziffer G). Die parallel auftretenden Liegeklänge sind dabei harmonischer Referenzrahmen und Gegenklang zugleich: Jeder zusätzliche Einzelton liesse sich als Farbnuance auffassen, die Summe aller mitpulsierenden Einzelstimmen vermag jedoch eigene harmonische Qualitäten zu etablieren (z. B. Schluss, Ziffer Q).

HMV 42, Orchesterstück Nr. 9 (1957–58)

Das Stück weist Ähnlichkeiten mit vorangegangenen Kompositionen auf, bis ins Motivische. Meiers gross angelegtes, im Detail jedoch austauschbar wirkendes Auffüllen von zeitlichen Räumen wird hier mit übers ganze Stück eng begrenztem Material und sehr langer Fixierung von Einzeltönen in einem bestimmten Register auf die Spitze getrieben (z. B. Ziffer B). Dadurch schliessen sich die insgesamt 533 Takte zu einer überschaubaren Zahl von sehr grossen Feldern zusammen. Im Anhang zur Partitur finde ich eine Auflistung der Tondauern und schliesslich eine nur in Worte gefasste Umrissskizze (Abb. S. 104). Ähnlich wie im Particell zum Orchesterstück von 1954 (HMV 32) kommt mir Meiers Terminologie simpel, aber zutreffend vor. Er schreibt von einem «Gesamttonraum», der in «Punkte, Massenpunkte, Striche, Bänder» aufgeteilt werde (S. [2]), und definiert nachfolgend pro Formabschnitt ein «Strukturprimat» (ebd.) und eine «Basis-Ostinatokonstruktion» (S. [3]). Es sind also letztlich ‹statistische› Werte, die das Stück prägen, nicht Einzelereignisse, mehr Tendenzen, Häufungen, aber auch auf lange Sicht Gleichbleibendes, Statisches. Und so wäre wohl vieles in dieser Musik messbar, was gar nicht merkbar ist – oder besser: Die Dinge erscheinen uns beim Anhören erst, nachdem sie schon lange erschienen sind.

HMV 43, Orchesterstück Nr. 10 (1958)

Eine verwickelte «time and motion study»: Meier wendet hier mehr als je zuvor eine Hoquetus-Technik an, die mich spontan an Transkripte in Simha Aroms Buch *African Polyphony and Polyrhythm* erinnert.[6] Die rhythmischen Strata der einzelnen Stimmen greifen

Orchesterstück Nr. 9 HMV 42 (1957–58),
analytische Übersicht, S. [1]–[3].

in diesem Stück ineinander bis hin zu beinahe kontinuierlichen Sechzehntelbewegungen (z. B. T. 1–162). Hinzu kommen ein repetierter markanter Blechbläser-*fortissimo*-Akkord (erstmals T. 33) und in unterschiedlicher Dynamik ausgehaltene eng chromatische Cluster (besonders eindrücklich die Kontrastwirkung ab T. 165). Es ist rein lesend schwer abzuschätzen, aber ich bin sicher, dass viele dieser Clusterklänge bei einer Aufführung hörbar Schwebungen produzieren werden, wodurch sich die drei Bausteine des Stücks als letztlich ähnliche Impulsketten entpuppen könnten, einfach transponiert in verschiedenen Zeitdimensionen: Die Schläge der Blechakkorde strukturieren die Grossform; die ineinander greifenden Polyrhythmen füllen die entstehenden Zeiträume auf; schliesslich die ebenfalls Zeit und Raum füllenden Cluster, das vermeintlich statischste Element, aber seinerseits voller inhärenter mikrozeitlicher Pulsationen.

HMV 48, Orchesterstück (1959–60)

Bis zum Orchesterstück Nr. 10 (HMV 43) wurde in diesem Protokoll der Begriff Cluster eher vorsichtig verwendet, da dessen immanente Pauschalität nicht Meiers heteromorphen Fakturen der chromatischen Felder gerecht würde. In diesem Orchesterstück (HMV 48) vergröbert sich nun stellenweise die Klangorganisation und damit das Partiturbild merklich (Abb. rechts). Die notationstechnische Vereinfachung soll jedoch nicht über eine raffinierte Verfeinerung der Instrumentation hinwegtäuschen: Meier verteilt seine Cluster nicht nur chromatisch von oben nach unten durch die Partitur gehend, sondern variiert die in den einzelnen Registern gespielten Intervalle und Akkorde: So erklingen beispielsweise in den Hörnern auch mal Ganztonaggregate (z. B. T. 417) oder verminderte Septakkorde (z. B. T. 425), dazu in den übrigen Bläsern Sekund-, Terz- und Quartschichtungen (auch gleichzeitig in verschiedenen Registern wie T. 417) und an einer Stelle (S. 61) skizziert Meier, wie der grosse Streichercluster (S. 58, T. 379, Abb. rechts) weitgehend über Sext-Doppelgriffe erzeugt werden kann.

Orchesterstück HMV 48 (1959–60), Partiturreinschrift, S. 58.

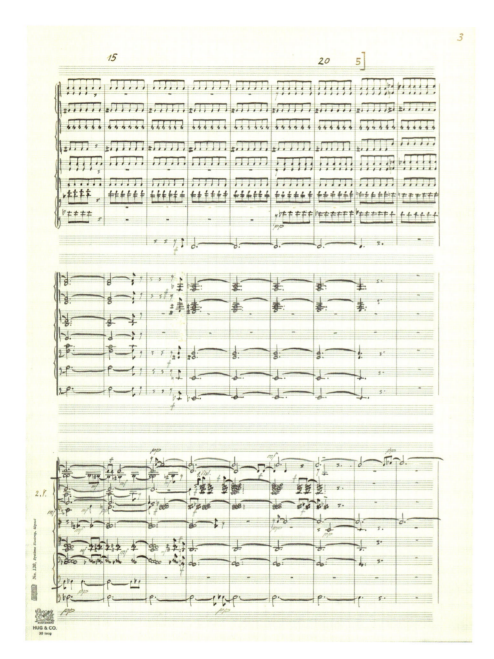

Stück für grosses Orchester HMV 50 (1960), Partiturreinschrift, S. 3.

HMV 49, Stück für grosses Orchester (1960)

Beim Lesen fällt mir auf, dass die Ereignisdichte stark zunimmt durch sehr bewegte, beim Hören feldartig zusammenfassbare, beim Lesen aber verblüffend verwickelte Holzbläsersätze (z.B. T. 98–159). Dazu kommen über weite Strecken liegende Cluster der Streicher. Die zusätzlichen langen Einzeltöne stechen aus dieser Umgebung manchmal heraus wie ein Cantus firmus (z.B. ab T. 4, beginnend in der 3. Posaune). Diese grössere satztechnische Komplexität geht nicht einher mit der weiteren Ausdifferenzierung aller Parameter: So arbeitet auch diese Partitur nur mit drei dynamischen Stufen. Diese Plafonierung trägt jedoch zur Komplexität bei, indem die dynamische Gleichschaltung unzählige rezeptorische Verknüpfungsmöglichkeiten zwischen den akustischen Ereignissen schafft. Vielleicht tritt hier ein Komponist bewusst nicht als Interpret seiner Konzeption in Erscheinung, sondern zwingt uns beim Hören, eigenständig Zusammenhänge zu formen, Konstellationen zu bilden. Das erinnert mich an John Cages Orchesterstil der späten 1940er und frühen 1950er Jahre, also Stücke wie *The Seasons* (1947) oder das *Concerto for Prepared Piano and Chamber Orchestra* (1951). Dieser Eindruck wird auch durch die nun zum eigenständigen Register ausgebaute Perkussion verstärkt. Nirgendwo dient Meier das Schlagwerk zur effektvollen rhythmischen Akzentuierung anderer Schichten oder grosser Höhepunkte, vielmehr erzeugt es ein autonomes, meist auffallend leises Klangkontinuum, hervorgebracht durch teils bemerkenswert differenzierte Spieltechniken, darunter geriebenes Becken (Beginn) oder gestrichener Triangel (T. 29).

HMV 50, Stück für grosses Orchester (1960)

Auf Partiturseite 3 folgender Gedanke: In den bislang gelesenen fünfzehn Werken hat Meier seine Clustertechnik vertikal expandiert und die mikrozeitliche Ereignisdichte stellenweise stark intensiviert. Nun füllt er in diesem Stück die Zeiträume horizontal mit schlicht repetierten Achtelnoten auf. In jedem Fall scheint das Ziel klar: Es läuft alles auf eine komplette Einschwärzung des musikalischen Raumes hinaus (Abb. links).

HMV 52, Stück für grosses Orchester, Klavier vierhändig und Schlagzeug (1960–61)

Dieses Werk ist mit 1100 Takten so lang wie die beiden vorangehenden zusammen und dauert laut Meiers eigener Berechnung ca. 30 Minuten. Hier werden Schlagzeug und vierhändig gespieltes Klavier nicht nur zu eigenständigen Registern (besonders auffällig in den Takten 78–142), im Verlauf des Stücks kann man auch beobachten, wie sich allmählich das ganze Orchester zu einer Schicht zusammenschliesst und so gesamthaft Klavier und Schlagzeug gegenübertritt (S. 67). Unausweichlich ist nun eine kurze Reflexion über das Serielle in Meiers Werk – wobei ich die Begriffsverwendung in der bildenden Kunst meine, also eine Darstellungsform, die sich mittels Wiederholung und Variation und einer Überwindung des Einzelwerks im Hinblick auf (re)produktive Prozesse theoretisch unbegrenzt iterieren lässt. Die Explosion von Meiers orchestraler Schaffenskraft im Zeitraum 1960–61 ist nur so überhaupt möglich. Schon länger habe ich beim Lesen das Gefühl, dass jedes neue Werk Meiers bestimmte Regeln oder Verfahrensweisen der vorangehenden in sich aufzunehmen und zu modifizieren vermag. Vielleicht liegt darin die Motivation, jenseits aller Aufführungschancen doch immer wieder ein neues Orchesterwerk zu beginnen und dabei die im vorigen erst erahnten Möglichkeiten weiter zu erkunden? Die riesenhafte Dimensionierung fordert jedenfalls ökonomisierte Verfahren: So entwickelt sich dieses Stück ab der Mitte krebsläufig wieder an seinen Anfang zurück. Auch die vor dem Zeitalter von Copy-and-Paste notgedrungen abkürzende Notation der grossen Wiederholungen lässt den serialisierten Schöpfungsvorgang deutlich erkennen (Abb. rechts). Ohne direkt auf Meiers «Mondriane» anspielen zu wollen, könnte man hier an eine Arbeitstechnik des späten Piet Mondrian denken, der mit farbigen Klebebändern in Minutenschnelle neue Werke entwerfen, wieder verwerfen und Teile gegeneinander verschieben konnte.

HMV 53, Stück für grosses Orchester (1961)

Es ist interessant zu beobachten, wie nun mehr und mehr solche seriellen oder statistischen Verfahren aufführungspraktische Kon-

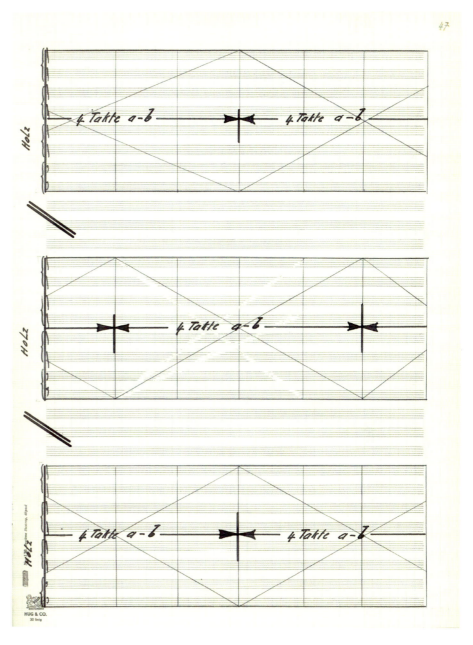

Stück für grosses Orchester, Klavier vierhändig und Schlagzeug HMV 52 (1960–61), Partiturreinschrift, S. 47.

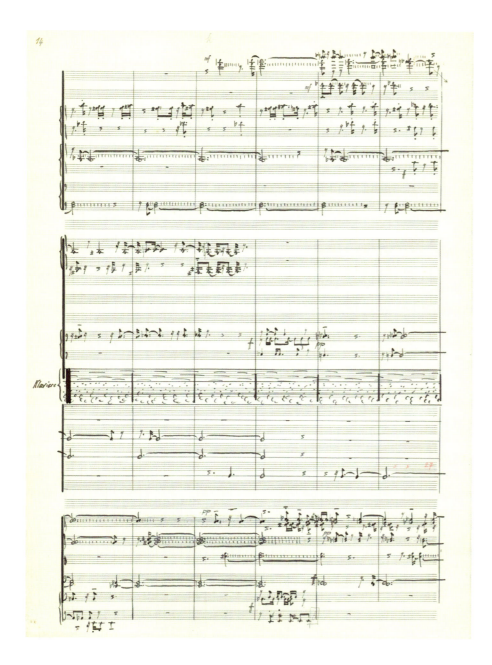

Stück für grosses Orchester und zwei Klaviere je vierhändig HMV 54 (1961–62),
Partiturreinschrift, S. 14.

sequenz zeitigen: Das vorige Stück enthielt schon Pauschalanwei-
sungen wie «Turbulenter Dynamikwechsel pro Spieler» (HMV 52,
S. 12); hier nun, mit einer dichten Folge von kleinen senkrechten
Strichen angezeigt, rhythmisch und melodisch frei zu improvisie-
rende Tonpunkte innerhalb eines vorgegebenen harmonischen
und zeitlichen Rahmens. Im Vorwort zur Partitur (Seite II) schreibt
Meier: «Der Zwischenraum soll durch jedes Einzelinstrument
ziemlich gleichmässig ausgefüllt werden, dass homogene Klangfläche entsteht.» Herausfordernd ist dies vor allem an Stellen, wo
das Schichtendenken dazu führt, dass im selben Tonraum sowohl
improvisierte wie auskomponierte Stimmen agieren (z. B. T. 505–
512). Im Verlauf der Komposition scheint der Komponist geradezu
darauf abzuzielen, spannungsvolle Kontraste und Kontrapunkte
zwischen determiniert und indeterminiert herzustellen.

HMV 54, Stück für grosses Orchester und zwei Klaviere je vierhändig (1961–62)

Meier folgt konsequent der Logik seiner bisherigen Entwicklung
und erweitert seine Notation um graphische Elemente im Klavierpart, konkret um drei Grundelemente: Punkte, Massenpunkte und
Striche (Abb. links). Das kreiert dichte Klangbänder, was Meier
auch dadurch sicherstellt, dass die zwei Klaviere je vierhändig zu
spielen sind («= 8 Hände», wie Meier schon auf dem Titelblatt betont). Dies geschieht im Zusammenspiel mit aus denselben Grundelementen geformten Orchesterstimmen, dann mit der beim
vorigen Orchesterstück (HMV 53) beschriebenen improvisierten
Auffüllung des Raumes durch Tonpunkte und wird ergänzt durch
ein sehr dicht, aber auffallend dezent eingesetztes Schlagwerk.
Das Stück operiert über weite Strecken im Grenzgebiet zwischen
Klangrausch und «Rauschklang» (Vortragsanweisung im Schlag-
zeugregister auf S. 52: «alle Instr. erzeugen pp-Rauschen»).

HMV 55, Stück für grosses Orchester und Klavier vierhändig (1962)

Ein angenehm kurzes Stück. Einige neue Nuancierungen: Cluster
aus Trillern und eine auffallend harmonisch gedachte, durchge-

hend dreistimmig angelegte Paukenstimme (ab T. 42). Typische Klangsetzungen der anderen Register erscheinen so erstmals auch im Schlagzeug. Die schnellen Wechsel von Clustern mit Rahmen- intervallen und real zu spielenden Intervallen in den Streichern bedingen, dass Meier neue Aufführungsanweisungen kreieren muss: «ausgefüllt» und «nicht ausgefüllt» heisst es da jeweils in den Stimmen (S. 11).

HMV 56, Stück für grosses Orchester (1962–63)

Das Stück wirkt in seiner Schlichtheit wie eine Zurücknahme vor- angegangener Entwicklungen. Vor allem das Gefühl einer progre- dierenden Einschwärzung weicht hier wieder einer satztechnisch transparenten Schreibweise, vielen Momenten der Ausdünnung, die sowohl im *pianissimo* als auch im exponierten *fortissimo* etwas fragil wirken (z. B. geteilte Violinen ab T. 57). Auffällig sind quasi isorhythmische Texturen (z. B. ab T. 54), vielfältige Überlagerun- gen von sehr ähnlichen rhythmischen Gestalten, was an Stellen in Meiers frühen Sinfonien erinnert. Die Partitur vermeidet scharfe Registerkontraste, zeichnet sich vielmehr dadurch aus, dass be- stimmte Klangfarben über eine längere Zeit präsent bleiben und sogar ausgedehnte reine Streichorchesterpassagen realisiert wer- den (T. 151–203; 270–478; 520–553). Wirkten die vorangegangenen Werke als Abstraktion mit der Bedeutung einer alles ausstopfen- den Redundanz, einer Schraffierung aller Details zur Überwindung des Einzelnen im statistischen Ganzen, so vollzieht sich hier die Abstraktion in Form einer Senkung der Entropie als eine Reduk- tion auf einfach formalisierbare Zustände.

HMV 60, Stück für grosses Orchester und drei Klaviere (1964)

Dieses Stück setzt wiederum den Verdichtungsprozess der Werke vor HMV 56 fort. In der umfangreichen Zeichenerklärung, die eine Typologie von Füllungen der Clusterräume exponiert (Vorwort zur Partitur, o. S.), schreibt Meier: «Vorliegende Instrumentation ist nur 1 unter vielen möglichen, doch soll jede sehr hart sein.» Das erinnert mich an Beobachtungen zu den früheren Werken, u. a. wie

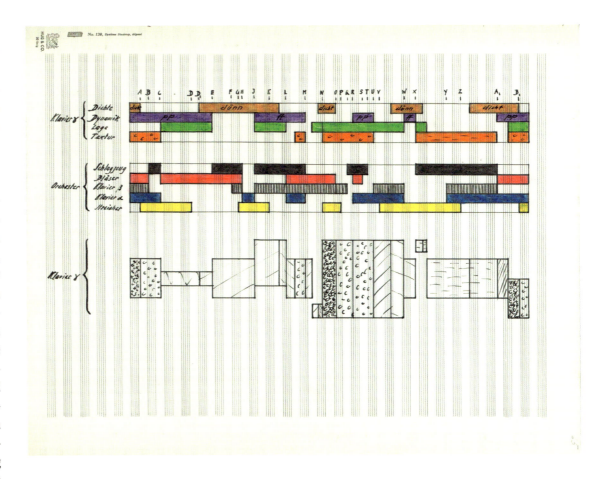

Stück für grosses Orchester und drei Klaviere HMV 60 (1964), Übersichts- diagramm am Ende der Partitur, S. 65.

Stück für grosses Orchester und Klavier vierhändig HMV 62 (1965), Partiturreinschrift, S. 25.

sich die Konzeption der Sinfonie von 1949 (HMV 24) als überraschend resistent gegenüber weitreichenden Uminstrumentierungen erwiesen hat. Legitimiert dies tatsächlich instrumentatorische Änderungen durch die Interpreten? Hat der hohe Abstraktionsgrad dieser Musik jetzt den Punkt erreicht, wo sich das Werk unabhängig macht von seiner konkreten klanglichen Realisierung? Abschliessend der Hinweis «(Plan des ganzen Stücks am Ende der Partitur)». Mein eigener Plan war, diese Orchesterstücke unter weitgehender Ignoranz solcher graphischen Verlaufsskizzen zu lesen. Wenn ich mein bisher Geschriebenes überfliege, fällt mir auf, dass die Bildmetaphorik trotzdem vielfach durchschlägt und auch der Lesevorgang selbst angesichts der zunehmend zeichenhaften Notationsform der Partituren immer mehr zu einer Betrachtung wird. Wenn Meier nun den Plan als Teil der Partitur versteht, will ich dem für einmal folgen und einen kurzen Blick darauf werfen (Abb. S. 109).

Es ist eigenartig, wie wenig der «Plan» mit dem gelesenen Stück zu tun zu haben scheint. Natürlich lassen sich die Eckpunkte und prädeterminierten Feldeigenschaften mühelos zuordnen, auch wenn viele Parameter sehr ungenau definiert sind. Es ergeht mir nun umgekehrt: Beim Lesen der Partituren war mir von Anfang an und bei den jüngeren Werken immer deutlicher eine gewisse Pauschalität aufgefallen, das Detail, die Floskel, zählt dabei wenig, das Volumen, das diese allmählich füllt, dagegen viel. Sehe ich aber nun nur diese Volumina und Hüllkurven graphisch vor mir, vermisse ich doch die inzwischen liebgewonnenen Details, Meiers durchaus entwickelte Clustertechnik, seine satztechnischen Errungenschaften, dieses beim Lesen seiner Handschrift spürbare unermüdliche Ausschreiben Ton für Ton in endlos scheinenden Räumen. Zugespitzt gesagt: Dieser Plan repräsentiert nicht für mich als Hörer bzw. Leser die entstehende Musik, sondern vielmehr für den Komponisten die entstandene Komposition. «A map is not the territory» (Alfred Korzybski)[7] – philologisch natürlich von Interesse, scheint diese Darstellung mir somit für die innere Vorstellung des Stücks nicht hilfreich. Ich fahre ohne weiteres Planstudium fort.

HMV 62, Stück für grosses Orchester und Klavier vierhändig (1965)

Ein interessantes Werk, in seiner Fokussierung und kargen Fragilität wiederum am vorletzten Werk, dem Stück für Orchester von 1963 (HMV 56), anknüpfend. Meier hat seine üblichen drei Dynamikstufen hier nochmals reduziert und verwendet nur noch *forte* und *piano*. Die seit einigen Werken zur polyphonen Verdichtung benutzten improvisierten Binnenbewegungen werden nun teils sehr isoliert einander gegenübergestellt (Abb. S. 110). Dabei tauchen «Floskeln», wie wir sie aus dem Orchesterstück von 1955 (HMV 32) kennen, wieder auf, nun improvisiert und abgehoben von anderen freien Tonmassierungen durch ein mittelschnelles Legato zwischen zwei Tönen innerhalb des Clusterambitus, stets in Aufwärtsrichtung auszuführen (Vorwort zur Partitur, S. II). Viele dieser Texturen setzt Meier ausgerechnet in den hohen Holzbläsersatz, wo nur durch Beizug verschiedener Register überhaupt genügend Füllmaterial zu kriegen ist, um die Clustervolumina zu umreissen (z. B. T. 4–6). Oder legt es Meier diesmal gerade nicht darauf an – statt Einschwärzung nun eine Auflösung der scharfkantigen Konturen in komplexe Liniengeflechte? Immerhin dürfte es aufführungspraktisch in der auf S. 110 abgebildeten Passage der Violinen (S. 25) so herauskommen, wodurch der Cluster aufgrund seiner Floskelfüllung eher als Stockhausensche Gruppe erscheint. Erst im grösseren Zeitverlauf, im Zuge der Wiederholungen könnten sich schemenhaft seine genau komponierten Grenztöne herauskristallisieren. Anweisungen wie «dicht und dünn. Zuckendes Feld schneller Schläge», «freier Wechsel von Klang zu Klang, ohne Gliederung» oder «Zäsuren kurz und beliebig» (alle S. 13) deuten auf eine dahingehende Klangvorstellung hin (Abb. rechts).

HMV 65, Stück für Streicher, Bläser und zwei Klaviere (1966–67)

In diesem Oscar Niemeyer gewidmeten Stück unterscheidet Meier sehr genau, wie der «Flächenaufbau» (vgl. das Vorwort zum Stück für grosses Orchester und drei Klaviere, HMV 60) der einzelnen Cluster zustande kommt: Gleich zu Beginn wird we-

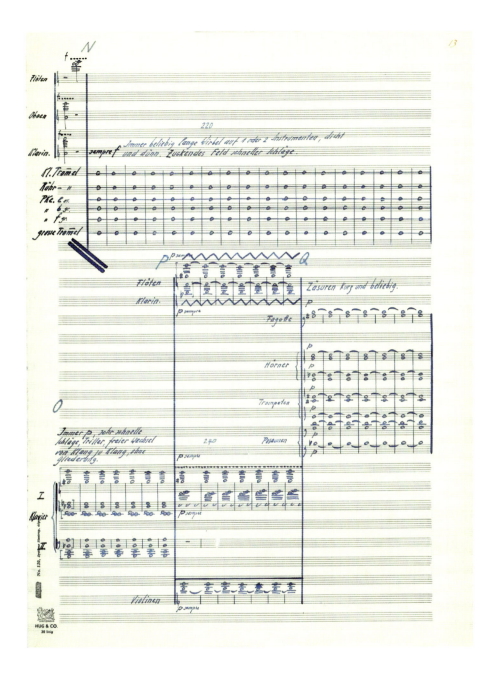

Stück für grosses Orchester und Klavier vierhändig HMV 62 (1965), Partiturreinschrift, S. 13.

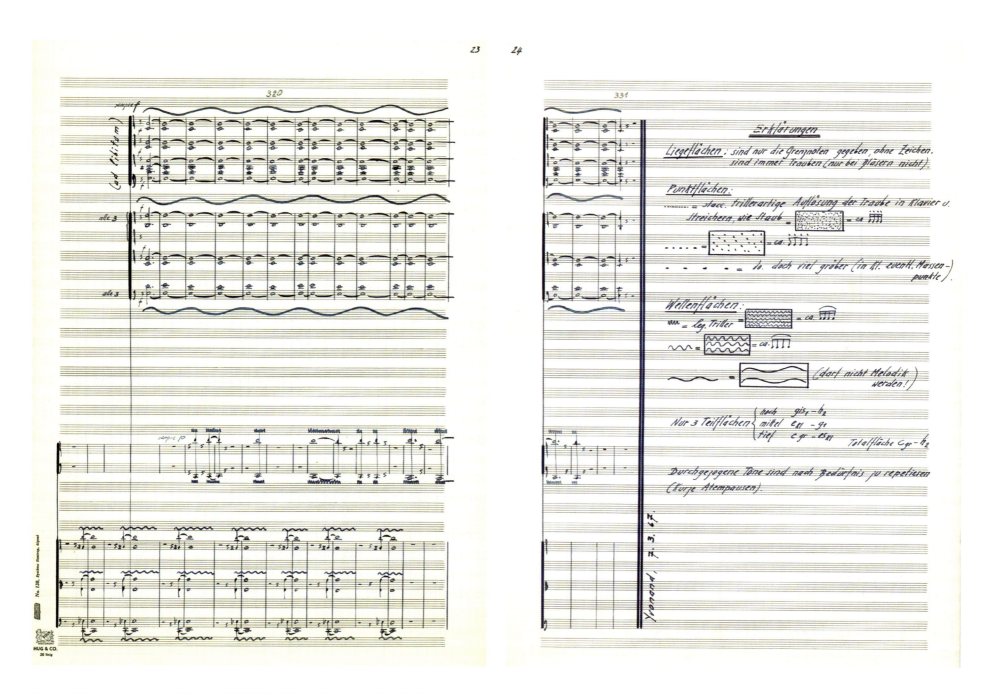

Requiem für Orchester und zwei Klaviere HMV 66 (1967), Partiturreinschrift, S. 23–24.

nigen massiven Clustern in Klavier I eine rhythmisch bewegte Vielzahl von kleineren Clustern in Klavier II gegenübergestellt, die über Triller und Ambituserweiterungen letztlich den selben Tonraum erobern. Die exzessive Wiederholung (teils unter Veränderung eines Parameters) dürfte in diesem Werk einen zweischneidigen Effekt haben: Sie überwindet das Einzelmoment, lässt mit zunehmender Dauer alle Glieder als Bestandteil eines übergeordneten Klangfeldes auffassen, anderseits – so vermute ich beim Lesen – könnten die Repetitionen auch erodierend wirken, gerade wenn sie seitenlang und nur minimal variiert von den Bläsern in teils heikler tiefer Lage auszuführen sind (ab T. 26). Das Kontinuum muss in jedem Moment frisch errungen werden, unter ständigem Neuansetzen, wobei kleinste Nuancen, Fehler, Unsauberkeiten plötzlich gross wirken, eben dieses Kontinuum gefährden. Das Ganze erinnert tatsächlich an grosse, hermetische Betonwände, die ebenfalls bei naher Betrachtung luftblasig oder im Lauf der Zeit immer diskontinuierlicher und brüchiger erscheinen.

HMV 66, Requiem für Orchester und zwei Klaviere (1967)

Der erste Takt lässt an Stücke aus den 60er Jahren von György Ligeti oder noch eher an den frühen Krzysztof Penderecki denken: Aus einem kräftigen tiefen Klaviercluster geht ein mittelhoher Violincluster im *pianissimo* auf. Solche die Instrumentalschichten verbindenden Gestaltungen, sanfte Überblendungen, auch Orte, wo die Zeit aufgehoben schiene, Momente der Kontemplation, findet man in Meiers Werk kaum – die Stelle wird auch in diesem Stück einmalig bleiben. Stattdessen reduziert er gegenüber dem vorangehenden Stück (HMV 65) die Darstellungsmittel, übernimmt zwar weitgehend das dortige Clustermaterial, gestaltet aber beispielsweise die Rhythmik noch gleichförmiger. Wie bereits bemerkt, lenkt diese Ausdünnung den Fokus woanders hin, konkret auf die sich übers Stück ständig ändernde Füllung dieser Klangblöcke; im Anhang seiner Partitur unterscheidet Meier zwischen «Liegeflächen», «Punktflächen» und «Wellenflächen» (Abb. S. 112). Und tatsächlich: Wenn am Schluss auch noch die

zuvor determinierten Bläser *ad libitum* durch einen Clusterraum mäandrieren (ab S. 23), dann lösen sich jegliche scharfen und harten Konturen auf. Auch die Punktflächen wirken als «trillerartige Auflösung der Traube […] wie Staub» (S. 24) – Meiers Metapher passt zum Titel «Requiem» geradezu programmatisch (er verwendet sie jedoch bereits in seinem Orchesterstück von 1965, HMV 62, S. II). Auf die Einschwärzung folgt die Erstarrung, in der Erstarrung scheint er aber neues Leben entdeckt zu haben, eine Art musikalische Mikroorganismen – und ich bin beim Lesen gar nicht sicher, ob sich hinter der erratischen Notation nicht eine klingende Musik verbirgt, die im Kleinen an die lebhaften Bewegungstexturen der Werke der späten 1940er und frühen 1950er Jahre anknüpfen möchte.

HMV 68, Stück für Streichorchester, zwei Hammondorgeln und zwei Klaviere je vierhändig (1967–68)

Ein ausgesprochen interessantes Werk, dessen Partitur aber durch die mehrchörige Anlage und die eng verzahnte Verbindung von Streichern, elektrischen Orgeln und Klavieren schwer zu lesen ist. Ich gebe es zu, meine Vorstellungskraft gelangt hier an ihre Grenzen, auch wenn die satztechnischen Bausteine relativ schnell erkennbar sind: einerseits durch die Stimmen wandernde, heterophon einander überblendende Cluster; anderseits mindestens dreistimmige polyphone Tonketten, teils veritable Kanons, die auf mehrere Oktavlagen verteilt und durch latente Mehrstimmigkeit erweitert untereinander chromatische Beziehungsnetze aufbauen, genau betrachtet aber innerhalb einer Stimme variierten Wiederholungen unterliegen. Diese letzteren, beinahe melodischen Texturen sind vieldeutig: Wie bei Meier üblich, sind sie zunächst simple Füllungen des harmonischen und zeitlichen Raumes. Mit der in den jüngeren Werken seltenen Anweisung *legato* (zu Beginn) bekommen die Linien eine eigene Stimmigkeit, die sich jedoch wiederum durch unzählige Stimmkreuzungen und chromatische Anschlüsse in Nachbarstimmen auflöst. Der einzelne Tonpunkt wird so Teil eines Netzes von unzähligen Beziehungen – dies erschwert auch die innere Vorstellung, denn

Grosse Wand ohne Bilder für Klavier, Cembalo und elektrische Orgel je vierhändig HMV 100 (1988–89), Partiturreinschrift, S. 1–11. | Kat. 112

wer vermag vorauszusagen, welcher Linie das Ohr schlussendlich folgen wird? Diese Texturen werden ergänzt durch ein Zusatzelement, das mir so bei Meier höchstens in den frühen Orchesterwerken begegnet ist: Es sind rhythmisch einfach organisierte Staccato-Einzeltöne, die ähnlich wie das gerade beschriebene Legato-Tonnetz durch unregelmässige Achtelfolgen voranschreiten, dabei vereinzelt hoquetus-artig durch die Stimmen wandern. Meier findet für diese Art der Flächenfüllung die schöne Bezeichnung «Schlag dünn und Schlag dicht» (S. 1). Instrumentatorisch lässt sich hier an eine beim Orchesterstück Nr. 5 (HMV 35) geführte Diskussion anknüpfen: Meier mischt vielerorts Streicher, Klavier und Hammondorgel, als gäbe es in ihrer Klangcharakteristik keinerlei Unterschiede. Rückblickend auf nun fast alle seiner Orchesterkompositionen kann ich die Tendenz ausmachen, dass akkordische Ereignisse (bis hin zum Cluster) meist sehr elaboriert gesetzt wirken, dagegen feldartig organisierte, sich in der Zeit entwickelnde Texturen oft einer gewissen klangfarblichen Pauschalität unterliegen, sei es die simple Zuordnung zu einem Register (Holz, Blech, Klavier, Streicher), seien es intern eher heterogene Mischungsverhältnisse. In Meiers Musik bleibt der Mittelgrund unscharf, das Zusammenwachsen zu einzelnen Schichten und ihr Zusammenwirken untereinander schwer fassbar und diskontinuierlich – und doch verbirgt sich vielleicht genau da der Lebensnerv dieser Musik, erfasst ein menschlicher Faktor diese unbegreiflichen Zeit- und Klangräume.

HMV 71, Stück für Streicher, Bläser und zwei Klaviere für Werner Heisenberg (1968)

Zunächst weiss ich nicht, wie es zur Widmung an Werner Heisenberg gekommen ist, aber es scheint mir, dass Heisenbergs Unschärferelation als Analogie gut passt zum im vorigen Orchesterstück beschriebenen Umstand, dass sich Meiers Musik grundsätzlich mittels simpler Messgrössen analysieren liesse, aber die schwer vorhersehbare Wechselwirkung der gemessenen Elemente die innere Vorstellung erschwert. Auf den ersten Blick ist Meiers letzte Orchesterpartitur deutlich konventioneller als ihre unmittelbaren Vorgänger und erinnert in gewissen orchestralen Akkordprogressionen beispielsweise an das Stück für grosses Orchester von 1963 (HMV 56). Anderseits treten auch hier neue Elemente auf, besonders auffällig die choralartigen, mindestens dreistimmigen Passagen stratifiziert mit punktierten Vierteln (erstmals ab T. 33). Die damit verbundenen Bläserfarben, Oboen, Fagotte und Posaunen, und die pseudoimitatorischen Satzmodelle geben dieser Schicht eine archaische Wirkung. Es wirkt irgendwie sinnfällig, dass nicht nur dieses Stück, sondern damit Meiers ganzes Orchesterschaffen mit einer intensiven Clusterpassage von zwei Klavieren endet (ab T. 481, Abb. S. 115). Blickt man zurück, so steht der früheren, progredierenden Einschwärzung der Ton- und Zeiträume hier eine konträre Entwicklung gegenüber, nämlich die der zunehmenden Aufrauhung und improvisatorischen Auflösung der Binnenstruktur. Dienten diese teils auch mit graphischen Notationsformen verbundenen Techniken vielleicht zunächst

der weiteren Verdichtung und Erhöhung der Entropie, so resultierte aus ihnen letztlich eine neue Qualität, die das Blockhafte und Makro-zeitliche punktuell zu überführen half in netzartige und mikrozeitli-che Strukturen. Dadurch verlieren aber die gross angelegten Klang-objekte auch einen Teil ihrer physischen Entität, nur schon durch ein nicht sofortiges Präsentwerden im Einschwingvorgang. Das Klavier – und das war auch in der Basler Aufführung dieses Stücks 2010 sehr gut spürbar[8] – gibt nun den Clustern ihre physische Kom-ponente zurück: Da müssen nicht Töne auf viele Einzelstimmen verteilt werden, da genügt ein Unterarm, ja die strenge rhythmische Organisation bedeutet pianistische Schwerstarbeit. So wird der Wi-derstand des Materials wieder spürbar – das Skulpturale von Meiers Orchestermusik findet paradoxerweise seine höchste Vollendung in einem abschliessenden Klaviersolo.

Nachbemerkung

Während der vielen Stunden Lektüre von Hermann Meiers Partitu-ren mit ihren zum Verwechseln ähnlichen Titeln kam ich mir vor wie beim Lesen der phantastischen Erzählung *Voyage autour de ma chambre* (1795) von Xavier de Maistre: Nur ein kleiner Schritt vor-wärts löst dort ein ganzes Kapitel, einen weiteren Erzählstrom aus.

So sind auch bei Meier die Schritte von Werk zu Werk kurz, doch jeder einzelne dieser Standpunkte wird von Meier extensiv ausgearbeitet, die meisten Stücke sind immerhin um die 500 Takte lang.

Stück für Streicher, Bläser und zwei Klaviere für Werner Heisenberg HMV 71 (1968), Partiturreinschrift auf Transparentpapier, S. 39.

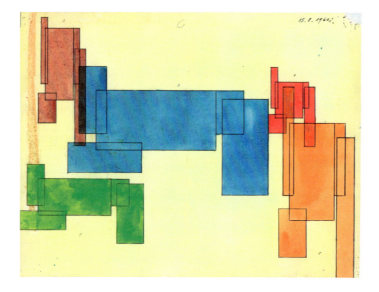

Moderato. Diagramm vom 15. August 1960 zum Stück für grosses Orchester HMV 50 (1960). | Kat. 57

Es ist eine kleine, in gewisser Hinsicht autark und autodidaktisch entstandene und funktionierende Welt, deren tatsächlich riesige aufführungspraktische Flächenausdehnung aber zugleich Zeugnis einer bewundernswerten künstlerischen – und bisweilen auch kunsthandwerklichen – Hartnäckigkeit ist.

Ob man nun Meiers Orchesterschaffen im Kontext seiner graphischen Entwürfe interpretiert oder (wie ich es getan habe) ohne Bezug auf diese: Auf jeden Fall handelt es sich um eine eindrückliche, seriell-systematische Versuchsreihe mit dem Ziel, eine musikalische Vision auf einem dicken Stapel Papier zu konkretisieren.

Jetzt muss man das noch realisieren.

Anmerkungen

1 Ludwig Hohl, *Die Notizen* (1934–36), Berlin 2014, S. 277.
2 Hermann Meier, *Grosse Wand ohne Bilder* für Klavier, Cembalo und elektrische Orgel je vierhändig HMV 100 (1988–89).
3 Arnold Schönberg, *Harmonielehre* [1911]|, 7. Aufl., Wien 1997, S. 466.
4 Helga de la Motte-Haber, *Die Musik von Edgard Varèse*, Hofheim 1993, S. 43.
5 In einem seiner Arbeitshefte bezeichnet Meier das vorhergehende sechste Stück als Nr. 7, bei der Partiturreinschrift setzte er die Zählung mit Nr. 8 fort.
6 Simha Arom, *African Polyphony and Polyrhythm. Musical Structure and Methodology*, Cambridge und Paris 1991.
7 Zitiert nach Robert P. Pula, in: Alfred Korzybski, *Science and Sanity. An Introduction to Non-Aristotelian Systems and General Semantics*, Fort Worth, 2. Aufl., 2010, S. VII.
8 Vgl. die Aufnahme des Stücks auf Hermann Meier, *Kammermusik und Orchesterwerke 1960–1969*, Zürich 2010 (MGB CD 6268); Basel Sinfonietta (Leitung Jürg Henneberger), Tamriko Kordzaia und Dominik Blum, Klavier.

«alles unerbittlich zerreissen!»

Die Aufhebung der Zeit in Hermann Meiers Orchesterwerken der 1960er Jahre

CHRISTOPH HAFFTER

Die Krise der Zeit

«Die neue Musik ist keine Sprache, ist keine Syntax, ist kein Kalkül, sondern ein geometrisches Gebilde, absolut starr, tot, luftleer, unbeweglich, nicht in der Zeit verlaufend, ohne Schicksal, ohne Bewegung, ohne Ziel und Entwicklung und Steigerung. Kristallinisch. […] Die Musik schreibt man nicht mehr: man zeichnet sie, man legt sie (wie Bauklötzchen), man schichtet, fügt sie – aber nie mehr schreiben! Denn alle Sukzession ist weg!»[1] Diese erstaunlichen Sätze schreibt Hermann Meier 1959 in sein Arbeitsheft zur Vorbereitung einer neuen Komposition für zwei Klaviere. Die Gedanken weisen aber über dieses Werk hinaus auf andere Arbeiten jener Jahre. Dass die neue Musik nicht mehr in der Zeit verlaufe, dass sie keine Sukzession mehr kenne, ist eine bemerkenswerte Aussage. Klar, dass man sich nicht bei ihrer vordergründigen Falschheit aufzuhalten braucht; natürlich vollzieht sich jede Musik in der Zeit. Meiers Sätze zielen vielmehr darauf, dass die Musik es vermag die Zeit in der Zeit aufzuheben, dass sie, als Zeitliches, die Zeit negiert.

Meiers Notizen schwanken im Ton auffällig zwischen Aufforderung und Gewissheit: Musik solle nicht mehr als Sprache geschrieben, nicht mehr als Erzählung entwickelt werden, denn

Musik sei keine Sprache mehr, alle Sukzession sei weg. Dieser Wechsel zwischen Forderung und Feststellung ist kein logisches Versehen, sondern liegt in der Sache selbst begründet: Sie ist der sprachliche Modus der Avantgarde. Denn wer in der Kunst Neues schöpfen will, wer am künstlerischen Material seiner Zeit arbeiten will, muss einer widersprüchlichen Forderung gerecht werden. Er muss musikalische Tendenzen aufspüren, die es ohne sein eigenes Werk gar nicht gäbe. Daher ist der Avantgardist gezwungen, Sein und Sollen zu vertauschen: Er muss so tun, als es gäbe es schon, was es erst zu erschaffen gilt.

Anders gesagt: Wenn Meier von der Aufhebung der Zeit in der neuen Musik spricht, so benennt er ein kompositorisches Problem. Und dieses Problem verbindet ihn mit vielen seiner Zeitgenossen. Ich möchte an seinen Orchesterwerken der 1960er Jahre zeigen, wie Meier sich an diesem Problem abarbeitet, wie sich seine Lösungen von Vorschlägen anderer Komponisten unterscheiden, und dabei versuchen das Stück für Streicher, Bläser und zwei Klaviere (HMV 71), das Meier 1968 Werner Heisenberg gewidmet hat, als Fluchtpunkt jener Entwicklung zu lesen.

Meiers Idee einer Aufhebung der Zeit in der Musik steht in engem Zusammenhang mit dem, was Heinz-Klaus Metzger 1965 als *Krise der Figur* bezeichnet hat: «Diese Krise, deren Ursprünge weit zurückreichen, scheint mittlerweile so akut geworden, daß sie an den Reaktionsweisen der maßgeblichen Komponisten in bereits schier unmittelbarer Evidenz sich möchte ablesen lassen. Ungebrochen, affirmativ jedenfalls wagt längst niemand mehr eine Melodie zu schreiben, es sei denn entweder im polemischen Sinn, also als Angriff auf die musikalische Situation, oder aber aus schlichter Zurückgebliebenheit; beides ist nicht immer zu unterscheiden.»[2] Dass sich keine gute Melodie, keine gelungene Figur mehr komponieren lässt, sei das Resultat einer historischen Entwicklung, die kein Komponist ignorieren könne. Ironischerweise beginne die Krise der Figur, so Metzger, gerade in jenem Moment, der als ihre Befreiung gilt: in der kurzen Epoche der freien Atonalität. Befreit wurde die Figur in diesem Moment, weil sie sich nicht mehr als Brechung von tonalen Akkorden oder als Ausschnitt ei-

ner Tonleiter verständlich machen musste. In die Krise stürzte sie damit jedoch, weil sich die so befreiten Tonfolgen bald als beliebig austauschbar, als substanzlos erwiesen: Ob dieses oder jenes Intervall erklingt, macht letztlich keinen Unterschied mehr, «die von jeder Heteronomie befreiten», so schreibt Metzger, «rein in sich selbst durchgebildeten Einzelfiguren überschlagen sich, wirken tendenziell ornamental, und nicht stets ist zu spüren, daß sie noch wesentlich mehr als einmal Triller, Mordente, Praller und Doppelschläge wert sein sollen.»[3]

Schönbergs Reihentechnik und spätere serielle Verfahren erscheinen vor diesem Hintergrund als Kompensationstechniken: Sie bilden gescheiterte Versuche, den Figuren ihre verlorene Verbindlichkeit wiederzugeben. Metzger beobachtet nun zwei gegenläufige Tendenzen in der Musik um 1960, die er als Antwort auf diese Krise versteht: die Auflösung der Figur in Punkte auf der einen, die Kaschierung der Figur in ihrer massenhaften Überlagerung auf der anderen Seite; also die Reduktion der Ereignisdichte bei Cage und Stockhausen einerseits, die statistische Erhöhung der Ereignisdichte bei György Ligeti und Iannis Xenakis andererseits. Beide Lösungen seien jedoch scheinhaft und deshalb bereits überholt: Denn selbst in den isoliertesten Punktfolgen höre man unterdessen wieder figurative Zusammenhänge, während bei den statistischen Klangmassen letztlich das differenzierte Hören überhaupt versagt und der Wahrnehmende, ähnlich wie vor den Drippings eines Jackson Pollock, nur noch seines eigenen Versagens gewahr würde.

Meiers Verlangen nach einer starren Geometrie der Töne lässt sich mit diesen Gedanken in Verbindung bringen. Seine Kompositionen zeugen davon, dass er sich jener Tendenz zur Beliebigkeit der Tonhöhen, jenes Gleichgültig-Werdens der Intervalle bewusst war, das in den seriellen Verfahren zur Darstellung kam. Melodien im emphatischen Sinne sucht man in seinen Werken der 1950er und 1960er Jahre vergebens. Die Absage an Sprache und Syntax drückt nichts anderes aus: Kein Reihensystem kann der zeitlichen Abfolge von Tönen jene Verbindlichkeit wiederbringen, die sie mit dem tonalen Bezugssystem verloren hatten. Wenn sich Meier mit seinen «Mondrianen» zunehmend graphischen Verfahren zuwendet, so kann auch dies als Konsequenz jener Krise der Figur gedeutet werden: Gegen das Verlangen nach Ausdruck macht sich immer radikaler das Moment der Konstruktion geltend.[4]

Um Meiers Aversion gegen das Sprachliche der Musik besser zu verstehen, gilt es diesen Gegensatz von Ausdruck und Konstruktion noch weiter zuzuspitzen. Die Idee ausdrucksloser Konstruktion darf nicht mit dem Gedanken von Systematik überhaupt gleichgesetzt werden: Denn gerade der sprachliche oder zumindest sprachähnliche Ausdruck beruht ja darauf, dass ein Bezugsystem, eine Sprache oder Grammatik gegeben ist, welche die Ausdrücke erst sinnvoll macht. Das Verfahren der Konstruktion hingegen setzt gerade erst dort ein, wo ein verbindliches Bezugsystem fehlt: Konstruktion löst Tradition ab, der Konstrukteur baut ein Sinnsystem im Sinnlosen. Die Konstruktion – die ja zugleich ein Verfahren wie dessen Resultat bezeichnet – ist kein Gewordenes, sondern ein ostentativ Gemachtes.

Dieser Charakter des offensichtlich Gemachten geht mit einer Äusserlichkeit einher, die der Konstruktion eigen ist. Jede Konstruktion bedarf einer gewissen Anzahl von Elementen, von Grundbausteinen, mit der sie arbeitet. Wie diese Elemente definiert werden, wofür sie einstehen, folgt jedoch nicht aus dem Konstruktionsverfahren selbst. Das Material trägt Bestimmungen, über welche die Konstruktion nicht verfügt. Die Prinzipien der Konstruktion bleiben daher dem Material, das in die Konstruktion eingeht, notgedrungen äusserlich, sie werden auf Elemente angewandt, die der Konstruktion vorausgehen. Hierin ist die Konstruktion der Montage verwandt – nicht umsonst entstammen beide Ausdrücke demselben semantischen Feld. Beide kombinieren sie ein präexistentes Material. Meiers Verfahren radikalisiert diese Äusserlichkeit, denn die Elemente seiner Konstruktion sind keine musikalischen, sondern visuelle, die nur durch einen Code, eine arbiträre Zuordnung auf musikalische Sachverhalte bezogen werden können. In Meiers farbigen Formplänen kommt diese Äusserlichkeit klar zum Ausdruck: Die graphische Konstruktion sucht den Ausgleich von Farbkontrasten, aber welche der Farben welchen Instrumentengruppen oder Klangtexturen zugeteilt sind, bleibt eine arbiträre Setzung, die der Konstruktion entzogen ist. Die Montage visueller Elemente zu einem stimmigen Ganzen und die Zuordnung dieser visuellen Elemente zu Klangereignissen sind zwei voneinander getrennte Schritte.

Diese Austauschbarkeit des Inhalts, die an bauklotzartige Konstruktion erinnert, ist eine Form von Vergegenständlichung. Eine Besonderheit der Meierschen Orchesterwerke scheint mir zu sein, dass sie diese Objektivierung nicht zu überspielen suchen, sondern sie ganz ungeniert affirmieren. Vergegenständlichung meint die Reduktion von Verhältnissen auf Eigenschaften von Dingen. Das konstruktive Verfahren tut so, als ob seine Elemente sich wie Festkörper im Raum verschieben liessen, ohne dass sich diese dabei veränderten; als würden die Momente einer Sache nicht erst durch den Verlauf des Ganzen, durch ihre Beziehung zu anderen Momenten zu dem, was sie sind. In dieser Vergegenständlichung ihrer Momente liegt das Gewaltsame der Konstruktion. Unbekümmert darüber, wohin die musikalischen Elemente von sich aus drängen, spannt die Konstruktion Töne ein. In musikalischen Zusammenhängen wird dies oft mit der Idee der Verräumlichung enggeführt: So wie Körper sich im Raum verschieben lassen, ohne sich zu verändern, so sind die Klänge einer verräumlichten Musik das, was sie sind, unabhängig vom Zeitpunkt ihres Erklingens. Und gerade auf Hermann Meiers Schaffen trifft die Metapher des Raumes in vielerlei Hinsicht zu.

Diese Idee verräumlichter Musik hat zunächst weder mit dem Raum zu tun, in dem sie erklingt, noch meint sie den Raum der Verschriftlichung in der Partitur. Vielmehr geht es um eine bestimmte Auffassung des musikalischen Geschehens: Musik erklingt zeitlos. Verräumlicht ist eine Musik, die nicht als Entwicklung einer Sache, als Transformation oder Prozess gehört wird, sondern die als eine unveränderliche Struktur erscheint, die bloss in der Zeit nachvollzogen wird. So wie man in der Zeit um eine Skulptur herumgehen muss, um sie von allen Seiten zu sehen, so muss auch eine verräumlichte Musik in der Zeit gehört, gleichsam hörend abgetastet werden. Wahrgenommen wird eine Abfolge unter-

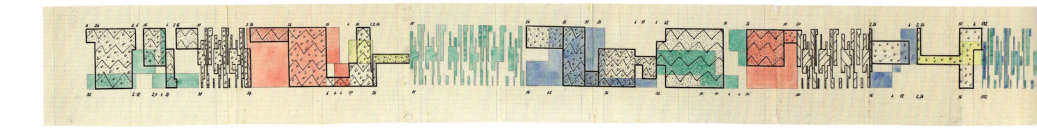

Diagramm vom 28. Juni 1965 bis
18. September 1965 zum Stück
für zwei Klaviere HMV 64 (1965).
| Kat. 68

schiedlicher Zustände, doch der Gegenstand, der sich in ihr zeigt, ist ein bleibender. Diese Idee verräumlichter Musik ist seit Adorno unter dem Stichwort der «Pseudomorphose der Musik an Malerei»[5] bekannt. Claude Debussys *Jeux* (1912) oder Igor Strawinskys *Sacre du printemps* (1913) würden, so schreibt Adorno, «nicht als [ein] Prozeß mit Stauung und Auslösung» wahrgenommen, «sondern als ein Nebeneinander von Farben und Flächen, wie auf einem Bild. Die Sukzession exponiert bloß, was dem Sinne nach simultan ist»[6] Adorno steht dieser scheinhaften Angleichung der Musik ans Räumliche kritisch gegenüber, er kann ihr aber eine gewisse Konsequenz nicht absprechen. Denn in ihr antwortet die Kunst auf jene Vergegenständlichung, welche die Warengesellschaft prägt – die Verdinglichung menschlicher Verhältnisse zu Eigenschaften von Waren: «So wie diese Musik soll reagieren, wer nicht unter die Räder kommen will.»[7]

Die unbestimmte Zeit

Äusserlichkeit, Vergegenständlichung, Verräumlichung – all diese Ausdrücke stehen in einem ambivalenten Verhältnis zum Kunstwerk: Sie sind schillernde Losungsworte der Avantgarde, gerade weil sie alles, was Musik lange zu sein beanspruchte, radikal in Frage stellen. Um 1960 artikuliert sich das Verlangen nach einer solchen Aufhebung der Zeit in den Versuchen indeterminierter

oder offener Werkformen. Es ist die Gerichtetheit der Zeit, die hier negiert wird und sich der Richtungslosigkeit des Raums angleicht. In diesem Zusammenhang ist die Entwicklung in Meiers Orchesterkompositionen besonders interessant. Obwohl seine Kompositionsweise, die Montage präkomponierter Klangblöcke, eine gewisse Sympathie für offene Formen erwarten liesse, überlässt er in keiner der Kompositionen, die ich kenne, die Reihenfolge der Abschnitte dem Interpreten. In der inneren Ausgestaltung der Formelemente hingegen unternimmt er verschiedene Versuche der zeitlichen Indetermination. Ab 1964 notiert er graphische Elemente wie Wellenlinien, unterschiedlich dichte Punktlinien oder Punktfelder zwischen Grenznoten, etwa im Stück für grosses Orchester und drei Klaviere HMV 60 von 1964, im Stück für grosses Orchester und Klavier vierhändig HMV 62 von 1965 oder auch im Requiem HMV 66 von 1967. Der Zeitpunkt der Klangereignisse wird so nur noch vage statistisch angegeben, während die Abfolge der Formblöcke streng definiert ist. Im Plan zum Stück für zwei Klaviere HMV 64 von 1965 geht Meier noch einen Schritt weiter: Hatte er seit den 1950er Jahren graphische Diagramme angefertigt, um die Grossformen seiner Werke zu planen, schreibt er hier ein Werk vollständig in graphischer Notation. Mithilfe der Legende hat der Interpret die Formen, deren Proportionen, Farbigkeit und räumliche Anordnung in die musikalischen Vorgaben zu den Einsätzen, Texturdauern, zu Lautstärke und Ereignisdichte zu übersetzen (Abb. oben).

1964 veröffentlichte Konrad Boehmer einen Text mit dem Titel «Probleme ‹offener› Formen in der neuen Musik».[8] Darin warnte er vor dem Irrglauben, dass alleine die Unbestimmtheit der Reihenfolge von Formteilen genüge, um einer Komposition eine offene oder richtungslose Form zu geben. «Mobile Mechanismen einer Partitur besagen nicht, daß der Partitur schon ein Charakter von Vieldeutigkeit eigne, der sie als sinnvolle rechtfertigt. Die Vertauschbarkeit von Formteilen wird also immer nur dann gerechtfertigt erscheinen, wenn sie die Manifestation einer offenen Form sind, und nicht bloßer Selbstzweck. […] Hier aber tut sich ein Widerspruch auf, dessen zu einfache Lösung in manchen Werken dazu geführt hat, das vermissen zu lassen, was einst das abendländische Musikdenken prägte: formale, kompositorische Logik. Wo nämlich der Charakter von Offenheit mit purer Beliebigkeit verwechselt wurde, konnte man feststellen, daß der hierdurch schon sich manifestierende Mangel an Logik einen Rückfall in ein rein additives Formdenken bedeutet, welches selbst die Renaissance schon überwunden hatte.»[9]

Erst die Vieldeutigkeit dessen, was in den Formteilen erklingt, verleiht den möglichen Anordnungen der Grossform den Charakter des Richtungslosen, so Boehmers Argument: Die Ambivalenz des Beziehungsnetzes zwischen den Klängen und nicht die blosse Beliebigkeit ihrer Reihenfolge gebe den Ausschlag. Auch Boehmer schwebt eine Aufhebung der linear gerichteten Zeit vor. Dieser Aufhebung dürfe jedoch nicht die Funktionalität der Ele-

mente zum Opfer fallen: Die Logik, und damit die Verständlichkeit der Musik soll in einer Vervielfältigung, einer Dissoziation der Zeit, in einem Netz möglicher Beziehung bewahrt bleiben. Daher die Anweisung zur genauesten Bestimmung der Teile, bei gleichzeitiger Unbestimmtheit der Grossform.

Meier nimmt in gewissem Sinne eine Gegenposition zu Boehmer ein. Während er sein ganzes Augenmerk auf die gelungene Anordnung von Formteilen legt, scheint ihm die innere Ausgestaltung dieser Teile zweitrangig. Die Rettung der musikalischen Logik in einer verräumlichten Musik wird Meier als Illusion erachtet haben. In seinen Arbeitsheften schreibt er: «Wir verstehen am besten die Spätromantik, und wenn wir uns verständlich machen wollen, so gleichen wir uns unbewusst den Forderungen der Spätromantik an. Wir müssen darum verlangen, dass alles völlig unverständlich ausfällt, an nichts appelliert! So viel Verständnis möglich ist, soviel Unwert ist im Werk. Das unverständlichste Werk wäre das Beste. Wir müssen das Unverständliche herstellen, das nichts weiter ist als richtig in sich selbst. Als stimmig in sich selbst. Unser Stimmigkeitsinstinkt mag befriedigt sein, ja nie unser Verstehensbedürfnis. Darum ist es unter Umständen sogar nötig Luftpausen einzulegen oder Konstantenkomplexe, die alles unerbittlich zerreissen! Das ist nicht Willkür oder Schrulle, sondern die endgültige Eliminierung der spätromantischen Haltung, des Erzählens und Schilderns.»[10]

Stück für Streicher, Bläser und Klavier
für Werner Heisenberg HMV 71
(1968), Diagramm in der Partiturreinschrift auf Transparentpapier, S. 40.

40

Nr.	1₁	6₁	2₁	4₁	7₁	3₁	5₁	4₂	2₂	3₂
Seite	1	4	6	8	10	12	13	14	16	18
Textur	Liege	Welle Liege	Liege Schlag	Welle Schlag	Welle	Schlag	Welle Liege Schlag	Liege	Liege Schlag	Schlag
Instr.	Klavier Streicher Bläser	Klavier Bläser	Klavier Streicher	Klavier Bläser	Streicher Bläser	Klavier	Klavier Streicher Bläser	Klavier Streicher Bläser	Klavier Streicher	Klavier

4₂	5₂	6₂	7₂	2₃	5₃	7₃	1₃	4₃	6₃	3₃
19	21	24	26	28	29	30	32	34	37	39
Welle Schlag	Welle Liege Schlag	Welle Liege	Welle	Liege Schlag	Welle Liege Schlag	Welle	Liege	Welle Schlag	Welle Liege	Schlag
Klavier Bläser	Klavier Streicher Bläser	Klavier Bläser	Streicher Bläser	Klavier Bläser	Klavier Streicher Bläser	Streicher Bläser	Klavier Streicher Bläser	Klavier Bläser	Klavier Streicher Bläser	Klavier

Strich vor Noten: = Cluster, nur die Grenznoten für Liege, Dichtwelle (Triller) u. Schlag sind gegeben.

Während Boehmer nach dem Vorbild der vervielfältigten Erzählperspektiven bei James Joyce eine Erneuerung der musikalischen Sprache anstrebt, weist Meier die Idee musikalischen Sinns schroff von sich. Und auch seine Orchesterwerke jener Zeit arbeiten nicht mit der Ambivalenz musikalischer Funktionen: Gleich einer musikalischen Arte povera frappiert die Textur der Formteile eher durch ihre Banalität, denn durch ihren raffinierten Beziehungsreichtum. Die harmonisch-rhythmische Unbestimmtheit des graphisch Notierten verzichtet darauf, Ambivalenz auszukomponieren.

Dennoch hält Meier am Begriff der Stimmigkeit fest. Die Präzision, mit der er seine Formpläne anfertigt, lässt vermuten, dass

er diese Stimmigkeit nicht im überzeugenden Moment, nicht im zwingenden Übergang, sondern auf der Ebene der Grossform, im Ausgleich des Unvermittelten, also im Gleichgewicht des Beziehungslosen sucht. Im Stück für Heisenberg (HMV 71) unterscheidet Meier drei mal sieben solcher Formteile, deren Anordnung am Ende der Partitur mit einer Graphik veranschaulicht ist (Abb. links). Er trennt drei Instrumentengruppen (Streicher, Bläser, Klavier) sowie die drei Texturtypen Schlag, Welle, Liegeton und achtet auf eine unregelmässige Gleichverteilung ihrer Kombinationen: Beachtenswert ist, dass sich zwar die Kombinationen von Textur und Instrumentengruppe jeweils dreimal wiederholen, nicht aber der Übergang von einer Kombination zur anderen.

In der Ausgestaltung der Texturen fällt jedoch auf, dass Meier anders als in den vorangegangenen Orchesterwerken wieder konventionell notiert: Auch hier entstammen Meiers Klangvorstellungen dem Visuellen – Punkte, Wellen und Liegeflächen –, ihre Umsetzung wird aber nicht mehr dem Belieben der Interpreten überlassen. Warum gibt Meier die graphische Notation auf? Enttäuschung über die Umsetzung im Konzert kann es nicht gewesen sein, wurden seine Orchesterwerke doch zu Lebzeiten gar nicht aufgeführt. Wenn man sich die Aufnahme des Requiems (HMV 66) von 2012 anhört, fallen die Schwächen dieser Notation jedoch auf: Was als statische Textur konzipiert war, zerfällt in einzelne Stimmen, Figuren treten hervor, wiederholen sich oder nehmen einen thematischen Charakter an, der Meiers Kompositionsidee entgegenläuft.[11] Ob er diese Schwächen geahnt hat, ist ungewiss. Zugleich erwecken viele Texturen des Heisenberg-Stücks den Anschein des Unbestimmten, als ereigne sich, was in ihnen geschieht, frei von jeder ordnenden Intention. Meier scheint Boehmer in dieser Hinsicht recht zu geben: Dass eine Textur nach Zufallsverteilung klingt, sollte man besser nicht dem Zufall überlassen. Bestes Beispiel für eine solche, scheinbar zufällige Verteilung sind wohl die Schlagtexturen der beiden Klaviere, die sich wie eine radikale Zuspitzung jener «Schocks» anhören, die Adorno in Strawinskys Sacre vernahm. Gehorchen diese Schlagtexturen zunächst regelmässigen Mustern, die sich gegeneinander versetzt überlagern, so löst sich im Schlussteil des Werks jegliche Ordnung auf: Nichts bleibt als die blosse, geistlose Faktizität regelloser Schläge. Gerade hier geht Meiers Absage an den Sprachcharakter der Musik deutlich auf Distanz zu Boehmers Position: Die Monotonie solcher Clustereinschläge zielt nicht auf Ambivalenz, sondern nimmt vielmehr jeden musikalischen Sinn unter Beschuss.

Ich habe versucht, Meiers Interesse an der Verräumlichung musikalischer Zeit auf die Krise der Figur zurückzuführen. In einem ersten Schritt führte das über die Montage von Formteilen zur Frage der offenen Form, die Meier bewegt haben muss: Während er die äussere Indetermination des Formverlaufs ablehnt, versucht er in manchen Werken das Unbestimmte seiner graphischen Vorkompositionen in die Partitur einzubauen. Das Heisenberg-Stück bildet den Schlusspunkt dieser Suchbewegung, weil es diese Indetermination nur mehr als Charakter, nicht mehr aber als kompositorisches Verfahren verwendet. Es lässt sich ausgehend von der Krise der Figur jedoch eine zweite Linie durch das Orchesterwerk Meiers ziehen. Sie verfolgt die wohl auffälligste Technik jener Werke: die Indifferenz der Intervalle im Cluster, oder wie Meier verdeutlicht, in der «Traube».

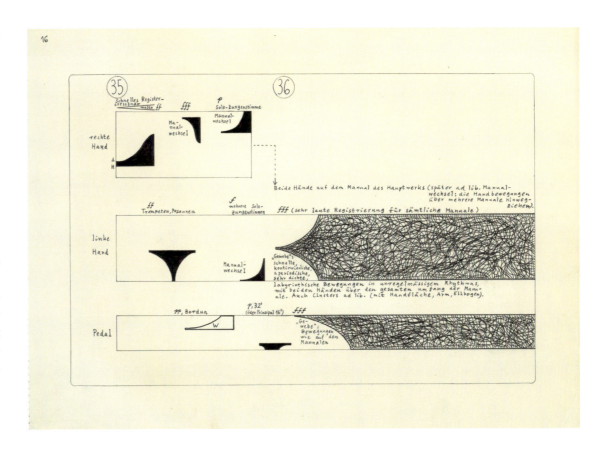

Die unbestimmbare Zeit

Stimmigkeit ohne Verständlichkeit ist das ästhetische Ideal, das Meier in seinen Orchesterwerken anzustreben scheint. Stimmig ist ein Werk im Ausgleich seiner Formteile, verständlich ist es im Ineinandergreifen seiner einzelnen Momente, in der Notwendigkeit der zeitlichen Abfolge, so Meiers Überlegung. Dieser unmöglich gewordenen Verständlichkeit wirkte die graphische Unbestimmtheit seiner Partituren entgegen. Eine andere Strategie zur Aufhebung der musikalischen Zeit bietet das Komponieren mit Clustern, das Meiers Musik prägt. Im Cluster sind die Tonhöhen zwar bestimmt, aber so, dass sie unbestimmbar werden.

Spätestens an dieser Stelle drängt sich ein Vergleich mit den Orchesterwerken Ligetis auf. Dieser hatte bereits 1958 in seinem Text «Wandlungen der musikalischen Form»[12] auf jene Tendenz zur Nivellierung der Intervallqualitäten hingewiesen, die Metzger später als «Krise der Figur» bezeichnen sollte. Diese Tendenz zur «Abstumpfung der Intervallphysiognomien»[13] führte Ligeti zufolge dazu, dass Tonhöhen immer stärker ihre strukturbildende Funktion einbüssten und einem «statistisch-feldmäßigen»[14] Komponieren wichen. Die Ununterscheidbarkeit der Intervalle im Cluster, die Ligetis Werke der 60er Jahre beherrscht wird, ist die Radikalisierung jener Tendenz: Tonhöhen sollen ununterscheidbar werden, weil sie schon ununterscheidbar geworden sind – so könnte man den Gedanken im Stile Meiers fassen.

Ligeti versuchte in Werken wie *Volumina* (1962) oder *Atmosphères* (1961) die Modulation von Klangflächen, die allmähliche

György Ligeti, *Volumina* für Orgel (1961–62), Reinschrift der revidierten Fassung von 1967, S. 16 (PSS, Sammlung György Ligeti). | Kat. 56

Stück für Streicher, Bläser und Klavier HMV 71 (1968), Partiturreinschrift auf Transparentpapier, S. 1.

Transformation des Timbres einer nicht mehr differenzierbaren Klangmasse, zum strukturbildenden Prinzip zu erheben vgl. Abb. S. 123). Man kann seine Cluster zwar als statisch bezeichnen, weil es sich um liegende Flächen handelt, viel eher trifft man die Sache jedoch, wenn man von einer inneren Dynamisierung des Klangs spricht: permanente Metamorphose, unendliches Ineinanderübergehen, Vermischung flüssig gewordener Massen, die klingen, als imitierten sie jene elementar vorgestellte Natur, die bekanntlich keine Sprünge macht. Gegen diese naturhafte Behandlung bei Ligeti stehen Meiers demonstrativ künstliche, gemachte Klangflächen: Arbeitet er in seinem Stück für grosses Orchester (HMV 49) von 1960 noch mit Effekten der Überblendung oder der allmählichen Ausdünnung, so ist er spätestens ab 1963 ganz darauf bedacht, die Klangflächen möglichst statisch zu gestalten und hart voneinander abzusetzen. Die Traubenbildung zielt bei ihm nicht darauf, den Klangfarben strukturbildende Funktionen zu verleihen. Vielmehr verschwinden die Intervallqualitäten schlicht im holzschnittartigen Kontrast von Blöcken.

Diese extreme Betonung von Indifferenz erschwert es Meier, seinen Anspruch nach formaler Stimmigkeit einzulösen: Wie sollen sich diese gleichgültig nebeneinander gesetzten Blöcke zu einem stimmigen Ganzen schliessen? Im Stück für Streicher, Bläser und zwei Klaviere (HMV 65) von 1967 scheint Meier eine Antwort auf dieses Tonhöhenproblem zu formulieren, die sich auch im Heisenberg-Stück wiederfindet. Die Nivellierung der Intervalle führt dazu, dass nur mehr die rudimentäre Unterscheidung von höher und tiefer, von weit und eng, von aufwärts und abwärts gültig bleibt. Mit diesem groben Unterschied arbeitet Meier im Stück HMV 65, das ganz auf Toncluster reduziert ist, indem er die beiden dynamischen Angaben *forte* und *piano* gegeneinander verschoben auf verschiedene Tonhöhenregister verteilt. Eine vage Alteration von höher und tiefer innerhalb desselben Clusters wird deren Wirkung sein.

Im Stück für Heisenberg HMV 71 setzt Meier diese Reduktion der Intervalldifferenz auf Alteration fort. Bereits der erste Formteil exponiert das Prinzip: Der gesamte Tonraum reicht vom grossen

C bis zum zweigestrichenen *h*. Dieser Tonraum wird in drei Abschnitte unterteilt: *C–es*, *e–g'* und *gis'–h"*. Aus der Dreiteilung ergeben sich sieben mögliche Cluster: I (*C–es*), II (*e–g'*), III (*gis'–h"*), IV (I+III, also *C–es* und *gis'–h"*), V (II+III), VI (I+III) und VII (I+III+III). In dieser Aufteilung spiegelt sich natürlich die Grossform der drei mal sieben Teile wider. Die sieben Teilcluster bringt Meier in eine konstante Abfolge: V–I–VI–II–VII–III–IV. Sie erklingt in verschiedenen Tempi in drei Instrumentengruppen: in den Bläsern und der ersten Streichergruppe in vier Wiederholungen von Takt 1–9, 11–16, 17–25 und 27–32; in den beiden Klavieren zuerst relativ schnell von Takt 1–6, dann gedehnt von Takt 6–28; in der zweiten Streichergruppe dreimal in den Takten 1–14, 15–23 und 23–32. Anders gesagt: Meier baut aus der siebenteiligen Clusterfolge einen dreistimmigen Proportionskanon.

Ein solcher Kanon lässt sich natürlich hörend kaum nachvollziehen; sei es, da einzelne Instrumente aus den Cluster hervortreten, sei es gerade umgekehrt, weil sich die gleichzeitig erklingenden Cluster vermischen. Dennoch hört man, wie das Orchestergefüge undurchsichtig in sich kreist, wie die aneinander vorbeigleitenden Blöcke von einem Tonregister ins andere gerückt werden, ohne je vom Fleck zu kommen. Meier zwingt das Clustermaterial in eine Konstruktion, die ihm völlig äusserlich bleiben muss. Aus dieser Diskrepanz gewinnt der Beginn des Werks aber gerade jene eigenartige Wirkung verlassener Planung, die er vielleicht mit modernistischen Bauruinen teilt. Unverputzt ragen die zugeschnittenen Tonhöhenelemente hervor, ohne je in Funktion zu treten (Abb. S. 124).

Ohne Übergang setzt der zweite Formteil ein, der eine Wellentextur exponiert, vielleicht das auffälligste Element dieser Komposition. Diese ausgestaltete Akkordfolge löst die vagen, graphischen Wellennotate früherer Kompositionen ab, doch auch sie bestimmt das Tonhöhenmaterial so, dass es letztlich unbestimmbar bleibt. Meier verwendet eine Abfolge von dreistimmigen Akkorden, die er in homophonen punktierten Vierteln zunächst auf Klavier und Posaunen verteilt, in späteren Teilen durch alle Instrumente laufen lässt. Unverändert tritt die Folge in verschiedenen Transpositionen auf, oft im Terzabstand, und erwartungsgemäss überlagern sich oftmals drei solche Akkordstränge: Die Akkordstränge werden zu Clustern geschnürt.

Auch diese Folge hat einen richtungslosen Charakter. Sie evoziert, was Hegel schlechte Unendlichkeit nannte, ein unendliches Fortsetzen, das nichts als die ewige Wiederkehr des Gleichen darstellt, wie ein stetes Sequenzieren, das nirgends ankommen kann. Aus diesem Akkordband schneidet Meier Segmente, die er über die Flächen- oder Punkttexturen montiert. Hier arbeitet Meier ebenfalls mit kanonähnlichen Verfahren: Das Klavier beginnt im Takt 33 die Sequenz, die Posaune übernimmt einen Takt später, worauf das Klavier in Takt 35 erneut denselben Abschnitt in Transposition beginnt, einen Takt später setzt die tiefe linke Hand zum dritten Mal zu demselben Abschnitt an, während die Mittelstimme einen späteren Abschnitt der Folge vorausnimmt.

Wie ein Ostinato, das man selbst dann noch hört, wenn es unterbrochen wird, dominiert diese Textur das Werk. In Terzstufen ab- oder aufsteigend, alterieren oft enge und weite Akkorde. Dennoch ist es nicht einfach, die Grundgestalt dieser Folge anzugeben: Überall vernimmt man Ähnlichkeiten, sieht Wiederholungen und Anschlusspunkte, doch kein Abschnitt bringt die ganze Abfolge in eine gültige Form. Fügte man alle Stücke aneinander, ergäbe sich eine Folge von 26 Dreiklängen, die mit demselben Tritonus-Quart-Klang beginnt und endet.

Zusammen mit dem Sekund-Klang, dem Terz-Sekund-Klang, dem Sext-Terz-Klang und dem Quint-Tritonus-Klang bildet dieser Tritonus-Quart-Klang oft die Schnittstelle, über welche Meier mehrere Abschnitte des Akkordbandes verbindet oder zur Schlaufe schliesst. In den Takten 36–42 lässt sich dieses Verfahren nachvollziehen (Notenbeispiel S. 128).

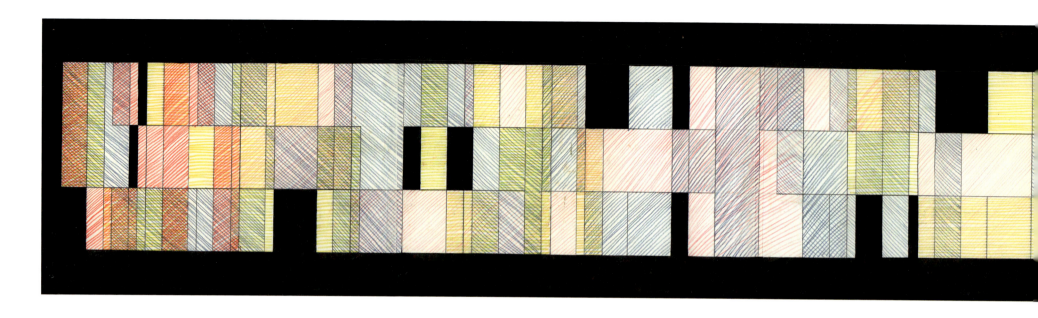

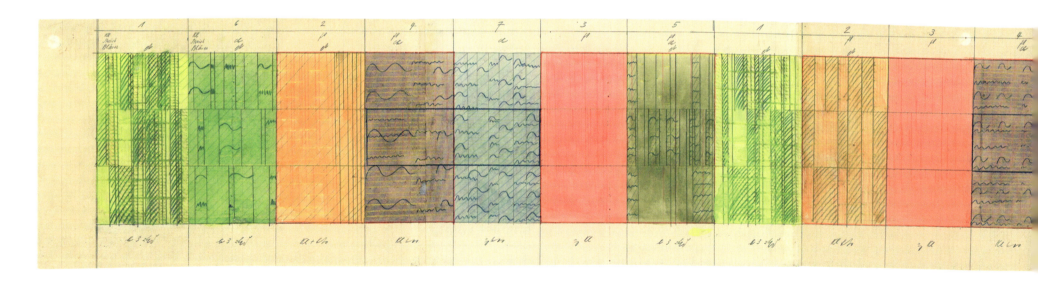

Diagramm vom 4. August 1968 zum Stück für Streicher, Bläser und Klavier HMV 71 (1968). | Kat. 70

Diagramm vom 2. September 1968 zum Stück für Streicher, Bläser und Klavier HMV 71 (1968). | Kat. 71

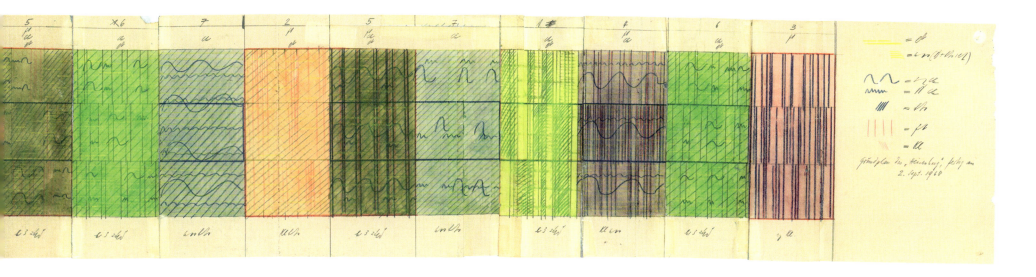

Hermann Meier, Stück für Streicher, Bläser und Klavier HMV 71 (1968), Takt 36–42, Intervallstruktur in Halbtönen.

Im ersten Klavier überlagern sich zunächst drei Sequenzabschnitte. Die höchste Stimme setzt in Takt 36 mit *c"–fis"–h'"* eine Akkordfolge an, die in den drei tiefsten Tönen der linken Hand, die auf den letzten Achtel von Takt 36 einsetzt, wiederholt wird, jedoch zwei Oktaven und eine kleine Sext tiefer transponiert auf *E–Ais–dis*. Diese tiefe Stimme endet mit den Klängen *Cis–A–c* und *D–F–Ges*, einer Intervallfolge, welche den Einsatz der Posaune in Takt 41 als transponierte Fortsetzung desselben Abschnitts erkennbar werden lässt: *f–cis'–e'* gefolgt von *fis–a–b*. Die mittlere Stimme beginnt in der linken Hand des Klaviers in Takt 36 mit *fis–g–as* eine Abfolge von neun Akkorden, welche in Takt 40 auf *as–d'–g'* endet. Die rechte Hand führt den Sequenzabschnitt im selben Takt eine Oktave höher mit der Akkordwiederholung fort, während die linke Hand den Abschnitt mit *fis–g–as* nochmals von vorne beginnt. Auf diese Weise verknüpft Meier die Sequenzfragmente zu einer mehrstimmigen Textur, die, auch wenn sie hörend nicht nachvollzogen werden kann, eine unbestimmte Gleichförmigkeit produziert.

Obgleich es sich nicht um eine zwölftönige Abfolge handelt, weist Meier mit dieser Akkordfolge natürlich auf das Reihendenken jenes Serialismus zurück, als dessen Radikalisierung sein Werk lesbar wird. Das serielle Denken wird hier auf die sture Wiederholung des Immergleichen reduziert, und in Meiers Verweigerung,

diese Folge zu permutieren, schwingt auch eine Art Sarkasmus mit: Komponieren mit einer Reihe ohne Reihentechnik. Meier bricht Fragmente aus einer unendlich gleichen Bewegung, die letztlich vom Zeitlosen nicht mehr zu unterscheiden wäre. Zugleich verhindert der fragmentierte Satz die Etablierung eines Grundpulses, vor dem sich andere Bewegungen abheben könnten. An wenigen Stellen nur, wenn Wellen- und Punkttexturen übereinander geschoben werden, ergeben sich Momente synkopischer Spannung, über weite Teile des Werks hingegen hebt und senkt sich diese zerschnittene, seltsam eckige Welle im Zeitlosen.

Die zerfallene Zeit

Die drei Texturen des Heisenberg-Stücks gleichen sich einander an: Man glaubt in der Alteration von enger und weiter, tiefer und hoher Lage der Cluster eine gedehnte Version der Akkordfolge heraushören zu können; die kanonartigen Überlagerungen von Impulsmustern, Akkordsequenzen und Clusterfolgen scheinen denselben Prinzipien zu gehorchen; und in den punktartigen Schlägen, den «Schocks», weichen die Tonhöhen zuletzt vollständig dem blossen Wechsel der Register, teilweise nur mehr dem Wechsel zwischen den zwei Klavieren; der Punkt als gestauchte Welle, als komprimierte Fläche. Man kann in dieser Übersetzbarkeit von Punkt, Welle und Feld den Grund für die Widmung des Werks an den Quantentheoretiker Heisenberg erahnen. Mit dem Namen Heisenberg verbinden Nichtphysiker ja zumeist zwei Leistungen: die statistische Auffassung der Materie einerseits (Wellen oder Quanten werden als Messereignisse mit bestimmten Wahrscheinlichkeiten verstanden) und die Formulierung der Unbestimmtheitsrelation andererseits (die Einsicht, dass es prinzipiell unmöglich ist, alle Eigenschaften eines Teilchens, etwa Impuls und Ort, beliebig genau zu bestimmen).[15]

Die beiden Linien, die ich durch Meiers Orchesterwerk zu ziehen versucht habe, lassen sich mit diesen beiden Heisenbergschen Ideen engführen: Die Unbestimmtheit der musikalischen

Faktur und die Unbestimmbarkeit der Tonhöhenstrukturen sind zwei Weisen, einer falsch gewordenen musikalischen Verständlichkeit entgegenzuwirken. Beide Linien können als Versuch verstanden werden, musikalische Zeit aufzuheben. Dahinter bleibt der Anspruch, durch rationale Verfahren auch das Unbestimmbare in den Griff zu bekommen, durch Planung selbst im Unbestimmten Stimmigkeit zu garantieren. Dieser Anspruch lässt sich jedoch nicht einlösen: Material und Konstruktion klaffen auseinander. Das Scheitern dieses Anspruchs in aller Härte auszutragen, macht die Faszination der Werke Meiers aus.

Es wird gerne übersehen, dass das avantgardistische Verlangen nach einer Negation der Zeit an eine altehrwürdige Tradition anschliesst: Friedrich Schiller formulierte nämlich im 14. Brief *Über die ästhetische Erziehung des Menschen* das Programm der klassischen Ästhetik in vergleichbaren Begriffen. Der Mensch sei zerrissen zwischen Stoff- und Formtrieb. Als sinnliches Wesen sei er der Naturnotwendigkeit unterworfen, ein endliches, vergängliches, stoffliches Ding unter Dingen, doch zugleich sei er als moralisches Wesen zur Freiheit fähig und somit der Zeit enthoben: sein Geist erfasse Formen, die dem Wandel entzogen seien. Diesen Zwiespalt zwischen zeitlicher Faktizität und unzeitlicher Ideenbestimmtheit zu versöhnen, vermöge alleine das freie Spiel der Kunst, so Schiller: «Der sinnliche Trieb will, dass Veränderung sei, dass die Zeit einen Inhalt habe; der Formtrieb will, dass die Zeit aufgehoben, dass keine Veränderung sei. Derjenige Trieb also, in welchem beide verbunden wirken [...], der Spieltrieb also würde dahin gerichtet sein, die Zeit in der Zeit aufzuheben, Werden mit absolutem Sein, Veränderung mit Identität zu vereinbaren.»[16]

Hängt also der Avantgardist Meier in seiner Musik, vielleicht ohne es zu ahnen, letztlich einem klassischen Ideal nach? Man sollte sich vor einem solchen Kurzschluss hüten. Die Aufhebung der Zeit in der Zeit, die Schiller vorschwebt, vollzieht das musikalische Werk ja in der Gestaltung seiner Eigenzeit: indem die Musik beschleunigt oder staut, ruhig fliesst oder sich überschlägt, indem sie innehält oder unablässig fortschreitet. Musik hebt die Zeit auf, indem sie zeitliche Verhältnisse nach eigenen Regeln gestaltet. Sie entzieht sich

der faktischen Zeit, indem sie Zeit nach Ideen bestimmt. In diesem Sinne könnte man sagen, dass jedes musikalische Werk die Zeit aufhebt, indem es eine Gegenzeit schafft, über der man die Zeit vergisst.

Das Radikale an Meiers Werk liegt jedoch meines Erachtens darin, dass er diese aufgehobene Zeit ein zweites Mal aufzuheben versucht. Indem er die musikalische Eigenzeit aufhebt, negiert er die Aufhebung der Zeit, er macht den Versuch einer doppelten Negation: Er legt die aufgehobene Zeit nieder. Natürlich findet man Momente des Stillstands, des Innehaltens, ja des Insichkreisens auch in unzähligen Werken anderer Komponisten. Es sind Momente der Suspension, die in eine Dramaturgie, in einen sinnvollen Zusammenhang eingegliedert sind. Bei Meier hingegen scheint alles danach zu streben, solchen Zusammenhang zu zerreissen. Zwischen seinen Blöcken klaffen Lücken, die sich nicht überbrücken lassen, die «Schocks» seiner Punkttexturen zerschlagen alle Kohärenz. Die aufgehobene Zeit der Musik soll selbst zerfallen. In dieser Radikalität nähert sich Meier dem Kunstlosen. Seine Aversion gegen das Verstehen, die sich natürlich darin widerspricht, dass sie selbst verständlich zu sein vorgibt, zeugt von dieser Selbstnegation: Meier schreibt Musik, die im Begriffe ist, sich selbst abzuschaffen. Eine solche Kunst nimmt die Gefahr in Kauf, die Grenze zu dem zu überschreiten, was man früher Barbarei genannt hätte. In den gelungensten Momenten jedoch halten Meiers Werke an dieser Grenze inne und schauen in den Abgrund.

Meier geht über den modernen Klassizismus eines Piet Mondrian hinaus. Seine Hinwendung zur Graphik zielt nicht darauf, es dem Modernisten gleichzutun. Es ist die selbstverneinende Tendenz der Musik selbst, die Meier in die Malerei treibt. Das Verlangen nach Verräumlichung ist ein Widerwille der Musik gegen sich selbst. In diesem Sinne hatte Adorno die Zerfransung der Künste interpretiert: nicht als das wechselseitige Befruchten der Gattungen, zu dem sie gerne verharmlost wird, sondern als Selbstaufhebung der Künste im Anderen. Denn in ihrer Verfransung, so der berühmte Satz, verzehren sich die Künste aneinander.[17]

Anmerkungen

1 Hermann Meier, Arbeitsheft *Vorbereitungen zum 2. Stück für 2 Klaviere Jan 1959* [01.1959–14.04.1959], Eintrag vom 9. April 1959, S. 26–27 (PSS–SHM).

2 Heinz-Klaus Metzger, «Zur Krise der Figur», in *Musik wozu. Literatur zu Noten,* hg. von Rainer Riehn, Frankfurt a. M. 1980, S. 129–136, hier S. 129.

3 Ebd., S. 133.

4 Diese Gegenüberstellung von Ausdruck und Konstruktion schliesst an Gedanken Adornos an, wobei für Adorno gerade der radikalisierten Konstruktion selbst ein Ausdruckscharakter zukommt, der Ausdruck des Ausdruckslosen, die Expressivität der Kälte, vgl. Theodor W. Adorno, *Ästhetische Theorie,* Frankfurt a. M. 1970, S. 71–74.

5 Theodor W. Adorno, *Philosophie der neuen Musik* [1949], Frankfurt a. M. 2003, S. 174.

6 Ebd., S. 172.

7 Ebd., S. 177.

8 Konrad Boehmer, «Probleme ‹offener› Formen in der neuen Musik» [1964], in: *Doppelschläge. Texte zur Musik,* hg. von Stefan Fricke, Saarbrücken 2009, S. 181–186, hier S. 182.

9 Ebd. S. 182 (Hervorhebungen im Original).

10 Hermann Meier, Arbeitsheft: *Varia 1959–1960* [Nr. 2, S. 17], Eintrag vom 19. August 1959 (PSS–SHM).

11 Hermann Meier, *Requiem für zwei Klaviere und Orchester,* auf: *Schweizer Uraufführungen aus dem Jahre 2012* = Grammont Sélection 6, Zürich 2013 (MGB CTS-M 140).

12 György Ligeti, «Wandlungen der musikalischen Form», in: *Gesammelte Schriften,* hg. von Monika Lichtenfeld, Mainz 2007, Bd. 1, S. 85–104.

13 Ebd., S. 88.

14 Ebd., S. 85.

15 Diese Unbestimmtheitsrelation wurde bereits von Dennis Gábor für die Entwicklung der Granularsynthese auf akustische Probleme übertragen; vgl. Dennis Gábor, «Acoustical quanta and the theory of hearing», in: *Nature 159* (1947), S. 591–594, hier S. 591.

16 Friedrich Schiller, *Über die ästhetische Erziehung des Menschen in einer Reihe von Briefen,* Frankfurt a. M. 2009, 14. Brief, S. 58.

17 Theodor W. Adorno, «Die Kunst und die Künste», in: *Ohne Leitbild. Gesammelte Schriften*, Bd. 11.1, hg. von Rolf Tiedemann, Frankfurt a. M. 2003, S. 432–453, hier S. 453.

Das Auge komponiert

Die graphischen Pläne von Hermann Meier

MARC KILCHENMANN

Es ist durchaus paradox: Die Kompositionspläne, die heute das Besondere von Hermann Meiers Schaffen ausmachen, hat der Komponist selber höchst nachlässig behandelt. Die Graphiken auf Papier unterschiedlichster Grösse und Machart wurden von Meier meist mit Klebstreifen zusammengeklebt und gerollt, sie zeigen deutliche Zerfallserscheinungen (Abb. S. 182–183). Welch ein Gegensatz zu den fein säuberlichen, fast pedantisch genauen Reinschriften der Partituren.[1] Da stellt sich die Frage nach der Bedeutung und Eigenständigkeit der Pläne. Waren diese ein Skizzenstadium oder doch schon Partitur? Hatten sie für Meier einen eigenen ästhetischen Wert, und war er sich ihrer graphischen Qualität bewusst?

Im Zuge eines zweimonatigen Projektes im Jahr 2015 nahm ich eine Sichtung aller Graphiken vor und legte eine erste Kategorisierung an, um die Entwicklung der Verlaufsdiagramme und ihre Funktion im Kompositionsprozess untersuchen zu können. Meine Liste von damals umfasst circa 150 Diagramme,[2] wovon je ein Drittel Instrumentalkompositionen respektive elektronische Werke betreffen, während ungefähr ein Drittel nicht zugeordnet werden konnte. Bei der Veröffentlichung eines ersten Werkkatalogs im Jahr 2009, noch vor der Übersicht über das gesamte Œuvre, war davon auszugehen, dass Meier nicht immer mit derselben Intensität komponiert hat.[3] In den Jahren 1957–1960 vollendete er die Reinschrift von drei bis vier Werken pro Jahr, darunter mehrere umfangreiche Partituren für Orchester, 1961 und 1964 hingegen

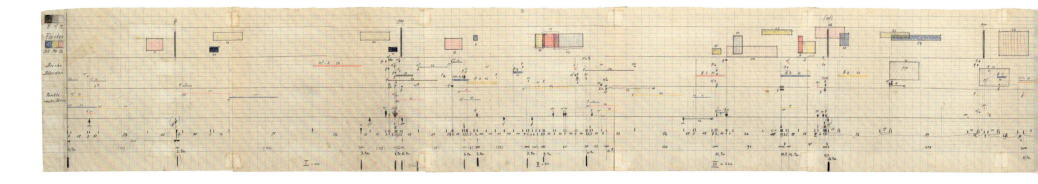

entstand jeweils nur eine Reinschrift, 1966 gar keine und ab 1974 schien die Produktion gänzlich stillzustehen, angesichts des anhaltenden und beinahe totalen Misserfolges – 1976 erlebte Meier erst zum vierten Mal die Aufführung eines eigenen Stücks – ein naheliegender Schluss. Die Übersicht über die Verlaufsdiagramme legt eine völlige Revision des Bildes nahe. Meier war ununterbrochen kompositorisch tätig, einzig der Fokus seiner Arbeit veränderte sich. In Jahren mit weniger fertig gestellten Partituren war im Gegenzug die Arbeit an den Verlaufsdiagrammen umso intensiver. Phasen mit scheinbar geringem kompositorischem Output erweisen sich heute gar als besonders produktiv. Dies gilt insbesondere für die Phase von 1973–1983. In dieser Zeit entstanden nicht weniger als 15 elektronische Werke.

Die 1950er Jahre: Serielle Musik und erste einfache Verlaufsdiagramme

Ab 1949 stellte Meier Überlegungen zur Verselbständigung der musikalischen Parameter an, arbeitete also an einer eigenen seriellen Theorie, welche er in seinen Arbeitsheften als «Neue Theorie» bezeichnete.[4] Bereits im zweiten Satz der Sonate für Klavier HMV 23 (1948–49) verwendete Meier additive Rhythmen und

rhythmische Geflechte, die sich einer metrischen Bindung entziehen, was sich als frühe Spuren einer seriellen Zeitorganisation interpretieren lässt. Als erste seriell konzipierte Komposition ist das Orchesterstück Nr. 1 HMV 25 (1949–50) zu betrachten, in dem Meier mit einer melodischen, einer rhythmischen und einer dynamischen Reihe gearbeitet hat.

Meiers frühe serielle Stücke zeichnen sich aus durch eine ausgreifende Intervallbehandlung, eindringliche Rhythmik und eine differenzierte Setzung der Dynamik. Trotz der seriellen Organisation behält er damit partiell eine hochexpressive Schreibweise bei. Diese noch an Webern anklingenden Passagen kombiniert Meier mit statischen Abschnitten, bestehend aus Liegeklängen und Tonrepetitionen. Er verwendet damit ein Kontrastverfahren, das an die Klaviersonate (1950–52) von Jean Barraqué erinnert.

Mit dem Orchesterstück Nr. 4 HMV 34 (1955) verändert sich das Bild. Meier schreibt nun eine streng punktuelle Musik ohne jeglichen melodischen oder gestischen Ansatz und reduziert sein Material auf isolierte Einzeltöne und Akkorde. Auch die Dynamik wird distanzierter, nüchterner behandelt. Vermittelnde Bezeichnungen wie *crescendo* und *decrescendo* finden sich fortan nicht mehr, statt dessen treten jeweils nur noch drei Lautstärkegrade auf. Diese Reduktion korrespondiert mit der Bildsprache des Widmungsträgers. Was bei Mondrian die drei Grundfarben, sind bei Meier die drei dynamischen Werte. In der Musikgeschichte scheint diese ‹primitive› Serialität mit drei Elementen einzigartig. Unmittelbar nach der Niederschrift von HMV 34 begann Meier mit der Konzeption seiner ersten ausgearbeiteten Graphik, einem Verlaufsdiagramm zum Orchesterstück Nr. 5 HMV 35 (1955). Nachdem Meier Graphisches und Bildhaftes mit Widmungen an die abstrakten Künstler Hans Arp und Piet Mondrian zum Ausdruck gebracht hatte (HMV 31 bzw. HMV 34), wurde nun das geometrische Gestalten selbst zur kompositorischen Methode.

Bereits dieses frühe Verlaufsdiagramm macht deutlich, dass es Meier nicht nur um eine vereinfachte, summarische Notation geht, die er anschliessend in die übliche Notenschrift überträgt (Abb. S. 132). Die Diagramme dienen vielmehr zur Kontrolle der Dramaturgie, denn der eingeschränkte Platzbedarf der graphischen Notation ermöglicht es Meier, seine Komposition in der Totale überschauen zu können und das Werk gleichsam als Ganzes zu fassen. Er nutzt also einen fundamentalen Unterschied zwischen Bild- und Musikrezeption: Während die Partituren der Orchesterstücke Nr. 4 und 5 (HMV 34 und 35) als Ansammlung von Einzelereignissen erscheinen, zeigt das Verlaufsdiagramm des letzteren Meiers zentrale kompositorische Anliegen ab 1955, nämlich den Umgang mit Dichtegraden und Texturen. So finden wir bereits im ersten Diagramm die für Meier typischen Begriffe Fläche, Striche und Punkte als Bezeichnungen für unterschiedliche Texturen, die Meier analog zu seinem Umgang mit den herkömmlichen Parametern autonom einsetzt.[5] Die Klangereignisse werden – wiederum vergleichbar mit Mondrians Malerei – nicht gestisch oder narrativ aufeinander bezogen, sondern absolut gesetzt, im Sinne einer gemeinsamen Gesamtarchitektur. Das Diagramm hilft Meier offensichtlich, die Linearität der Partitur aufzubrechen. Sind im Orchesterstück Nr. 4 noch Reste von Zwölftontechnik auszumachen, wie Meier sie im Unterricht bei Wladimir Vogel erlernt hatte, ist diese im Orchesterstück Nr. 5 nun radikal überwunden. Dennoch ist das fünfte Orchesterstück in vielerlei Hinsicht dem nur knapp zwei Monate früher fertiggestellten vierten sehr ähnlich, bestehen doch beide ausschliesslich aus Einzeltönen und Akkorden von zwei

bis sieben Stimmen, welche jeweils in nur sechs verschiedenen Tondauern verwendet werden. Nebst den Tondauern gleichen sich in beiden Kompositionen auch Gesamtdauer, Tempo, Tonumfang, Besetzung und der Einsatz der Dynamik. Gerade wegen ihrer Ähnlichkeit werden auch ihre durch den graphischen Plan vermittelten Unterschiede präzise eruierbar. Das Orchesterstück Nr. 4 (HMV 34) ist oft von quasi ‹motivischer› Rhythmik geprägt, stellenweise vom ganzen Orchester homophon gespielt. Solche homophonen Rhythmen sind im fünften Stück (HMV 35) nur noch als Rudimente anzutreffen. Zwar finden wir die *tutti* zu spielenden lauten Schläge auch hier, aber sie treten nun immer einzeln auf und dienen nicht mehr rhythmisch-motivischer Verdichtung, sondern ausschliesslich der formalen Organisation des Stücks. Im Verlaufsdiagramm zum Orchesterstück Nr. 5 versteht Meier die einzelnen Klangereignisse neu, gewissermassen vor einem leeren Hintergrund, ein Umstand, der sich in zahlreichen strukturbildenden Generalpausen niederschlägt. Das Orchesterstück Nr. 5 ist Meiers erste Komposition, in der die Takteinteilung keinen metrischen Sinn mehr aufweist, sondern nur noch aus praktischen Gründen aufrechterhalten wird.

Dass die Stille von Meier nicht einfach in Kauf genommen, sondern als eigens zu komponierender Parameter betrachtet wird, macht das darauffolgende Orchesterstück Nr. 6 HMV 38 (1956–57) deutlich. Während im fünften Orchesterstück die Dauern der Generalpausen noch etwas uniform wirken und eher einem kurzen Innehalten gleichen, wird das sechste durch teils sehr lange Generalpausen förmlich zerfurcht. Die Stille wird mit verschiedenen Dauern ausdifferenziert und erlangt den Status eines eigenen Parameters. Meier offenbart damit einen Mut zur Leere, zur Nichtmusik, den wir zu dieser Zeit allenfalls von John Cage oder Earle Brown kennen, der im europäischen Kontext aber einzigartig sein dürfte. Wie bei Mondrian das Weiss als Hintergrund der drei Grundfarben zwingend dazugehört, wird das Werk durch die Stille zusammengehalten, und wie das Weiss bei Mondrian alle Farben enthält, sind in Meiers Stille nun sozusagen alle Töne enthalten.

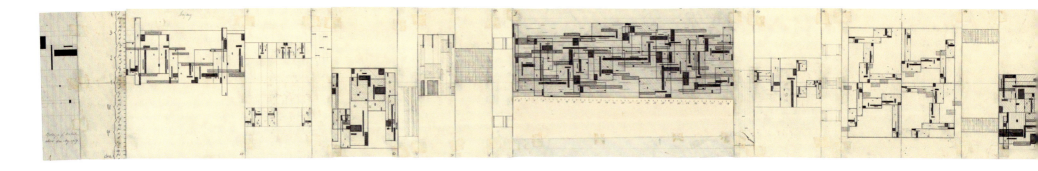

Matrize für Orchesterstück November bis Dezember 1959, Diagramm zum Orchesterstück HMV 48 (1959–60). | Kat. 50

Die 1960er Jahre: Auf der Suche nach einer neuen Bild- und Tonsprache

Bis Ende der 1950er Jahre dominiert das Komponieren ohne graphische Pläne,[6] und die wenigen Diagramme dieser Zeit ähneln jenem zum Orchesterstück Nr. 5. Danach ist in Meiers Ton- und Bildsprache ein deutlicher Bruch festzustellen. Während die punktuellen Kompositionen bei aller Ausdünnung des musikalischen Geschehens immer wie aus einem Guss erscheinen, montiert Meier ab 1960 unterschiedlichste musikalische Texturen. Die heterogenen Materialien folgen sich «übergangslos und hart»,[7] getrennt durch schroffe Brüche, welche nun quasi die Funktion der langen Generalpausen in HMV 38 übernehmen. Mit bald sechzig Jahren sucht Meier intensiv nach einer neuen Klangsprache.

Beispiel 1: Orchesterstück HMV 48 (1959–60)

Die radikal veränderte Bildsprache seiner graphischen Pläne scheint bei dieser Suche der entscheidende Anstifter gewesen zu sein. Das Diagramm zum Orchesterstück HMV 48 unterscheidet sich frappant von den früheren Diagrammen (Abb. oben).

An die Stelle einer Schichtung von Texturen wie im Verlaufsdiagramm zu HMV 35 tritt nun eine aufwendig gestaltete, sorgfältig komponierte Graphik, welche zwar wiederum die Kategorien Striche, Flächen und Punkte aufweist, diese aber bedeutend differenzierter einsetzt. Zudem tritt an die Stelle eines einheitlichen Bildes nun die Montage unterschiedlichster Abschnitte: Meier zerschneidet das Ursprungsdiagramm in seine Formteile und ordnet die 27 Segmente neu an.

Im Ursprungsdiagramm vor Meiers Montage waren die Formabschnitte nach ihrer Länge quasi symmetrisch um den Abschnitt 14 herum gruppiert. Monochrome Flächen und andere einfache Strukturen wechselten sich ab mit sorgfältig gestalteten Abschnitten, die sich als eigentliche Bildkompositionen erweisen. Diese Wechsel erzeugten eine formale Rhythmisierung zwischen ruhigen und komplexeren Formteilen, die in Segment 18 einen optischen Höhepunkt erreichte. Eine serielle Formel für das ursprüngliche Diagramm lässt sich allerdings nicht finden. Auch die neue Anordnung folgt keinem erschliessbaren Prinzip, was die Vermutung nahelegt, Meier habe die Form nach optischen Kriterien, mit den Augen komponiert. Gestützt wird diese Vermutung insbesondere durch die Formteile 18 und 19, welche Meier zunächst ebenfalls in Einzelteile zerschnitt, dann aber in der Endmontage wieder in der ursprünglichen Abfolge zusammenklebte. Zudem wurden mehrere Teile um 180° gedreht, also – reihentechnisch gesprochen – in der Krebsumkehrung der Grundform verwendet. Mit diesem Vorgehen dient die graphische Notationsform wiederum vordringlich der grossformalen Organisation des Stückes. Die

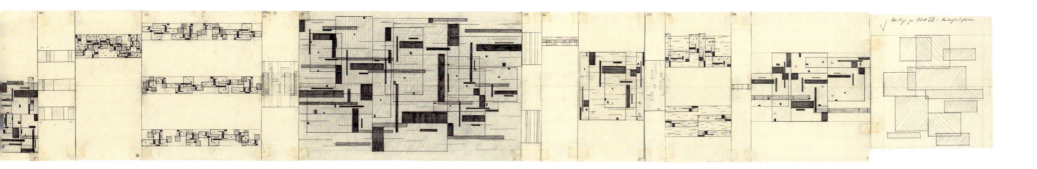

Neuordnung erweist sich im Vergleich zum Ursprungsdiagramm als zerrissener, unruhiger, asymmetrischer.

Im Gegensatz zur intuitiv anmutenden Gesamtform, sind die Einzelteile in sich sorgfältig komponiert. Ein Beispiel für diese detaillierte Ausarbeitung ist Abschnitt 5, eine aus vier Quadranten bestehende graphische Komposition, die das neue visuelle Zentrum bildet. Der Quadrant oben links beinhaltet fünf Teilflächen; C' ist die um ein Element erweiterte Umkehrung von C, A' die exakte Krebsumkehrung von A.[8]

Diese Formen wurden von Meier in die übrigen Quadranten übertragen und einfachen graphischen Operationen unterzogen:

	I	II	III	IV
	Original	Rotation um 90°; Umkehrung	Krebsumkehrung	Rotation um 270°; Umkehrung
A	Original			
A'	Original		Krebsumkehrung	
B	Original		2 Ergänzungen	
C	Original	1 Ergänzung	1 Ergänzung	2 Elemente fehlen, 1 Ergänzung
C'	Original			

Organisation der vier Quadranten von Abschnitt 5

I	II
IV	III

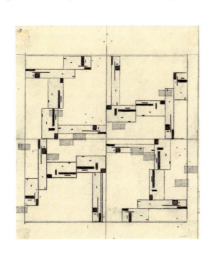

Von dieser Organisation abgesehen zeigt das Diagramm diverse kleine helle Rechtecke, welche folienartig über die Bildkomposition gelegt wurden. Die Identifizierung dieses komplexen Diagramms mit der Partitur ist schwierig. Zwar entsprechen die Breiten der einzelnen Fragmente des neu montierten Diagrammes exakt den 27 mit Buchstaben gekennzeichneten Abschnitten in der Partitur, aber die einzelnen graphischen Elemente des Diagramms lassen sich nicht zweifelsfrei in der Partitur nachweisen. Während sich die graphischen Strukturen in der Setzweise niederschlagen, insbesondere was die graphischen Umbrüche auf der horizontalen Zeitachse betrifft, gestaltet sich die rhythmische Binnenorganisation in der Partitur komplexer, als das Diagramm dies erahnen

Diagramme zum Stück für grosses
Orchester und drei Klaviere HMV 60
(1964):
Diagramm vom 3. Mai 1964. | Kat. 59
Diagramm vom 6. Mai 1964. | Kat. 60
Diagramm vom 8. Mai 1964. | Kat. 61

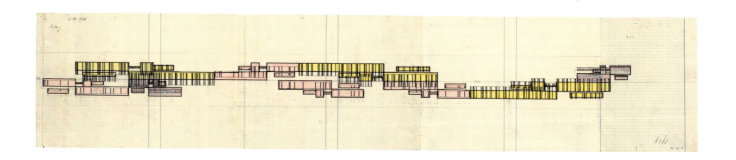

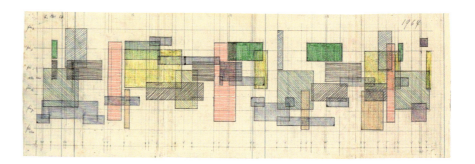

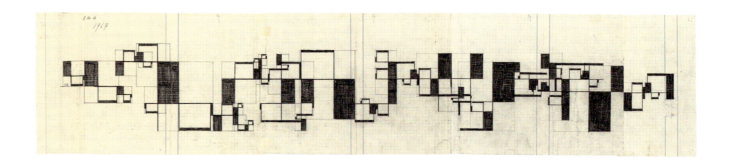

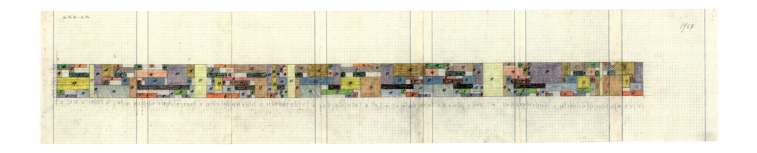

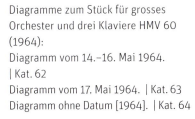

Diagramme zum Stück für grosses Orchester und drei Klaviere HMV 60 (1964):
Diagramm vom 14.–16. Mai 1964. | Kat. 62
Diagramm vom 17. Mai 1964. | Kat. 63
Diagramm ohne Datum [1964]. | Kat. 64

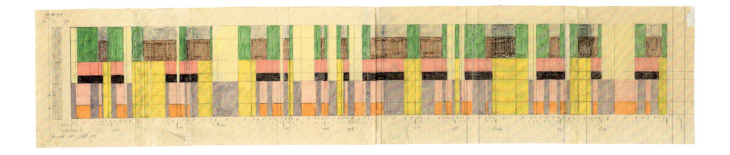

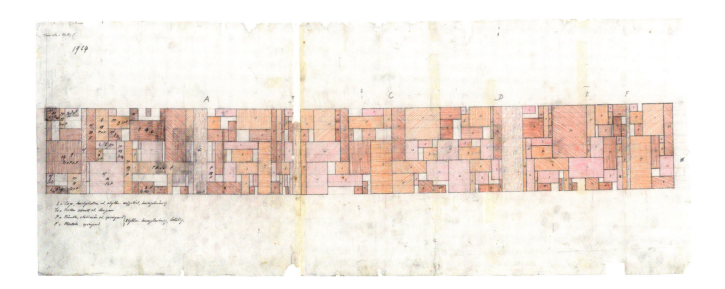

Diagramm vom 11. Juni 1964 zum
Stück für grosses Orchester und drei
Klaviere HMV 60 (1964). | Kat. 65

lässt. Waren im vierten und fünften Orchesterstück jeweils nur sechs verschiedene Tondauern auszumachen, sind diese nun in hohem Masse differenziert. Meier ordnet jedem Abschnitt eine andere, sich in Struktur und Anzahl der verwendeten Werte unterscheidende Auswahl von Tondauern zu. Ein gemeinsamer Schlüssel oder eine serielle Ordnung sind nicht auszumachen, stattdessen eine Vielzahl verschiedener Modelle wie angenäherte Proportionsreihen, logarithmische Funktionen, exponentielle Kurven und diffundierende Felder. Besonders häufig gruppiert Meier ähnliche Tondauern,[9] die eine gewisse rhythmische Unschärfe erzeugen.[10] Dieser Eindruck verstärkt sich beim Vergleich der vom Plan indizierten Tonhöhenbereiche mit der Umsetzung in der Partitur. Obwohl Meier dem Diagramm einen detaillierten Tonhöhenschlüssel

voranstellt, befolgt er diesen bei der Ausarbeitung der Partitur nur annäherungsweise.

Beispiel 2: Stück für grosses Orchester und drei Klaviere HMV 60 (1964)

Die Werke der frühen 1960er Jahre zeichnen sich durch grosse Variabilität aus, was sich auch in den zugehörigen Diagrammen spiegelt. Die mit dem Diagramm zu HMV 48 begonnene Suche nach einer neuen Bild- und Tonsprache lässt sich an den Entwürfen zum Stück für grosses Orchester und drei Klaviere HMV 60 (1964) weiterverfolgen (Abb. S. 136–137). Zwei Dutzend Verlaufsdiagramme hat Meier für dieses monumentale Werk erstellt. Besonders intensiv ist seine Arbeit an der musikalischen Idee einer Mauer, ein Formteil, der in mehreren Diagrammen und einer Partiturskizze dokumentiert ist. Letztere findet sich integral in der Partitur wieder (T. 84–146). Das Verhältnis der einzelnen Diagramme ist erst ansatzweise geklärt, doch lässt sich die backsteinmauerartige Struktur des Diagramms vom 14.–16. Mai 1964 direkt mit der *Mauer für Bläser* identifizieren (Abb. S. 137 oben). Das Diagramm besteht aus 21 jeweils verschieden definierten Teilclustern. Vor dem eigentlichen Diagramm notiert Meier die symmetrische Zahlenfolge 5-3-5 8-5-3-5-8 5-3-5, mit der er den Ambitus der einzelnen Bausteine angibt.

Schema zum Diagramm vom 14.–16. Mai 1964:
Rahmenintervalle der *Mauer für Bläser* (HMV 60)

Nr.		Rahmenintervall
1–3	5	gr. Terz
4–10	8	Quinte
11–15	13	Oktave
16–18	21	Oktave + Tritonus
19+20	34	2 Oktaven + gr. Sexte
21	55	4 Oktaven + Tritonus

Die Nummerierung der einzelnen Teile folgt zunächst der Grösse des Rahmenintervalls, anschliessend nummeriert Meier jeweils vom untersten Element mit eben diesem Rahmenintervall an aufsteigend. Nicht nur die Rahmenintervalle, sondern auch die Längen der jeweiligen Klangfelder folgen der Fibonacci-Reihe. Der Begriff Mauer bezieht sich nicht nur auf die backsteinmauerartige Anordnung der Klangbänder – allesamt clusterförmig aufgebaut –, sondern auch auf die sechs verwendeten Texturen: In der zugehörigen Legende sind sie als «springende Einzelpunkte» (1), «springende Massenpunkte» (2), «getrilltes Klangfeld» (3), «langsamer Triller des Klangfeldes» (4), «Floskeln aus zwei bis drei Einzel- oder Massenpunkten» (5) «und Liegeklänge» (6) verzeichnet. Diese Merkmale lassen eine Musik erwarten, die nicht auf Durchhörbarkeit, sondern auf eine sich stetig wandelnde Oberflächentextur angelegt ist.[11]

Das Diagramm vom 14.–16. Mai 1964 wurde als Teil in ein Übersichtsdiagramm integriert. Erstmals verwendet Meier nun Transparentpapier und unterstreicht damit die Überlagerung verschiedener Strukturen als Teil eines grösseren Ganzen. Die Diagramme vom 11. und 23. Juni 1964 zeigten diese Superposition verschiedener klanglicher Ebenen (Abb. S. 138–139). Wie intensiv Meier um dieses Werk gerungen hat, belegt neben den zahlreichen Diagrammen auch der ungewöhnlich lange Entstehungszeitraum von vier Monaten. Es ist seine monumentalste Schöpfung.

Komponieren in Schichten und Blöcken

Die Werke der frühen 1960er Jahre zeugen von zunehmender Komplexität und der Suche nach einer neuen, üppigeren Klangsprache. Retrospektiv wirkt das Orchesterstück HMV 60 als Kulminationspunkt auf dem Weg von einer punktuellen Musik zur Klangflächenkomposition. Danach schreibt Meier ausschliesslich Werke für Klangflächen, wobei sich eine reziproke Entwicklung zu fortschreitender Klärung und Vereinfachung beobachten lässt. Die Tendenz zur Vereinfachung setzt bereits mit der Partitur-

Diagramm vom 23. Juni 1964 zum Stück für grosses Orchester und drei Klaviere HMV 60 (1964). | Kat. 67

niederschrift des Orchesterstücks HMV 60 ein, denn Meier notiert durchgehend mit Liegeklängen, und die sechs Texturen werden nur als graphische Spielanweisungen notiert. Sind die Cluster hier in Form und Textur noch sehr verschieden, verwendet Meier ab dem Niemeyer-Stück für Streicher, Bläser und zwei Klaviere HMV 65 (1966–67) jeweils einen vieroktavigen Cluster (C–h"), der in drei äquidistante Teilcluster mit dem Ambitus von jeweils einer grossen Dezime unterteilt ist.[12] Die im Orchesterstück HMV 60 definierten Texturen werden auf die drei scharf getrennten Kategorien «Liege», «Schlag» und «Welle» reduziert, letztere differenziert in schnelle Triller und langsame, gleichmässige Legato-Bewegungen. Auf eine weitere Vereinfachung macht bereits der Titel des Niemeyer-Stücks aufmerksam: Von nun an verwendet Meier das Orchester blockartig in Form dreier verschiedenfarbiger Register.

Exemplarisch für diese Entwicklung steht das Stück für Streicher, Bläser und zwei Klaviere für Werner Heisenberg HMV 71 (1968). Wie in anderen Partituren hat Meier auch diesem Werk einen Analyseplan beigefügt, welcher die verwendete Strophenform tabellarisch veranschaulicht (vgl. die Abb. S. 122). Meier unterteilt das Werk in drei Teile mit jeweils sieben Formabschnitten, was den möglichen Kombinationen der drei verwendeten Texturen entspricht, die Meier jeweils einmal verwendet. Diese sieben durch Textur und Instrumentation definierten Formabschnitte werden in veränderter Reihenfolge drei Mal durchlaufen. Dabei erweisen sich die Wiederholungen als geringfügige Varianten desselben Materials. Die drei Instrumentengruppen behandelt Meier weitgehend als gleichberechtigte Register, was sich darin manifestiert, dass in den Repetitionen einzelner Formabschnitte zwar die gleiche Kombination von Texturen auftritt, die einzelnen Texturen aber einer anderen Instrumentengruppe zugeordnet werden. Die Gleichbehandlung der Register wird dadurch eingeschränkt, dass die Instrumentierung nicht dem für die Texturen verwendeten Schlüssel folgt, denn Meier verwendet nicht alle möglichen Kombinationen der drei Register. Stattdessen setzt er nur die Klaviere solistisch ein, und an die Stelle solistischer Bläser und Streicher treten zwei weitere im Tutti gehaltene Abschnitte. Die solistische Stellung der beiden Klaviere wird dadurch unterstrichen, dass ihnen die klanglich spektakulärste Kategorie der «Schläge» fast ausschliesslich zugeordnet wird. Angesichts der formalen Komplexität des Orchesterstücks HMV 60 präsentiert sich das Heisenberg-Stück HMV 71 ausgesprochen einfach. Die Formteile dauern mit zwei Ausnahmen jeweils 22–24 Takte (Abschnitt 1.1 dauert 31 Takte, Abschnitt 3.1 nur 15 Takte). Hat Meier im Orchesterstück HMV 60 diese noch überlappend gesetzt, werden die Formteile nun übergangslos aneinandergereiht, was den Wiedererkennungswert der repetierten Teile erhöht. Durch diesen starken Formungsprozess erhält das Werk eine geradezu nüchterne Ausstrahlung.

Direkt im Anschluss an die Niederschrift der Partitur hat Meier diesen ästhetischen Schritt in einem der raren nachträglich entstandenen Diagramme festgehalten. Dieses zählt zu den attraktivsten Arbeiten Meiers, wirkt aber vergleichsweise unspektakulär: Die sieben Formteile sind farblich verschieden unterlegt, die Unterteilung in drei Teilcluster ist klar markiert und die Wellen- und Schlagstrukturen sind deutlich erkennbar (vgl. die Abb. S. 126–127 unten).[13]

Dieses Diagramm gibt also die formale Stringenz deutlich wieder. Gerade diese leicht zu fassende Klarheit verleiht ihm eine grosse Eindringlichkeit und scheint vom Ringen Meiers nach einer neuen kompositorischen Einfachheit zu zeugen. Bei aller schnell sich einstellenden Vertrautheit mit den drei Texturen gelingt Meier eine Komposition, die sich permanent erneuert und zu keinem Zeitpunkt vorherhörbar wirkt. Dies wird insbesondere durch die asymmetrische Montage der einzelnen Formteile erreicht, zudem sind die «Liegen», «Wellen» und «Schläge» nun nicht mehr sich repetierende, uniforme Texturen, sondern in hohem Masse auskomponiert.

Die 1970er Jahre: Hinwendung zur Elektronik

Nicht lange behält die gefundene Klarheit für Meier Gültigkeit. Das Stück für Werner Heisenberg HMV 71 erweist sich als neuerlicher Wendepunkt. Bereits im Stück für zwei Klaviere, zwei elektrische Orgeln und zwei Cembali HMV 73 (1969) werden die einzelnen Abschnitte nicht mehr scharf getrennt und im *Klangflächengefüge* HMV 75 (1970–71) sind die klaren Trennlinien verschwunden.[14] Das der Partitur beigefügte Analysediagramm macht dies deutlich: Im unteren Teil sind die drei Instrumentenpaare aufgeschlüsselt, im oberen Teil sind die unteren Graphiken folienartig übereinandergelegt (vgl. die Abb. S. 148).

Das Klangresultat ist eine Musik, die nicht mehr in Blöcken, sondern vielmehr in Schichten funktioniert. Spätestens mit diesem Stück vollzieht Meier einen Wechsel hin zu elektronischem Denken, dadurch dass die Strukturen unabhängig voneinander quasi ein- und ausgeschaltet werden. Das Diagramm macht zudem deutlich, dass die Instrumente praktisch immer im Tutti spielen.

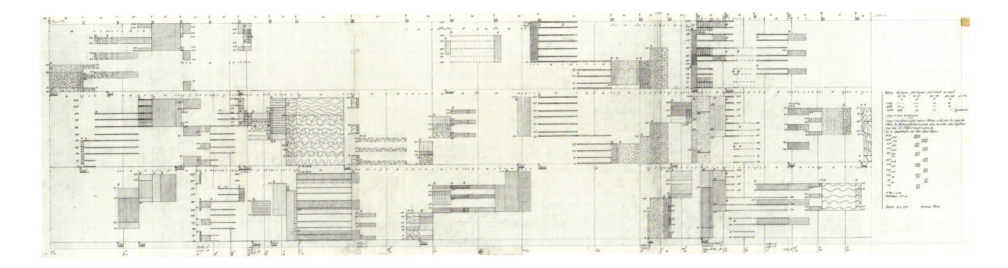

Elektronisches Stück HMV 79
(1975), Diagramm vom 12. Juni 1975.
| Kat. 88

Die Mauer aus dem Orchesterstück HMV 60 mit ihren Durchbrechungen ist damit zur kompakten Wand geworden. Dieser Eindruck wird dadurch verstärkt, dass das Stück mit der Spielanweisung *sempre mf* versehen ist. Der Verzicht auf Farb- und Dynamikwechsel lenkt die Aufmerksamkeit viel stärker auf Artikulation, Dichte und Raum. Ohne die als primär geltenden Parameter schreibt Meier eine Musik von urwüchsiger Kraft, die etwa an die späten Sonaten von Galina Ustwolskaja erinnert.

Nach 1973 konzentrierte sich Meier ganz auf elektronische Arbeiten und schrieb für zehn Jahre keine Instrumentalmusik mehr. Überblicken wir das Gesamtwerk, erscheint dieser Schritt als Erfüllung von Meiers kompositorischen Bestrebungen. Er könnte sich dessen bewusst gewesen sein, als er 1977 äusserte, «[Wladimir Vogel] kritisierte meine allzu mathematische Haltung, verwies mich aber 1955 an Eimerts elektronisches Institut in Köln. Leider befolgte ich diesen Rat nicht und begann dahin zu serbeln, indem ich instinktlos im Grunde elektronische Musik für Orchester bastelte und damit weder Vogel noch Fisch erzeugte.»[15]

Die Diagramme der elektronischen Phase lassen sich in zwei Kategorien einteilen: Die einen werden weiterhin als graphische Skizzen im Kompositionsprozess verwendet, die andern dienen als Ausführungsdiagramme zur elektronischen Realisierung. Letztere Diagramme werden damit endgültig zu Partituren (Abb. oben).

Mitte der 1960er Jahre begann Meier auch in seinen Arbeitsheften vermehrt mit graphischen Skizzen zu arbeiten. Mit der Hinwendung zur Elektronik nahm diese Darstellungsweise stark zu, was für eine vertiefte Reflexion des Verhältnisses von Bild und Ton spricht. Dies spiegelt sich auch in den immer komplexer werdenden Diagrammen und schlägt sich in einer ans Unüberschaubare grenzenden Anzahl zeilenartig notierter Spuren nieder (Abb. S. 142). Neben den Grundelementen «Schlag», «Welle», «Liege» verwendet Meier nun eine Vielzahl weiterer Texturbezeichnungen wie «Sprossen», «Schollen», «Einzeldraht», «Drahtbündel» oder «Doppelbalken». Das Vokabular erschliesst sich nicht ohne Weiteres, insbesondere entziehen sich Begriffe wie «Zäsarik», «Fensterfüllungsgrad», «Geschehensbreite» oder

Quintett für Piccolo, Oboe, Horn,
Bassklarinette und Kontrafagott
HMV 101 (1989), Diagramm vom
12. bis 28. März 1989. | Kat. 110

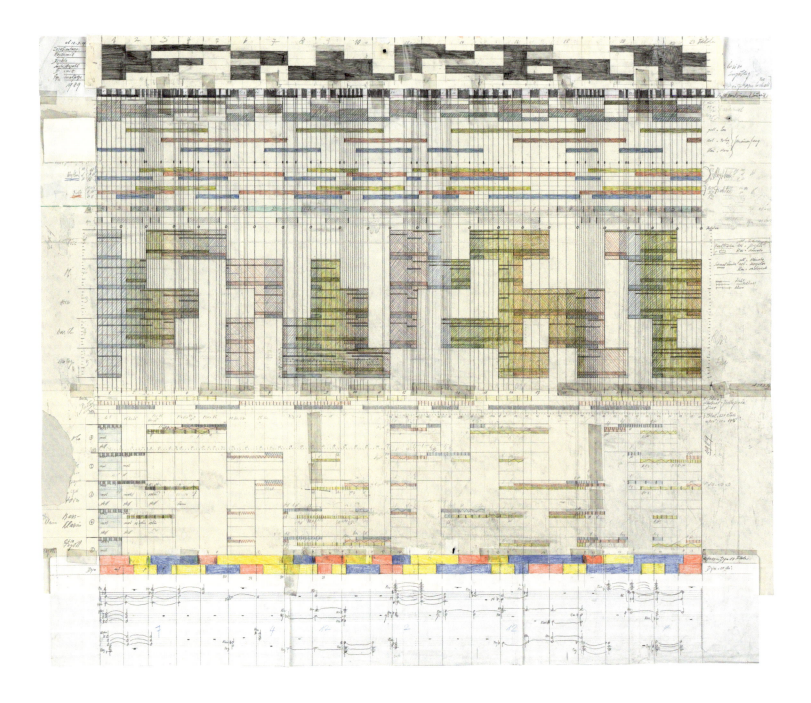

«Apotheose» einer musikalischen Deutung. Rätselhaft bleibt auch ein wiederkehrender Hinweis auf den US-amerikanischen Künstler Donald Judd.[16]

Meier war als Kind seiner Zeit unbedingter Anhänger eines kompositorischen Fortschrittsglaubens, der sich an den jeweils neuesten Theorien orientierte. Schon in den Stücken der 1940er Jahre zeigt er sich dabei als eigenständiger Kopf, der Gelerntes umzusetzen weiss, aber immer auf Eigenständigkeit bedacht ist. Bereits 1949–1950 arbeitete er an seiner eigenen seriellen Theorie, zum singulären Komponisten wurde Meier erst durch den Einbezug der musikalischen Graphik. Seine punktuellen Stücke bestechen durch einen äusserst hohen Grad an Reduktion, stehen aber der Darmstädter Schule noch nahe. Wirklich einmalig in ihrer Zeit stehen erst die schroff geschnittenen Klangflächenkompositionen der 1960er Jahre. Diesen fehlt die Geschmeidigkeit von György Ligetis *Atmosphères* (1961) oder Friedrich Cerhas *Spiegel* (1960/61), auch deshalb haben sie sich bis heute eine energiegeladene Unmittelbarkeit bewahrt.

Es ist offensichtlich, dass die optische Gestaltung Meier als wichtiges Mittel zur Verdinglichung seiner kompositorischen Ideen diente. Seit 1955 kündigten sich ästhetische Neuorientierungen jeweils in den Arbeitsheften an und wurden zuerst in Diagrammen erprobt, bevor Meier sie in Partiturform umsetzte. Ausgerechnet zur elektronischen Musik bleiben uns nur die Bilder. Da Meier kaum eine seiner elektronischen Kompositionen zufriedenstellend realisieren konnte,[17] sind diese Werke bis heute abstrakte Augenmusik geblieben, Gedankenmusik gewissermassen. Das passt, denn seit seinen kompositorischen Anfängen war Meier immer mindestens ebenso sehr Denker wie Komponist.

Anmerkungen

1 Sämtliche Partituren erscheinen als Faksimiledrucke beim aart verlag, Bern, www.aart-verlag.ch; vgl. auch das Werkverzeichnis und das Inventar der ca. 250 Diagramme im Anhang dieses Bandes, S. 201–207.

2 Meier verwendet für seine Grafiken den Begriff «Plan». Da sämtliche dieser Grafiken rechtwinklig gehalten sind und – soweit erforscht – die x-Achse immer Bezug auf die Zeitgestaltung nimmt, verwende ich den Begriff ‹Verlaufsdiagramm›.

3 Marc Kilchenmann, «Alles ist übergangslos und hart. Ein Überblick über das kompositorische Schaffen von Hermann Meier», in: *Dissonanz*, Nr. 108 (2009), S. 12–23, hier S. 23.

4 Vgl. Hermann Meier, *Arbeitshefte 24–26* [03.02.1950–08.03.1950] (PSS–SHM).

5 Anders als in später entstandenen Werken verwendet Meier hier den Begriff «Fläche» nicht für Cluster, sondern für Akkordstrukturen. Dies hat zur Folge, dass die Kategorien «Striche» und «Fläche» nicht scharf zu trennen sind, lassen sich die Striche doch auch als Spezialfall einer einstimmigen Fläche begreifen.

6 Zu HMV 37, 40–42 und 45 sind keine Diagramme erhalten.

7 Hermann Meier, Vorwort zum Stück für grosses Orchester und drei Klaviere HMV 60 (1964), S. [II].

8 Während die motivische Arbeit gänzlich verschwunden ist, finden sich formal immer noch Spuren reihentechnischer Verfahrensweisen. Ich verwende deshalb die kompositionstechnischen Bezeichnungen, z. B. Punktspiegelung statt Krebsumkehrung.

9 Abschnitt D verwendet die Werte von 1, 2, 3, 4, 9+10, 14, 17+18, 33+34 16teln; Abschnitt L verwendet die Werte von 1, 4, 10, 18+19, 34+36 16teln; Abschnitt W verwendet die Werte von 4, 6–8, 13–15, 26–28 16teln.

10 Dies lässt prospektiv an das dem Physiker Werner Heisenberg gewidmete Stück HMV 71 denken, der einem breiteren Publikum vor allem durch seine Unschärferelation bekannt ist. Ob sich Meier zu diesem Zeitpunkt bereits mit Heisenberg auseinandersetzte, gilt es noch zu ermitteln.

11 Wie die meisten Orchesterwerke Meiers wurde auch das Orchesterstück HMV 48 noch nicht uraufgeführt. Bis zum Erscheinen dieses Bandes waren erst HMV 34, 35, 49, 55, 66 und 71 im Konzert zu hören.

12 Diesen vieroktavigen Gesamtcluster finden wir bereits im Stück für zwei Klaviere für Paul Baumgartner HMV 58 (1963). Meier verwendet hier noch die Unterteilung *C–H, c–h', c'–h''*.

13 Vgl. zu diesen beiden Diagrammen auch Johannes Voit, *Klingende Raumkunst. Imaginäre, reale und virtuelle Räumlichkeit in der Neuen Musik nach 1950*, Marburg 2014, S. 102–108.

14 Vgl. den Beitrag von Michelle Ziegler in diesem Band, S. 145–159.

15 Hermann Meier an Walter Labhart, Briefentwurf vom 9. Februar 1977 (PSS–SHM).

16 Zwischen 1979 und 1987 tragen etwa zehn Diagramme einen entsprechenden Hinweis. Mit ‚Judd' bezeichnet Meier jeweils eine bestimmte Schicht des Diagramms, deren Bedeutung noch nicht erschlossen ist.

17 Vgl. den Beitrag von Michael Harenberg in diesem Band, S. 163–174.

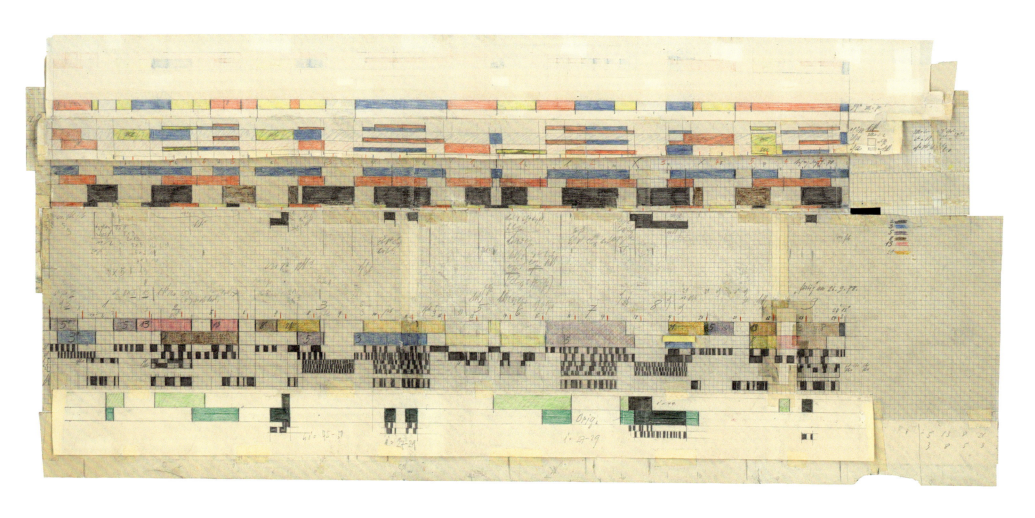

Diagramm vom 22. August bis 26. September 1978, nicht zugeordnet. | Kat. 100

«Aus dem Geist der Elektronik»

Hermann Meiers Hinwendung zur elektronischen Musik

MICHELLE ZIEGLER

Am Tag seiner Pensionierung, dem 15. Oktober 1973, hielt Hermann Meier in einem Arbeitsheft fest: «Ab heute sog[enannter] Alt-Lehrer, Pensionierter – aber tatsächlich Musiker. Der endgültige Berufswechsel, der Eintritt in den Professionalismus der Musik ist für mich vollzogen.»[1] Und schon der nächste Satz führte ihn mitten in die Überlegungen zu seiner aktuellen Komposition zurück. Das Ende seiner Beschäftigung als Lehrer der Primarschule Zullwil eröffnete für Meiers kompositorische Tätigkeit neue Perspektiven. Die Notizen in seinen Arbeitsheften bis Ende der 1980er Jahre dokumentieren eine unermüdliche Schaffenskraft, die sich in einem umfangreichen Spätwerk niederschlägt. Noch bedeutsamer als der biographische Wendepunkt ist allerdings, dass sich Meier zum gleichen Zeitpunkt in seinem Schaffen neu orientierte: Der frisch Pensionierte arbeitete in den ersten Tagen seines neuen Lebensabschnitts eine Skizze für sein erstes elektronisches Stück aus und komponierte von da an bis 1983 ausschliesslich elektronische Musik. Dabei folgte Meier einer Vision. Es ging ihm nicht bloss darum, hergebrachte Kompositionsideen mit dem Glanz neuer Klangressourcen aufzupolieren. Er strebte vielmehr nach neuen Ausdrucksmitteln und einem Kompositionsstil, der im Kern auf das Wesen einer elektronischen Musik abgestimmt war, wie er sie sich vorstellte: «Neue Klassik, geometrischer Stil, der Stil der Grossarchitektonik[,] ändern in: Elektronischen Stil? Dass die Elektronik dadurch zu einer Ästhetik, zu besonderem Stil zu werden hat, nicht mehr bloss Kompositionsmittel sein darf? Dass deshalb die Kombination: traditionelle Musik + elektronisches Band sowie Live-Elektronik radikal zu verschwinden haben! (Dass damit natürlich alle eindringende verseuchende Theatralik, Politik, Expression, etc. zu verschwinden haben. Alle Gefühle und Unterhaltungen!).»[2] Die Idee eines neuen «elektronischen Stils» berauschte Meier in den Jahren nach seinem «Berufswechsel» und regte ihn zu intensivem Schaffen an.

Mit elektronischer Musik beschäftigte er sich zu diesem Zeitpunkt indes nicht zum ersten Mal. Die elektronische Phase lässt sich vielmehr als ein Fluchtpunkt von Meiers bisherigen kompositorischen Bestrebungen verstehen: die Erfüllung einer Wunschvorstellung, die den Komponisten schon viele Jahre beseelt hatte. Die Spuren seiner Faszination für elektronische Musik lassen sich bis in die frühen 1950er Jahre zurückverfolgen. Ohne Erfahrung mit elektronischer Musik und ohne Kenntnis der technischen Bedingungen liess sich Meier in seiner Instrumentalmusik von Vorstellungen leiten, die er aus dem Hören elektronischer Musik gewonnen hatte. In den 1960er Jahren benutzte er für die Realisation seiner Ideen immer mehr Tasteninstrumente[3] und stiess damit an die Grenzen der praktischen Umsetzungsmöglichkeiten. Trotzdem begab er sich mit der Komposition eines elektronischen Stücks Anfang der 1970er Jahre auf für ihn unbekanntes Terrain, weil er bis dahin ein Vierteljahrhundert technischer Entwicklungen bloss aus der Ferne verfolgt hatte. Technisches Knowhow war für die Umsetzung im Studio nach wie vor entscheidend. Zudem stand nun die Realisierbarkeit seiner Idealvorstellungen in der Praxis auf dem Prüfstand. Dass Meier das Wagnis einging, lässt sich unter anderem auf den Rückhalt des Musikwissenschaftlers Hans Oesch und den von ihm vermittelten Kontakt zu Fachpersonen zurückführen. Nach einem Einblick in die Bezüge zur elektronischen Musik in Meiers frühem Schaffen werde ich diese Hinwendung zur Elektronik an zwei Kompositionen an der Schwelle zur elektronischen Phase untersuchen.

«Elektronische Musik für übliche Instrumente»

Wladimir Vogel machte Hermann Meier bereits Anfang der 1950er Jahre auf die Möglichkeiten elektronischer Musik aufmerksam, als in europäischen Rundfunkstationen die ersten Studios eingerichtet wurden. 1952 lernte Vogel Herbert Eimert kennen, den Gründer des ersten Studios im Westdeutschen Rundfunk in Köln. Daraufhin berichtete Vogel seinem Kompositionsstudenten von der Begegnung und riet Meier, sich mit elektronischer Musik bekannt zu machen: «Ihre mathematische Kapazität öffnet Ihnen hier einen Weg, der mir z. B. verschlossen ist. Ich lernte in Zürich u. Salzburg (IGNM) Dr. Herbert Eimert kennen, der sich neben u. mittels der 12-Ton Theorie mit dieser neuen Art Musik – oder besser, Tonkonstruktionen, beschäftigt. Mit einigen jungen Musikern (Stockhausen, Boulez u. and.) u. Ton-Technikern entwickeln sie experimentelle u. künstlerische Ton-Aufnahmen mit einem verbesserten u. weiter entwickelten Trautonium. Bei diesen Versuchen verwirklichen sie eine auf Millimeter-Sekunde genaue Ausführung von Tongebilden, die wie Eimert sagt eine neue Epoche der Tonerzeugung u[nd] Widergabe öffnet. Vielleicht finden Sie da Anregungen u. Möglichkeiten Ihre Gedanken u. Vorstellungen zu realisieren – die völlig unabhängig von Orchester u. Musikern sein werden – von Ihnen selber ‹eingraviert› quasi. Dr. Herbert Eimert, Rundfunk Köln a/Rh könnte viell[eicht] Ihnen Auskunft geben ob u. wie Sie sich in dieser Materie einarbeiten könnten. Sie wären da der erste Schweizer, der sich damit auseinandersetzen kann – dank Ihren mathematischen u. anderen Kenntnissen.»[4] Da keine Antwort auf dieses Schreiben erhalten ist, ist nicht klar, warum Meier diesen feinspürigen Rat seines Lehrers und Freunds nicht befolgte.

Im Jahr 1955 kam das Thema nochmals auf, als Meier an einer ersten und viel beachteten Tagung für elektronische und konkrete Musik im Basler Radiostudio teilnahm (Abb. S. 147). Als Referenten waren Herbert Eimert, Werner Meyer-Eppler, Maurice Martenot, Pierre Schaeffer und andere Pioniere eingeladen, im Publikum sass nebst diversen Schweizer Komponisten auch Karlheinz Stockhausen.[5] Meier berichtete Vogel, dass Stockhausen der einzige gewesen sei, dem er sich «der Werke wegen» hätte nähern können.[6] Postwendend insistierte Vogel, Meier solle Eimert schreiben und ihn um Zusendung aller verfügbaren theoretischen Schriften und Tabellen ersuchen, damit er mit den nötigen Vorkenntnissen nach Köln ins elektronische Studio fahren und dort etwas «völlig Neues, Melodieloses» schaffen könne: «Sie würden so mit einem Ruck in die Reihe der Avantgardisten rücken und Ihre Stelle unter den heutigen Komponisten erobern!»[7] Auf diese erneute Ermunterung antwortete Meier, dass er die elektronische Musik an der Basler Tagung gut kennengelernt habe: «Vorderhand kann ich mit ihr aber noch nichts anfangen, ich glaube, die zu geringe Unterschiedlichkeit im Klangfarbigen ist schuld daran. Doch ungeheuer fesselte mich ihre Struktur. In dieser Art hab ich einen neuen Versuch gemacht: vollkommene Melodielosigkeit. Knapp fertig, kamen mir neue Ideen: das Abstrakte auf die Spitze treiben.»[8]

Vorerst weigerte sich Meier also, Vogels Aufforderungen zur Tätigkeit in der elektronischen Musik zu befolgen. Diesen Entscheid bereute er später, wie er in einem Brief an Walter Labhart erklärte: «Leider befolgte ich seinen Rat nicht und begann dahinzuserbeln, indem ich instinktlos im Grund elektronische Musik für Orchester bastelte und damit weder Vogel noch Fisch erzeugte.»[9] Allerdings verharmloste Meier in diesem Schreiben, was die Begegnung mit elektronischer Musik in ihm ausgelöst hatte. Ab Mitte der 1950er Jahre orientierte sich Meier in seinem Instrumentalschaffen an der «Struktur» der elektronischen Musik. Davon zeugt ein Arbeitsheft mit der Überschrift *Vorbereitung 1961 – Elektronische Musik für übliche Instrumente*, wobei im Heft jegliche Erläuterungen zur Vorstellung einer solchen «elektronischen Musik für übliche Instrumente» fehlen. Mehr Anhaltspunkte gibt ein Brief aus dem Jahr 1962, in dem Meier seinem Lehrer von einer neuen Komposition für Orchester berichtete, an der «nichts ist als Form»: «Ich möchte nur einen leeren Rahmen konstruieren, darin man beliebige Flächen einhängen könnte, auch ‹konkrete› und elektronische. Die grosse Form ist also alles. […] ich hab die Hoffnung, dass mir die Sache als eine Ganzheit gelingt und [ich] damit für die elektronische Mu-

sik das ihr entsprechende Formprinzip fand. Wäre das der Fall, so bräuchte ich nicht mehr von den heutigen genialen Architekten, besonders Gropius, Bettler zu sein.»[10] Auffällig ist schon hier, dass Meiers «Formprinzip» elektronischer Musik auf einer bildlichen Vorstellung beruht: Er stellte sich einen «leeren Rahmen» vor, in den er «beliebige Flächen» einhängen wollte. Meier formulierte auch in der Folge nicht konkret aus, was er unter einer «elektronischen Musik für übliche Instrumente» verstand. Mehrfach kreisen seine Überlegungen indes um zwei Merkmale: den Verzicht auf die Melodie als prägendes Gestaltungsmittel und die Überlagerung hart geschnittener Klangflächen. Auffällig ist, dass diese Merkmale zugleich auch mit Meiers Übertragungen aus der abstrakten Kunst Piet Mondrians, Paul Klees und Hans Arps in die Musik konvergieren. Das Ideal eines «elektronischen Stils» deckt sich also mit der Vorstellung einer «geometrischen» oder «statischen» Musik, ein Konzept, das bei Meier enorme Schöpfungskräfte entfesselte.

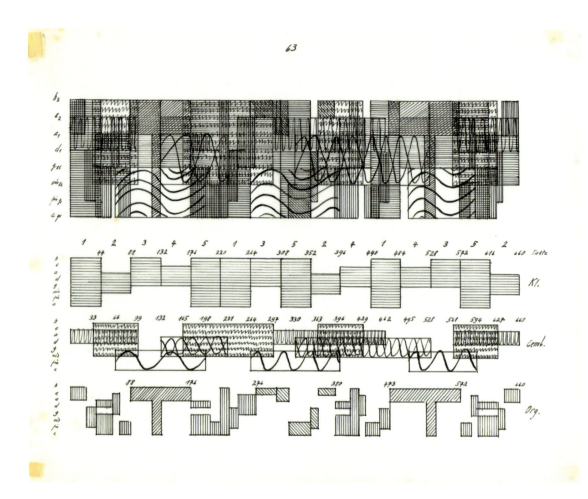

Klangflächengefüge oder Wandmusik
HMV 75 (1970–71), Verlaufsdiagramm
in der Partiturreinschrift, S. 63.
| Kat. 77c

An der Schwelle: *Klangflächengefüge oder Wandmusik* (1970–71)

Auch das Stück für zwei Klaviere, zwei Cembali und elektrische Orgel HMV 75 mit dem Titel *Klangflächengefüge oder Wandmusik*, das Meier 1971 abgeschlossen und Hans Oesch gewidmet hat, zeichnet sich durch verschiedene Konstellationen von Klangflächen aus. Schon der Titel deutet an, dass ihre Anordnung auf einer bildlichen Konzeption beruht: Meier stellte sich seine Musik als grosse Wand mit unterschiedlich strukturierten Flächen vor. Eine Übersicht gibt

das Verlaufsdiagramm, das auf der letzten Seite der herkömmlich notierten Partitur abgebildet ist (Abb. links). Meiers Komposition basiert auf dem hier leicht erkennbaren Gefüge. Das bedeutet allerdings nicht notwendigerweise, dass die Klangflächen in einer Aufführung des Stücks als solche wahrgenommen werden: Nachdem Meier die Klangflächen in seinen Kompositionen Anfang der 1960er Jahre durch weiträumige Cluster hervorgehoben hatte, füllte er sie in der Folge nicht mehr flächig aus. Er strukturierte sie mit unterschiedlichen Texturen oder zersetzte das chromatische Kontinuum durch andere Verfahren. Dadurch treten die Klangflächen unterschiedlich prägnant hervor, sie stellen teilweise bloss noch Rahmen oder Felder mit begrenzter Breite dar, auf die Meier gewisse kompositorische Regeln angewendet hat.

Bei der Komposition des Stücks *Klangflächengefüge oder Wandmusik* erstellte Meier drei Ebenen für die Instrumentengruppen Klaviere, Cembali und Orgel und zeichnete diese durch individuelle Gestaltungsmodelle aus. Sie sind im unteren Teil des Verlaufsdiagramms einzeln eingezeichnet. Meier teilte den Tonraum von C bis h" in sieben Teilräume auf, die einen Tritonus oder eine Quint umfassen. Auf diesen basieren alle Klangflächen der drei Ebenen. In seiner ungewöhnlichen, oft sehr eigenwilligen Terminologie bezeichnete Meier die Ebene der Klaviere als «Beleg-Ebene». Die «Beleg-Ebene» besteht aus 15 gleich langen Abschnitten. Individuell ausgearbeitet sind nur die Abschnitte 1 bis 5. Sie wiederholen sich zweimal in unterschiedlichen Permutationen: 1 2 3 4 5 / 1 3 5 2 4 / 1 4 3 5 2. Die Permutationen führen dazu, dass die Elemente der Reihe im zweiten und dritten Durchgang jeweils vertauschte Nachbarn aufweisen. Für die zweite Permutation wird aus der in einer Endlosschleife durchschrittenen Reihe nur jeder zweite Wert ausgewählt, für die dritte Permutation nur jeder dritte – ein Selektionsverfahren, wie man es aus der seriellen Musik kennt. Die Klangflächen dieser Ebene sind in den Details vielgestaltig ausgearbeitet. Sie unterscheiden sich im Ambitus: Abschnitt 1 und 5 decken den gesamten Tonraum von C bis h" ab, Abschnitt 2 und 4 belegen drei der sieben Teilräume und Abschnitt 3 deren vier. Für die Strukturierung verwendet Meier hier wie in vielen Kompositionen seit Mitte der 1950er Jahre verschiedene Sorten von Texturen (Wellen, Liege und Schläge), die in drei Tempi auftreten (langsam, mittel, schnell). Die Werte für Ambitus, Texturen und Tempi sind für jede Fläche fix gekoppelt. Die Bezeichnung «Beleg-Ebene» ist vermutlich mit dieser fixen «Belegung» der einzelnen Klangflächen zu erklären, die hier fast durchgehend als Cluster umgesetzt sind.

Die Ebene der Cembali, die «Brücken-Ebene», bildet dazu einen Hintergrund. Ihr zugrunde liegen vier unterschiedlich breite Klangflächen, die durch verschieden schnelle Wellen strukturiert sind. Das Hauptmerkmal ist, dass diese vier Einzelflächen in jedem Abschnitt unterschiedlich kombiniert sind. Sie treten einzeln auf oder in Überlagerungen. Es handelt sich bis Takt 495 um fünfzehn unterschiedliche Kombinationen der vier Flächen (ab Takt 495 folgt die Krebsform der fünf ersten Kombinationen vom Anfang des Stücks). Die vier Wellentexturen der Klangflächen sind in der Partitur entweder durchgehend ausgeschrieben (wie bei der langsamsten Welle mit ganzen Noten), als Triller eingezeichnet (wie bei der schnellsten, der «Flächenvibration») oder weisen beim ersten Erscheinen ein in der Folge zu wiederholendes Muster auf (wie bei den mittelschnellen Wellen aus Vierteltriolen und punktierten Vierteln). Die Ebene der Orgel ist schliesslich auf die Textur «Liege» beschränkt, die Meier in der Partitur als ausgehaltene Liegetöne umsetzt. Die sieben Abschnitte unterscheiden sich in ihrer Länge, und innerhalb der Abschnitte wechselt die Ausbreitung im Tonraum, weswegen Meier diese Schicht wohl als «Topologie-Ebene» bezeichnete.

Um die Merkmale der einzelnen Ebenen und ihre Überlagerungen für die Analyse abzubilden, vereinte Meier im Diagramm auf der letzten Seite der Partitur zwei Darstellungsformen: Auf einem Streifen erscheinen die drei Ebenen zusammengefasst, quasi als «Klangflächengefüge», darunter sind sie aufgeteilt in drei Streifen für die einzelnen Ebenen. Wie auf den meisten seiner Kompositionspläne seit Mitte der 1950er Jahre stellte Meier auf der x-Achse den zeitlichen Verlauf dar, auf der y-Achse die Ausbreitung im Tonraum. Einzelne Auszeichnungen der Klangflächen (wie etwa die Wellen der Cembali) zeigte er mit Schraffierungen an. So konnte er

auf einer Seite sowohl die Anordnung der einzelnen Klangflächen im Tonraum und im zeitlichen Verlauf als auch die Überlagerungen der Ebenen überblicken.

Graphische Anordnung der Klangflächen

Diese beiden Darstellungsformen finden sich in ihrer groben Anlage auch bei den Vorstufen zu diesem Plan, jenen graphischen Skizzen, die Meier im Kompositionsprozess anfertigte. Über seine Arbeitsweise schrieb Meier an Hans Oesch: «Die Anordnung der Flächen u[nd] Gruppen kann ich nur graphisch meistern.»[11] Die Kompositionspläne dienen ihm dazu, die Ebenen, wie er in einem Arbeitsheft notierte, «graphisch in eine gute Verteilung zu bringen».[12] Für das Stück *Klangflächengefüge oder Wandmusik* sind drei grossformatige Hauptpläne und unzählige Detailpläne in Arbeitsheften erhalten.

Ein erstes Diagramm vom 11. Januar 1971 besteht aus zwei Teilen: Auf Papier zeichnete Meier die «Beleg-Ebene» der Klaviere (in blauer Aquarellfarbe) und die «Brücken-Ebene» der Cembali (schraffiert) ein (Abb. S. 150), auf einem darüber fixierten Transparentpapier bildete er die «Topologie-Ebene» der Orgel ab. Gesamthaft ist die Komposition in diesem Stadium noch kürzer als in der endgültigen Ausarbeitung, bei den Klavieren folgen anstatt 15 nur 11 Abschnitte aufeinander. Seinen Notizen gemäss erschien Meier die Komposition aufgrund des Plans zu dicht. Er nahm sich deshalb vor, bei der Ausarbeitung der Ebenen insbesondere die «Brücken-Ebene» sehr «duftig-aquarellig»[13] zu machen.

Auf dem nächsten Kompositionsplan vom 23. Januar 1971 arbeitete Meier die Konstellationen der Ebenen neu aus (Abb. S. 151). Damit die Überlagerungen der drei Ebenen in Farbmischungen erkennbar wurden, benutzte er die drei Farben blau (Klavier), rot (Cembalo) und Bleistift/Tinte respektive gelb (Orgel). Die Anordnung der Klangflächen entspricht in groben Zügen bereits der endgültigen Version. Einzig die «Topologie-Ebene» der Orgel veränderte Meier danach noch, indem er die Matrizen horizontal

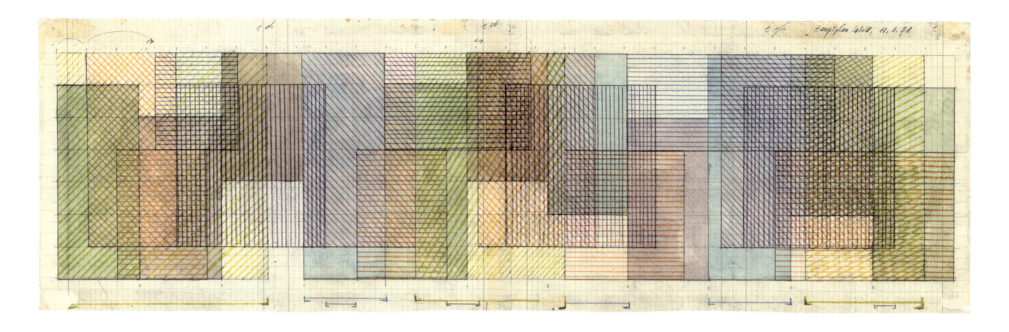

Hauptplan *Baslerwand*, Diagramm
vom 11. Januar 1971 zu *Klangflächengefüge oder Wandmusik* HMV 75
(1970–71). | Kat. 72a

spiegelte, also in der Umkehrung benutzte. Die so angeordneten
Ebenen färbte Meier auf dem «Plan der Wandmusik I» in Aqua-
rellfarben ein (Abb. S. 152). Ursprünglich wies dieser Plan für die
«Beleg-Ebene» der Klaviere wie die früheren Diagramme wohl nur
elf Teile auf. Er reichte also zunächst nur bis zur Blattkante, wo die
darunter in Bleistift skizzierten Matrizen der «Topologie-Ebene»
abbrechen. Daraufhin kopierte Meier das Diagramm von Hand
mehrmals in gleicher Grösse und zeichnete es auf der Rückseite
des Blatts in Krebsform ein. Diese Krebsform benutzte er sodann
für den Schluss des Stücks, d.h., er setzte einen Ausschnitt davon
am Blattende an. Der Anfang des Stücks wird somit in den Cembali
und in der Orgel am Schluss gespiegelt.

　　Auch für die Ausarbeitung der einzelnen Abschnitte der Ebenen erstellte Meier Diagramme. So skizzierte er in seinem Arbeitsheft einen Detailplan für den ersten Abschnitt der «Beleg-Ebene»
(Abb. S. 153). Hier teilt er den gesamten Tonraum in fünf Teilräume
auf, was zu zehn unterschiedlichen Möglichkeiten der Ausbreitung

von Klangflächen führt: Die Flächen 1 bis 5 erstrecken sich je über
einen Teilraum, 6 und 7 über zwei, 8 und 9 über drei und 10 über
den gesamten Tonraum. Den 10 Klangflächen sind je individuelle
Dauern und Texturen zugeordnet. Aus diesen zehn Möglichkeiten
gewinnt Meier total 44 unterschiedliche Kombinationen für jeden
Takt des Abschnitts – er achtete also auch im Detail darauf, dass jede
Klangfläche nur einmal in derselben Ausprägung auftritt.

　　Die Diagramme zum Stück *Klangflächengefüge oder Wandmusik* unterscheiden sich in ihrer Ausarbeitung: in der Zuordnung der
Farben, der Wahl des Papiers und der Darstellungsform auf mehreren Schichten übereinander oder in einer zusammengefasst. Allen
gemeinsam ist aber die Zuordnung der Achsen. Der zeitliche Verlauf
ist jeweils auf der x-Achse dargestellt, die Ausbreitung im Tonraum
auf der y-Achse. Anhand von Farbmischungen und Schraffuren
konnte Meier sich so die Ausbreitungen und Überlagerungen der
Klangflächen vorstellen. Diese Zuordnung findet sich vor allem auf
seinen frühen Diagrammen. Nach dem Stück *Klangflächengefüge oder*

Wandmusik wandte sich Meier davon ab, da der Parameter der Tonhöhe in seinen Kompositionen fortan noch stärker in den Hintergrund rückte und er die Anzahl der Ebenen nach und nach erhöhte.
Dadurch wurde eine Darstellung verschiedener Schichten auf der
y-Achse nötig. Meier stellte sich eine Musik mit mehreren Ebenen
oder «Strömen»[14] vor, die er einzeln und in Gruppen auszeichnete.

Nicht nur in Bezug auf die kompositorischen Absichten, sondern auch hinsichtlich der Besetzung markiert das Stück *Klangflächengefüge oder Wandmusik* das Ende einer Entwicklung. Für
die Aufführung verlangt es zwei Klaviere, zwei Cembali und eine
elektrische Orgel. Klavier I ist vierhändig zu spielen, was zu einem
Ensemble von insgesamt sechs Pianisten führt. Solche Anforderungen für die Umsetzung sind für Meiers Schaffensphase der 1960er
Jahre zwar nicht ungewöhnlich: Auf Stücke für zwei Klaviere oder
für Klavier vierhändig folgten Stücke für drei Klaviere vierhändig
und für variable Besetzungen mit Klavier, Cembalo und Orgel. Dieser Entwicklung waren freilich Grenzen gesetzt. Sie erreichte ihren
Höhepunkt im Stück für zwei Klaviere, zwei elektrische Orgeln
und zwei Cembali HMV 76 (1971–72), die je vierhändig zu spielen
sind – also insgesamt zwölf Interpreten verlangen. So drängte auch
diese Entwicklung Meier zur elektronischen Umsetzung. Jedenfalls konstatierte er in einer Arbeitsnotiz aus dem Jahr 1972: «Ich
glaube nicht mehr, dass ich mit gewöhnlichen Instrumenten wei-
terfahren kann. Ich muss hinter die Elektronik.»[15]

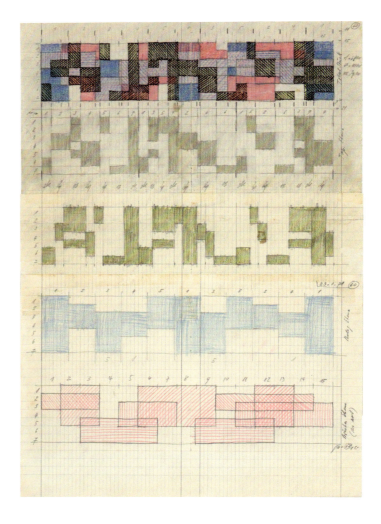

Diagramm vom 23. Januar 1971 zu
Klangflächengefüge oder Wandmusik
HMV 75 (1970–71). | Kat. 73

Von den Klavierstücken zur ersten elektronischen Komposition

Anfang der 1970er Jahre konkretisierte sich das Unternehmen eines
Studiobesuchs. Meier hatte zwar gemäss einer Notiz in einem späteren Arbeitsheft bereits 1955 einmal Hermann Heiss in Darmstadt
aufgesucht und sich offenbar 1962 beim Südwestfunk Baden-Baden
nach einem elektronischen Studio erkundigt.[16] Allerdings blieb der
frühe Besuch in Darmstadt seiner eigenen Einschätzung zufolge
für ihn «ohne den geringsten Gewinn», während zum späteren

Unternehmen jegliche weiteren Hinweise fehlen. Als erfolgreicher
Vermittler agierte schliesslich der Schweizer Musikwissenschaftler
und spätere Schwiegersohn Hans Oesch, der in den 1960er Jahren
als Musikrezensent der «National-Zeitung» tätig war, 1967 zum
ordentlichen Professor und Leiter des Musikwissenschaftlichen
Instituts der Universität Basel ernannt wurde und in den 1970er
Jahren die Zeitschrift «Melos» herausgab. Meier kontaktierte Oesch

Diagramme ohne Datum zu *Klangflä-chengefüge oder Wandmusik* HMV 75 (1970–71). | Kat. 74

erstmals 1966, um sich zu dessen Besprechung der Donaueschinger Musiktage zu äussern.[17] 1967 trafen sich beide an der Buchvernissage zu Oeschs Monographie über Wladimir Vogel,[18] worauf sich eine Freundschaft entwickelte. 1971 vermittelte Oesch Meier einen Kontakt mit André Zumbach, dem künstlerischen Leiter des elektronischen Studios in Genf, der vermutlich ohne Folgen blieb.[19] Bewegung in das Unternehmen brachten schliesslich andere Verbindungen: Oesch war 1970 zum Präsidenten der Heinrich-Strobel-Stiftung gewählt worden, die im Jahr darauf das Experimentalstudio des

Südwestrundfunks (SWR) in Freiburg im Breisgau gründete. Im Sommer 1971 teilte Oesch Meier mit, dass «Hilfestellung durch die Strobelstiftung» möglich sei.[20] Das Unterfangen verzögerte sich abermals aufgrund der Installation eines neuen Regietisches. Anfang des Jahres 1973 wurde Meier von Oesch informiert, dass Hans Peter Haller ihn sehen wolle[21]. Es ist nicht überliefert, ob und wann dieses erste Treffen stattfand. Dokumentiert sind hingegen eine erste intensive Beschäftigung mit elektronischer Musik im Jahr 1973 und ein Meilenstein im Jahr 1976, als Haller in Freiburg Meiers

Klangflächengefüge oder Wandmusik HMV 75 (1970–71), Detailplan zum «1. Gebiet» im Arbeitsheft *81–130*, Eintrag vom 2. April 1971. | Kat. 75

Klangschichten HMV 83 realisierte, das einzige unter Meiers Aufsicht umgesetzte elektronische Werk.[22]

Zur Konzeption eines ersten elektronischen Stücks fand Meier 1973 über den Zwischenschritt einer Komposition für Tasteninstrumente (HMV 78). Im Entstehungsprozess lassen sich zwei Phasen feststellen: Nach der konzeptuellen Vorarbeit, die sich über mehrere Monate zog, arbeitete Meier von Juli bis Oktober eine «Instrumental-Version» für Tasteninstrumente aus, die er anhand von Diagrammen konzipierte und dann in herkömmlicher Notenschrift festhielt. Ab Oktober 1973 ging er an die elektronische Umsetzung, die zunächst in graphischen Skizzen und Anfang November schliesslich in Realisationspartituren zur elektronischen Umsetzung mündete. In beiden Phasen treten in Meiers Kompositionspraxis Neuerungen ein.

Bereits das erste Verlaufsdiagramm für die Instrumentalversion fällt aufgrund seiner neuen Darstellungsform auf (Abb. S. 155 oben). Meier arbeitete hier mit zwei Ebenen, die er ganz oben auf dem Kompositionsplan auf zwei Streifen einzeichnete. Die Farben rosa, gelb, blau und braun beziehen sich auf unterschiedliche Kombinationen der Parameter (Textur, Instrument, Dynamik und Dichte). Schwarz sind die Pausen der beiden Ebenen eingefärbt. Der Unterschied zu den Diagrammen des Stücks *Klangflächengefüge oder Wandmusik* besteht darin, dass Meier die Sukzessionen und Koppelungen von Texturen, Instrumenten und Dynamik der ersten Ebene auf dem unteren Teil des Diagramms in den Farben rot und blau mit Schraffierungen genauer ausgearbeitet hat. Dazu ordnete er auf der y-Achse mehrere Streifen übereinander an, die sich auf die Werte einzelner Parameter beschränken oder mehrere zusammenfassen. Im Unterschied zu den vorhergehenden Diagrammen stellte Meier also auf der y-Achse nicht mehr die Ausbreitung im Tonraum dar, sondern er benutzte sie für viele Schichten von Zeitverläufen für einzelne Parameter oder Eigenschaften der Klangebenen in seiner Musik. Die Tonhöhe trägt Meier in diesem Diagramm direkt in die eingefärbten Abschnitte der zwei Ebenen ein: Die Angaben «hoch», «tief» und «total» beziehen sich auf den in zwei Teile gegliederten Tonraum von *C* bis *h"*.

An dieses erste grossformatige Diagramm hält sich die im Folgenden erstellte Partitur (Abb. S. 156). In deren Ausarbeitung legte Meier die klanglichen Charakteristiken der zweiten Ebene fest. Der erste Formabschnitt erklingt in der Kombination Klavier/Schlag/*mf* (gelb), darauf folgen Cembalo/Triller/*f* (blau), Orgel/Welle/*mf* (braun) und Orgel/Liege/*p* (rot). In der Partitur definierte Meier zudem die Tonhöhen für die Wellenformen genauer, für die Texturen Schlag, Liege und Triller notierte er Cluster. Auf dem Titelblatt bezeichnete er die Ausarbeitung in herkömmlicher Notenschrift als «Instrumental-Version (nachherige Übertragung in Elektronik) des Stücks 1973». Am Tag, an dem die «Instrumental-Version» abgeschlossen wurde, notierte er in sein Arbeitsheft: «[Die] nächste Aufgabe ist jetzt das Ausdenken, wie ich das elektronisch realisiere.»[23]

Als nächstes fertigte Meier einen «provisorischen Grundrissplan für die elektronische Ausführung» an, auf dem er den Tonraum um zwei Oktaven erweiterte und einzelne Periodendauern von Wellen und Schlägen – also die Frequenzen – festlegte. Das nächste Verlaufsdiagramm, das Meier dann auch für die Realisationspartituren befolgte (Abb. S. 155 unten), hat in der Anlage grosse Ähnlichkeiten mit dem Kompositionsplan für die Instrumentalversion (Abb. S. 155 oben). Nur sind die zwei Ebenen hier auf der unteren Bildhälfte eingezeichnet. Zudem nahm Meier einige Anpassungen vor, die er in den Arbeitsheften sorgfältig erwog: Er reduzierte die Abschnitte von 72 auf 32, um den gesamten Ablauf stärker zu gliedern, und wandte sich von Einheiten ab, die er bislang für die Instrumentalwerke benutzt hatte. So notierte er die Länge der Abschnitte nun erstmals in Sekunden, bis auf vier Dezimalstellen genau. In der Unterteilung des Tonraums hob er die Oktave als Gliederung auf, er hielt allerdings die genaue Einteilung auf dem Diagramm nicht fest. Bloss die grobe Aufteilung der zweiten Ebene in fünf Teilräume wird ersichtlich. Zudem deutet deren Zweiteilung darauf hin, dass Meier an eine stereophone Umsetzung dachte. In den Spielanweisungen zur Partitur verlangte er für die Klangfarbe «immer nur 1 Instr[umenten]tönung, z.B. Streicher od[er] Pauken». Meier ordnete den Klängen also nach wie vor die

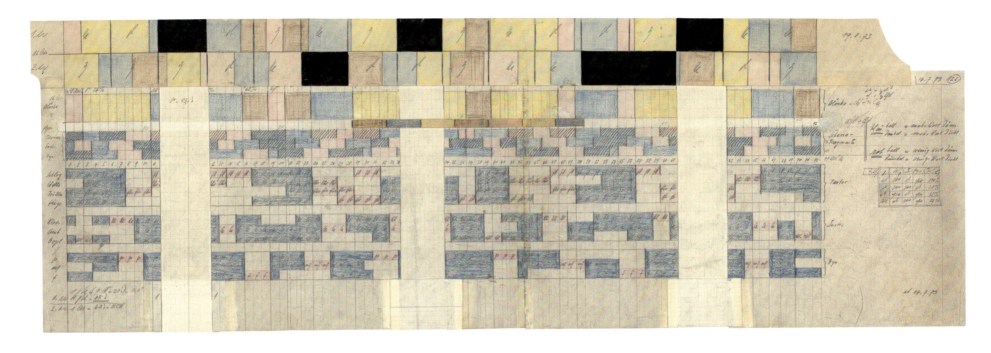

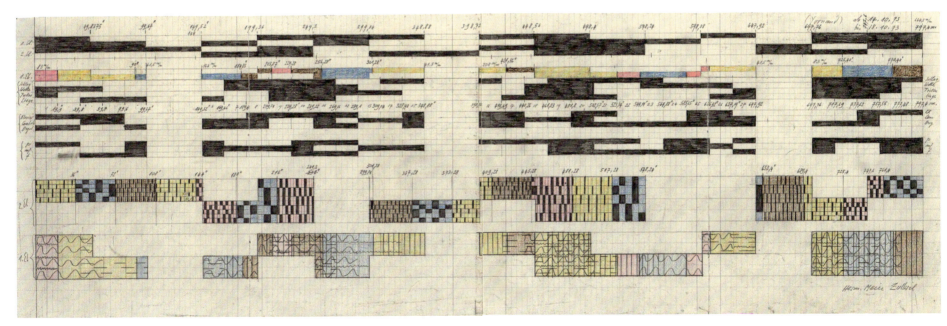

Stück für zwei Klaviere, zwei Cembali und zwei elektrische Orgeln HMV 78 (1973), *Instrumentalversion (nachherige Übertragung in Elektronik) des Stücks 1973*, Partiturentwurf, S. 1.

Realisationspartitur vom 20. Oktober bis 3. November 1973 zum Stück HMV 78 (1973), elektronische Version, Ausschnitt. | Kat. 86

Klangfarben von Instrumenten zu, ging aber vermutlich von auf Band aufgezeichneten Instrumentalklängen aus. Die vier Farben der beiden Ebenen beziehen sich nun auf Geschwindigkeiten: in der ersten Ebene Tempi (gelb = sehr langsam, blau = Andante, braun = Allegro, rot = Presto), in der zweiten Ebene die Frequenzen der Schläge und Triller (wobei im Detail unklar bleibt, wie die 3, 4, 6 und 10 Viertel pro «Zug» – gemäss den Spielanweisungen auf dem Diagramm – umzusetzen sind). Diese Präzisierungen lassen

erkennen, dass Meier eine elektronische Umsetzung anvisierte, sie werfen aber gleichzeitig viele Fragen auf, wie er sich diese konkret vorstellte.

Trotz dieser Unklarheiten erstellte Meier für die elektronische Realisation seiner Komposition nun erstmals zwei graphische Partituren: einen «Hauptplan», der als Übersicht über beide Ebenen dient (Abb. S. 157), und «Detailpläne» im vergrösserten Massstab für die erste Ebene (Abb. S. 158). Beide Pläne befolgen das vorher erstellte Verlaufsdiagramm, Meier änderte nur die Darstellungsform und arbeitete einige Details genauer aus. Im Unterschied zu den früheren Skizzenstadien stellte Meier die Texturen der ersten Ebene auf vier Zeilen gesondert dar. Die Klangfarben («Instrumententönung») sind durch Einfärbungen bestimmt (blau für Klavier, rot für Cembalo, gelb für Orgel), die Dynamik ist jeweils auf den einzelnen Zeilen vermerkt. Die in fünf Schichten aufgeteilte zweite Ebene ist auf der zweituntersten Zeile dargestellt, die Tempi sind schliesslich ganz unten angegeben. Der Detailplan ist in einzelne Abschnitte eingeteilt: Zu den vier Farben gelb, blau, braun, rot sind je vier Teile erhalten, welche den Tempobezeichnungen des Hauptplans folgen. Da Meier auf diesen Realisationspartituren nur wenige Anweisungen notiert hat, bleiben einige Fragen für die elektronische Umsetzung offen (insbesondere zu den Frequenzen der Klangflächen, der Mischung der Klangfarben, der stereophonen Aufteilung etc.). Diese Unbestimmtheit ist mindestens teilweise darauf zurückzuführen, dass Meier wohl nicht klar war, wie sein Stück im Studio schliesslich umgesetzt werden würde und welche Angaben die Tontechniker dafür brauchen würden. Seine Unsicherheit tritt auch in den Notizen hervor, die je nach Arbeitsphase und Entwicklungsstufe der Ideen unterschiedlich schemenhaft sind. Unklar bleibt, inwieweit Meier sich schon in der Konzeption seines ersten elektronischen Stücks und in der Folge mit dem Fachmann Haller über Notationsformen austauschte. Da er in seinen Notizen keinen Abschluss der Arbeit an dem Stück festhielt und nahtlos neue Konzeptionen folgen liess, ist überhaupt fraglich, ob Meier den in sich geschlossenen Quellenkomplex als ein fertiges Werk betrachtet hat. Das führt zum Schluss, dass die unterschiedli-

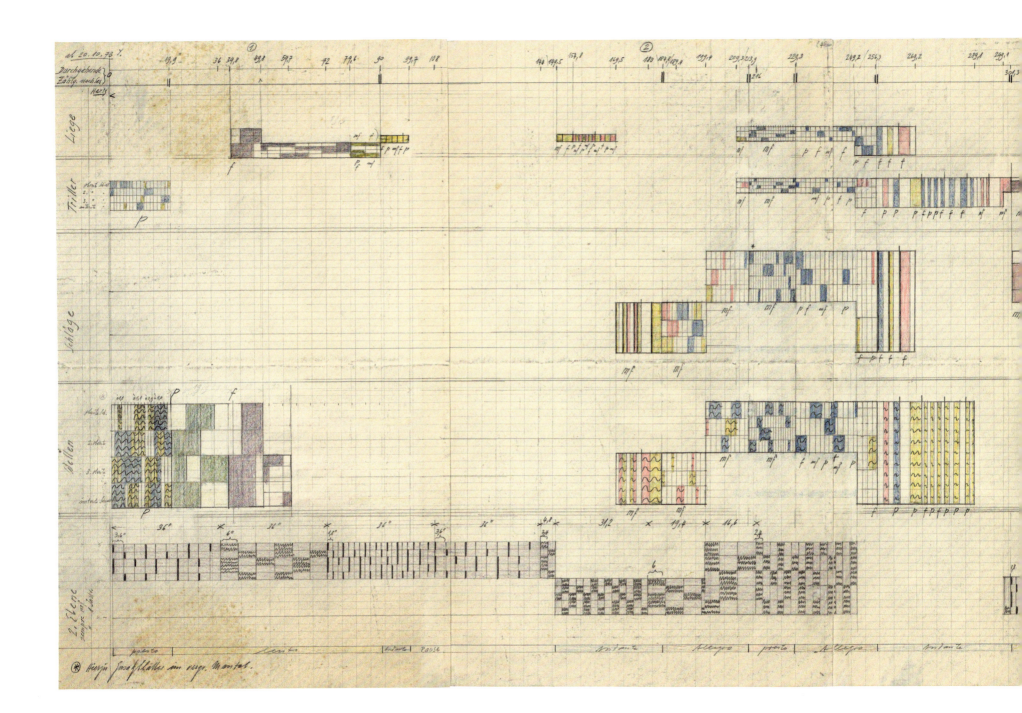

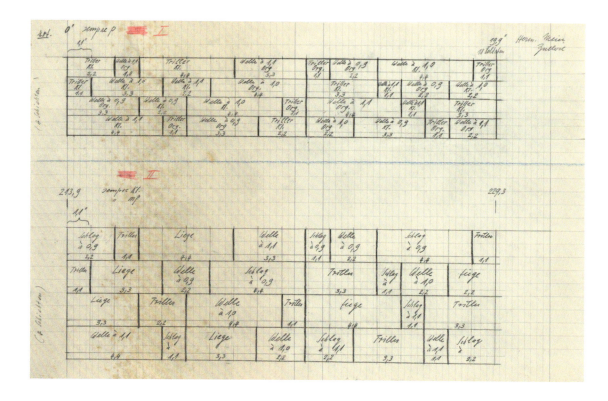

Diagramm (ohne Datum) zum Stück
HMV 78 (1973), elektronische Version.
| Kat. 84

Zeitlose «Grundrisse»

Hinter Hermann Meiers Hinwendung zur elektronischen Musik
steht ein unbeirrbarer Glaube an deren Innovationskraft, der ihn
in verschiedenen Phasen seines Schaffens stimuliert hat. In den
1950er Jahren führte Meiers Faszination für die «Strukturen» elektronischer Musik zum Konzept einer «elektronischen Musik für
übliche Instrumente». Nach seiner Pensionierung trieben ihn die
Vorstellungen eines «elektronischen Stils» von Werken für immer
mehr Tasteninstrumente zu eigentlichen elektronischen Kompositionen. Schliesslich prägte seine Idealvorstellung auch die letzte
Schaffensphase ab 1984, als er wieder Instrumentalwerke schrieb.
So bezeichnete er seine späten Klavierstücke einmal als eine «aus
dem Geist der Elektronik hergestellte Mehrklaviermusik».[24]

Gleichzeitig bleiben einige Aspekte von Meiers Hinwendung
zur Elektronik merkwürdig ungreifbar. Das mag daran liegen, dass
sich seine utopischen Vorstellungen einer radikal neuartigen elektronischen Musik naturgemäss wenig auf die konkrete Umsetzung
ausrichteten und die graphischen Partituren, die als Zeugnisse davon erhalten sind, bis zu einem gewissen Grad abstrakt gesetzt sind.
Für die klangliche Ausgestaltung machte Meier beispielsweise nur
wenige Angaben. Über die Gründe dieser Unschärfen der elektronischen Partituren kann beim heutigen Forschungsstand nur spe-
kuliert werden: Sie mögen auf eine fehlende Kenntnis der Studio-
praxis zurückzuführen sein oder auf eine besondere Auslegung der
Arbeitsteilung zwischen konzipierendem Komponisten und aus-
führendem Tontechniker. Meiers Imagination scheint sich nur an
gewissen Elementen der Komposition zu entflammen, während er
andere für die Umsetzung zentrale Aspekte vernachlässigte. Offenbar zählte für ihn die stimmige Ausarbeitung der «Grundrisse»
auf Papier mehr als die konkrete Umsetzung – was bei seiner lang-
jährigen Tätigkeit ohne Chancen für Aufführungen wenig über-
rascht. Der hohe Stellenwert der Niederschrift und des Papiers als
Speichermedium lässt sich ferner mit dem technischen Wandel erklären. Meier selbst hielt dies einmal in einer Bemerkung fest, die
angesichts der Technologiegläubigkeit der 1970er Jahre von einem

chen Notationen zum Stück aus dem Jahr 1973 wohl eher als Etap-
pen einer Versuchsreihe zu verstehen sind. Meier rang um eine
adäquate Notation für elektronische Musik. Das ist auch auf einer
Serie unterschiedlicher Diagramme aus den Jahren 1974 und 1975
zu erkennen. Sein kompositorisches Vorhaben änderte sich dabei
aber nicht grundlegend. Das dafür zentrale Merkmal ist schon auf
den ersten Diagrammen für elektronische Musik ersichtlich: Die
Anordnung in unzähligen übereinandergelegten Schichten ermöglichte es Meier, detaillierte Verläufe für einzelne Parameter
oder Elemente der Komposition auszuarbeiten oder aber diese zu-
sammenzufassen. Damit stiess er unmittelbar nach seinem «Berufswechsel» auf ein Gestaltungsmodell, das er in der für ihn typischen Beharrlichkeit bis zum Ende seines Schaffens einsetzte und
kontinuierlich ausbaute.

bemerkenswerten Weitblick zeugt und auch für die heutigen Debatten über die Sicherung fragiler alter Tonbänder und alternative Umsetzungen noch brisant ist: «Die Schrift wird 5 Tausend Jahre alt, die elektronischen Bänder vielleicht keine Hundert Jahre. Was davon bleiben wird, werden die Grundrisse sein (denn die Flächenbelegungen werden immer ephemerer werden).»[25]

Anmerkungen

1 Hermann Meier, Arbeitsheft *201–222* [08.10.1973–05.11.1973, S. 205b], Eintrag vom 15. Oktober 1973 (PSS–SHM). Der Eintrag ist wie die übrigen Notizen in den Arbeitsheften in der Stenographieschrift Stolze-Schrey verfasst. Alle in diesem Artikel zitierten Ausschnitte wurden von der Autorin transkribiert.

2 Hermann Meier, Arbeitsheft *181–200* [31.08.1973–08.10.1973, S. 199d], Eintrag vom 8. Oktober 73 (PSS–SHM).

3 Zur Funktion der Orgel in der Hinwendung zur elektronischen Musik vgl. Michael Harenberg, «Der Elektroniker als moderner Organist. Zum medialen Dispositiv der (Orgel-)Tastatur als Universalinterface», in: *Musik im Spektrum technologischer Entwicklungen und Neuer Medien*, hg. von Arne Bense, Martin Gieseking und Bernhard Müßgens, Osnabrück 2015, S. 219–229.

4 Wladimir Vogel an Hermann Meier, Brief vom 9. August 1952 (PSS–SHM).

5 Für einen Bericht über die Tagung und den Aufruhr, den das Abschlusskonzert auslöste, vgl. Fritz Muggler und Bruno Spoerri, «Ein bescheidener Anfang: Elektronische Musik in den Fünfzigerjahren», in: *Musik aus dem Nichts. Die Geschichte der elektroakustischen Musik in der Schweiz*, hg. von Bruno Spoerri, Zürich 2010, S. 35–39.

6 Meier an Vogel, Brief vom 31. Juli 1955 (Zentralbibliothek Zürich, Musikabteilung [im Folgenden ZB Zürich], Nachlass Wladimir Vogel, Mus NL 116: Km 345).

7 Vogel an Meier, Brief vom 7. August 1955 (PSS–SHM).

8 Meier an Vogel, Brief vom 19. Oktober 1955 (ZB Zürich, Nachlass Wladimir Vogel, Mus NL 116: Km 346).

9 Hermann Meier an Walter Labhart, Briefentwurf vom 9. Februar 1977 (PSS–SHM).

10 Meier an Vogel, Brief vom 9. Dezember 1962 (ZB Zürich, Nachlass Wladimir Vogel, Mus NL 116: Km 351).

11 Hermann Meier an Hans Oesch, Brief vom 20. September 1970 (PSS–SHM).

12 Hermann Meier, Arbeitsheft *81–130* [21.03.1971–18.05.1971, S. 88a], Eintrag vom 8. März 1971 (PSS–SHM).

13 Hermann Meier, Arbeitsheft *41–80* [19.12.1970–20.03.1971, S. 54b], Eintrag vom 11. Januar 1971 (PSS–SHM).

14 In den Notizen aus dem Jahr 1984 verwendet Meier die Begriffe «Mehrstromwerk» und «Mehrstromtechnik», vgl. Hermann Meier, Arbeitsheft *721–760* [15.07.1984–05.09.1984, S. 731a und S. 747c], Einträge vom 25. Juli 1984 und vom 25. August 1984 (PSS–SHM).

15 Hermann Meier, Arbeitsheft *1–20* [22.09.1972–10.11.1972, S. 1d], Eintrag vom 11. Oktober 1972 (PSS–SHM).

16 Hermann Meier, Arbeitsheft *721–760* (wie Anm. 14, S. 747c), Eintrag vom 24. August 1984 (PSS–SHM). Im Nachlass ist auch ein Schreiben vom Südwestfunk Baden-Baden (SWF) erhalten, in dem die verantwortliche Person – nicht namentlich genannt – Meier mitteilte, dass der SWF zwar nicht über ein elektronisches Studio verfüge, ihm aber die für seine Produktionszwecke notwendigen Geräte gezeigt werden könnten. Vgl. Südwestfunk Baden-Baden an Hermann Meier, Brief vom 8. Februar 1962 (PSS–SHM).

17 Im Nachlass Meiers ist die Antwort Oeschs erhalten, vgl. Hans Oesch an Hermann Meier, Brief vom 31. Oktober 1966 (PSS–SHM).

18 Hans Oesch, *Wladimir Vogel. Sein Weg zu einer neuen musikalischen Wirklichkeit*, Bern und München 1967.

19 Hans Oesch an André Zumbach, Durchschlag des Briefs vom 4. März 1971 (PSS–SHM).

20 Oesch an Meier, Brief vom 31. Juli 1971 (PSS–SHM).

21 Oesch an Meier, Brief vom 30. Januar 1973 (PSS–SHM).

22 Vgl. hierzu auch den Beitrag von Michael Harenberg in diesem Band, S. 163–174.

23 Hermann Meier, Arbeitsheft *181–200* (wie Anm. 2, S. 197a), Eintrag vom 1. Oktober 1973 (PSS–SHM).

24 Hermann Meier, Arbeitsheft *841–880* [24.12.1984–09.02.1985, S. 871c], Eintrag vom 26. Januar 1985 (PSS–SHM).

25 Hermann Meier, Arbeitsheft *181–200* (wie Anm. 2, S. 199d), Eintrag vom 8. Oktober 1973 (PSS–SHM).

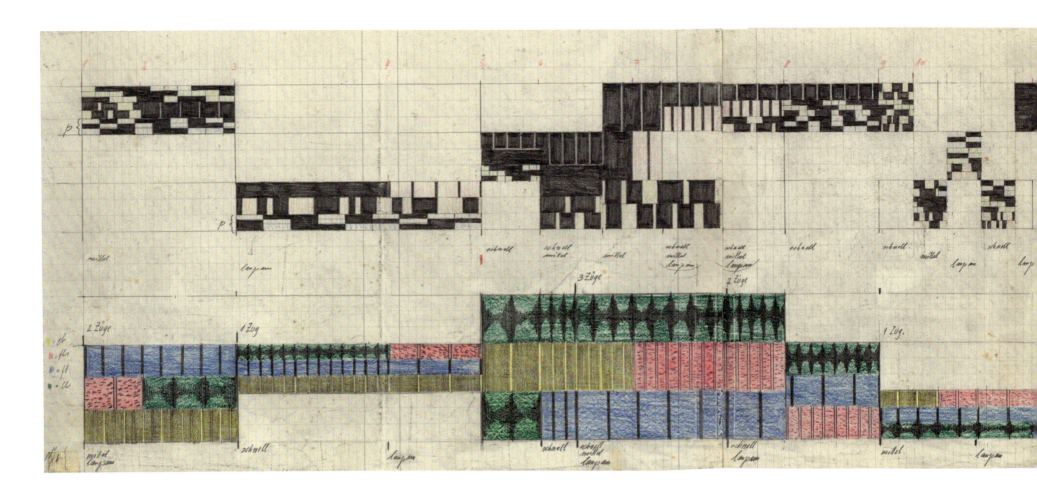

Diagramm vom 24. bis 26. August 1974, nicht zugeordnet. | Kat. 87

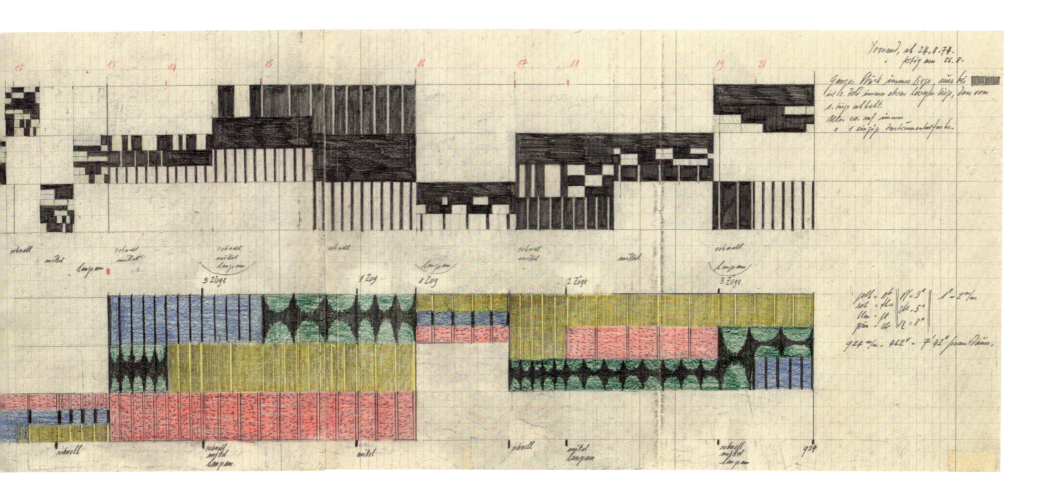

Flächen – Strukturen – Schichtungen

Zur elektronischen Musik Hermann Meiers

MICHAEL HARENBERG

Von 1973 bis 1987 ist der kompositorische Schaffensprozess Hermann Meiers dadurch gekennzeichnet, dass er grosse, graphisch komplex gestaltete Partituren für eine Musik konzipiert, die er «elektronisch» nennt. Auch wenn er nur ein einziges dieser Werke ansatzweise realisieren konnte, entstanden gegen zwanzig Werke, die seine Vision einer abstrakten Musik noch radikaler auf reine Formkonstruktionen reduzieren sollten. Graphisch notiert waren bereits die Entwürfe der dann traditionell notierten Kompositionen für mehrere Tasteninstrumente, die den Wunschvorstellungen seiner elektronischen Phase vorausgehen, welche nicht länger den Restriktionen instrumentaler Gestaltungsmöglichkeiten unterliegen sollte. Man kann davon ausgehen, dass Meier über die elektronische Musik seiner Zeit informiert war. Seit der ersten Basler Tagung für elektronische und konkrete Musik vom 19. bis 21. Mai 1955 mit Werken von internationalen Pionieren wie Herbert Eimert, Werner Meyer-Eppler, Harald Genzmer, Maurice Martenot, Friedrich Trautwein, Oskar Sala, Pierre Schaeffer, Pierre Henry sowie Vorträgen von Hans Heinz Stuckenschmidt gab es in der Schweiz immer wieder entsprechende Veranstaltungen und eine ausführliche Berichterstattung im Rundfunk.[1]

Schon 1955 interessierte sich Meier vor dem Hintergrund seiner ästhetischen Ideen einer geometrisch und mathematisch orientierten Musik für die Möglichkeiten elektronischer Gestaltung. Sein Kompositionslehrer Wladimir Vogel riet ihm, Herbert Eimert, den Leiter des 1951 gegründeten Studios für Elektronische Musik des WDR in Köln aufzusuchen. Später, in den 70er Jahren bedauert Meier, diesen wichtigen Hinweis nicht befolgt zu haben.[2] Stattdessen besuchte Meier 1955 den Komponisten Hermann Heiß in seinem privaten elektronischen Studio in Darmstadt. Heiß hatte bereits 1952 im elektronischen Studio des WDR in Köln mit der Komposition elektroakustischer Musik begonnen. Ab 1955 wurde er als Leiter des Studios für elektronische Komposition der Internationalen Ferienkurse für Neue Musik in Darmstadt berufen. 1957 gründete er sein privates «Studio für elektronische Komposition Hermann Heiß» an der Städtischen Akademie für Tonkunst Darmstadt.[3] Dort experimentierte Heiß mit seltenen Filtern und selbstgebauten Schaltungen, vor allem aber mit einer elektronischen Kompositionspraxis, welche das Zusammenmischen verschiedener nacheinander angefertigter Tonspuren auf einem Tonbandgerät erlaubte. Es ist nicht belegt aber durchaus möglich, dass Meier die synästhetisch motivierte Idee der Übereinanderschichtung verschiedener Klangebenen ursprünglich in Darmstadt kennen gelernt hat, auch wenn er den Besuch insgesamt als wenig hilfreich empfand.

Wir wissen nicht, welche Texte z. B. von Iannis Xenakis und Karlheinz Stockhausen sowie entsprechende graphische Partituren der vielseitig belesene Meier kannte und wie intensiv er sich mit dem Thema auseinandergesetzt hat.

Spätestens ab 1971 wird er mit seinem Schwiegersohn Hans Oesch über elektronische Musik diskutiert haben. Der Musikwissenschaftler Oesch war zwar als Spezialist für aussereuropäische Musik bekannt, hatte jedoch als Herausgeber der Zeitschrift «Melos» sowie ab 1973 als Vorsitzender des Experimentalstudios der Heinrich-Strobel-Stiftung des Südwestrundfunks in Freiburg i. B. vielfältige Zugänge zur neuen wie zur elektronischen Musik. Im Physikalischen Institut der Universität Basel hatte er unter der Leitung von Jacques Handschin bereits 1948 mit Werner Kaegi an der Rekonstruktion von Klangsyntheseverfahren gearbeitet, wie sie im vorrevolutionären Sankt Petersburg in einem elektronischen Versuchsstudio für Musiker existiert haben sollen.[4]

Blackbox elektronisches Studio

Trotz dieser theoretischen Überlegungen, Einflüsse und Erfahrungen bleibt die Haltung Meiers zur elektronischen Kompositionstechnik diejenige eines nicht-elektronischen Komponisten, der selbstverständlich davon ausgeht, das Werk weiterhin im Symbolischen der Notenschrift als Partitur festlegen zu können. Für die traditionell arbeitsteilige Realisierung des Werkes sind dann eine Vielzahl von Instanzen und Institutionen verantwortlich, die im Fall eines Orchesterwerks von der Instrumentierung über den Stimmenauszug für die einzelnen Instrumentengruppen bis zur Einstudierung durch die Stimmführer und den Dirigenten reichen können. Die entscheidende Übersetzung des geschriebenen Notentextes findet durch die Musikerinnen und Musiker des Orchesters statt, die die Partitur in das Reale des klingenden Werkes interpretieren und auf ihren Instrumenten entsprechend ausführen.

In der elektronischen Musik nach dem Zweiten Weltkrieg entfallen die meisten dieser Arbeitsschritte, vor allem aber die Interpretinnen und Interpreten als ausführende und übersetzende Instanzen zugunsten synthetischer Klangerzeugungs- und Bearbeitungs-Verfahren, die eine andere Art der Arbeits- und Materialorganisation erfordern. Die Instanz für diese neuen und weitgehend unbekannten Produktionsverfahren sind elektronische Studios, die in Europa zu Beginn der 1950er Jahre vor allem beim öffentlichen Rundfunk angesiedelt werden. Von aussen betrachtet ist das elektronische Studio dieser Jahre eine Blackbox, in der die Werke von Spezialisten hergestellt werden. Für Aussenstehende, wie Meier einer war, muss dies zu der Vorstellung geführt haben, dass man abstrakte Strukturverläufe analog der Orchesterpartitur in diese «Apparate» einspeisen könne, die dann ähnlich in klingende Werke übersetzt würden, wie dies bei instrumentaler Musik der Fall ist.

Ohne den definierten Klang traditioneller Instrumente ist im elektronischen Studio allerdings völlig unklar, was als klingendes Material zur Realisierung von kompositorischen Strukturen verwendet werden soll. Die Erstellung solchen Materials wird selbst zum Bestandteil des kompositorischen Prozesses, unabhängig davon, ob dies unter seriellen Aspekten mit konstruierten synthetischen Tongemischen oder unter materialästhetischen Aspekten von Tonaufnahmen als Ausgangspunkt geschieht. Die alte Unterscheidung zwischen dem Komponieren mit Klängen und dem musikalisch-kompositorischen Gestalten derselben wird in der ästhetischen Praxis der frühen Elektronik obsolet.

Wie gross die Euphorie in Bezug auf die elektronische Musik dieser Zeit war, kann man an den begeisterten Worten Stuckenschmidts während der genannten ersten Basler Konferenz ermessen: «Die Musik tritt aus dem Reich des Menschen und seiner tausendfachen physischen Hemmungen in das phantastische Reich der technischen Allmacht. […] Vielleicht wird bald die Bizarrerie dieser Klänge uns als eine neue Schönheit aufleuchten, als Musik aus dem Geiste einer Zeit, die den Menschen gelehrt hat, sich vogelgleich in dröhnenden Maschinen zu den Wolken zu erheben und zwischen Himmel und Erde zu schweben.»[5] Auch wenn die Praktiker wie Trautwein, Sala und Martenot versuchten, die Verbreitung solcher Allmachtsfantasien angesichts der noch recht primitiven technischen Ausstattung der Studios zu bremsen, war dies 1955 doch die vorherrschende Haltung elektronischer Gestaltungsmöglichkeiten gegenüber. Sie beförderte sicherlich auch bei Meier die Phantasie, abstrakte Formverläufe mittels «der technischen Allmacht» der Studios «als eine neue Schönheit aufleuchten» lassen zu können. Stuckenschmidts Kommentar zur Basler Konferenz zeigt deutlich, dass es in den Nachkriegsjahren um nicht weniger ging als die Fortsetzung und Vollendung des sich seit der Aufklärung entwickelnden Ideals einer reinen Kunstmusik, deren natürliche Repräsentanten die Komponisten waren. Nach der Katastrophe des Zweiten Weltkriegs stellte sich die Frage, wie man mit der gescheiterten und durch den Nationalsozialismus diskreditierten Ästhetik der Spätromantik weiterarbeiten sollte. Ein Ansatz schien durch die neuen technischen Möglichkeiten gegeben, die neben aktuellen ästhetischen Modellen den Komponisten zudem von der mit vielerlei Schwierigkeiten behafteten traditionellen Arbeit mit Instrumenten und den Eigenarten der Interpreten ent-

lasten sollten. Durch die Technologie versprach man sich einen direkten, quasi «handwerklichen» Zugriff auf das künstlerische klingende Material.[6] Edgard Varèse sprach in Bezug auf die Interpreten gar von einem «verzerrenden Prisma» zwischen dem Komponisten und dem Hörer.[7] Die elektronische Musik erschien als der logische Schritt für eine Fortsetzung des radikalen Kunstanspruchs in der Musik nach dem Zweiten Weltkrieg. Gleichzeitig gibt es einen Bruch mit der Ästhetik elektronischer Spielinstrumente vor dem Zweiten Weltkrieg. Die neuen technologischen Verfahren und ästhetischen Strategien mussten radikal neu erfunden werden.

Mit seiner distanzierten und recht abstrakten Sichtweise auf die Produktionsbedingungen elektronischer Werke war Hermann Meier daher nicht alleine. Gottfried Michael Koenig, der ab 1954 als Assistent im Elektronischen Studio des WDR in Köln tätig war, hat Vergleichbares über die unterschiedlichen Produktionsabläufe und den Anteil seiner Autorschaft an fremden Werken berichtet.[8] Der bereits erwähnte Varèse war ebenfalls als technischer Laie zeitlebens auf der Suche nach neuen elektronischen Instrumenten und einem elektronischen Studio für grundlegende Forschungen wie auch für seine kompositorischen Ideen: «Varèses Klanglabor hätte dauerhaft und ganz sein eigen sein müssen. Eine Problematik dieses Traums lag darin, daß ihm als technischem Laien für die Grundlagenforschung ein Physiker und für die Realisierung eines neuen Instruments ein Ingenieur zur Seite hätte stehen müssen.»[9] Anders als bei Hermann Meier erfüllte sich Varèses Traum mit dem Auftrag für die Musik zum von Le Corbusier kuratierten Philips-Pavillon zur Weltausstellung 1958 in Brüssel, für den er in den Niederlanden ein eigenes Studio und erfahrene Studiotechniker zur Verfügung gestellt bekam. Dort entstand sein *Poème électronique* (1958) unter schwierigen Bedingungen, nicht zuletzt, weil sich die Kommunikation mit dem technischen Team als komplizierter erwies denn angenommen. Schliesslich wurde mit einer experimentellen Installation zahlreicher Lautsprecher gearbeitet, damit das gewünschte klingende Resultat schon während des Kompositionsprozesses erzielt werden konnte.[10]

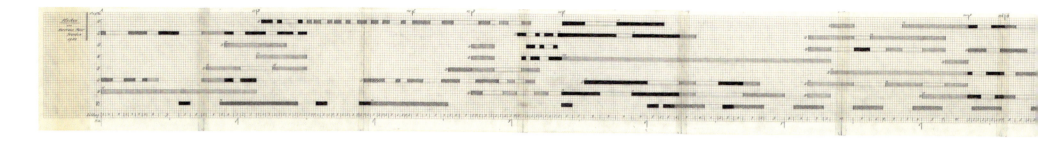

Flecken für Elektronik HMV 90
(1980), Diagramm vom 14. März bis
21. Mai 1980. | Kat. 103

Ein solcher Auftrag war dem Aussenseiter Meier nicht ver-
gönnt, und so unterschätzt er in seiner theoretischen Auseinandersetzung mit der Elektronik die zentrale Bedeutung des Expe-
riments und der Hörkontrolle an den Geräten, die unmittelbare
Erfahrung synthetisch erzeugter und bearbeiteter Klänge. So genau
seine Strukturvorstellungen auch gearbeitet sind, lassen sie doch
riesige Freiräume für die klangliche Gestaltung dieser mathematischen Relationsmonumente offen. Je nach Klangerzeugungsme-
thode und verwendetem Material erscheinen die abstrakt strukturierten Teile verschieden, was gegebenenfalls auch Änderungen an
der spezifischen Geometrie der Strukturen hätte nach sich ziehen
müssen. All das lässt sich allerdings nur im unmittelbaren Kontakt
mit dem klingenden Material erfahren.

Zum Status graphischer Partituren in der elektronischen Musik

Seit den Schwingungsversuchen mit langen Saiten von Pater Marin
Mersenne im 17. Jahrhundert kann jedes geschriebene Notenzei-
chen als eine mathematisch formulierte Schwingungszahl gelesen
werden. Der Kammerton *a'* etwa bezeichnet eine Frequenz von 440
Schwingungen pro Sekunde. Damit war die letzte entscheidende
Grundlage für die Entwicklung des temperierten Stimmungssys-
tems gelegt. Erst mit Guido von Arezzos musikalischem Speicher-
system der Notenschrift auf Notenlinien im Terzabstand einerseits
und der exakten mathematisch-physikalischen Beschreibung die-

ser Zeichen durch Mersenne andererseits ist der Bruch mit dem
auf Proportionen basierten griechisch-pythagoreischen System der
weltanschaulich interpretierten Einheit von Schrift, Zahl und Mu-
sikzeichen vollzogen. Mit der Entdeckung von Joseph Sauveur um
1700, dass es sich bei den Tönen eines Instrumentes nicht um reine
Schwingungen handelt, sondern um zusammengesetzte Klang-
gemische verschiedener Frequenzen, war auch das Geheimnis der
Klangfarbe von Instrumenten und Stimmen gelüftet.[11]

Damit waren die symbolischen Zeichen der Notenschrift aber
nicht länger mit dem Realen des akustischen Klangergebnisses iden-
tisch. Instrumentierungen und spezielle Spielanweisungen mussten fortan immer aufwendiger und exakter als Zusatztexte in die
Partiturspeicher integriert werden. Trotzdem delegierte der Komponist die genaue klangliche Erscheinungsform seines Werkes weiterhin an Instrumentalisten, Interpreten und Dirigenten. Erst das
20. Jahrhundert schuf mit seinen technischen Aufschreibsystemen
eine adäquate indexikale Speicherung des Parameters Klangfarbe,
verbunden mit der exakten zeitlichen Adressierung einzelner Ereignisse durch die Erfindung des analogen Tonbandes. Technisch auf-
geschriebene Klänge unterliegen, anders als instrumental gespielte,
ästhetisch nicht automatisch einem künstlerischen System. Ihre
Verwendung kann ganz unmittelbar klangsinnlich geschehen, wobei strukturelle Parameter, die lediglich zu ihrer Entstehung wichtig
waren, vollständig ignoriert werden können.

«Texte und Partituren – andere Zeitspeicher hatte Europa
nicht. Beide zusammen beruhten sie auf einer Schrift, deren Zeit
(in Begriffen Lacans) die symbolische ist. [...] Was dagegen auf der

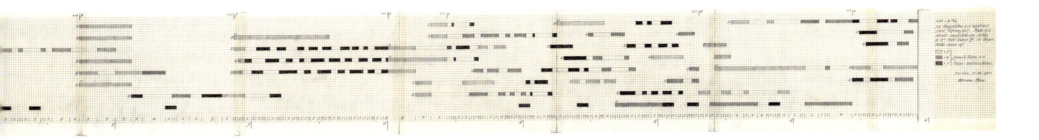

physikalischen oder (wieder mit Lacan) auf der realen Ebene als Zeit läuft [...] war schlechterdings nicht zu encodieren. Alle Datenflüsse mussten, waren sie wirklich Flüsse von Daten, den Engpass des Signifikanten passieren. Alphabetisches Monopol, Grammatologie.»[12] Somit ersetzen die indexikalischen Aufschreibmaschinen im elektronischen Studio die symbolischen Speicher der traditionellen Notenschrift. Das Grammophon notiert das Reale des Klanges direkt auf ein Speichermedium. Mit dem Tonband werden die technischen Schriften erstmals auf der Zeitachse manipulierbar. Klangfarben, Tonhöhen und -dauern können zudem mittels synthetischer Klangerzeugungsverfahren technisch generiert und manipuliert werden. Mit Hilfe solcher Aufschreibsysteme fixiert der Komponist im elektronischen Studio die Interpretation seiner Musik direkt auf ein technisches Speichermedium. Statt einer traditionell notierten Partitur benötigt er dafür Realisationspartituren der technischen Parameter, die bei der Planung und Ausführung helfen, ein Werk manchmal über Monate hinweg zu realisieren. Beispiele für solche Entwurfsschriften sind Karlheinz Stockhausens *Studie II* (1954) oder Gottfried Michael Koenigs *Essay* (1957–58).

Damit haben alle Formen symbolischer Notation – seien sie graphisch oder in Notenschrift ausgeführt – in der frühen elektronischen Musik einen grundsätzlich anderen Status als für die instrumentale Musik. An die Stelle der traditionellen Notation für die Instrumente treten technische Speicher und/oder verschiedene Arten von Entwurfsschriften, die als Komplex graphischer Symbole den Vorteil haben, dass sie die verwendeten Prinzipien formaler Indetermination bestimmter Parameter adäquat abzubil-

den in der Lage sind. Jede musikalische Graphik ist als Zeichnung ein eindeutiges Gebilde, als Komplex von zu interpretierenden musikalischen Zeichen aber mehrdeutig.[13]

All das widerspricht dem konzeptionellen Ansatz der Diagramme Meiers, die in ihrer graphischen und synästhetischen Abstraktion doch die semantischen Entwicklungslinien klassischer Partituren transportieren. Es sind in ihrer Grundkonzeption mehrdimensionale, streng geometrisch angelegte Verlaufsdiagramme, von denen wir nicht genau wissen, wie er sich ihre klangliche Realisation vorgestellt hat. Notiert sind lediglich formale Strukturen, Proportionen und komplexe Überlagerungen unterschiedlicher Materialinstanzen, die durch Farb- und/oder Formgebung charakterisiert werden. Auf die gestalterischen Quellen in der abstrakten Kunst Piet Mondrians, Paul Klees und Hans Arps hat Meier selbst mehrfach hingewiesen.[14]

Seine graphischen Strukturen zeugen von dem Versuch, individuelle Identitäten der Teilstrukturen und ihr Verhältnis zueinander zu definieren und mit einer eigenen Begriffswelt zu charakterisieren. So bezeichnet er 1975 die Teile einer schraffiert gestalteten vierteiligen Struktur als «Liege», «Schlagbündel», «Wellenbündel» und «Triller schnell, mittel, langsam».[15] Und als zusätzliche Bezeichnung nennt er «Die Bündel in 3 versch. Motorikdauern». Auf dem Diagramm zum Stück *Flecken* HMV 90 (1980, Abb. oben) gibt es den schon im zitierten Brief an Oesch erwähnten Begriff «Klangplatten», die als Bestandteile von sogenannten «Totalraumflächen» zu einer zentralen Kategorie werden: «Die Klangplatten 1–7 möglichst stark differenziert. Platte Nr. 8 schnelle, unregelmässige Schläge, in 5"-Feld immer *ff*, die längern Felder immer *mf*.» Und «*p, mf, f* = Dynamik Platten 1–7 (Platten = Totalraumflächen).»[16] Dass Meier bei den sich überlagernden Plattenklängen an weiterhin individuell identifizierbare Klanginstanzen denkt, ergibt sich aus einem Hinweis in Bezug auf das Ergebnis von Plattenüberlagerungen, die er als «Allplattenkombinat» beschreibt.[17] Als Resultat noch so komplexer Überlagerungen scheinen also nicht unterschiedliche Qualitäten von Mischklängen oder Rauschen gemeint zu sein, die sich bei der einfachen Addition unterschiedlicher Klänge zwangsläufig ergeben würden: «Die Klangplatten sollen individuell stark verschieden sein, doch soll das Allplattenkombinat nicht Dreck ergeben.»[18] Die durch unterschiedliche Schraffuren gekennzeichneten und sich überlagernden Flächen können dies graphisch exakt darstellen. Wie die synästhetisch übertragene Idee akustisch funktionieren soll, bleibt allerdings unklar.

In einem Brief an Hans Oesch beschreibt Meier seine Vorstellung in Bezug auf eine «Tafel», die er als «Klangplattenarchitektonik» bezeichnet: «Dabei sind die Platten durch die Elektroniker ganz nach Belieben zu erzeugen, wenn nur die 4 Rastertexturen unterschiedlich genug gegen einander sind. Der Klangorganisator hat nur die Architektonik und die dazugehörige Geometrik zu liefern.»[19] Ein solcher Kompositionsansatz für elektronische Musik unterschätzt die Eigendynamik, Funktion und Qualität des klanglichen Materials. Die Pläne repräsentieren syntaktische Entwürfe, deren fein gestaltete Schichten und Proportionen in Bezug auf die Praxis elektronischer Studios ein ins Leere laufendes logistisches Kalkül darstellen, bei dem offenbleibt, welche klanglichen Qualitäten mit welchen musikalischen Formen aufeinander bezogen, technisch kombiniert und überlagert werden sollen. In dieser formalistischen und traditionell anmutenden Haltung, erscheint der «elektronische Stil» Meiers als ein in der Abstraktion verharrender Entwurf für eine ebenso statisch und unbeweglich gedachte Musik. Sie ergibt sich im Ideellen aus den die Klangmaschinen antreibenden Diagrammen, die die graphischen Strukturen im Utopischen von «Allplattenkombinaten» hörbar manifestieren. Diese Utopie zeugt gleichzeitig von einer Zeitlosigkeit kompositorischen Den-

kens, das weit über die elektronische Musik des 20. Jahrhunderts hinausweist. Sie erscheint als ein offen gehaltener Entwurfsrahmen, der von zukünftigen Generationen und zur Zeit Meiers noch utopischen Klangrealisierungsmöglichkeiten gefüllt werden kann.

Neue Musik auf alten Instrumenten – das Experimentalstudio Schauinsland

Die offizielle Eröffnung des Experimentalstudios der Heinrich-Strobel-Stiftung des Südwestfunks in Freiburg i. B. fand am 1. September 1971 statt. Erster künstlerischer Leiter war Hans Peter Haller, der kurz zuvor für Karlheinz Stockhausens *Mantra* (1970) einen vom Spieler bedienbaren Klangumwandler entwickelt hatte. Mit Hilfe dieses «Mantragerätes» konnten die Interpreten die Klangumformung der mit dem Klavier erzeugten Klänge selbst vornehmen und somit erstmals die Live-Elektronik in ihre Interpretation miteinbeziehen. Auf dieser Basis wurde in Zusammenarbeit mit der Firma Lawo in mehreren Ausbaustufen die für diese Zeit innovative technische Infrastruktur des Experimentalstudios geschaffen. Die Arbeit des Experimentalstudios war von Anfang an live-elektronisch orientiert. Hierbei spielten die Aufführung der im Studio erarbeiteten Werke und die Entwicklung neuer live-elektronischer Instrumente eine zentrale Rolle. Haller fasste seinen Ansatz rückblickend so zusammen: «Wir machen zu viel Neue Musik auf alten Instrumenten. [...] Ist eine Möglichkeit vorhanden, den lebendigen Klang der *älteren* und *alten* Instrumente zu verändern, zu erweitern».[20] Und Hans Oesch, der Vorsitzende der Heinrich-Strobel-Stiftung, resümierte programmatisch: «Im Arbeitsbereich des Freiburger Studios liegt der Hauptakzent auf der Live-Elektronik im Studio und Konzertsaal, also auf der simultanen Umwandlung instrumentaler oder vokaler Schallereignisse und deren Wiedergabe im Raum über Lautsprecher. Bei der live-elektronischen Komposition ist das hergestellte Tonband nicht die Endstufe; diese Werke müssen im Konzertsaal immer wieder neu interpretiert werden.»[21]

In der europäischen Rundfunktradition geschah die Erarbeitung neuer Werke im Studio immer im Austausch mit dem verantwortlichen Studiotechniker, der die entsprechenden Maschinen bediente und die Ideen der Komponisten in einem gemeinsamen Prozess zu realisieren versuchte: «Live-Elektronik bedeutet Echtzeit – Realtime – Elektronik. Alle elektroakustischen Klangverläufe sind gleichzeitig mit der vokalen oder instrumentalen Interpretation. Zeitliche Verschiebungen entstehen nur dort, wo eine analoge oder digitale Verzögerung eines Signals als spezielle musikalische Information eingesetzt wird.»[22]

Die elektronischen Studios dieser Zeit waren einerseits in ihrer technischen Ausstattung mit Tonbandgeräten, Oszillatoren, Filtern und einfachen Mischpulten sehr standardisiert. In dieser Hinsicht bildete das Experimentalstudio des SWF von Anfang an eine Ausnahme. Andererseits war die Wahl eines Studios bis in die 1990er Jahre hinein gleichbedeutend mit der Entscheidung für eine bestimmte musikalische Ästhetik und Produktionsweise. So sind die frühen Produktionen der Studios in Stockholm, Köln, Paris, Mailand etc. ästhetisch recht gut unterscheidbar. Meiers Zusammenarbeit mit dem Freiburger Experimentalstudio war daher gleichbedeutend mit der Wahl einer live-elektronischen Herangehensweise an kompositorische Entscheidungen.

«Ich lief neben den Geleisen» – Hermann Meier im Experimentalstudio

Über Hans Oesch bekam Hermann Meier 1976 die Möglichkeit, im Experimentalstudio des SWF unter der Leitung von Hans Peter Haller einen seiner Pläne für eine elektronische Musik zu realisieren: die *Klangschichten* für Tonband (HMV 83). Das Werk entstand während zweier Studiobesuche im Oktober und Dezember 1976. Dank einer ersten Analyse durch Gaudenz Badrutt und der weiteren Aufarbeitung des Nachlasses durch Heidy Zimmermann konnten ein halbes Dutzend Diagramme dem Werk *Klangschichten* zugeordnet werden.[23] Näher betrachtet werden sollen hier die vorbereitenden Diagramme

vom September 1976 sowie die unmittelbar der Studioproduktion zuordenbaren Diagramme von Ende November 1976.

Das für die Ausarbeitung zentrale Diagramm der Komposition *Klangschichten*, entstanden zwischen dem 28. August und 6. September 1976, ist ausserordentlich farbig und differenziert gestaltet (Abb. S. 170). Er besteht aus drei horizontalen Bahnen, die zu einem 140 cm langen Gesamtplan zusammengeklebt sind. Die oberste Papierbahn zeigt wie in einem Entwurf die mit Bleistift gezeichnete und einheitlich schraffierte Gesamtstruktur des Stückes, wie sie im Wesentlichen bereits in den frühen Skizzen erscheint. Alle wichtigen Teile inklusive der charakteristischen Parallelführung zweier Entwicklungslinien sind bereits vorhanden. Wahrscheinlich war diese Skizze der Ausgangspunkt für die weitere Ausgestaltung der Formteile. Die mittlere Bahn ist der grösste und am differenziertesten ausgeführte Teil. Graustufen, farbige schraffierte Blöcke und vertikale ‹Streifen-Schichten› stehen für Klangqualitäten mit den Bezeichnungen «Schlag», «Welle», «Liege», «Triller» und «Rauschen». Dabei werden die Farben Gelb und Rot für «Liege» und «Triller» gleichzeitig auch für die Dynamikangaben *p* und *mf* verwendet. Auch hier sind Meiers Begriffe von eigenen klanglichen Vorstellungen geprägt, was die Kommunikation im Studio erschwert haben dürfte. Die dritte und unterste Papierbahn besteht aus zwei je fünfzeiligen Balkendiagrammen, die in nur zwei Farben (schwarz und dunkelblau) die Dauernproportionen des darüberliegenden mittleren Teils ausdifferenzieren. Auf der Basis dieser Skizzen erstellte Meier am 14. September einen Realisationsplan, den er auf Transparentpapier ins Reine schrieb, mehrmals kopieren liess und im Studio verwendete (Abb. S. 171).

Zum Zeitpunkt von Meiers Besuchen bei Haller in Freiburg befand sich das Experimentalstudio am Ende seiner zweiten Ausbaustufe (1973–1976). Zu den Bandmaschinen und den Ringmodulatoren kamen nun vor allem Verzögerungsmaschinen, verschiedene Filter, Gates («Unterbrecher»), Vocoder sowie die dritte Generation eines steuerbaren Gerätes zur Raumklangbewegung (das nach Haller benannte «Halaphon»). Die Steuerung all dieser Geräte erfolgt durch handbetätigte Regler, was die in der Theorie Meiers angestrebte

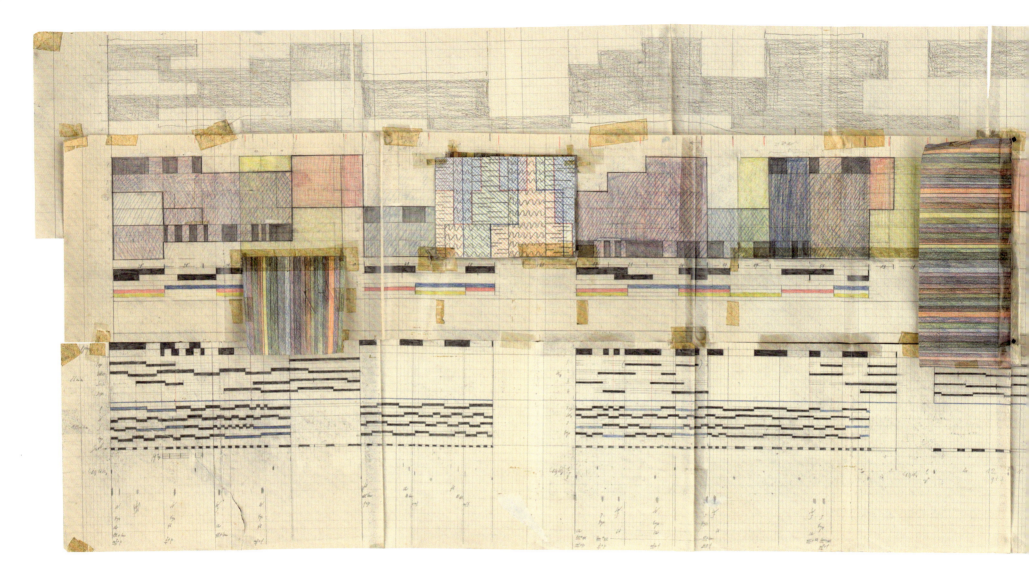

Diagramm vom 28. August bis 6. September 1976 zu *Klangschichten* für Tonband HMV 83 (1976), in unrestauriertem Zustand, Ausschnitt.

mathematische Genauigkeit musikalischer Verläufe verunmöglicht. Die Arbeit in den Studios verläuft in einer permanenten Auseinandersetzung zwischen angestrebter musikalischer Idee und den technischen Problemen bei deren Umsetzung. Gottfried Michael Koenig spricht von einer «merkwürdigen Ehe zwischen einer puristischen musikalischen Intention und technischen Notbehelfen».[24]

Zur Realisierung der *Klangschichten* spielte der improvisationserfahrene Meier im Studio wahrscheinlich selbst die verschiedenen Cluster und chaotischen Verläufe mit Klavier, Cembalo und Orgel als klingendes Material der in der Partitur geplanten Rasterstrukturen ein, was einer streng geometrisch organisierten elektronischen «Klangplattenarchitektonik» schon im Ansatz wi-

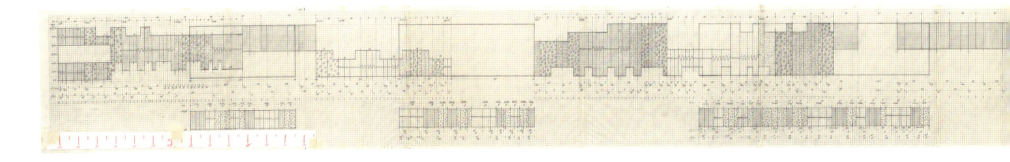

derspricht. Um die notwendigen möglichst unterschiedlichen Ausgangsmaterialien trotzdem erzeugen zu können, wurde das eingespielte Material elektronisch nachbearbeitet. Für die Klaviercluster wählte Haller eine Kombination aus Filterung und einer rhythmischen Struktur mittels Gates und Band-Echoeffekten. Bei Cembalo und Orgel kamen vor allem Ringmodulatoren zum Einsatz, die den Klängen etwas Metallisches geben. Als zusätzlichen Klang wählte Haller ein Rauschen, welches er entweder aus Beckenklängen, den ringmodulierten Cembalo-Aufnahmen oder mittels eines gefilterten Rauschgenerators gewann. Alle weiteren Klänge entstanden durch Schnitttechniken und vielfältige Überlagerungen der Ausgangsmaterialien, wie sie im ersten Teil der *Klangschichten* vorgestellt werden.

Gemäss Gaudenz Badrutts Analyse[25] konnten beim ersten Besuch im Freiburger Studio nur die ersten 98 Sekunden des rund zehn Minuten dauernden Stückes umgesetzt werden. Mitte Oktober berichtete Meier ernüchtert an seinen Freund, den Pianisten Charles Dobler: «Ich lief neben den Geleisen. Das ist die eigentliche Erkenntnis der 3 Tage Freiburg. Vom 10minutenstück wurden 2 Minuten auf Band gebracht – besser: was man hat aufnehmen, übertragen können. Auf exakte Tonhöhengrenzen ist zu verzichten, ich hab für das Architektonische andere Mittel und Wege zu finden. Dagegen hat das Kombinatorische als Grundprinzip zu bleiben und alle Parameter einzuschliessen. Alles Binnengeschehen, vor allem der Energetikdichte wegen, um damit zusätzliches Gliederungsmittel zu gewinnen, wird zum puren Infantilismus.

[...] Das Experiment deckte auf, dass der schwache Punkt der jetzigen Elektronik in der Erstellung der Ausgangs-Elementarflächen liegt: diese sind nicht aufeinander abgestimmt, genug unausgeglichen, sehr zufällig. Sie schlagen einander tot und erzeugen Gemische, zerstören die Transparenz, die geforderte Addition. Auch sind alle 1-Sekundentriller wegen Verwischungsgefahr unerlaubt. Die Techniker erzeugen Klangfarben (J=Parameter) durch hohe und tiefe Klanglage, so dass aus der strengen Geometrie topologische Wolke wird: aus ▭ wird 〰.

Mit Seismogramm lässt sich keine Architektonik herstellen.»[26]

Die im November 1976 erstellten Pläne lassen einen nüchternen Umgang mit den Erfahrungen des ersten Studioaufenthaltes erkennen. Auf einem Plan von Ende November arbeitete Meier in einem schlichten siebenteiligen Kästchendiagramm zwei neue Teile 1 und 3 aus (Abb. S. 172 oben). Auf einer Realisationspartitur vom 25. November 1976 wird ersichtlich, dass Meier die beim ersten Besuch umgesetzten 1,5 Minuten als Mittelteil einfügte und nur die Teile 1 und 3 neu realisierte. Dieser mit Bleistift auf Transparentpapier gezeichnete technische Ablaufplan ist noch schlichter gestaltet als die zuvor erstellte Skizze. Er gibt lediglich die Dauern und Folgen einzelner Texturen und Teile an (Abb. S. 172 unten).

Dank dieser Überarbeitung konnte beim zweiten Studiobesuch im Dezember in einem guten Sinne experimentiert werden, sodass am Ende ein Stück von ca. 6,5 Minuten Dauer fertig gestellt war. Musikalisch am interessantesten ist sicherlich der dritte Teil.

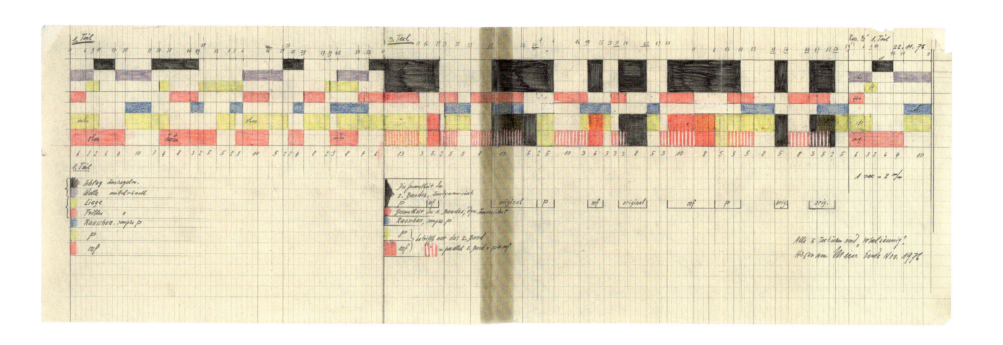

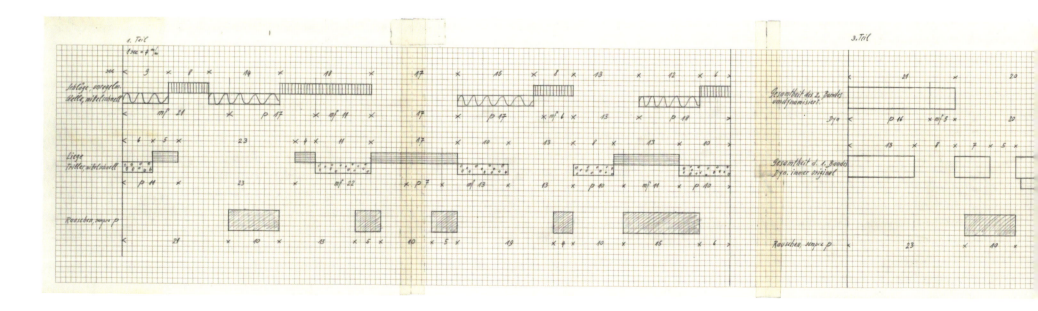

Er besteht aus neu geschnittenen Überlagerungen des ersten Teils mit dem zweiten und dem von Haller hinzugefügten, elektronisch erzeugten Rauschen. Das zweimal hintereinander kopierte Fragment des zweiten Teils (aus dem Diagramm vom 14. September 1976, Abb. S. 171) wird für den dritten Werkteil auf beiden Monospuren unabhängig voneinander zeitlich und dynamisch neu bearbeitet und mit dem Material des ersten Teils zusätzlich überlagert, was eine sehr dichte Struktur ergibt. Hier bemerkt man am deutlichsten, dass das finale Stereoband aus zwei unabhängig voneinander erstellten Monobändern besteht, die für die finale Version zusammen kopiert wurden.

Gaudenz Badrutt hat festgestellt, dass Meier in *Klangschichten* der Samplingtechnik und dem Remix ähnliche Verfahren nutzte.[27] Die aus dem digitalen Sampling bekannte Technik des Remix wird kompositorisch als strukturgenerierendes Verfahren für die analoge Gestaltung einer Tonbandkomposition verwendet. Das ist einerseits so innovativ wie es andererseits für den Verfechter einer streng geometrisch gedachten «Klangplattenarchitektonik» als «Infantilismus» erscheinen muss. Bereits nach dem ersten Studiobesuch war Meier klar: «Der Komponist muss die Elektronik in sein Denken einbeziehen, sie zur Grundhaltung machen. Der Physiker ist verdammt konservativ, musst nie erwarten, dass meine Klanggebilde in Experimentalstudios entstehen. (Millionen Klangflächen entstehen da, aber nie Architektonisches od. Grossformen daraus; die haben noch allzusehr Melodik und Sprachlichkeit und Ausdrucksbedürfnis in den Knochen). [Um] dieses (ästhetische) Hindernis zu überwinden bleibt mir nichts als architektonisch oder anlagegeometrisch ausgeklügelte, gesäuberte, geradezu mondrianisch-puristische Klanggrundrisse zu ersinnen, die für sich hieb- und stichfest sind, und diese planerische Notwendigkeit, Zwangsläufigkeit in sich als Überzeugungs-, sogar Überredungsmittel zu brauchen. Die Geometrie des Grundrisses, der ja die Grossform ist, ist tatsächlich das einzige Gemeinsame zwischen Musikerdenken und Techniker.»[28]

Meier lief bei der Realisierung der *Klangschichten* im SWF Experimentalstudio in dem Sinne «neben den Geleisen», dass die Voraus-

Klangschichten für Tonband HMV 83 (1976), Diagramm von November 1976 für zwei neue Teile 1 und 3. | Kat. 93

Klangschichten für Tonband HMV 83 (1976), Realisationsplan vom 25. November 1976, Ausschnitt. | Kat. 94

Klangschichten HMV 83 (1976), durch den SWR angefertigte Tonbandkopie mit Hülle, 2. Dezember 1976. | Kat. 95

setzungen, mit denen Haller an sein Material heranging, überhaupt nicht seiner kompositorischen Überzeugung entsprachen. Für den Klangorganisator einer strengen «Klangplattenarchitektonik» sind die konstruierten geometrischen Strukturen das abstrakte, klar definierte Ausgangsmaterial für das Werk, für Haller sind es dynamische Zustände, mit denen man in der Zeit arbeiten muss, die der Interpret selbst gestaltet und die niemals abgeschlossen sind. Die entsprechenden Pläne Meiers sind für ihn klassisch zu interpretierende Partituren, während sie für Haller Produktionsskizzen für die technischen Tonbandaufzeichnungen darstellen.

Es bleibt eine Ironie der Geschichte, dass Meier ausgerechnet für dieses Werk zur Uraufführung am 10. Dezember 1976 in Solothurn den kantonalen Werkpreis bekam, der die einzige Auszeichnung seines Lebenswerkes bleiben sollte.

Meier hielt, wie viele Komponisten seiner Zeit, vor allem die Klanglichkeit der frühen elektronischen Musik für unzulänglich und, gemessen an den komplexen klanglichen Differenzierungsmöglichkeiten traditioneller Instrumente und seiner klanggeometrischen Phantasien, zurecht für unterkomplex. Einfache Bandmanipulationen, die Filterung und Modulation aufgenommener Instrumente wie die synthetisch erzeugten Klänge sind von den von ihm imaginierten geometrischen und mathematisch definierten klanglichen Materialitäten, die in die vorgegebenen Strukturen ‹eingehängt› werden sollen, sehr weit entfernt. Vielleicht hat er sich deshalb ganz auf das Auskomponieren der strukturellen Seite konzentriert und die an der malerischen Moderne orientierte, imaginierte Klangästhetik zukünftigen Verfahren und utopischen Gestaltungsmöglichkeiten überlassen.

Meier hinterlässt elektronische Kompositionen, deren formale Strukturen skizziert sind, deren klingende Substanz zukünftigen Möglichkeiten komplexer synthetischer Klangerzeugungsverfahren überlassen bleibt. Sicherlich liegen diese in den zu Meiers Zeit noch kaum absehbaren Möglichkeiten der Digitalisierung, die solche Verfahren grundsätzlich ermöglicht. Auch wenn es bei der Umsetzung dieser exakt abgegrenzten «Klangplattenarchitekturen» und ihren Überlagerungen heute noch technische Grenzen gibt, kann man doch davon träumen, dass es einst Verfahren und Programmiermöglichkeiten geben wird, mit denen man in die strukturellen Phantasiegebäude der vorliegenden Pläne die entsprechend konstruierten Totalraumflächen «einhängen» könnte. Wir wüssten dann noch immer nicht, wie nah wir den ursprünglichen Klangvorstellungen Meiers gekommen sind, jedoch könnten wir seine komplexen Entwürfe als Ausgangsmaterial benutzen und sie mit Leben zu füllen versuchen.

Anmerkungen

1 *Musik aus dem Nichts. Die Geschichte der elektroakustischen Musik in der Schweiz*, hg. von Bruno Spoerri, Zürich 2010, S. 3–37.
2 Vgl. den Beitrag von Michelle Ziegler in diesem Band, S. 154–159.
3 Vgl. «Das historische Studio für elektronische Komposition Hermann Heiß 1957–1966» auf der Website des ZKM Karlsruhe: http://biblio.zkm.de/heiss/ (letzter Zugriff 4.7.2017).
4 Spoerri, *Musik aus dem Nichts* (wie Anm. 1), S. 73.
5 Hans Heinz Stuckenschmidt, unveröffentlicher Tagungsvortrag [1955], zit. nach Spoerri, *Musik aus dem Nichts*, (wie Anm. 1), S. 36.
6 Vgl. *Edgard Varèse und das Poème électronique. Eine Dokumentation*, hg. von Dieter Nanz, Basel 2006, S. 14.
7 Edgar Varèse, «Musik auf neuen Wegen» [1950], in: *Im Zenit der Moderne. Die internationalen Ferienkurse für Neue Musik 1946–1966*, hg. von Gianmario Borio und Hermann Danuser, Bd. 3, Freiburg i. B. 1997, S. 92–97, hier S. 97.
8 Vgl. das Interview mit Gottfried Michael Koenig in: Michael Harenberg, *Neue Musik durch neue Technik? Musikcomputer als qualitative Herausforderung für ein neues Denken in der Musik*, Kassel 1989, S. 138–146, hier S. 141.
9 Nanz, *Varèse und das Poème électronique* (wie Anm. 6), S. 13.
10 Ebd. S. 26–28.
11 Friedrich Kittler, «Der lange Weg zur Compact Disc», in: *Amor vincit omnia. Karajan, Monteverdi und die Entwicklung der neuen Medien*, hg. vom Herbert-von-Karajan-Centrum, Wien 2000, S. 215–232, hier S. 220f.
12 Friedrich Kittler, *Grammophon, Film, Typewriter*, Berlin 1986, S. 12.
13 Vgl. Konrad Boehmer, *Zur Theorie der offenen Form in der neuen Musik*, Darmstadt 1967, S. 158.
14 Vgl. den Beitrag von Vera Hausdorff in diesem Band, S. 55–68.
15 Hermann Meier, Diagramm vom 24. Juli 1975 zum Elektronischen Stück HMV 80 (1975). Die Quellenhinweise verdanke ich Michelle Ziegler.
16 Hermann Meier, Diagramm vom 21. Mai 1980 zum Stück *Flecken* HMV 90 (1980).
17 Hermann Meier, Plan vom 22. August 1983 zum *22¾-Minuten-Stück* für Elektronik HMV 93 (1982–83).
18 Ebd.
19 Hermann Meier an Hans Oesch, Brief vom 12. Juli 1974 (PSS–SHM).
20 Hans Peter Haller, *Das Experimentalstudio der Heinrich-Strobel-Stiftung des Südwestfunks Freiburg 1971–1989. Die Erforschung der elektronischen Klangumformung und ihre Geschichte*, Baden-Baden 1995, S. 9–10.
21 Hans Oesch, [Vorwort] zu: *Teilton* 1 (1978), S. 8–9, hier S. 9.
22 Haller, *Das Experimentalstudio* (wie Anm. 20), S. 22f.
23 Vgl. Gaudenz Badrutt, Schlussbericht zum Forschungsprojekt «Das Auge komponiert» an der Hochschule der Künste Bern, unveröffentlichtes Typoskript, Bern 2014, sowie die Liste der Diagramme Hermann Meiers im Anhang dieses Bandes, S. 201–207. Badrutts Arbeit ist einsehbar in PSS–SHM.
24 Gottfried Michael König, «Analyse als Teil der Synthese», in: *Die Analyse elektroakustischer Musik – eine Herausforderung an die Musikwissenschaft?*, hg. von der Deutschen Sektion der Internationalen Gesellschaft für elektroakustische Musik (DecimE), [Berlin] 1991, S. 19–26, hier S. 20.
25 Badrutt, Schlussbericht (wie Anm. 23), S. 6.
26 Hermann Meier an Charles Dobler, Brief vom 20. Oktober 1976 (PSS–SHM).
27 Badrutt, Schlussbericht (wie Anm. 23), S. 8f.
28 Meier an Dobler, Brief vom 20. Oktober 1976 (PSS–SHM).

«Das Gebäude muss zum Klingen gebracht werden»

Die Pianisten Gilles Grimaître und Dominik Blum im Gespräch mit Michelle Ziegler

Dominik Blum und Gilles Grimaître beschäftigen sich unterschiedlich lange mit dem Klavierwerk Hermann Meiers. Blum lernte dessen Kompositionen im Unterricht bei Urs Peter Schneider in den 1980er Jahren kennen. Daraufhin setzte er sich dafür ein, das Werk Meiers bekannt zu machen: 1992 spielte er die erste Uraufführung, acht Jahre später veröffentlichte er eine CD mit dem ganzen Klavierwerk ab der Sonate (1948–49). Seither hat er Meiers Stücke in unterschiedlichen Programmen und Kontexten aufgeführt. Grimaître hat für ein Konzert zum Meier-Symposium im Januar 2017 zwei Klavierstücke ausgewählt und diesen zwei Werke von Galina Ustwolskaja gegenübergestellt. Im Gespräch berichten beide Interpreten über ihre Erfahrungen mit Meiers Musik.

Michelle Ziegler (MZ): Die Klavierstücke nehmen in Meiers Schaffen eine zentrale Stellung ein. Meier hat in einer Zeitspanne von über fünfzig Jahren von den frühen Dreissigern bis in die späten Achtziger achtzehn Stücke für Klavier solo geschrieben, die sich in der Kompositionsweise stark unterscheiden. Über welche Komposition habt ihr zu Meiers Klaviermusik gefunden und wie waren eure ersten Erfahrungen damit?

Dominik Blum (DB): Am Anfang ist es schon sperrige Kost. Ich war noch sehr jung, als ich das erste Stück spielte: das Klavierstück vom April 1957. Das ist ein relativ übersichtliches Stück, weil es mit wiederholten Teilen arbeitet, die rhythmisch verlängert und

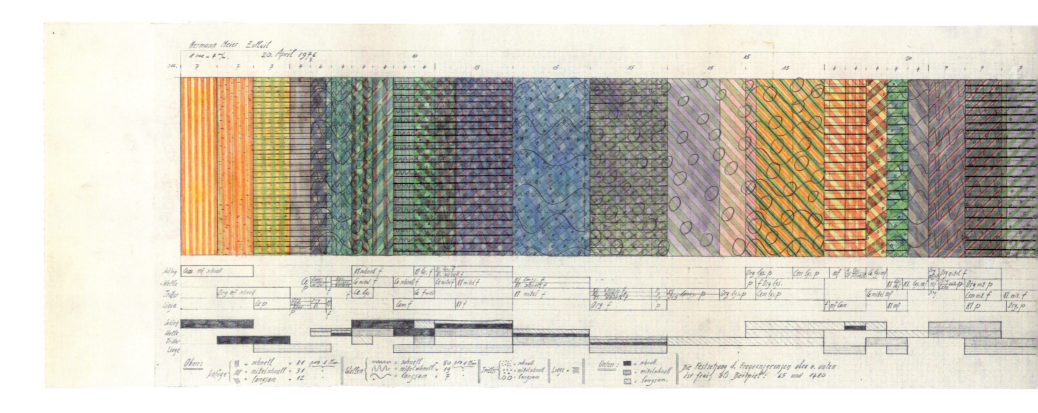

Diagramm vom 20. April 1976, nicht zugeordnet, kolorierte Photokopie. | Kat. 89

verkürzt werden. Das erinnert bisweilen an Formen mit Strophe und Refrain. Da es nicht so viele Texturen hat, ist es im Vergleich zu anderen leicht zu lernen. Aber für mich war die erste Einspielung – das kann ich jetzt ja sagen – ein hartes Stück Arbeit, weil Meier rhythmisch extrem genau gespielt werden muss. Seine Kompositionen sind auf allen Ebenen enorm konzis. Bei Stockhausen kannst du dir eher mal ein paar Freiheiten erlauben. Wenn du bei Meier schummelst, fällt das Gebäude in sich zusammen. Es gibt keine Arabesken oder Ähnliches wie bei Boulez oder Stockhausen. Bei Meier ist jeder Ton eingebunden in eine Matrix: in ein Zahlen- und Strukturgebäude. Eigentlich ist es die strengste Musik auf diesem Gebiet. Das mental Schwierige bei

dieser Musik ist, dass man sich nie einen Fehler erlauben kann ohne zu riskieren, dass das Stück zusammenfällt.

Gilles Grimaître (GG): Den ersten Eindruck verschaffte ich mir mit dem Klavierstück für Urs Peter Schneider aus dem Jahr 1987. Es war für mich schnell klar, dass ich dieses Stück aufführen will. Es hat mich beim Anhören am meisten interessiert, genau wegen dieser rhythmischen Präzision und weil es eine elektronische Seite hat. Ich finde, der Ausdruck «Gebäude» passt dafür sehr gut – oder «Beton»: etwas, das einfach da ist und keine anderen Möglichkeiten zulässt. Das hat mich fasziniert. Ich hatte einen ähnlichen Eindruck, als ich *Evryali* von Iannis Xenakis einstudierte: dass man

sich fast Gewalt antun muss, um darin nichts Expressives, Menschliches oder Persönliches zu suchen. Es handelt sich um etwas, das wie in der Natur einfach da ist – und das hat mich vor allem an den späten Stücken fasziniert.

MZ: Wenn du von der «elektronischen Seite» dieser Stücke sprichst, was meinst du genau damit?

GG: Es handelt sich nicht um etwas Elektronisches in der modernen Auffassung, sondern es geht mehr um die eben beschriebene Präzision, die mich fasziniert. Etwas Elektronisches in diesem Sinne ist nicht von Menschen entschieden. Ich denke beispielsweise an Stü-

cke von Frank Zappa. Er arbeitete auch oft mit dieser rhythmischen Präzision, die dermassen utopisch ist, dass sie eigentlich nicht von einem Menschen erreicht werden kann. Wie übrigens auch die Musik von Conlon Nancarrow, die für Player Pianos geschrieben ist.

MZ: Wie geht ihr als Interpreten mit dieser rhythmischen Präzision um: Strebt ihr eine solche nur von Maschinen erreichte Genauigkeit an oder nehmt ihr euch in einer lyrischen Ausdeutung Freiheiten?

GG: Ich versuche mich an das Ideal der Genauigkeit anzunähern, auch wenn ich weiss, dass ich es nicht erreiche. Es ist eher eine konzeptuelle Angelegenheit. Das ist wie bei einer Bach-Fuge, in der man den Kontrapunkt verständlich zu machen hat. Er ist Teil der Struktur. Im Klavierstück von 1987 gibt es eine Art Kontrapunkt: Es gibt Klangflächen, die man entweder in den Vorder- oder in den Hintergrund rückt. Es ist eine Musik in drei Dimensionen. Darüber hinaus versuche ich, die Bilder in diesem Stück möglichst genau wiederzugeben – genau wie bei Xenakis auch, obschon es natürlich nicht notwendigerweise die gleiche Ästhetik ist. Ich denke, die Musik von Meier ist sehr visuell, sie ist von Grund auf graphisch oder bebildert. An Lyrik denke ich in diesem späten Stück nicht – ganz im Gegensatz zum frühen Klavierstück von 1947.

DB: Hermann Meier hat mal gesagt, dass er seine ganze Leidenschaft und seine Emotionen in die Struktur seiner Musik steckt. Es gibt also gewissermassen eine Spiritualität der Struktur. Wenn du es schaffst, diese auszudrücken, dann ist das viel. Oder anders gesagt: Das Gebäude, von dem wir vorher sprachen, muss zum Klingen gebracht werden.

MZ: Und wie geht ihr mit der Monotonie um, die das reduzierte Material mit sich bringt: Versucht ihr sie durch eine gleichförmige Gestaltung zu verstärken oder eher durch Farben oder Gewichtungen zu beleben?

DB: Das Wichtigste ist, nichts hineinzubringen, das nicht in der Partitur steht. Wenn da also zehn gleiche Töne stehen und du sie rhythmisch auszudeuten versuchst, ist das falsch. Die zehn Töne sollten etwa in der gleichen Qualität gespielt werden. Aber genau da muss die ganze musikalische Erfahrung und Sensibilität im Ansatz eingebracht werden, damit eine hohe Intensität und maximale Sonorität erreicht wird. Denn die gleichen Noten klingen gleich und unterscheiden sich doch, weil sich der Kontext verändert. Das Klavierstück aus dem Jahr 1987 ist da exemplarisch. Dieser erste Ton *h*, der muss immer derselbe sein, auf seinem Platz und auch das darauf erklingende *f* muss seine eigene Konsistenz haben. Doch das *h* schafft einen Raum, in dem das *f* anders klingt, als wenn es alleine auftreten würde. Das ist das, was Gilles vorher gesagt hat über räumliche Musik. Die Musik wirkt räumlich, weil jeder einzelne Ton auf die Umgebung anders reagiert. Ich glaube, bei Meier spielen solche Details in der Interpretation eine grosse Rolle.

MZ: Jetzt haben wir insbesondere über das späte Klavierstück von 1987 gesprochen. Welche Unterschiede gibt es zur Interpretation der frühen Kompositionen?

GG: Ich muss vielleicht sagen, dass ich die Musik Hermann Meiers über zwei Stücke kennengelernt habe: das Klavierstück von 1947 und jenes von 1987. Das frühe Stück begann ich nicht gleich einzustudieren, sondern ich versuchte zunächst, es zu analysieren. Ich las also die ersten beiden Seiten und sah sofort eine Parallele zur Musik von Galina Ustwolskaja, die ich im gleichen Konzert spielte. Ich hatte das Gefühl, dass hier die Takte keine Rolle mehr spielen und es dennoch einen Sinn im zeitlichen Ablauf gibt. Jeder Schlag hat dasselbe Gewicht – wie in der Musik Ustwolskajas. Bei Meier gibt es all diese Artikulationszeichen – Tenuti, Staccati und Bindebögen –, die er auf fast zwanghafte Weise über jede Note setzt. Ich sagte mir, dass das eine schöne Parallele zur ersten Sonate von Ustwolskaja gibt. Wie Meiers Klavierstück steht diese gewissermassen zwischen zwei Ästhetiken, zwischen der Vergangenheit, dem Einfluss von Schostakowitsch, der romantischen Phrasierung, und dem, was sie danach geschrieben hat.

MZ: Welche Fragen ergaben sich daraus für die Interpretation?

GG: Als ich dieses Stück einzustudieren begann, spielte ich es ähnlich wie das Klavierstück von 1987: sehr kalt, sehr klar. Doch dann fand ich, dass es so wenig Kraft hatte – oder jedenfalls nicht so viel Kraft wie das spätere Stück. Noch zwei Wochen vor dem Konzert hatte ich Zweifel, ob es so funktionierte. Dann besprach ich es mit meinem ehemaligen Lehrer Pierre Sublet. Zusammen entschieden wir, die Phrasierung stärker in den Fokus zu rücken, um sie sogar manchmal fast über-expressiv wirken zu lassen, aber dabei immer diese Vorstellung einer Hartnäckigkeit beizubehalten; also nicht einfach in ein Rubato oder andere romantische Kodifizierungen zu verfallen. Vor allem ging es darum, die Phrasierungen durch eine besondere Klangqualität zu erreichen, durch die Vorstellung von Stimmen – insbesondere bei den melodischen Überresten, die hier zu finden sind. Darüber gibt es diese unablässige Tonfolge, diese Serie, die Meier gemäss den Verfahren der Zwölftontechnik behandelt. Das ist die Struktur des Stückes. Aber trotzdem verstehe ich es immer noch nicht ganz. Es ist mir nicht klar, wohin er damit wollte, ob er sich vielleicht hier schon von seiner Vergangenheit lösen wollte …

DB: Ja, ich denke, er erkannte, dass er seine Visionen mit der Zwölftontechnik nicht verwirklichen konnte. Seine Visionen gingen immer mehr Richtung elektronische Musik. Diese seriellen Klavierstücke sind für mich eigentlich Vorboten: Das ist eine Art Übergangsmusik. Die dodekaphone Technik, also der dauernde Umgang mit zwölf Tönen, war für Meier eher eine Last. Später distanzierte er sich vom melodischen Komponieren. Ab 1956 gibt es keine einzige Melodie mehr, nur noch einzelne Töne oder Klangkomplexe – und später dann Cluster. Es gibt in diesem Stück von 1947 Brüche zwischen den insistierenden Artikulationen und den expressiven Melodien. Er versucht das zusammenzubringen und muss dann spätestens nach der Sonate von 1949 und den *Gattiker-Variationen* von 1952 einsehen, dass es einfach nicht mehr zusammenpasst. Auch in der Sonate treffen noch alte und neue Techniken und Visionen aufeinander. Sie ist wie eine Art Synthese seines Frühwerks und kündigt gleichzeitig bereits das spätere Werk an.

MZ: Dieser Bruch ist in den zwei Klavierstücken von 1957 klar zu erkennen. Darin arbeitet Meier mit wenig Material, ausgehaltenen Einzeltönen und Akkorden, die er für sich stehen lässt. Wie geht ihr als Interpreten an diese reduzierte und statische Musik heran?
DB: Ich denke viel an elektronische Musik, wenn ich dieses Stück spiele. Ich kann nicht einen Ton zehnmal genau gleich spielen,

ich kann mich dem annähern. Ein Computer kann das wirklich. Ich glaube, Meier hat das gedacht: Für ihn müssten es Maschinen sein, die das spielen. Und diese würden dann nicht nur Einzeltöne spielen. Die Einzeltöne sind vielmehr Stellvertreter für Soundscapes. Ich kann mich erinnern, dass ich diese Stücke einmal mit Meier durchschaute, und er sagte mehrmals, dass da etwas fehle, dass noch viel mehr hereinkommen müsste. Wenn ich das jetzt spiele, spiele ich zwar schon Einzeltöne, aber ich höre Cluster. Ich stelle mir immer vor, wie es gewesen wäre, wenn Meier früh schon Zugang zu den Studios, zum Beispiel des Westdeutschen Rundfunks, gehabt hätte wie etwa Karlheinz Stockhausen. Dann müsste man sich das wahrscheinlich so vorstellen, dass er Klangkomplexe hergestellt hätte. Das hilft mir auch für die Strenge des Interpretierens. Es reichert meine Phantasie an, hinter diesen Tönen noch andere Sachen zu hören. Wenn du klassische Musik spielst, hörst du auch Orchestermusik. Jeder Pianist stellt sich beim Spielen andere Klänge vor, mal eine Oboe, mal Streicher, und versucht, sich daran zu orientieren. Und bei Meier ist es ganz klar elektronische Musik.

MZ: In den Stücken für zwei Klaviere von 1958 und 1959 tauchen neue Elemente auf, die Abwechslung und Kontraste erzeugen. Welche Erfahrungen hast du damit gemacht?

DB: Das Stück für zwei Klaviere von 1958 hat einen hohen Spassfaktor. Es ist für die Interpreten kurzweilig, weil Vieles läuft. Die *Dreizehn Stücke für zwei Klaviere* von 1959 sind zwar dann wieder karger und strenger, aber auch darin gibt es eine Vielfalt. Hier tauchen 16tel-Texturen auf und Meier verwendet zum ersten Mal weite Cluster. Er komponiert also mit vielen verschiedenen Materialien. Diese Stücke sind deshalb süffiger als jene von 1956 und 1957. Nach den zwei unglaublich strengen Stücken von 1957 geht hier plötzlich die Schleuse auf.

MZ: Von 1973 bis 1984 schrieb Meier dann keine Stücke für Tasteninstrumente mehr, sondern nur noch graphische Notationen für elektronische Musik. Dominik, du hast von diesen Plänen einige selbst umgesetzt. Wie gingst du dabei vor?

DB: Ich habe mit den Möglichkeiten, die ich hatte, versucht, etwas Stimmiges zu erreichen. Ich hatte einen Analog-Synthesizer zuhause, eine Digitalmaschine, meinen Flügel und meine Hammondorgel. Damit machte ich Klänge, also Cluster, die sich klanglich klar voneinander unterschieden. Zudem habe ich für diese Umsetzung mit der Sängerin Cornelia Bruggmann zusammengearbeitet. Wir haben vier Stimmen auf Band aufgenommen – damals noch mit ADAT-Bandmaschinen, das war ja noch Ende der 1990er Jahre. Die fünfte Stimme hat sie live gesungen. Es war also technisch relativ simpel, aber so schlecht ist es gar nicht herausgekommen.

MZ: Zum Schluss ein Blick in die unmittelbare Zukunft: Dominik, du bringst bald eine neue Aufnahme aller Stücke für Klavier solo ab der Sonate heraus. Seit der ersten sind 17 Jahre verstrichen. Warum machst du überhaupt eine zweite Aufnahme?

DB: Ich stehe heute an einem ganz anderen Punkt, was die Interpretation dieser Klavierstücke angeht. Da gibt es einerseits die Bereicherung an Wissen, von der wir jetzt profitieren. Ich gehe mit einem anderen Gefühl ins Studio. Jetzt bin ich Teil einer Bewegung geworden. Damals nahm das kein Mensch ernst. Der damalige Koproduzent von Radio DRS (heute: Schweizer Radio und Fernsehen SRF) hörte sich die Aufnahmen an und sagte, da müsse man noch ein bisschen Hall darüberlegen. Diese gemeisselte Musik könne man so doch nicht anhören. Heute würde das kein Mensch mehr sagen. Es ist schön, sich als Teil einer Bewegung zu fühlen – oder als Teil eines kleinen Häufleins an Leuten, die jetzt Bescheid wissen über Hermann Meier und die Relevanz seines Werks erkannt haben. Andererseits gehe ich selbst mit einem ganz anderen Rucksack ins Studio als vor 17 Jahren. Ich habe in der Zwischenzeit viel klassische Literatur gespielt, unter anderem Bach und Mozart. Die Erfahrungen, die ich damit gemacht habe, werde ich in die

neue Aufnahme einbringen. Zudem habe ich Meiers Stücke in der Zwischenzeit so oft gespielt, dass sie für mich Repertoire sind. Ich stehe nicht mehr so nackt vor den Mikrophonen wie vor 17 Jahren, als ich das alles neu einstudiert und nur ein oder zweimal im Konzert gespielt hatte.

MZ: Wie hat sich deine Interpretation der Klavierstücke verändert?

DB: Vor 17 Jahren wollte ich eine ganz trockene, akribische Aufnahme machen. Ich wählte für die Aufnahme einen Bösendorferflügel und das Studio 2 von SRF in Zürich, weil es so knochentrocken ist. Die Pianistin Petra Ronner sagte einmal, meine Aufnahme klinge fast wie ein frühes Digitalpiano. Jetzt möchte ich genau das Umgekehrte versuchen. Ich möchte diesen ganzen Sound des Studio 1 und des Steinways D und alles so klangvoll wie möglich. Es ist heute auch eine andere Zeit. Heute gibt es nicht mehr Grabenkämpfe in dem Sinne, das ist vorbei. Wir müssen heute schauen, dass überhaupt noch jemand Notiz nimmt von diesem unglaublichen kulturellen Erbe, das wir auf dem Kontinent haben. Ich denke, wenn ich den Hörern helfen kann, wenn ich ihnen den Zugang erleichtern kann, dann mache ich das. Vor 17 Jahren dachte ich anders, da war ich noch mehr in diesem postadornoschen Stream drin: Es muss nackt sein, es muss strukturell sein.

GG: Ich verstehe das völlig. Das ist wie mit der Musik von Schönberg oder Webern. Claude Helffer machte mal eine Schönberg-Aufnahme, auf der er alle klangliche Schönheit zu unterdrücken versuchte und alles sehr trocken spielte – was er selbst dann verabscheute. Es kann auch der Musik Meiers helfen, wenn der Klang voller ist und stärker nachklingt. Ich habe auch Lust, diese zwei Stücke von Meier wieder einmal zu spielen. Sie geben zum Einstudieren zwar ungemein viel Arbeit. Sie zu bewältigen und zu spielen, macht aber grossen Spass.

Monologe eines einsam Schaffenden

Auszüge aus Hermann Meiers Arbeitsheften

TRANSKRIBIERT VON MICHELLE ZIEGLER

Rückblick mit 51 Jahren:
Hermann Meier über seinen Werdegang

An Dr. H. Scherchen in Berlin am 5. Sept. 57
Eine Vergangenheit habe ich noch keine, trotzdem ich 51 Jahre alt
bin. Das kommt daher, weil keine Schule das zu geben vermochte,
was ich brauchte. Georg Haeser im Basler Konservatorium war mein
Theorielehrer. Diese Ausbildung setzte mich in den Stand, die Meis-
terwerke der Vergangenheit recht gut verstehen und sogar lieben zu
lernen, aber dieses handwerkliche Können stellte meinem Drang,
selbst Musik zu erfinden, unüberwindliche Hindernisse entgegen.
Das drängte mich ab in die Philosophie und Mathematik, aber da di-
lettierte ich nur. Das Ganze gab mir die richtige Beruhigung nicht.
In mir wurmte es, 1938 ca. hörte ich im Radio das 3. Streichquartett
Schönbergs. Unterweisung fand ich in Basel nirgends, darum begann ich auf eigene Faust Schönberg und Webern zu studieren und
sofort zu komponieren. Das fiebrige Suchen und das ewige Ungenügen an meinen Resultaten brachten mich schliesslich zu Vogel, 1944
oder 5. Das war die beste Schule meines Lebens. In der 12-Ton-Tech-
nik schrieb ich Lieder mit Klavierbegleitung, Klavierstücke und einige Orchesterstücke. In den letzten Jahren geriet ich wieder in eine
neue Krise. Das Ungenügen an meinen Sachen wuchs zum Ekel aus,
zur Zerstörungswut. Das meiste habe ich vernichtet und verloren.

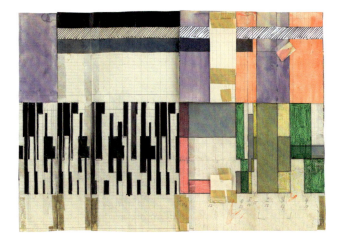

1950 war ich bei Leibowitz in Paris, 3 Wochen. Das nutzte nichts. Unersättliche Gier in mir wollte anderes, etwas grundlegend anderes. Aber ich konnte mir selbst nicht helfen, ich wusste nicht, wie das sein sollte. Ich hörte alle Sendungen neuer Musik im Radio und lernte durch die Nachtsendungen der deutschen Sender Boulez und Stockhausen und Nono, Maderna, Zimmermann, Fortner etc kennen. Vor allem die elektronische Musik packte mich. Wichtig war der Kurs für elektronische Musik im Studio Basel. In Zürich war die Mondrian-Ausstellung. Ich suchte Bill auf. Ich hörte ihre Radiosendungen über Bachs Kunst der Fuge. Ich las Joyces Ulysse.

Ich machte eine belanglose Krankheit durch und da wurden mir Fieberträume, die mich vollends aus allem herauswarfen, was an 12-Ton-Musik noch in mir war. Mir erschien da, die Musik als Geometrie oder wie sich durchdringende Kristalle. Nono und Webern sind mir jetzt die nächsten Musiker, nebst der elektronischen Musik. Die Melodik musste ich aus innerer Nötigung eliminieren. Jetzt steh ich da, ich weiss, dass ich mich nur noch an den ausübenden Musiker wenden kann, an keinen Theorielehrer mehr. Ich lebe nur noch von Versuchen. [...]

Sie sehen, ich habe gar keine Vergangenheit und ich besitze keine Werke, die ich als solche ansehen könnte. Ich schrieb ordentli-che Sachen und überliess sie dem Regen und Wind, ich fragte ihnen nach einigen Tagen nichts mehr danach. Nach kurzer Zeit befriedigten sie mich nicht mehr, denn mehr als wegbereitende Gesellenstücke waren sie nicht. In ihnen steckt nur der kurze Glaube, wie ihn der Handwerker braucht, und dann war's mit der Kindschaft aus. Es geht mir mehr um die Zeugung als ums Aufziehen. Sie taten ihren Dienst, indem sie mir zu neuen Ansichten und zu wertvollerem und ganz eigenem Können verhalfen und damit waren sie abgetan. Auf diese Art Talent, wie es mir spurenweise gegeben ist, bin ich gar nicht stolz und ich will es mir durch Aufführungen auch gar nicht bestätigen lassen. Ein Orchesterstück wurde noch nie aufgeführt, aber ich leide unter dieser Erfolgslosigkeit nicht. Ohnehin machte ich die Erfahrung, dass die Versprechungen vieler junger Komponistentalente später die Erwartungen nicht erfüllt haben und viele ratlos steckenblieben nach fulminanten Anfängen.

Brief-Entwurf (Stenographie) an Hermann Scherchen, in: Arbeitsheft *Orchesterpartitur Juli-Aug. 1957 Nr. 8 Statische Relationen* [17.07.1957–05.08.1957], eingelegtes Notizblatt in der Stenographieschrift Stolze-Schrey ohne Datum, [S.11–14].

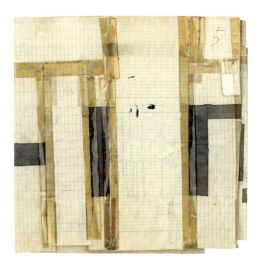

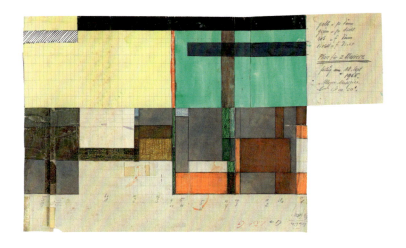

«Die Tradition ist aus» – zum Bruch mit der Vergangenheit

Durch d. Katastrofe sind wir Jahrtausende von unsern Klassikern und selbst von Wagner und Debussy entfernt. Der Bruch zwischen uns und unsern Vorgängern ist ungeheuer und total. Es darf vom Vergangenen nichts übernommen werden. Wir müssen zurück auf das Urwesentlichste des Geistes selbst. Die Zwecke der Kunst sind ganz neue, z. B. Debussy radikal entgegengesetzt – auch *Honegger*, der für uns nicht mehr zählt – und *Strawinski*, der ein präludierender Hanswurst ist. Die Tonalität und mit ihr ihre Formen (Passacaglia, Walzer, Sonate, Suite, etc) und ihre Prozeduren (Kanon, Fuge, Imitation, 8Taktigkeit etc) sind vollständig ungültig, sind Fossilien. Niemand darf von der Kunst Erhebung od. Abkonterfeiung seines Zustandes od. Unterhaltung fordern. Sie hat nur die Forderungen an sich, die aus dem Rein-Schöpferischen ihr erwachsen. Wir dürfen keine Anleihen im Vergangenen machen, selbst nicht mal mehr das Talent à la *Britten* hat heute Wert. Stell Britten neben die Atomforscher: heute hat Lebens- und Schaffensberechtigung nur noch, der erschafft. [...]

Wir haben selbst mit *Schönberg* nichts mehr zu tun. Der Geist ist unsterblich, dem die Grossen dienten, dem allein haben wir zu dienen. [...] Man muss sich einem Drang opfern, eine Neigung kultivieren. und dann vor allem das zu Tage geförderte nicht nach kuranten Anschauungen und Wertmassstäben abmessen und in der Wirkung vergleichen, sondern in seiner augenscheinlichen Unmöglichkeit stehen lassen und dann erst von spätern Werken rückwärts bewerten.

Arbeitsheft Nr. 12, *Komposition ab 13. Aug. 1948 bis Mitte Okt. 48*, [13.08.48–15.10.48], Eintrag in Kurrentschrift ca. August 1948, S. 2–4 (Hervorhebungen im Original).

«Im Jahrhundert der Relativitätstheorie und der Atomphysik»

Die Relativitäts-Theorie
Eine neue Statik suchen, jenseits der Tonalität und der Schönbergschen 12Ton-Technik.

Der leere Raum erfüllt das Ganze, die Weltkörper sind das verschwindend Kleine, bloss Vorwände für Relationen. Alle Mittelpunkte sind bloss scheinbare, sind wiederum kreisend. Es gibt keinen Mittelpunkt; das Sprechende sind die mystischen, mathematisch bloss festzustellenden Zusammenhänge. Die Zwischenräume! Nicht Melodien, sondern Pausen! Die Melodie kann nur schildern. Sie kann nicht über sie selbst hinausgelangen. Astronomie! Auch der Rhythm., solange er motorisch gleichmässig verläuft, ist eine beschränkte Angelegenheit.

Ein Musiker von heute muss ein Albert Einstein sein od. er ist der Blinddarm der Romantik. Musik darf nichts Astronomisches abklatschen od. ins Hörbare übersetzen, sondern muss selbst Astronomie sein. [...]

Hindemith und Britten haben sich vor Albert Einstein zu schämen; sie sind Jahrhunderte zurück. Nichts für Auslesemenschen, sondern nur für die fachlich Interessierten. Die beruhigen sich, dass sie sich im rein Handwerklichen so gut geborgen fühlen können. Das sind alles Biedermeier, Spitzwege! Ihr Stirnerunzeln und selbst das Grollen Honeggers: Kindermärchen. Sorgen wir nicht für uns selbst, verhungern wir geistig. Ist man etwas standfest im Handwerklichen, interessiert einen von der heutigen Musik schlechthin nichts. Man gerät aus einer Dorfschmiede od. -Schusterei in die andere. Unsere «Grössten» sind von kleiner Grösse, gegen unsere Wissenschafter gehalten, sind's allesamt Nagelschmiede. Der heutige Künstler hat sich an unsere Fisiker und Astronomen etc. zu halten, alle Künstler sind für das geistige Leben belanglos. (heute!). [...]

Der Masstab für neue Musik: Alb. Einsteins Werk. Ich liebe das 20. Jahrhdt (: wie die Mutter das noch Ungeborene). Aber an den Tag muss es mal (in der Musik) – die Tat Alb. Einsteins ist auch in der Musik zu leisten. Zeigt einem der eigene Geist das Ziel nicht, so hilft alles Tappen nichts, es bereitet nicht mal was vor.

Nicht mehr ins 19. Jhdt. schielen = 1. Vorschrift = 1. Diät! [...]

Immer ins Extrem! [...] Es gilt die Albert Einsteinische Tat in d. Musik [zu bringen]. Nicht aus dem Handwerklichen heraus, sondern aus der ganz ungewöhnl. Konzeption heraus kann folgenschweres Vordringen geschehen. Goethes II. Faust dient heute bloss noch zum Ausruhen. Der gutbeleumdete Schaffende ist heute

anachronistisch. Die kommende Kunst ist eine andere als die vergangene – eine im Wesen veränderte (wie die Relativitätstheorie gegen die Euklidische Geometrie).

Arbeitsheft Nr. 15, *Komposition 22. Febr. bis 22. April 1949 Fehler-Verzeichnis*, [28.02.1949–22.04.1949], Eintrag in Kurrentschrift ca. März 1949, S. 5–20.

Verschlossenheit gegen «erwerbbares Schulwissen»

Als guter Schüler kann ich nicht weiter kommen als Schönberg und Webern, ich kann diese nicht einmal erreichen. Ich darf mich nicht bescheiden ein guter Schüler zu sein und ein beschlagener Meister. Gehe ich in mich und frage mich nach meinen Idealen, die ich allerdings nicht fassen, nur vage erahnen kann, dann decken sich diese Ideale gar nicht sehr mit den Erfordernissen, die man an mich und an den gelehrigen Schüler stellt. Ich hab etwas zu sagen, was noch nie gesagt worden ist und das Leib[owitz] nicht in seine Formschemen hineinbringen könnte. Denn gerade daran stosse ich mich am meisten, dass ich mich an Themen und gewisse Formen halten sollte – während mein Suchen dahinaus geht, etwas aufzubauen, das seine Wertigkeit nicht aus Schemen bezieht, sondern aus Beziehungen, welche heute gar nicht existieren, weil an solche Beziehungen noch nie die speziellen Anforderungen gestellt wurden; das Formschema würde hier alles zunichte machen. Wie die alten Tonalitätsforderungen weg sind, müssen auch die Formschemen weg. [...]

Ich will nicht mein Nichtkönnen als Stärke ausdeuten, auch nicht die Unlust, es mir gewaltsam anzueignen, als persönliche Stärke, aber dennoch bin ich gezwungen in diesem meinen hartnäckigen Verschlossensein gegen erwerbbares Schulwissen eine Sonderheit zu sehen, eine Abneigung, die nicht zu überwinden ist und die mir Pflichten auferlegt, die andere nicht kennen: nämlich die Pflicht zum eigenen Forschen. In diesem Forschen habe ich mich gar nicht an die Direktiven von Leibow[itz] zu halten, sondern alles Wissen auszuschalten und nur auf mich zu horchen, um aus den gewordenen Resultaten nachträglich Gesetze auszukristallisieren, ja durch sie auf mein Ideal zu kommen, das in mehr als blosser Verbrämung von Webern und Schönberg besteht und nicht in der Korrektheit von Schulaufgaben besteht.

Arbeitsheft Begleitheft zu den Übungen für Leibowitz ab 8. Nov. 1950, Arbeit f. Vogel ab 29. Nov. 50 *[08.11.1950–08.02.1951], Eintrag in Stenographieschrift vom Dezember 1950, S. 16–19.*

«Wie bei Mondrian» – Arbeitsnotizen

24. Febr. 55, im Eichenberg, 17–18 3/4
Gegeben sind: À la Modulor eine Zahlenreihe, die nicht variabel ist, d. h. eine bestimmte Anzahl von Dauerwerten, dazwischen es keine gibt. Aber nicht reihenmässig, sondern frei. Aber wesentliche Pausen und alle dauernden Werte müssen von einer dieser Längen sein.
1. Aufg: diese Werte suchen.

Alles Einzelne ist statisch. Statik gegen Statik. Arps Statue bei Müller. Braque.

Es gibt nicht nur Längenproportionen, sondern solche der Massigkeit etc. Der innern Aufbauarten. Die Abenteuerlichkeit des vordergründlichen Geschehens. Striche oder Bänder, einzeln oder kontrapunktiert. [...] Durch die Elimination des Melodischen hat der Einzelton seine Bedeutung und seinen Namen und seine Existenz verloren. Es gibt nur noch das Tonintervall wie das rhythmische Intervall. Also Fixationstabelle der melodischen Intervalle. Aber die rhythmischen und melodischen Intervalle müssen in enge Beziehung gesetzt werden. [...]

26. Febr. 55, 16 3/4
Neue Grundelemente (à la Telegraf) Punkt. Linie. Pause.
Eine Gefühlsbedrängnis zwingt mich zu dieser radikalen Reduktion.
1. Konsequenz: Jeder Einzelspieler hat nur 1 Einzelton zwischen den Pausen.

Neues Element: Die mathematische Kombination dieser Einzelelemente. Grund: siehe Scherchens Definitionen der Mehrstimmigkeit. Aber jetzt statt lineare Mehrstimmigkeit: Häufung der Einzelstriche. Es gibt wie bei Mondrian keine Kurven (=Melodien) mehr.
Zu erzeugen ist eine innere feine Subtilität der Gesetzmässigkeit. [...]

8. 3. 55, Berg Roderis, 15 1/2 h
Ist nicht ein Widerspruch in sich: die starre Statik und der Verlauf einer Form? Form kann doch nur Geschehen sein. Statisches Geschehen? Geschehen oder Statik? [...]

18. März 55, zuhause
Aufstellung der Liste rhythmischer Werte:
[Sechzehntel] = 1 2 3 6 10 15 20 30 42 60 80 108 160 [...]
Variationenbildung durch Auslassung gewisser Werte und Beschränkung auf mehr[ere] oder wenigere. Das Arbeiten mit Auswahlen.
Beginn der Komposition: Elemente:
1. nur Striche
2. Striche gebündelt zu Bändern (homogen und nicht-homogen).
3. Senkrechte Schläge [...]

3. Juni 55
Der Grund meines Steckenbleibens und Nicht-Schaffen-Könnens: Ich habe mir bloss die Argumente gegeben oder die Axiome: Tonscharen, Dynamiken, Räume, Häufungen etc., aber die Gesetze nicht, welche alles regieren. Dabei kommt es aber in allererster Linie auf die agierenden und allem zugrunde liegenden Gesetze an. [...]

1. Juli 55
Weg mit aller Musik! Nur Geometrie, nur Mathematik, Kombinatorik der Dynamik und des Rhythmus und der Tonhöhe und Tonlänge. [...] Es gibt keinen Akkord mehr, nur noch «Tonscharen». Keine Melodik. Darum keine Atonalität oder Tonalität, nichts davon mehr,

sondern nur Striche und Bänder und glänzende Streifen und matte Streifen. Tonstreifen. Gegeneinander kombiniert. Keine Steigerungen, Spannungen und Entspannungen, nichts so, sondern nur die unerbittliche Statik: Härte gegen Härte, Unbeweglichkeit gegen Unbeweglichkeit. Nichts Sinnliches mehr, keine Klangräume, nichts Seelisches. Keine ritard. Überhaupt keine Zeit. Alle Töne stählen.

ab 15. 7. 55
[...] Ich sträube mich Musik zu machen, zu schreiben mittels Noten auf Notenpapier. Solche anders machen: mittels abstrakter mathematischer Zeichen auf Millimeterpapier z. B. Und nachherige Übertragung in die traditionelle Notenschrift. [...]

Ab hier Yvonand, 20. Sept. 55
Keine rhythmische Reihe mehr, die Werte sind fest, aber in keiner geregelten Aufeinanderfolge! Wie Corbusiers Modulor.

Die Zahlenlängen, d. h. die rhythmischen Werte in Zahlen ausgedrückt, sollen die Längen eines bestimmten Gesetzes sein. Sind die Werte nahe beieinander, so wird die Musik weich, sind sie weit auseinander, so wird sie hart. Ich will harte Musik.

Ausschnitte aus den Arbeitsnotizen zum Orchesterstück Nr. 4 *A Mondrian HMV 34* (1955), in: *Arbeitsheft Entwürfe zur Sinfonie 1955 begonnen am 24. Febr. 1955 à Mondrian*, Einträge in Stenographieschrift vom 24. Februar bis 20. September 1955, S. 1–22.

Proportionen und Symmetrien wie bei Gropius

Die Komposition ist rein geistige Aktivität, pure Geometrik. Wie Archimedes die Kugelberechnung fand, finden wir unsere tönenden Ganzheiten. Gebilde aus Stahl und Glas und Proportionen und Symmetrien. Keine krummen Flächen daran. Wie entsteht da Schönheit? Nur durch Proportionen. Die Punktflächen = ca. aufgeraute Mauerflächen, Strichflächen = Glasflächen, Tonflächen = waagrechte Betondeckflächen z. B. der Architekt hat nur ihre Anordnung, ihre Verteilung anzuordnen, das ist die ganze Kunst.

Diese grossartige, hochgeistige Architektur hat nichts mit dem Xylofon-Geklingel von Boulez zu tun. Nichts mit dem Kremengsel von Nonos Frauenarbeiten und Spitzenklöppelei. [...] In der Musik [gibt es] einen Gropius noch nicht. Einen Mondrian noch nicht. Auch an Stockhausen ist noch unendlich viel Spitzweg. Wir dürfen nicht den geringsten Kompromiss mit Schönberg eingehen. Er ist nicht unser Lehrer, nur unser Aufforderer und Anstifter zu Eigenerkenntnissen durchzudringen und sie künstlerisch durchzusetzen. Das Experimentieren mit althergebrachten (auch 12 tönerischen) Handgriffen nützt nichts. Das Weiterexperimentieren mit Kolbenmotoren setzt uns nicht in den Stand, Raketenaggregate zu vervollkommnen. Kolbenmotoren-Kenntnisse nützen uns für die Düsenaggregate nichts. Die Zimmermannsbaukunst nützt für die modernen Baukonstruktionen nicht. Es sind radikale Brüche da, darüber gibt's keine Kompromissbrücken. Das ist unerbittlich, geradezu grausam. Weil ich davon weiss, ist mir alles Auskneifen verpönt. Es ist ein Akt der Pflicht und nicht des Mutes, daraus alle Konsequenzen zu ziehen.

Kannst du sagen wie die neue Musik aussehen wird? Sie gründet auf geometrischen Prinzipien, auf Proportion und Symmetrie. Ein Gebilde aus Proportionen und Symmetrien.

Arbeitsheft *Vorbereitungen zum Klavierstück für 2 Klaviere ab Juni 1958*, [06.1958–11.1958], Eintrag in Stenographieschrift vom 24. Juli 1958, S. 89–90.

Die Frage nach der synthetischen Musik

Es ist nun die Frage nicht mehr abweisbar: die nach der synthetischen Musik. Musik aus Grundrissen, die für sich sinnvoll sind. Denn es gibt nur noch den geometrischen Sinn, der Surrealismus und Expressionismus raubte uns die Möglichkeit des psychischen Sinns.

Die vorliegende Arbeit braucht nicht weiter ausgeführt zu werden, der Grad des Zufalles in ihr ist viel zu hoch. Oder die Korrespondenzen sind viel zu vage, so dass sie dem Zufall ihre Entstehung zu verdanken scheinen. Nur eins sanktioniert mein Tun: in meiner ureigensten Sache thront ob mir keine Kompetenz, keine Autorität. Das ist schön. Es ist wie ein Weltanfang. Es ist kein Wertkriterium, dass einem kein einziger Mensch auf der ganzen Welt Mut macht, aber dieser Umstand spricht eher für autochthonen Wert als der Massenbeifall.

Die Arbeit ist vollendet, sie ist falliert – es lebe die Arbeit. Ich wusste nicht, was herauskam, weil das Total eine Addition war. Deshalb darf das neue Total keine solche sein, sondern das Sinnganze zuerst. Der Fehler war, ich konzipierte streckenmässig, statt flächenmässig. Die Korrespondenzen müssen flächenmässig konzipiert sein und nicht bloss 1-dimensional. Darum wieder Matrizen! Durch geometrische Konstruktion Sinngebung des Totales.

Arbeitsheft *Planungsheft ab 29. Jan. 61* [29.01.1961], Eintrag in Stenographieschrift vom 10. März 1961, [S. 17].

Mit Reissbrett, Reissschiene und Tusche: Arbeitsplan

Soll ich nicht mit Reisbrett und Reisschiene und schwarzer Tusche und viel Heften und Zeichenpapier und Farbstiften mich aufmachen nach Yvonand und da endlich mich zum Schaffen befreien? Oder nach Genf? Und mit Klebstreifen und scharfem Messer und mit den Mathematikauszügen oder 2 Lexiken? Und Kompass, zur Durchwandlung des Hinterlandes hinter Yvonand? Das reizte mich sehr – ich glaube, ich könnte da wieder gut schaffen und Ideen haben. Aber ohne Notenpapier – oder nur mit 1 Blatt: Ich will die Mathematik der Musik ausdenken. Vielleicht mit den 13 Klavierstücken. Dazu alle Vorbereitungs- und Skizzenhefte und noch leere mit viel Bleistiften. Kaufe vorher Pauspapier. Wasserfarben und Pinsel. + Pullover. Kleines Tintenfass und Feder. Zündholz. [...]

Arbeitsheft *Vorbereitungsheft ab 6. Sept. 1961* [06.09.1961–11.02.1962], Eintrag in Stenographieschrift ohne Datum, [S. 9].

Der «Paganini der Elektrotechnik» und der kompositorische Draufgänger

Die Techniker haben eher ihre Grenzen als die Technik, es gibt Vieles, das sie können sollten, aber doch nicht können. Das gilt auch für die Planer desgleichen. Irgendwie sind Haller und ich aufeinander angewiesen, sonderbarerweise in 1. Linie durch das, das unterirdisch konservativ in uns ist und das radikal zu eliminieren ist. Ich bin im kompositorischen Denken Jahre voraus, er ist der Techniker, den ich vor mir noch kaum wahrzunehmen vermag. Es ist unbegreiflich, dass er, der Paganini der Elektroniktechnik, diese kompositorisch überhaupt nicht zu komponieren wagt – umgekehrt verstehe ich von der Anwendung dieser Technik allzuwenig. Aber mein kompositorisches Draufgängertum darf nicht verbale Forderung werden, muss Grundriss werden, Architektonik, Haller muss mich dazu bringen[,] dass mir genügend Erfahrung im Umgang mit dieser Technik verschaff[t] wird. Bei beiden ist ein Klaffen zwischen kompositorischem Wissens- und Erfahrungsstand: Haller ist primitiv in der Komposition und sehr erfahren in der Technik, ich bin umgekehrt in der Technik sehr primitiv und erfahren im Kompositorischen. Wo einer seine Stärke hat, hat der andere seine Schwäche, und umgekehrt. Keiner besitzt Vorteile dem andern gegenüber, darum kann die Ergänzung fruchtbar werden. Und das Schaffen in Freiburg muss auf Ergänzung und Ausgleich aus sein.

Arbeitsheft *341–380* [19.08.1976–24.10.1976, S. 376a], Eintrag in Stenographieschrift vom 21. Oktober 1976.

Die fünf Arbeitshefte, in denen Hermann Meier von April bis Dezember
1976 seine *Klangschichten* für Tonband HMV 83 konzipierte. | Kat. 91

Zeittafel

1906   Am 29. Mai kommt Hermann Meier in Selzach im Kanton Solothurn zur Welt und wächst in der Stadt Solothurn als Sohn eines Schlossers auf.

1921   Beginn des Lehrerseminars in Solothurn.

1925   Anstellung als Lehrer in Holderbank (Kanton Solothurn).

1926   Lehrer der Primarschule in Zullwil (bis zur Pensionierung 1973). Daneben später Lehrer der Fortbildungsschule in Nunningen, privater Klavierlehrer und Dirigent diverser Chöre.

1928   Besuch von Vorlesungen am musikwissenschaftlichen Institut der Universität Basel bei Wilhelm Merian und Jacques Handschin.

1929   Klavierunterricht bei Ella Leisinger-Schmidlin am Konservatorium Basel.

1931   Studium der Theorie bei Georg Haeser am Konservatorium Basel.

1933   Heirat mit Marie Gasser aus Zullwil. Studium der Theorie und Komposition bei Ernst Müller am Konservatorium Basel.

1935   Geburt des ersten von fünf Kindern. Erste Kompositionen. Meier ersucht bei Breitkopf und Härtel (Leipzig), Schott (Mainz) und Universaledition (Wien) um Aufnahme ins Verlagsprogramm, erhält durchweg negative Antworten.

1936   Austausch mit Albert Moeschinger, der zwei Jahre später zu sporadischem Kompositionsunterricht in Bern führt.

1938   Beginn einer Serie von insgesamt über 140 Notizheften, in denen Meier in Stenographieschrift Exzerpte aus Büchern abschreibt, die er bis 1965 in den Bibliotheken von Basel und Solothurn ausleiht (Philosophie, Mathematik, Geometrie, Literatur, Kunst, Musik etc.).

Historische Aufnahme des Dorfes Zullwil, um 1940 (Gemeindearchiv Zullwil). | Kat. 6

Hermann Meier, 1943. | Kat. 7

Hermann Meier in seinem Schulzimmer in Zullwil, 1960er Jahre. | Kat. 42

1939   Aufgebot als Grenzsoldat.

1942   Erster Austausch mit dem Komponisten und Dirigenten Erich Schmid, der in den 1950er Jahren zu mehreren Treffen und einer vertrauten Korrespondenz führt.

1944   Orgelunterricht bei Felix Brodtbeck in der Johanneskirche Basel.

1945   Auf Vermittlung des Basler Pianisten Paul Baumgartner Kontakt mit Wladimir Vogel und Beginn des Kompositionsunterrichts, der in den Folgejahren in Orselina im Tessin und in Basel u.a. im Haus des Sammlerehepaars Annie und Oskar Müller-Widmann und des Komponisten Jacques Wildberger fortgeführt wird. Beginn eines intensiven Briefwechsels mit Vogel.

1946   Aneignung der Zwölftontechnik.

1947   Uraufführung des Trios für Flöte, Klarinette und Fagott HMV 11 (1945–46) am 10. April bei den Gattiker Hausabenden für zeitgenössische Musik in Bern. Meier schreibt eine erste Sinfonie (HMV 21). Erster Kontakt mit dem Solothurner Pianisten Charles Dobler.

1948   Auf Einladung Vogels Teilnahme am Vorbereitungstreffen zum Ersten Internationalen Zwölftonkongress in Orselina, wo er u.a. den Komponisten Erich Schmid, Alfred Keller, Rolf Liebermann, Karl Amadeus Hartmann, Hans Joachim Koellreutter, Riccardo Malipiero und Luigi Dallapiccola begegnet.

1949   In einer vom Schweizerischen Tonkünstlerverein organisierten Orchesterleseprobe führt Volkmar Andreae mit dem Tonhalle-Orchester Zürich den ersten Satz aus Meiers Sinfonie Nr. 1 (HMV 21) auf. Die Komposition erregt die Gemüter der Orchestermusiker und wird in der *National-Zeitung*, der *Neuen Zürcher Zeitung* und den *Basler Nachrichten* kontrovers besprochen.

1949   Arbeit an einer «neuen Theorie», die auch die Dynamik

1950   und die Tondauern in Reihen organisiert und zur ersten seriellen Komposition (Orchesterstücks Nr. 1, HMV 25) führt.

1950   Kurzer Aufenthalt in Paris und Kompositionsstunden bei René Leibowitz, die noch für einige Zeit als Fernunterricht in Briefen eine Fortsetzung finden.

Hermann Meier am Bodensee, Mai 1973. | Kat. 79

Wladimir Vogel, Hans Oesch und Charles Dobler im Hause Oesch, Anwil (BL), 25. Juli 1983. | Kat. 80

Hermann Meier, 15. März 1984. | Kat. 81

1951	Charles Dobler führt am 22. Juni den ersten Satz der Sonate für Klavier HMV 24 anlässlich der Gattiker Hausabende in Bern auf. Umzug der Familie vom Schulhaus in das neu gebaute Haus im Olter.
1952	Bewerbungen für Orchesterleseproben, entmutigende Kontakte und Absagen, u.a. von Paul Sacher, Heinrich Strobel (Südwestdeutscher Rundfunk), Rolf Liebermann (Schweizerische Rundfunkgesellschaft) und vom Schweizerischen Tonkünstlerverein.
1954	Begegnung mit Max Bill.
1955	Erich Schmid organisiert am 25. März eine Durchspielprobe mit dem Radio-Orchester Zürich, an der vermutlich das Orchesterstück HMV 32 aufgeführt wird. Im Mai Teilnahme an der Tagung für elektronische und konkrete Musik im Basler Radiostudio. Besuch der Mondrian-Ausstellung im Kunsthaus Zürich, des zweitägigen Festivals Donaueschinger Musiktage und des elektronischen Studios von Hermann Heiss in Darmstadt. Erste grossformatige Kompositionspläne zu den Orchesterstücken Nr. 4 (HMV 34) und Nr. 5 (HMV 35).
1958	Erstes Stück für zwei Klaviere (HMV 44), auf das in den 1960er Jahren Werke für immer mehr Tasteninstrumente folgen.
1967	Am 1. November führt Dobler das zweite der *Zwei Klavierstücke für Lilo Mathys* HMV 36 bei den Gattiker Hausabenden in Bern auf – in einem Programm mit Werken von Schweizer Komponisten wie Albert Moeschinger, Rudolf Kelterborn, Hans Ulrich Lehmann und Robert Suter.
1968	Komposition des letzten Orchesterwerks: des Stücks für Streicher, Bläser und zwei Klaviere für Werner Heisenberg HMV 71.
1971	Der Basler Ordinarius für Musikwissenschaft Hans Oesch setzt sich dafür ein, dass Meier ein elektronisches Studio besuchen kann (zunächst bei André Zumbach, dann bei Hans Peter Haller vom Experimentalstudio der Heinrich-Strobel-Stiftung in Freiburg im Breisgau).
1972	Tod der Gattin Marie Meier-Gasser.
1973	Kontakt mit Hans Peter Haller. Pensionierung und Umzug in den Kanton Waadt (Yvonand und Yverdon), wo Hermann

Meier mit seiner Lebensgefährtin Helen Stebler bis 1999 lebt. Erste elektronische Komposition, basierend auf einem Stück für Tasteninstrumente.

1976   Einführung in das elektronische Studio in Freiburg i.B. durch Hans Peter Haller, Realisierung der *Klangschichten* für Tonband HMV 83. Werkpreis des Kantons Solothurn und Uraufführung der *Klangschichten*.

1983   Der Bieler Pianist, Komponist und Konzertveranstalter Urs Peter Schneider erhält von Irène Gattiker Kompositionen Meiers und nimmt mit diesem Kontakt auf. Meier setzt einen Kompositionsplan in herkömmlicher Notation für zwei Klaviere um.

1984   Uraufführung des Stücks für zwei Klaviere (HMV 94) durch Erika Radermacher und Urs Peter Schneider und Aufführung von drei weiteren Kompositionen Meiers im Rahmen der Konzertreihe *Neue Horizonte Bern*. Kontakte mit dem Bildhauer Oscar Wiggli.

1985   Am 2. Februar organisiert Urs Peter Schneider im Rahmen des Europäischen Jahres der Musik ein Konzert mit sechs Uraufführungen Meiers.

1992   Der Zürcher Pianist Dominik Blum wird durch Urs Peter Schneider auf Meiers Musik aufmerksam gemacht und bringt das Klavierstück HMV 40 (1957) in Zürich, Winterthur und Solothurn zur Aufführung.

1999   Rückkehr nach Zullwil.

2000   Dominik Blum publiziert die erste CD mit Werken Meiers bei der Edition Wandelweiser Records (*Works for piano solo*, EWR 0001).

2002   Am 19. August stirbt Hermann Meier in Zullwil.

Werkverzeichnis und Inventar der Sammlung Hermann Meier

ERSTELLT VON MICHÈLE NOIRJEAN UND HEIDY ZIMMERMANN
IN ZUSAMMENARBEIT MIT MICHELLE ZIEGLER

Das nachstehende Verzeichnis hat zwei Aufgaben: Zum einen bietet es ein chronologisches Verzeichnis aller Werke Hermann Meiers (HMV), die sich im Nachlass erhalten haben und die als abgeschlossen gelten können. Zum andern stellt das Verzeichnis ein Inventar der Musikmanuskripte der Sammlung Hermann Meier in der Paul Sacher Stiftung dar. Das erste Kapitel umfasst demnach in 101 Nummern nicht nur die seit Mitte der 1930er Jahre bis 1989 entstandenen Lieder und Instrumentalwerke, sondern auch eine Anzahl von nicht realisierten elektronischen Kompositionen, die zwischen 1976 und 1987 konzipiert wurden. Dazu kommt im zweiten Kapitel eine ebenfalls chronologische Liste der erhaltenen graphischen Verlaufsdiagramme. Soweit diese den Kompositionen zugeordnet werden konnten, sind die Kapitel 1 und 2 miteinander verknüpft, d. h., die vorhandenen Diagramme werden im ersten Kapitel bei der jeweiligen Komposition zusammen mit Skizzen, Entwürfen und Reinschriften erwähnt, während ihre genaue Beschreibung sich im zweiten Kapitel befindet. Diese Darstellung trägt der besonderen Arbeitsweise Meiers Rechnung und erlaubt einen zusammenhängenden Überblick über die graphischen Arbeiten, von denen nur etwa die Hälfte zur Partitur ausgearbeitet wurde. In Ergänzung zu den ersten beiden Kapiteln gibt das dritte einen – ebenfalls chronologischen – Überblick über Skizzenhefte, frühe Studien sowie unvollendete Werke, und ein viertes verzeichnet die Konvolute bisher nicht identifizierter Skizzen sowie eine Anzahl unidentifizierter Diagramme. Lediglich summarisch erwähnt werden können hier die fast 400 stenographierten Arbeitshefte sowie die zahlreichen Abschriften und Analysen von Werken anderer Komponisten, die noch nicht vollständig erschlossen sind.

Editorische Hinweise: Die Titel der Werke entsprechen den beim aart-Verlag publizierten Editionen. Sie wurden, soweit vorhanden, aus den Reinschriften Hermann Meiers übernommen. Allerdings haben zahlreiche abgeschlossene Kompositionen keinen definitiven Titel erhalten. Dem Rechnung tragend wurden einerseits – Meiers Gewohnheit entsprechend – Gattungstitel mit Besetzungsangaben gesetzt, andererseits – wo immer es Anhaltspunkte dafür gab – individuelle Titel etabliert (z. B. *Fast ein Wiegenlied* HMV 85). Kursiv gesetzt erscheinen dazu Titelalternativen oder Satzbezeichnungen, die sich auf dem jeweiligen Manuskript finden. Kursiv gesetzte Daten bei den einzelnen Dokumenten wurden ebenfalls aus Meiers eigenen Eintragungen übernommen; seine recht konsequente Datierungspraxis bildet die wesentliche Grundlage für das vorliegende Werkverzeichnis. Ergänzend dazu konnte die Datierung etlicher Manuskripte aus Meiers Arbeitsnotizen oder aus seiner Korrespondenz erschlossen werden und erscheint in eckigen Klammern. Schliesslich befindet sich eine Anzahl von Diagrammen auf Blättern, welche Meier aus seinen kontinuierlich geführten Arbeitsheften herauslöste. Deren Zuordnung zu ihrem ursprünglichen Zusammenhang erlaubte nicht nur die genaue Datierung, sondern erschliesst für die weitere Forschung auch die Entstehungskontexte. Denn seit den späten 1960er Jahren skizzierte und entwickelte Meier seine späteren Diagramme häufig zuerst in den Arbeitsheften. Fotokopien wurden in das Inventar nur aufgenommen, wenn das entsprechende Originaldokument als verschollen gilt oder sich in Privatbesitz befindet.

Abkürzungen

4hdg	vierhändig
AH	Arbeitsheft
Bl.	Blatt
HMV	Hermann-Meier-Werkverzeichnis
hs., hss.	handschriftlich
r	recto
S.	Seite
v	verso

1. Chronologisches Werkverzeichnis (HMV 1–101)

HMV 1
Stück für zwei Violinen (1935)
Bewegt
- Partitur (Entwurf), [1935] [3 S. in Kap. 3, Dossier *Giraffe* (1930–1943)]
- Partitur (Reinschrift), [ohne Datum] [3 S. und 1 S. Reinschrift von HMV 2]

HMV 2
Stück für Violine solo (1935)
Lento
- Reinschrift, [ohne Datum] [1 S. in Partitur (Reinschrift) von HMV 1]

HMV 3
Klavierstück (1937)
Marcia, Intermezzo, Scherzo
- Entwurf, *12.III.37* [6 S. in Kap. 3, Dossier *Giraffe* (1930–1943), *XX.1*]
- Reinschrift, *15.3.1937* [13 S.]

HMV 4
Klavierstück (1937)
Allegro con fuoco, Andante, Molto vivace, Adagio, Allegro
- Entwurf, [1937] [4 S. in Kap. 3, Dossier *Giraffe* (1930–1943), *XX.4*]
- Reinschrift, *IX. 37* [8 S.]

HMV 5
Streichtrio (1939?)
- Partitur (Entwurf), [1939] [2 S. und 1 S. unidentifizierte Skizzen]
- Partitur (Reinschrift), [ohne Datum] [4 S.]

HMV 6
Variationen und Fuge für Klavier (1940)
- Entwurf (unvollständig), *23.9.40, 2.10.40* [7 S. und 1 unidentifizierte S.]
- Entwurf, *2.X.1940, 9.X.40* von *Fuga* [1 S. in Kap. 3, Dossier *Giraffe* (1930–43)]
- Reinschrift, [ohne Datum] [5 S. und 6 S. Reinschrift von HMV 7]

HMV 7
Sonatine für Klavier (1940)
- Entwurf, *5.X.40, 8.X.40* von *Andante* [2 S. in Kap. 3, Dossier *Giraffe* (1930–1943)]
- Entwurf, *10.X.40, 12.X.40* von *Allegro* [3 S.]
- Reinschrift, [ohne Datum] [6 S. in HMV 6]

HMV 8
Klavierstück (1940)
Adagio, Allegro non troppo, Allegro molto
- Entwurf, *2.10.40* von *Allegro molto* [1 S. in Kap. 3, Dossier *Giraffe* (1930–1943)]
- Reinschrift, [ohne Datum] [3 S. und 1 S. Skizzen]

HMV 9
Präludium für Klavier (1941–1944)
Passacaglia
- Entwurf, *10.2.41*, reingeschrieben am *7./8. Mai 1944* [1 S. in Kap. 3, Dossier *Giraffe* (1930–1943)]
- Reinschrift mit Korrekturen, *1942* [5 S.]

HMV 10
Klavierstück Losone (1945)
- Entwurf, *Okt. 1945* [4 S.]
- Reinschrift, *Okt. 1945* [3 S.]

HMV 11
Trio für Flöte, Klarinette und Fagott (1945–46)
- Skizzen, *10. Okt. 45* [1 S. und 1 S. unidentifizierte Skizzen, *9.5.44*]
- Partitur (1. Reinschrift), [*12.1945*] [16 S.]
- Partitur (2. Reinschrift), [ohne Datum] [16 S. und 1 S. Umschlag]
- Stimmen (Reinschrift) [13 S.]

HMV 12
Streichquartett Nr. 1 (1945–46)
- Skizzen, *9.2.46* [4 S.]
- Partitur (Reinschrift), *9.1.1946* [15 S.]

HMV 13
Sechs Klavierstücke (1946)
Plus 2. & 8. Stück
- Reinschrift von *Nr. 1–8*, *1946* [31 S. und 1 S. unidentifizierte Skizzen]

HMV 14
Sieben Lieder für Singstimme und Klavier (1946)
1, Der Dichter; 2, Ich warte; 3, Die Sünderin; 4, Pilgerweg; 5, Es war ja nicht; 6, Ein Tag genügt manchmal; 7, Nachtwachen
Text von Armgard Bresges, Stefan George, Hermann Hesse, Klara Messerli, Margrit Oesch
- Partitur (Entwurf), *7.9.1946–6.10.1946* [16 S.]
- Partitur (Entwurf; verworfen), *25. Sept. 46* von *Stör nicht den Schlaf* (Christian Morgenstern) und *Blaue Tage* (Armgard Bresges) [4 S.]
- Partitur (Entwurf; unvollständig), *9.X.46* von *Der Stern des Bundes* (Stefan George) [2 S. und 2 S. Skizzen]
- Partitur (Reinschrift), *1955* [16 S.]
siehe auch:
Drei Lieder für Singstimme und Klavier (HMV 33)

HMV 15
Drei Stücke für Violine und Klavier (1946)
- Partitur (Reinschrift), [*13.12.1946*] [30 S.]
- Violinstimme [11 S.]

HMV 16
Klavierstück (1947)
- Reinschrift, *1.4.1947* [10 S. und 2 S. Umschlag]

HMV 17
Klavierquartett (1947–48)
- Partitur (Entwurf), *kopiert fertig am 6. Mai 1948* [32 S.]
- Partitur (Reinschrift), [ohne Datum] [32 S.]
- Stimmen (Reinschrift) [23 S.]

HMV 18
Streichquartett Nr. 2 (1947)
- Particell (Entwurf), *16.10.1947* [20 S.]
- Stimmen (Reinschrift) [38 S.]

HMV 19
Vier Kanons für drei Streicher (1947)
Nr. 4 = Bearbeitung von *Invention für Violine solo* (HMV 20)
- Particell (Entwurf), [ohne Datum] [23 S.]

HMV 20
Invention für Violine solo (1947)
Allegro energico
– Reinschrift, *25.9.1947* [4 S.]
siehe auch:
Vier Kanons für drei Streicher (HMV 19)

HMV 21
Sinfonie Nr. 1 (1947–48)
– Skizzen, *ab 22. Okt. 47* [11 S.]
– Particell (Entwurf), *22. Nov. 47–4. Dez. 47* [31 S.]
– Partitur (Reinschrift), *28. März 1948* [31 S.]
– Orchesterstimmen (Reinschrift, teilweise mit
  Korrekturen), *1. Satz* [94 S.]

HMV 22
Trio für Flöte, Oboe und Klarinette (1948)
– Particell (Entwurf), *Ende Mai 1948* [8 S.]
– Stimmen (Reinschrift) [12 S.]

HMV 23
Sonate für Klavier (1948–49)
– Skizzen, *Scherzo, 6. Jan. 48* [7 S.]
– Skizzen, *13. Juli 48, 6. Okt. 48* [12 S.]
– Entwurf, *8. Okt. 1948* [20 S. und 1 S. Skizzen]
– Reinschrift (Fotokopie), *[8.10.1949]* [32 S.]
  [Original verschollen]

HMV 24
Sinfonie Nr. 2 (1948–49)
Orchester-Skizze II, 12.1.1949
– Skizzen und Entwürfe, *6. Okt. 48, Jan.–Mai 1949*
  [22 S. und 1 unidentifizierte S.]
– Particell (Entwurf), *12. Jan. 49; 26. Mai 49* [27 S.]
– Partitur (1. Reinschrift mit Korrekturen), *3.7.49*
  [82 S. und 1 S. Skizzen und 1 lose S. Notiz und
  1 S. Umschlag]
– Partitur (2. Reinschrift mit Korrekturen), [ohne
  Datum] [67 S. und 32 S. und 80 S.]

HMV 25
Orchesterstück Nr. 1 (1949–50)
Molto Allegro; 1. Partitur
– Skizzen und Entwürfe, *ab 12. Juli 49, ab 17.X.49*
  [26 S.]
– Particell (Entwurf), *28.3.1950–23.5.1950; 8.9.1950*
  [22 S.]
– Partitur (1. Reinschrift), [ohne Datum] [68 S.]
– Partitur (2. Reinschrift), [ohne Datum] [68 S.]

HMV 26
Orchesterstück Nr. 2 (1951)
Partitur 2; Allegro deciso e risoluto
– Skizzen, *13. Juni 1951* [11 S.]
– Partitur (1. Reinschrift), [ohne Datum] [79 S.]
– Partitur (2. Reinschrift), [ohne Datum] [79 S.]

HMV 27
Klaviervariationen für Hermann Gattiker
(1951–1952; rev. 1969)
Hermann Gattiker gewidmet
– Entwurf, *Februar 1952* [19 S.]
– Reinschrift (Fotokopie mit hss. Korrekturen und
  Eintragungen), *1952?* [26 S.]
– Reinschrift (Fotokopie mit hss. Korrekturen und
  Eintragungen), *1952 / 2e vers., 1969* [26 S.]

HMV 28
Blaue Stunde für Singstimme und Klavier (1952)
Text von Gottfried Benn
– Partitur (Entwurf; verworfen) von *Notturno*
  (Gottfried Benn) [2 S. und 2 S. Partitur (Entwurf)
  zu *Lento* für Orchester]
– Partitur (Reinschrift), [ohne Datum] [17 S.]

HMV 29
Stück für vier Posaunen (1952)
– Partitur (Entwurf), *15.9.1952* [12 S.]

HMV 30
Orchesterstück Nr. 3 (1952–53)
– Partitur (Entwurf), *ab 23. Sept. 1952* [37 S.]
– Partitur (1. Reinschrift mit Korrekturen), *22.2.1953*
  [93 S.]
– Partitur (2. Reinschrift), [ohne Datum] [93 S.]

HMV 31
Orchestermusik – Hommage à Hans Arp (1953)
– Partitur (Entwurf), *17.8.53; 8. Dez. 53* [28 S.]
– Partitur (Reinschrift), *Weihnachten 1953* [77 S.]
– Orchesterstimmen (Reinschrift, teilweise mit Kor-
  rekturen) [64 S.]

HMV 32
Orchesterstück (1954–55)
– Partitur (Reinschrift), *8.8.1954* [94 S.]
– Partitur (Reinschrift; Fragment) [3 S.]
– Particellauszug (Reinschrift), *2.1.1955* [28 S.]
– Orchesterstimmen (Reinschrift, teilweise mit
  Korrekturen) [70 S.]

HMV 33
Drei Lieder für Singstimme und Klavier (1946/1955)
*1, Ein Tag genügt manchmal; 2, Ich warte; 3, Der Stern
des Bundes*
Text von Stefan George und Margrit Oesch
– Partitur (Reinschrift), [ohne Datum] [8 S.]
siehe auch:
Sieben Lieder für Singstimme und Klavier (HMV 14)

HMV 34
Orchesterstück Nr. 4 – A Mondrian (1955)
– Diagramm, [7.10.1955, aus AH *Sinfonie IV*, ab
  20. Sept. 55 bis 14. Okt. 55]
– Particell (Entwurf), *5.10.1955* [14 S.]
– Partitur (Reinschrift), *11.10.1955* [54 S.]

HMV 35
Orchesterstück Nr. 5 (1955)
– Skizzen, *19. März 55* [2 S.]
– Diagramm, *27.10.1955, 4. 12.1955*
– Particell (Entwurf), *9. Nov. 1955; 25. Nov. 55* [11 S.]
– Partitur (Reinschrift), *4. Dez. 1955* [49 S.]

HMV 36
Zwei Klavierstücke für Lilo Mathys (1955–56)
– Diagramm, *25.3.56, 2. Klavierstück*
– Reinschrift (mit hs. Eintragung von fremder Hand),
  [ohne Datum] [19 S.]
– Reinschrift (Fotokopie mit hss. Eintragungen von
  Charles Dobler) [20 S.]
– Reinschrift (Fotokopie), *1956* [19 S. und 1 S. hs.
  Umschlag]
– Reinschrift (Fotokopie mit hs. Eintragung; Frag-
  ment), *Mai 1956* [1 S.]

HMV 37
Klavierstück (1956)
– Skizzen, *27.7.56* [2 S.]
– 1. Niederschrift, *2.–13.8.1956* [7 S.]

HMV 38
Orchesterstück Nr. 6 (1956–57)
– Skizzen, *7.1.1957* [11 S.]
– Diagramm, *Plan der Komposition Nr. 7 für Orchester,
  18.2.1957, 28.2.1957*
– Partitur (Reinschrift), *28.2.1957* [31 S.]

HMV 39
Klavierstück (1957)
- Diagramm, *3.3.1957, 31.3.1957*
- 1. Reinschrift, *16.3.1957–31.3.1957* [6 S. und 1 S. Umschlag]
- 2. Reinschrift, *31.3.1957* [12 S.]

HMV 40
Klavierstück (1957)
- Skizzen, *1.4.–20.4.1957* [4 S. und 1 S. Umschlag]
- Skizzen, *17.4.1957* [4 S.]
- Reinschrift, *20.04.1957* [8 S.]

HMV 41
Orchesterstück Nr. 8 (1957)
- Skizzen, *5. Aug. 1957* [1 S. und verso 1 S. Skizzen zu HMV 42]
- Akkordtabellen [2 S. in den Skizzen zu HMV 44]
- Partitur (Reinschrift), *5.8.1957* [52 S.]

HMV 42
Orchesterstück Nr. 9 (1957–58)
- Skizzen, *12.12.57* [1 S. verso von Skizzen zu HMV 41]
- Skizzen, *14.12.–26.12.1957; 17.01.1958* [15 S. und 3 S. in blauem Notizheft]
- Partitur (Reinschrift), *12.2.1958* [60 S.]

HMV 43
Orchesterstück Nr. 10 (1958)
- Skizzen, *ab 13.4.1958* [8 S.]
- Diagramm, [ohne Datum], *Blatt 3–19* [14 S.]
- Partitur (Reinschrift), *8.6.1958* [93 S.]

HMV 44
Stück für zwei Klaviere (1958)
- Skizzen und Entwürfe, *18.6.1958; 11.–18.10.1958* [1 S. und 2 S. Akkordtabellen zu HMV 41 und 1 S. Umschlag]
- Skizzen [5 Fächer mit Strecken und Proportionen, montiert]
- Partitur (Entwurf; Fragment), *ab 28.7.58* [3 S.]
- Diagramm, *rhytmischer Grundriss, 3. Okt. 58*
- Diagramm, *Übertragung in Partitur fertig 17. Nov. 58*
- Partitur (1. Reinschrift), *14.11.1958* [52 S.]
- Partitur (2. Reinschrift mit Korrekturen und Überklebungen), [ohne Datum] [52 S.]

HMV 45
Dreizehn Stücke für zwei Klaviere (1959)
- Skizzen, *21.4.1959–9.6.1959* [34 S. und 1 S. Umschlag]
- Partitur (Entwurf; Fragment), *21.4.59, 23.4.59* [4 S.]
- Partitur (1. Reinschrift), *24.6.1959* [66 S.]
- Partitur (2. Reinschrift), *1959* [66 S.]

HMV 46
Komposition für zwei Klaviere (1959)
Allegro energico
- Diagramm (Entwurf), *Stück f. 2 Klaviere, Aug. 1959*
- Diagramm, *Stück f. 2 Klaviere, Aug. 1959*
- Diagramm (Fragment), *22.8.59*
- Partitur (1. Niederschrift), *3.–20.8.1959* [10 S.]

HMV 47
Stück für zwei Klaviere (1959)
- Diagramm (Entwurf), *Stück f. 2 Kl, Okt. 59*
- Partitur (Entwurf), *16.–21.10.1959* [14 S. und 1 S. Umschlag]
- Partitur (Reinschrift), *4.11.1959* [24 S.]

HMV 48
Orchesterstück (1959–60)
- Diagramm, *Matrizen für Orchesterstück, Nov–Dez 1959*
- Diagramm, *1. Versuch f. Orchesterstück, Nov–Dez 59*
- Diagramm, *Nov–Dez 1959*
- Particell (Entwurf), *6.–28.12.1959* [15 S.]
- Partitur (Reinschrift), *17. Jan. 1960* [68 S.]

HMV 49
Stück für grosses Orchester (1960)
Orchesterstück 1960 I
- Diagramm (Entwurf), [1960]
- Skizzen, *14.4.60* [7 S. und 1 S. Skizzen zu HMV 51]
- Skizzen und Entwürfe, *Mai 1960* [17 S. und 1 S. Diagramm und 1 S. Umschlag]
- Diagramm, *27.6.1960*
- Partitur (Reinschrift), *27.6.1960; 15.7.1960* [80 S., davon 1 S. Diagramm]

HMV 50
Stück für grosses Orchester (1960)
- Diagramm (Entwurf), *3.8.60*
- Diagramm, *4. Aug. 1960*
- Diagramm, *Moderato, 15.8.1960*
- Diagramm, *Adagio*, [ohne Datum]
- Diagramm, *Allegro*, [ohne Datum]

- Diagramm, [ohne Titel und Datum]
- Diagramm, *Presto*, [ohne Datum]
- Diagramm, *Presto*, [ohne Datum]
- Skizzen und Entwürfe, *24.8.60; 14.9.60* [14 S.]
- Partitur (Reinschrift), *29. Sept. 1960* [51 S.]

HMV 51
Stück für Klavier vierhändig (1960)
- Skizzen, *fertig am 7. Okt. 60* [1 S. in den Skizzen zu HMV 49]
- Reinschrift, *7.10.1960* [15 S.]
- Diagramm, *17. Okt. 1960*

HMV 52
Stück für grosses Orchester, Klavier vierhändig und Schlagzeug (1960–61)
- Diagramm, *Partitur fertig am 9. Jan 1961*
- Skizzen und Entwürfe, *20.11.60, ab 3. Dez 60* [19 S.]
- Partitur (Reinschrift), *9.1.1961* [143 S.]

HMV 53
Stück für grosses Orchester (1961)
- Diagramm (Entwurf), *19.2.61*
- Diagramm, *6.3.61*
- Diagramm, *8.3.61*
- Diagramm, *17.3.61*
- Diagramm, *19.3.61*
- Diagramm, *20.3.61*
- Particell (Entwurf; Fragment), *8.4.61* [1 S. und 2 S. unidentifizierte Skizzen]
- Partitur (Reinschrift), *28. April 1961* [87 S. und 1 S. Umschlag]

HMV 54
Stück für grosses Orchester und zwei Klaviere je vierhändig (1961–62)
Orchesterstück
- Diagramm, *18.9.1961; 19.9.1961; 22.11.1961*
- Diagramm (verworfen), *Nebenplan zur Part. v. 22. Nov. 1961*
- Skizzen und Entwürfe, *9. Okt. 61* [8 S.]
- Partitur (Entwurf), *24.2.62; 3.3.62; 15.3.62* [11 S.]
- Partitur (Reinschrift), *26. November 1961; 15. März 1962* [71 S.]
- Klavierstimmen 4hdg (Reinschrift), *18.3.62* [12 S.]

HMV 55
Stück für grosses Orchester und Klavier vierhändig (1962)
- Diagramm, *9.8.62, Normal-Grossmatrix*

– Skizzen, *24. Sept. 62* [4 S.]
– Diagramm (Entwurf), *28.9.62*
– Diagramm, *29. Sept. 62, Oktober 1962, Hauptschema der Grossform*
– Partitur (Reinschrift), *6. Oktober 1962* [15 S.]

HMV 56
Stück für grosses Orchester (1962–63)
Syntetisches Stück Nr. 1
– Diagramm, *23.12.62, Ende Dez. 62*
– Partitur (Entwurf), *20.8.–29.12.62* [37 S.]
– Partitur (Reinschrift), *12.1.63; 20. März 1963* [54 S.]

HMV 57
Stück für zwei Klaviere vierhändig und Schlagzeug (1963)
– Skizzen, *22.4.63* [1 S. und verso 1 S. Skizzen zu HMV 58]
– Diagramm, *fertig am 3.6.63*
– Reinschrift, *24.5.–3.6.63* [19 S.]

HMV 58
Stück für zwei Klaviere für Paul Baumgartner (1963)
– Skizzen, *ab 23. Juni 63* [1 S. verso auf Skizzen zu HMV 57]
– Diagramm, *18.8.1963*
– Diagramm, *19.8.1963*
– Diagramm, *20.8.1963; 22.8.1963*
– Partitur (Reinschrift), *4. Sept. 1963* [33 S.]

HMV 59
Stück für zwei Klaviere (1963)
– Skizzen und Entwürfe, *20. Sept. 63; 3.10.63* [9 S. und 1 S. verworfene Reinschrift]
– Partitur (Reinschrift), *11. Okt. 1963* [26 S.]

HMV 60
Stück für grosses Orchester und drei Klaviere (1964)
Mondriane; Mauer für Bläser
– Diagramm, *3. Mai 1964*
– Diagramm, *6. Mai 64*
– Diagramm, *8. Mai 64*
– Diagramm, *14. Mai 64–16. Mai*
– Diagramm, *17. Mai 1964*
– Diagramm, *24. Mai 64*
– Diagramm, *1964* [1]
– Diagramm, *1964* [2]
– Diagramm (Reinschrift von *1964* [2]; Fragment), *7. Juni 64*
– Diagramm, *1964* [3]

– Diagramm, *1964* [4]
– Diagramm, *11.6.1964*
– Diagramm (Fotokopie), *12.6.1964*
– Diagramm (Fotokopie), *13.6.1964*
– Diagramm (Fotokopie), *17.6.1964*
– Diagramm (Fotokopie), *18.6.1964*
– Diagramm (Fotokopie), *10. Stück, 21.6.64*
– Diagramm (Fotokopie), *11. Stück, 22.6.64*
– Diagramm (Fotokopie), *12. Stück, 23.6.64*
– Diagramm (Fotokopie), *13. Stück, 23.6.1964*
– Diagramm (Fotokopie), *14. Stück, 24.6.64*
– Diagramm (Fotokopie), *1964, Mondrian Nr. 20*
– Diagramm, 12.8.64 [aus AH *Analyseheft 1964 8(5)3(13)21*]
– Diagramm, *18. Aug. 1964*
– Diagramm (mit Rasterblatt), *22.8.64*
– Skizzen und Entwürfe, *23.8.64; Mondriane, 1. Sept. 64* [14 S.]
– Partitur (Reinschrift), *5.–22. Sept. 1964* [65 S. und 1 S. Diagramm]
– Particell der Bläserstimmen (Reinschrift), *Mauer für Bläser, 26.8.1964–1.9.1964* [8 S.]

HMV 61
Stück für zwei Klaviere oder Klavier vierhändig (1964–65)
– Skizzen und Entwürfe, *2. Dez. 64; 30.12.64* [11 S.]
– Diagramm, *20. Dez. 64, 26. Dez., 4.1.65*
– Partitur (Reinschrift) der vierhändigen Fassung, *4. Jan. 1965* [5 S. und 1 Titelseite]
– Partitur (Reinschrift) der Fassung für zwei Klaviere, *7.1.65* [3 S.]

HMV 62
Stück für grosses Orchester und Klavier vierhändig (1965)
– Skizzen, *ab 7.3.65* [4 S.]
– Skizzen und Entwürfe, *22.4.1965* [12 S. und 1 S. Diagramm]
– Partitur (Reinschrift), *16. Mai 1965* [35 S. und 1 S.]

HMV 63
Stück für zwei Klaviere für Helena Stebler (1965)
– Diagramm, *5. Juni 1965, Stück für zwei Klaviere 1965, fertig am 25. Juni*
– Diagramm (Fragmente), [ohne Datum]
– Partitur (Entwurf; unvollständig), *15.6.64* [12 S.]
– Partitur (1. Reinschrift), *25.6.65* [11 S.]
– Partitur (2. Reinschrift), *25. Juni 1965* [11 S.]

HMV 64
Stück für zwei Klaviere (1965)
– Diagramm, *18.8.65*
– Diagramm, *18.9.1965*
– Diagramm (1. Abschrift), *Stück für zwei Klaviere 1965*
– Diagramm (2. Abschrift), *Stück für zwei Klaviere 1965*
– Diagramm (3. Abschrift), *Stück für zwei Klaviere 1965*

HMV 65
Stück für Streicher, Bläser und zwei Klaviere für Oscar Niemeyer (1966–67)
– Skizzen und Entwürfe, *ab 5. Sept. 66* [6 S.]
– Diagramm, *8.12.66, 270, Paläste*
– Diagramm (rhythmische Verlaufsskizze), *9.12.66–21.12.66*
– Diagramm, *26.12.1966, 12.1.1967*
– Partitur (Reinschrift), *12. Jan. 1967* [27 S.]
– Partitur (Reinschrift: 1. Fotokopie mit hs. Eintragung von fremder Hand), *12. Jan. 1967* [27 S.]
– Partitur (Reinschrift: 2. Fotokopie mit hs. Eintragung von fremder Hand), *12. Jan. 1967* [27 S.]

HMV 66
Requiem für Orchester und zwei Klaviere (1967)
– Diagramm, *verworfene Varianten zum Requiem, 19.2.67*
– Diagramm, *1. Version zum Requiem, März 1967*
– Diagramm, *März 1967; 3.3.67, in Noten-Partitur übertragen, fertig am 2.4.67*
– Partitur (Reinschrift), *7.3.67* [24 S.]

HMV 67
Stück für drei Klaviere vierhändig (1967)
– Diagramm, *8.3 67; fertig Plan 29.3.67*
– Diagramm, *März-April 1967, 15.4.1967*
– Skizzen und Entwürfe, *ab 16.4.67* [4 S.]
– Partitur (Reinschrift), *25. April 1967* [13 S.]

HMV 68
Stück für Streichorchester, zwei Hammondorgeln und zwei Klaviere je vierhändig (1967–68)
– Diagramm (Entwurf), *5.12.67*
– Diagramm (Fotokopie), *Weihnachten 1967*
– Diagramm, *27.1.1968*
– Skizzen, *31. Dez. 1967* [4 S.]
– Partitur (Reinschrift), *27.1.1968* [30 S.]

HMV 69
Kleine Elegie für Klavier für Gaby Stebler (1968)
– Reinschrift, *6. März 1968* [1 S.]

HMV 70
Klavierstück für Charles Dobler (1968)
– Skizzen, *10.3.68, 8.4.68* [4 S.]
– Reinschrift, *5.4.1968* [7 S.]
– Reinschrift (Fotokopie mit hss. Eintragungen von Charles Dobler), *5.4.1968* [8 S.]
– Reinschrift (mit Eintragungen von fremder Hand: Fotokopie; unvollständig), *5.4.1968* [4 S.] [Original verschollen]

HMV 71
Stück für Streicher, Bläser und zwei Klaviere für Werner Heisenberg (1968)
– Diagramm, *4. August 1968*
– Diagramm, *2. Sept. 1968*
– Skizzen und Entwürfe, *ab 23.7.68* [1 S. und 9 S. Entwurf eines Stadiums für 2 Klaviere, *16.4.68, 28. April 1968*]
– Partitur (Reinschrift), *1.9.68* [40 S.]
– Partitur (Reinschrift: Fotokopie mit hss. Eintragungen von Urs Peter Schneider) [40 S. und 1 S. Diagramm]

HMV 72
Stück für Klavier, Cembalo und elektrische Orgel (1968–69)
Baslerwand
– Diagramm, *19. Sept. 1968*
– Diagramm, *15.12.1968*
– Diagramm, *«Baslerwand» 12.1.69*
– Partitur (Reinschrift), *21.1.1969* [12 S.]

HMV 73
Stück für zwei Klaviere, zwei elektrische Orgeln und zwei Cembali (1969)
– Skizzen und Entwürfe, *26.6.69* [10 S.]
– Partitur (Reinschrift), *15. Juli 1969* [40 S.]

HMV 74
Sechs Stücke für Tasteninstrumente (1970)
– Diagramm, *27.7.70*
– Diagramm, *30.7.70*
– Diagramm, *1.8.70*
– Diagramm, *4.8.70*
– Diagramm, *10.8.70*
– Partitur (1. Niederschrift), *20.8.70, 18.9.70* [33 S. und 1 verworfene S.]

HMV 75
Klangflächengefüge oder Wandmusik für Hans Oesch (1970–71)
Stück für zwei Klaviere (Klavier I vierhändig), zwei Cembali und elektrische Orgel
– Diagramm (Skizzen), *6.1.71*
– Diagramm (Skizzen), *8.1.71*
– Diagramm (Skizzen: Fotokopie eines früheren Zustandes mit hss. Eintragungen), *8.1.71*
– Diagramm, *11.1.71*
– Diagramm, (Fotokopie mit hss. Eintragungen), *11.1.71*
– Diagramm, *23.1.71*
– Diagramm, [ohne Datum, *31.1.1971*]
– Diagramm (Fragment), *31.1.1971*
– Diagramm, [ohne Datum, *31.1.1971*]
– Skizzen und Entwürfe, *ab 27.4.71* [14 S.]
– Partitur (Reinschrift), *2.7.1971* [63 S. und 1 S. Diagramm]

HMV 76
Stück für zwei Klaviere, zwei elektrische Orgeln und zwei Cembali je vierhändig (1971–72)
– Diagramm, *5.9.72, Stück fertig: 25.10.72*
– Diagramm, *28.9.71, 30.9.71*
– Partitur (Entwurf; Fragment), *ab 1.10.71* [4 S.]
– Partitur (Reinschrift), *23.10.1972* [77 S.]
– Particell (Reinschrift; Fragment) [3 S.]
– Particell (Reinschrift; Fragment) [2 S.]

HMV 77
Stück für zwei Klaviere, zwei Cembali und zwei elektrische Orgeln (1973)
– Diagramm, *2.–4. April 1973, Plan fertig am 17.4.73*
– Partitur (Entwurf), *18.4.73, 21.4.73* [40 S. und 1 S. Umschlag]

HMV 78
Stück für zwei Klaviere, zwei Cembali und zwei elektrische Orgeln (1973)
Instrumental-Version (nachherige Übertragung in Elektronik) des Stücks 1973
– Diagramm, *14.7.73, 19.8.73*
– Skizzen, *ab 3.8.73* [2 S.]
– Partitur (Entwurf), *25.9.–1.10.1973* [9 S.]
– Diagramm, *7. Okt. 1973*
– Diagramm, *14.10.73, 18.10.73*
– Diagramm (Fotokopie mit hss. Eintragungen), *14.10.73, 18.10.73*
– Diagramm, [ohne Datum, *18.10.1973*]

– Diagramm, *20.10.73, 3.11.73*
– Diagramm, *blau I–II*, [Ohne Datum, 10.1973]
– Diagramm, *blau III–IV* [Ohne Datum, 10.1973]
– Diagramm, *gelb II* [Ohne Datum, 10.1973]
– Diagramm, *gelb III* [[Ohne Datum, 10.1973]
– Diagramm, *gelb IV* [Ohne Datum, 10.1973]
– Diagramm, *rot I–II* [Ohne Datum, 10.1973]
– Diagramm, *rot III–IV* [Ohne Datum, 10.1973]
– Diagramm, *braun I–II* [Ohne Datum, 10.1973]
– Diagramm, *braun III–IV* [Ohne Datum, 10.1973]

HMV 79
Elektronisches Stück (1975)
– Diagramm, *24.5.75*
– Diagramm, *12.6.75*

HMV 80
Elektronisches Stück (1975)
– Diagramm [verworfen], [ohne Datum]
– Diagramm (1. Niederschrift), *14.7.75, 22.7.75, 24.7.75*
– Diagramm (1. Niederschrift: Fotokopie mit hss. Eintragungen), *14.7.75, 22.7.75, 24.7.75*
– Diagramm (Reinschrift), *27.7.1975*

HMV 81
19 3/5-Minuten-Stück für Elektronik (1976)
– Diagramm (Entwurf), *22.1.76, 14.2.76*
– Diagramm (1. Niederschrift), *16.2.76*
– Diagramm (Reinschrift), *1976*

HMV 82
Elektronisches Stück (1976)
– Diagramm, *20. April 1976*
– Diagramm (Fotokopie mit hss. Eintragungen), *20. April 1976*

HMV 83
Klangschichten für Tonband (1976)
– Diagramm (Skizzen), *7.8.76, 14.8.76*
– Diagramm (Entwurf), *17.8.76, 26.8.76*
– Diagramm (verworfen), *28.8.76*
– Diagramm, *28.8.76, 30.8.76, 1. Sept., 4. Sept. 76, 5. Sept. 76, 6. Sept.76*
– Diagramm, *14.9.1976*
– Diagramm (1. Niederschrift), *Ende Nov. 1976*
– Diagramm (Reinschrift), *25.11.76*
– Diagramm (Fotokopie mit hss. Eintragungen), *25.11.76*

HMV 84

Zweites elektronisches Stück (1977)

– Diagramm (Reinschrift), *17. Mai 1977*

HMV 85

Fast ein Wiegenlied für Elektronik (1977)

– Diagramm, *5. Juni 1977*
– Diagramm (Fotokopie mit hss. Eintragungen),
  5. Juni 1977, Fast ein Wiegenlied

HMV 86

Elektronisches Stück (1977)

– Diagramm (Reinschrift), *28.7.1977, 13.9.[1977]*
– Diagramm (Fotokopie eines früheren Stadiums
  mit hss. Eintragungen für die endgültige Fassung),
  28.7.1977
– Diagramm (Fotokopie eines früheren Stadiums
  mit farbigen Eintragungen und Überklebungen),
  28.7.1977

HMV 87

Hommage à Judd für Elektronik (1978)

– Diagramm, *14.3.78, 22.3.78*
– Diagramm, *6.4.78*
– Diagramm (Fotokopie mit hss. Eintragungen von
  Dominik Blum), *6.4.78*
– Diagramm, *Judd,* [6.4.1978]

HMV 88

Flächen-Konstellationen für Elektronik (1978)

– Diagramm (Entwurf), *Plan-Entwurf 19.1.79*
– Diagramm, *16. Okt. 1978, 19.1.79*
– Diagramm (Fotokopie mit hss. Eintragungen),
  16. Okt. 1978, 19.1.79

HMV 89

Elektronisches Stück (1979)

– Diagramm, *10.12.79*

HMV 90

Flecken für Elektronik (1980)

– Diagramm (1. Niederschrift), *14. März 1980–
  24. April*
– Diagramm (Reinschrift), *21. Mai 1980*

HMV 91

Elektronisches Stück (1980–81)

– Diagramm, [ohne Datum]
– Diagramm, [ohne Datum]
– Diagramm, *27. Nov. 1980*

– Diagramm, *17.12.1980*
– Diagramm, *Ende 1981*
– Diagramm (1. Fotokopie mit hss. Eintragungen),
  [ohne Datum]
– Diagramm (2. Fotokopie mit hss. Eintragungen),
  [ohne Datum]

HMV 92

Konstellationen für Klangplatten (1981–82)
Klangplattenkonstellationen

– Diagramm, *Nov. 1981*
– Diagramm (Fotokopie mit hss. Eintragungen),
  Nov. 1981
– Diagramm (Skizze), *14.11.81*
– Diagramm (Skizze), *Apotheose* [ohne Datum]
– Diagramm (Skizze), *Apotheose, Original, Ende 1981*
– Diagramm (Skizze), *[Apotheose], Kopie, Ende 1981*
– Diagramm, *10.12.1981, Klangplattenkonstellationen*
– Diagramm, *20.1.1982*

HMV 93

22¾-Minuten-Stück für Elektronik (1982–83)

– Diagramm (1. Fotokopie mit hss. Eintragungen, teilweise eingefärbt) *ab 19. Juni 1983, am 22. Aug. 83
  fertig*
– Diagramm (2. Fotokopie mit hss. Eintragungen, teilweise eingefärbt) *ab 19. Juni 1983, am 22. Aug. 83
  fertig*
– Diagramm, *22.8.1983*

HMV 94

Stück für zwei Klaviere (1983–84)

– Skizzen, [ohne Datum] [6 S.]
– Diagramm (Entwurf), *8.10.83*
– Digramm, *21.10.83*
– Partitur (Entwurf), *9.12.83, 11. Dez. 83* [4 S.]
– Diagramm (Fotokopie), *18. Dez. 1983*
– Partitur (Reinschrift), *2.1.84* [10 S.]

HMV 95

Stück für drei Klaviere (1984)

– Partitur (Reinschrift), *25.8.1984* [17 S.]

HMV 96

Elektronische Studie für drei Klaviere (1984)

– Partitur (Reinschrift), *Ende Dez. 1984* [18 S.]

HMV 97

Elektronisches Werk II (1986)

– Diagramm, *zu Elektronikstück II, Feb. 1986*
– Diagramm, *4.3.86*
– Diagramm, *19.5.1986*

HMV 98

Elektronisches Stück (1987)

– Diagramm, *Anfang ab 15. Jan. 87, fertig am
  27.4.1987*

HMV 99

Klavierstück für Urs Peter Schneider (1987)

– Diagramm (Entwurf), *28.7.87*
– Diagramm, *ab 16.6.87, 12.8.87, am 14. Okt 87 fertig*
– Skizzen, *18.8.1987* [2 S. und 1 S. Diagramm]
– Entwurf, *6. Okt. 87* [5 S.]
– Reinschrift (Fotokopie), *14.10.87* [7 S.]
  [Original verschollen]

HMV 100

**Grosse Wand ohne Bilder für Klavier, Cembalo und
elektrische Orgel je vierhändig** (1988–89)

– Diagramm (Skizzen), [1988]
– Diagramm, *5.1.88, 4.12.88*
– Partitur (Reinschrift), *15.12.88, 18.2.89* [71 S.]

HMV 101

**Quintett für Piccolo, Oboe, Horn, Bassklarinette und
Kontrafagott** (1989)

– Skizzen, *19.5.89, 14.6.89* [2 S. und 1 S. Makulatur]
– Diagramm (Skizzen), *1989*
– Diagramm (Reinschrift), *12.3.–28.3.1989*
– Diagramm, *ab 11.4.89*
– Diagramm, *G* [30.09.1989]
– Diagramm (Skizzen), *2.11.89*
– Rhythmuspartitur (Entwurf), *Rhythmik-Partitur,
  31.7.1989*
– Partitur (Reinschrift: Fotokopie mit hs. Eintragung
  von Hermann Meier), *30. Sept. 1989* [9 S. und
  1 S. Umschlag] [Original verschollen]

2. Diagramme

13.6.1924–13.10.1924
Graphische Darstellung (1924)
Aus meinem 1. Lebenslaufe, spez. 1. Tagebuch
–   Diagramm, *13. Juni 1924–30. Okt. 1924*
    [ca. 18,5 × 33,1 cm]

7.10.1955
Orchesterstück Nr. 4 – A Mondrian (HMV 34, 1955)
Zu Sinfonie Nr. 4
–   Diagramm, [7.10.1955, aus AH *Sinfonie IV, ab*
    20. Sept. 55 bis 14. Okt. 55] [ca. 17,5 × 83,6 cm]

27.10.1955–4.12.1955
Orchesterstück Nr. 5 (HMV 35, 1955)
–   Diagramm, *27.10.1955, 4.12.1955*
    [ca. 17,6 × 634,5 cm]

25.3.1956
Zwei Klavierstücke für Lilo Mathys (HMV 36,
1955–1956)
–   Diagramm, *25.3.1956, 2. Klavierstück*
    [ca. 17,2 × 458,5 cm]

18.–28.2.1957
Orchesterstück Nr. 6 (HMV 38, 1956–1957)
–   Diagramm, *Plan der Komposition Nr. 7 für Orchester,*
    18.2.1957, 28.2.1957 [ca. 17,5 × 175,5 cm]

3.–31.3.1957
Klavierstück (HMV 39, 1957)
Klavierstück, 2. Version Allegro vivace
–   Diagramm, *3.3.1957, 31.3.1957* [ca. 17,4 × 519,5 cm]

1958
Orchesterstück Nr. 10 (HMV 43, 1958)
–   Diagramm, [ohne Datum, 1958], *Blatt 3–19* [14 S.]

3.10.–17.11.1958
Stück für zwei Klaviere (HMV 44, 1958)
–   Diagramm, *rhythmischer Grundriss, 3. Okt. 58*
    [ca. 22 × 35,5 cm]
–   Diagramm, *Stück f. 2 Klaviere 1958, Übertragung in*
    Partitur fertig 17. Nov. 58 [ca. 17,8 × 202,5 cm]

8.1959
Komposition für zwei Klaviere (HMV 46, 1959)
–   Diagramm (Entwurf), *Stück f. 2 Klaviere, Aug. 1959*
    [ca. 17,5 × 59,5 cm]
–   Diagramm, *Stück f. 2 Klaviere, Aug. 1959*
    [ca. 17,7 × 39,7 cm]
–   Diagramm (Fragment), *22.8.59* [29,7 × 16 cm]

10.1959
Stück für zwei Klaviere (HMV 47, 1959)
–   Diagramm (Entwurf), *Stück f. 2 Kl, Okt. 59*
    [ca. 17,5 × 22 cm]

11.1959–12.1959
Orchesterstück (HMV 48, 1959–1960)
–   Diagramm, *Matrizen für Orchesterstück, Nov–*
    Dez 1959 [Fragmente]
–   Diagramm, *1. Versuch f. Orchesterstück, Nov–Dez 59*
    [ca. 6,3 × 78 cm]
–   Diagramm, *Matrize f. Orchesterstück Nov.–Dez. 1959*
    [ca. 22,5 × 307 cm]

27.6.1960
Stück für grosses Orchester (HMV 49, 1960)
Matrizen zum Orchesterstück 1960 I
–   Diagramm (Entwurf), [1960] [ca. 38,2 × 30,2 cm]
–   Diagramm, *27.6.1960* [ca. 27 × 166 cm]

3.–15.8.1960
Stück für grosses Orchester (HMV 50, 1960)
–   Diagramm (Entwurf), *3.8.60* [6 Bl.,
    je ca. 17,3 × 22 cm]
–   Diagramm, *4. Aug. 1960* [10 Bl., je ca. 13,5 × 42 cm]
–   Diagramm, *Moderato, 15.8.1960* [1 Bl. r/v,
    ca. 29,7 × 39,7 cm]
–   Diagramm, *Adagio,* [ohne Datum] [1 Bl. r/v,
    ca. 29,6 × 41,7 cm]
–   Diagramm, *Allegro,* [ohne Datum] [1 Bl. r/v,
    ca. 29,6 × 26,5 cm]
–   Diagramm, [ohne Titel], [ohne Datum] [1 Bl. r/v,
    ca. 29,6 × 18,6 cm]
–   Diagramm, *Presto,* [ohne Datum] [1 Bl. r/v,
    ca. 29,6 × 16,8 cm]
–   Diagramm, *Presto,* [ohne Datum] [1 Bl. r/v,
    ca. 29,6 × 15 cm]

17.10.1960
Stück für Klavier vierhändig (HMV 51, 1960)
–   Diagramm, *17. Okt. 1960* [29,7 × 42 cm]

28.10.1960
–   Diagramm (Fotokopie), *28.10.1960* [ca. 25 × 61 cm]
    [Original verschollen]

9.1.1961
Stück für grosses Orchester, Klavier vierhändig und
Schlagzeug (HMV 52, 1960–1961)
–   Diagramm, *Partitur fertig am 9. Jan 1961*
    [ca. 43 × 135 cm]

19.2.1961–20.3.1961
Stück für grosses Orchester (HMV 53, 1961)
–   Diagramm (Entwurf), *19.2.61* [ca. 6 × 31,8 cm]
–   Diagramm, *6.3.61* [ca. 5,5 × 42 cm]
–   Diagramm, *8.3.1961* [1 Streifen r/v,
    ca. 29,6 × 189,3 cm]
–   Diagramm, *17.3.61* [ca. 4,3 × 42 cm und 13 Frag-
    mente]
–   Diagramm, *19.3.61* [ca. 7–10 × 76,5 cm und 13 Frag-
    mente]
–   Diagramm, *20.3.61* [ca. 30 × 207,5 cm]

8.6.1961–11.6.1961
–   Diagramm, *8.6.1961* [ca. 29,8 × 32 cm, recto]
–   Diagramm, *11.6.1961* [ca. 29,8 × 32 cm, verso]

15.8.1961
–   Diagramm, *15.8.61* [ca. 21 × 59 cm und
    21 × 29,7 cm]

18.9.1961–22.11.1961
Stück für grosses Orchester und zwei Klaviere je
vierhändig (HMV 54, 1961–1962)
–   Diagramm, *18.9.1961, 19.9.1961, 22.11.1961*
    [ca. 30 × 124,5 cm]
–   Diagramm (verworfen), *Nebenplan zur Part. v.*
    22. Nov. 1961 [ca. 22 × 156 cm]

22.9.1961
–   Diagramm (Entwurf), *22.9.61* [ca. 22 × 29,1 cm]
–   Diagramm (Entwurf), [ohne Datum], *Matrize der*
    Randlinie [ca. 22 × 29,1 cm]
–   Diagramm (Entwurf), [ohne Datum],
    [ca. 22 × 29,1 cm und verso 1 verworfene S.]

19.3.1962
–   Diagramm, *19.3.62* [ca. 22 × 132,5 cm]

9.8.1962–10.1962
Stück für grosses Orchester und Klavier vierhändig
(HMV 55, 1962)
– Diagramm, *9.8.62, Normal-Grossmatrix*
  [ca. 28 × 30 cm]
– Diagramm (Entwurf), *28.9.62* [ca. 14,8 × 35,3 cm]
– Diagramm, *29. Sept. 62, Oktober 1962, Hauptschema der Grossform* [ca. 22 × 134 cm]

23.–31.12.1962
Stück für grosses Orchester (HMV 56, 1962–1963)
– Diagramm, *23.12.62, Ende Dez. 62* [ca. 21 × 210 cm]

3.6.1963
Stück für zwei Klaviere vierhändig und Schlagzeug
(HMV 57, 1963)
– Diagramm, *fertig am 3.6.63* [ca. 22 × 350 cm]

18.–22.8.1963
Stück für zwei Klaviere für Paul Baumgartner
(HMV 58, 1963)
– Diagramm, *18.8.1963* [ca. 10,5 × 64,8 cm, recto]
– Diagramm, *19.8.1963* [ca. 10,5 × 64,8 cm, verso]
– Diagramm, *20.8.1963, 22.8.1963*
  [ca. 22,2 × 350? cm]

1964
– Diagramm, [1964] [ca. 22 × 110,5 cm]

3.5.–22.8.1964
Stück für grosses Orchester und drei Klaviere
(HMV 60, 1964)
– Diagramm, *3. Mai 1964* [ca. 22 × 110,5 cm]
– Diagramm, *6. Mai 64* [ca. 22 × 66,5 cm]
– Diagramm, *8. Mai 64* [ca. 22 × 105,2 cm]
– Diagramm, *14. Mai 64–16. Mai* [ca. 22 × 114,5 cm]
– Diagramm, *17. Mai 1964* [ca. 22 × 107,5 cm]
– Diagramm, *24. Mai 64* [ca. 17 × 122 cm]
– Diagramm, *1964* [1] [ca. 34,5 × 124 cm]
– Diagramm, *1964* [2] [ca. 39 × 124 cm]
– Diagramm (Reinschrift von *1964* [2]; Fragment),
  7. Juni 64 [ca. 41 × 30 cm]
– Diagramm, *1964* [3] [ca. 39 × 100,5 cm]
– Diagramm, *1964* [4] [ca. 39 × 103,5 cm]
– Diagramm, *11.6.1964* [ca. 39 × 64 cm]
– Diagramm (Fotokopie), *12.6.1964* [ca. 39 × 63 cm]
– Diagramm (Fotokopie), *13.6.1964* [ca. 39 × 63? cm]
– Diagramm (Fotokopie), *17.6.1964* [ca. 39 × 63 cm]
– Diagramm (Fotokopie), *18.6.1964*
  [ca. 39 × 64,5 cm]

– Diagramm (Fotokopie), *10. Stück, 21.6.64*
  [ca. 38,8 × 64,4 cm]
– Diagramm (Fotokopie), *11. Stück, 22.6.64*
  [ca. 39 × 64,2 cm]
– Diagramm (Fotokopie), *12. Stück, 23.6.64*
  [ca. 39 × 65 cm]
– Diagramm (Fotokopie), *13. Stück, 23.6.1964*
  [ca. 39 × 65 cm]
– Diagramm (Fotokopie), *14. Stück, 24.6.64*
  [ca. 39 × 64,4 cm]
– Diagramm (Fotokopie), *1964, Mondrian Nr. 20*
  [ca. 38,7 × 100 cm]
– Diagramm, *12.8.64* [aus AH *Analyseheft 1964 8(5)3(13)21*] [ca. 28,5 × 37,1 cm]
– Diagramm, *18. Aug. 1964* [ca. 39,5 × 92 cm]
– Diagramm (mit Rasterblatt), *22.8.64*
  [ca. 39 × 29,5 cm und ca. 39 × 26,5 cm]

3.10.–1.12.1964
– Diagramm, *3. Okt. 64* [ca. 22 × 47 cm]
– Diagramm, *1.12.1964* [ca. 22,5 × 35 cm]
– Diagramm (9 Fragmente), [ohne Datum]
  [ca. 3,5 × 5 bis 41 cm]

20.–21.10.1964
– Diagramm, *20.–21. Okt. 1964* [ca. 22 × 117,5 cm]

20.12.1964–4.1.1965
Stück für zwei Klaviere oder Klavier vierhändig
(HMV 61, 1964–1965)
– Diagramm, *20. Dez. 64, 26. Dez., 4.1.65*
  [ca. 22 × 108 cm]

24.4.1965
– Diagramm (Entwurf), *24.4.65* [ca. 22 × 35,3 cm und verso 2 verworfene S. Notizen und 2 S. Notizen]

21.3.1965
– Diagramm (Entwurf), *ab 21.3.65* [ca. 22 × 59,2 cm]

5.6.1965
Stück für zwei Klaviere für Helena Stebler (HMV 63, 1965)
– Diagramm, *5. Juni 1965, Stück für zwei Klaviere 1965, fertig am 25. Juni* [ca. 52 × 150 cm]
– Diagramm (Fragmente), [ohne Datum]
  [ca. 40 cm × 54 cm]

18.8.–18.9.1965
Stück für zwei Klaviere (HMV 64, 1965)
– Diagramm, *18.8.65* [r/v, ca. 22,1 × 69,5 cm]
– Diagramm, *18.9.1965* [ca. 29 × 350 cm]
– Diagramm (1. Abschrift), *Stück für zwei Klaviere 1965* [ca. 21 × 383,5 cm]
– Diagramm (2. Abschrift), *Stück für zwei Klaviere 1965* [ca. 22 × 379 cm]
– Diagramm (3. Abschrift), *Stück für zwei Klaviere 1965* [ca. 22 × 378 cm]

8.12.1966–12.1.1967
Stück für Streicher Bläser und zwei Klaviere für Oscar Niemeyer (HMV 65, 1966–1967)
– Diagramm, *8.12.66, 270, Paläste* [aus AH *240–279, 1966*] [ca. 22 × 70 cm]
– Diagramm (rhythmische Verlaufsskizze),
  9.12.66–21.12.66, 271–278 [aus AH *240–279, 1966*]
  [ca. 22 × 350 cm und 1 S. Skizze, *19.12.66*]
– Diagramm, *26.12.1966, 12.1.1967*
  [ca. 20,5 × 202 cm]

19.2.–3.3.1967
Requiem für Orchester und zwei Klaviere (HMV 66, 1967)
– Diagramm, *verworfene Varianten zum Requiem, 19.2.67* [ca. 22 × 182 cm]
– Diagramm, *1. Version zum Requiem, März 1967*
  [ca. 22 × 111 cm]
– Diagramm, *März 1967; 3.3.67, in Noten-Partitur übertragen, fertig am 2.4.67* [ca. 22 × 693 cm]

8.3.–15.4.1967
Stück für drei Klaviere vierhändig (HMV 67, 1967)
– Diagramm, *8.3.67, fertig Plan 29.3.67*
  [ca. 22,1 × 279 cm]
– Diagramm, *März–April 1967, 15.4.1.67*
  [ca. 22,1 × 216 cm]

5.–25.12.1967
Stück für Streichorchester, zwei Hammondorgeln und zwei Klaviere je vierhändig (HMV 68, 1967–1968)
– Diagramm (Entwurf), *Grundriss zu Niemeyer II, 5.12.67, 164* [aus AH *154–174, Projekt Niemeyer II, Heft X*] [ca. 30,5 × 35 cm]
– Diagramm (Fotokopie), *Meiner Tochter Veronika, Weihnachten 1967* [ca. 41,3 × 58 cm]
– Diagramm, *Niemeyer II, 27.1.68* [ca. 22,1 × 135,2 cm]

4.8.–2.9.1968
Stück für Streicher, Bläser und zwei Klaviere für
Werner Heisenberg (HMV 71, 1968)
– Diagramm, *4. August 1968* [ca. 29,7 × 165,5 cm]
– Diagramm, *2. Sept. 1968* [ca. 22 × 188 cm]

19.9.1968–12.1.1969
Stück für Klavier, Cembalo und elektrische Orgel
(HMV 72, 1968–1969)
– Diagramm, *19. Sept. 1968* [ca. 22 × 76,7 cm]
– Diagramm, *15.12.1968* [ca. 38 × 40,5 cm]
– Diagramm, *Baslerwand 12.1.69* [ca. 22 × 256,5 cm]

27.7.1970–10.8.1970
Sechs Stücke für Tasteninstrumente (HMV 74, 1970)
– Diagramm, *27.7.70* [ca. 22 × 34,5 cm]
– Diagramm, *30.7.70* [ca. 22 × 34,5 cm]
– Diagramm, *1.8.70* [ca. 22 × 117 cm]
– Diagramm, *4.8.70* [ca. 22 × 147,5 cm]
– Diagramm, *10.8.70* [ca. 22 × 241,5 cm]

8.–10.10.1970
Stück 2 (Kl, Cemb, Org; 1970)
– Diagramm, *8.10.70, Stück II* [ca. 4,6 × 49,5 cm]
– Diagramm, *10.10.70* [ca. 22 × 160 cm]

11.–31.1.1971
Klangflächengefüge oder Wandmusik für Hans Oesch
(HMV 75, 1970–1971)
– Diagramm (Skizzen), *6.1.71, 52* [aus AH *41–80,
  1970–1971*] [ca. 22 × 34,6 cm]
– Diagramm (Skizzen), *8.1.71, 53* [aus AH *41–80,
  1970–1971*] [ca. 22 × 34,6 cm]
– Diagramm (Skizzen: Fotokopie eines früheren
  Zustandes mit hss. Eintragungen), *8.1.71, 53*
  [aus AH *41–80, 1970–1971*] [ca. 21 × 29,7 cm]
– Diagramm, *Hauptplan Baslerwand, 11.1.71*
  [ca. 20,7 × 68,2 cm]
– Diagramm (Fotokopie mit hss. Eintragungen),
  11.1.71 [2 S., ca. 21 × 71,5 cm]
– Diagramm, *23.1.71* [ca. 47 × 35 cm]
– Diagramm, [ohne Datum, 31.1.1971]
  [ca. 41,9 × 91,5 cm]
– Diagramm (Fragment), *31.1.1971*
  [r/v, ca. 22 × 30 cm]
– Diagramm, [ohne Datum, 31.1.1971]
  [r/v, ca. 22 × 68,5 cm)]

28.9.–25.10.1972
Stück für zwei Klaviere, zwei elektrische Orgeln und
zwei Cembali je vierhändig (HMV 76, 1971–1972)
– Diagramm, *5.9.72, Stück fertig 25.10.72*
  [ca. 21,9 × 103 cm]
– Diagramm, *28.9.71, 30.9.71* [ca. 40,1 × 65,2 cm]

2.–17.4.1973
Stück für zwei Klaviere, zwei Cembali und zwei
elektrische Orgeln (HMV 77, 1973)
– Diagramm, *2.–4. April 1973, Plan fertig am 17.4.73*
  [ca. 27,5 × 206 cm]

14.7.–20.10.1973
Stück für zwei Klaviere, zwei Cembali und zwei
elektrische Orgeln (HMV 78, 1973)
– Diagramm, *14.7.73, 19.8.73* [ca. 27 × 82 cm und
  ca. 21,9 × 17,4 cm]
– Diagramm, *7. Okt. 1973* [ca. 29,7 × 287,5 cm]
– Diagramm, *14.10.73, 18.10.73* [ca. 22 × 69,5 cm]
– Diagramm (Fotokopie mit hss. Eintragungen),
  14.10.73, 18.10.73 [ca. 22,2 × 69,1 cm]
– Diagramm, [ohne Datum, 18.10.1973]
  [ca. 21,9 × 82,6 cm]
– Diagramm, *20.10.73, 3.11.73* [ca. 34,8 × 150,5 cm]
– Diagramm, *blau I–II* [ohne Datum, 10.1973]
  [ca. 21,8 × 70 cm]
– Diagramm, *blau III–IV* [ohne Datum, 10.1973]
  [ca. 21,8 × 70 cm]
– Diagramm, *gelb II* [ohne Datum, 10.1973]
  [ca. 21,8 × 85,5 cm]
– Diagramm, *gelb III* [[ohne Datum, 10.1973]
  [ca. 21,8 × 85 cm]
– Diagramm, *gelb IV* [ohne Datum, 10.1973]
  [ca. 21,8 × 85 cm]
– Diagramm, *rot I–II* [ohne Datum, 10.1973]
  [ca. 21,8 × 35 cm]
– Diagramm, *rot III–IV* [ohne Datum, 10.1973]
  [ca. 21,8 × 35 cm]
– Diagramm, *braun I–II* [ohne Datum, 10.1973]
  [ca. 21,8 × 35 cm]
– Diagramm, *braun III–IV* [ohne Datum, 10.1973]
  [ca. 21,8 × 34,6 cm]

1974
– Diagramm, *1974* [ca. 54 × 192 cm]
– Diagramm, [ohne Datum, 1974] [ca. 54 × 192 cm]

11.2.1974
– Diagramm, *11.2.74* [ca. 17,8 × 66 cm]

21.7.1974
– Diagramm, *21.7.74* [ca. 22 × 208,7 cm]

24.8.–3.9.1974
– Diagramm, *24.8.74, 26.8.[74]* [ca. 22 × 104 cm]
– Diagramm, *3. Sept. 74* [ca. 22 × 104 cm]

9.–10.9.1974
– Diagramm, *9.9.74, fertig 10.9.[74]* [ca. 22 × 140 cm]

25.9.1974
– Diagramm, *25. Sept. 74* [ca. 21,9 × 141,5 cm]

9.–16.11.1974
– Diagramm [verworfen], *9.11.74* [verso,
  ca. 27 × 139 cm]
– Diagramm, *12.11.74, 16. Nov. 74* [recto,
  ca. 27 × 139 cm]

28.1.–19.2.1975
– Diagramm, *28.1.75, 7.2.75, 11.2.[75], 19.2.75*
  [ca. 43,5 × 258 cm]

14.3.–5.4.1975
– Diagramm, *14.3.75* [ca. 22 × 65,5 cm]
– Diagramm, *5.4.75* [ca. 22 × 121 cm]

24.5.–12.6.1975
Elektronisches Stück (HMV 79, 1975)
– Diagramm, *24.5.75* [ca. 52,5 × 137,5 cm]
– Diagramm, *12.6.75* [ca. 54 × 214 cm]

14.–27. 7.1975
Elektronisches Stück (HMV 80, 1975)
– Diagramm (verworfen), [ohne Datum] [verso,
  ca. 22 × 221,5 cm]
– Diagramm (1. Niederschrift), *14.7.75, 22.7.75,
  24.7.75* [recto, ca. 22 × 221,5 cm]
– Diagramm (1. Niederschrift: Fotokopie mit
  hss. Eintragungen), *14.7.75, 22.7.75, 24.7.75*
  [ca. 21 × 227 cm]
– Diagramm (Reinschrift), *27.7.1975* [ca. 54 × 82 cm]

4.12.1975
– Diagramm, *4.12.75* [ca. 22 × 241,5 cm]

22.1.–16.2.1976
19 3/5-Minuten-Stück für Elektronik (HMV 81, 1976)
– Diagramm (Entwurf), *22.1.76, 166; 14.2.76*
[aus AH *160–166, 1976*] [ca. 42,1 × 34,6 cm und
verso Skizzen]
– Diagramm (1. Niederschrift), *16.2.76*
[ca. 22 × 257 cm]
– Diagramm (Reinschrift), *1976* [ca. 54 × 504 cm]

9.4.1976
– Diagramm, *9.4.1976* [ca. 22 × 79,5 cm]

20.4.1976
Elektronisches Stück (HMV 82, 1976)
– Diagramm, *20. April 1976* [ca. 54 × 72 cm]
– Diagramm (Fotokopie mit hss. Eintragungen),
20. April 1976 [ca. 29,5 × 156 cm]

7.8.–25.11.1976
Klangschichten für Tonband (HMV 83, 1976)
– Diagramm (Skizzen), *7.8.76, 14.8.76, 329* [aus AH
301–340, 1976] [ca. 24,4 × 35 cm und Fragmente]
– Diagramm (Entwurf), *17.8.76, 26.8.76*
[ca. 17,5 × 136 cm]
– Diagramm (verworfen), *28.8.76* [ca. 22 × 138 cm]
– Diagramm, *28.8.76, 30.8.76, 1. Sept., 4. Sept. 76,
5. Sept. 76, 6. Sept. 76* [ca. 55 × 139,5 cm und
14 Fragmente]
– Diagramm, *14.9.1976* [ca. 29,7 × 270 cm]
– Diagramm (1. Niederschrift), *Ende Nov. 1976*
[ca. 22 × 70 cm]
– Diagramm (Reinschrift), *25.11.76*
[ca. 21 × 141,8 cm]
– Diagramm (Fotokopie mit hss. Eintragungen),
25.11.76 [ca. 21 × 200 cm]

17.5.1977
Zweites Elektronisches Stück (HMV 84, 1977)
– Diagramm (Reinschrift), *17. Mai 1977*
[ca. 30 × 292,5 cm]

5.6.1977
Fast ein Wiegenlied für Elektronik (HMV 85, 1977)
– Diagramm, *5. Juni 1977* [ca. 21 × ca. 281 cm]
– Diagramm (Fotokopie mit hss. Eintragungen),
5. Juni 1977 [ca. 33 × 288 cm]

11.6.1977
– Diagramm, *11.6.77* [ca. 21 × 265 cm]

28.7.–13.9.1977
Elektronisches Stück (HMV 86, 1977)
– Diagramm (Reinschrift), *28.7.1977, 13.9.[1977]*
[ca. 21 × 310 cm]
– Diagramm (Fotokopie eines früheren Stadiums
mit hss. Eintragungen für die endgültige Fassung),
28.7.1977 [ca. 32,5 × 316,5 cm]
– Diagramm (Fotokopie eines früheren Stadiums
mit farbigen Eintragungen und Überklebungen),
28.7.1977 [32,5 × 316,5 cm]

[12.11.1977]
– Diagramm (Entwurf), [ohne Datum, montiert
auf *Tagesanzeiger Magazin* vom 12.11.1977]
[ca. 23,7 × 34,5 cm]

26.11.–17.12.1977
– Diagramm (Entwurf), *26.11.77, 725a* [aus AH *701–
740, 1977*] [ca. 43,5 × 45,3 cm]
– Diagramm, *10.12.77, 17.12.77, 741* [aus AH *741–757,
1977*] [ca. 22 × 68,8 cm]

14.3.–6.4.1978
Hommage à Judd für Elektronik (HMV 87, 1978)
– Diagramm, *14.3.78, 22.3.78* [ca. 22 × 114 cm]
– Diagramm, *6.4.78* [ca. 30 × 346 cm]
– Diagramm (Fotokopie mit hss. Eintragungen von
Dominik Blum), *6.4.78* [ca. 29,5 × 344 cm]
– Diagramm, *Judd, [6.4.1978]* [ca. 8,5 × 34 cm]

17.7.–26.9.1978
– Diagramm (Entwurf), *17.7.78, 19.9.78*
[r/v ca. 20,4 × 34,6 cm]
– Diagramm, *22.8.78, 26.9.78* [ca. 38 × 89 cm]

16.10.1978–19.1.1979
Flächen-Konstellationen für Elektronik (HMV 88,
1978–1979)
– Diagramm (Entwurf), *Plan-Entwurf 19.1.79*
[ca. 22 × 34,8 cm]
– Diagramm, *16. Okt. 1978, 19.1.79*
[ca. 21,1 cm × 336 cm und 1 S. hs. Notiz]
– Diagramm (Fotokopie mit hss. Eintragungen),
16. Okt. 1978, 19.1.79 [ca. 25,5 cm × 338,5 cm]

1979
– Diagramm, *203* [8.3.79, aus AH *181–220, 1979*]
[ca. 22 × 86 cm]

25.3.–20.4.1979
– Diagramm (Entwurf), *25.3.79, 225a* [aus AH *221–
260, 1979*] [ca. 22 × 69 cm]
– Diagramm, *20.4.79, 247a* [aus AH *221–260, 1979*]
[ca. 22 × 103 cm]

16.5.–6.6.1979
– Diagramm, *16.5.1979, fertig am 6.6.79*
[ca. 22 × 124 cm]
– Diagramm, *[ohne Datum]* [ca. 8.3 × 68,5 cm]
– Diagramm, *16.5.79* [ca. 22 × 34,8 cm]

8.8.1979
Plan (1979)
Plan, radikal & total & endgültig verworfen am 8. Aug. 1979
– Diagramm (1. Niederschrift), *8.8.1979*
[ca. 21 × 69 cm und verso 2 S. vom *23.7.79, 327* aus
AH *301–340, 1979*]
– Diagramm (Reinschrift), [ohne Datum]
[ca. 11,5 × 59,5 cm]

20.10.1979
– Diagramm, *20.10.1979, 404* [aus AH *381–420,
1979*] [ca. 23 × 68,5 cm]

13.11.1979
– Diagramm, *13. Nov. 79* [ca. 22 × 34,7 cm und verso
2 S. vom *11.11.79, 427* (aus AH *421–460, 1979*)]
– Diagramm (Fragment), *Nov. 1979*, [aus AH *421–
460, 1979*] [ca. 7,5 × 30,5 cm]

29.11.1979
– Diagramm (Skizze), [ohne Datum] [verso,
ca. 21,1 × 206,5 cm]
– Diagramm, *29.11.79* [recto, ca. 21,1 × 206,5 cm]

5.12.1979
– Diagramm, *5.12.79* [ca. 22 × 34,5 cm und verso
1 S. Skizzen]

10.12.1979
Elektronisches Stück (HMV 89, 1979)
– Diagramm, *10.12.79* [ca. 21,2 × 224,5 cm]

10.2.1980
– Diagramm, *10.2.80* [ca. 18 × 34,8 cm]

14.3.–21.5.1980
Flecken für Elektronik (HMV 90, 1980)
– Diagramm (1. Niederschrift), *14. März 1980 – 24. April*
[ca. 43,3 × 102,5 cm]

- Diagramm (Reinschrift), *21. Mai 1980*
  [ca. 21,2 × 359 cm]

28.7.1980 – 1.1981
- Diagramm, *28.7.80, 28. Aug. 80* [ca. 22 × 51,5 cm]
- Diagramm, *Anfang 1981* [ca. 32 × 47 cm]

20.10.1980
- Diagramm, *20.10.80, 751* [aus AH *741–780, 1980*]
  [ca. 21 × 69 cm]

13.–20.11.1980
- Diagramm, *13.11.80, 20.11.80* [ca. 30,4 × 35 cm
  und verso Skizzen]

27.11.1980–1981
Elektronisches Stück (HMV 91, 1980–1981)
- Diagramm, [ohne Datum] [ca. 11,3 × 47,5 cm]
- Diagramm, [ohne Datum] [ca. 23,8 × 54 cm]
- Diagramm, *27. Nov. 1980* [ca. 22 × 100,5 cm]
- Diagramm, *17.12.1980* [ca. 15 × 47,8 cm und verso
  Skizzen]
- Diagramm, *Ende 1981* [ca. 21 × 335,5 cm]
- Diagramm (1. Fotokopie mit hss. Eintragungen),
  [ohne Datum] [ca. 21 × 89 cm]
- Diagramm (2. Fotokopie mit hss. Eintragungen),
  [ohne Datum] [ca. 21 × 89 cm]

14.11.1981–20.1.1982
Konstellationen für Klangplatten (HMV 92, 1981–
1982)
- Diagramm, *Nov. 1981* [ca. 73 × 80 cm]
- Diagramm (Fotokopie mit hss. Eintragungen),
  Nov. 1981 [ca. 58 × 83 cm]
- Diagramm (Skizze), *14.11.81* [ca. 10,5 × 29 cm]
- Diagramm (Skizze), *Apotheose* [ohne Datum]
  [ca. 21 × 29 cm]
- Diagramm (Skizze), *Apotheose, Original, Ende 1981*
  [ca. 5,8 × 46,4. cm]
- Diagramm (Skizze), [Apotheose], *Kopie, Ende 1981*
  [ca. 5,2 × 42,7 cm]
- Diagramm, *10.12.1981, Klangplattenkonstellationen*
  [ca. 40 × 69,5 cm]
- Diagramm, *20.1.1982* [ca. 21,1 × 369,3 cm]

3.–16.10.1982
- Diagramm (Entwurf), *3.10.82, 273* [aus AH *241–
  280, 1982*] [ca. 30,4 × 49,5 cm]
- Diagramm (Reinschrift), *6.10.82, 11.10.82* [aus AH
  241–280, 1982] [ca. 22 × 34,9 cm]

- Diagramm (Fragment), *16.10.82, 273*
  [ca. 4,5 × 34,5 cm]

9.–23.12.1982
- Diagramm (Entwurf), [ohne Datum]
  [ca. 14,2 × 52 cm]
- Diagramm, *9.12.1982* [ca. 22 × 86,7 cm]
- Diagramm (Fotokopie mit hs. Eintragung), *23.12.82,
  Kopie am 26.1.83* [ca. 29,6 × 200 cm]

1983
- Diagramm (Skizze), *1983* [ca. 18 × ca. 39,7 cm]

4.–9.5.1983
- Diagramm, *4.5.83, 9.5.83* [ca. 22 × 29,7 cm]
- Diagramm (Fotokopie mit hss. Eintragungen),
  4.5.83, 9.5.83 [21 × 29,7cm]

27.5.–1.6.1983
- Diagramm [Fotokopie mit hs. Eintragung], *27.5.83,
  1.6.83* [29,7 × 42 cm]

19.6.–22.8.1983
22¾-Minuten-Stück für Elektronik (HMV 93,
1982–83)
- Diagramm (1. Fotokopie mit hss. Eintragungen), *ab 19. Juni 1983, am 22. Aug. 83 fertig*
  [ca. 42 × 161 cm]
- Diagramm (2. Fotokopie mit hss. Eintragungen), *Ab 19. Juni 1983, am 22. Aug. 83 fertig*
  [ca. 42 × 161 cm]
- Diagramm, *22.8.1983* [ca. 21,2 × 300 cm]

8.10.–18.12.1983
Stück für zwei Klaviere (HMV 94, 1983–1984)
- Diagramm (Entwurf), *8.10.83* [ca. 17 × 56 cm]
- Diagramm, *21.10.83* [ca. 28,7 × 34,6 cm]
- Diagramm (Fotokopie), *18. Dez. 1983*
  [ca. 33 × 105 cm] [Original verschollen]

10.–11.4.1984
- Diagramm, *10.4.84, I, Judd* [ca. 36 × 52,7 cm]
- Diagramm, *11.4.1984, II, Für Christ* [29,7 × 42 cm]

2.6.1984
- Diagramm, *2.6.84* [ca. 30,3 × 107,6 cm und verso
  Skizzen]

13.9.–1.10.1984
- Diagramm (Entwurf), *13.9.84* [recto,
  ca. 23,3 × 36.1 cm]
- Diagramm, *1. Okt. 84* [verso, ca. 23,3 × 36,1 cm]

17.10.1984
- Diagramm, *17.10.84, Beilage zu 803* [aus AH *801–
  840, 1984*] [ca. 27,5 × 41 cm]

2.4.1985
- Diagramm, *2.4.85, 928* [aus AH *921–960, 1985*]
  [ca. 22 × 34,5 cm]

27.5.1985
- Diagramm, *27.5.85, I* [recto, ca. 22 × 51,7 cm]
- Diagramm, *27.5.85, II* [verso, ca. 22 × 51,7 cm]

28.5.1985
- Diagramm, *28.5.85, 987* [aus AH *961–1000, 1985*]
  [ca. 21,9 × 34,6 cm]

25.6.1985
- Diagramm, *25.6.85* [ca. 7 × 51,5 cm]

8.1985
- Diagramm (Entwurf), *August 1985*
  [ca. 21,2 × 29,7 cm]
- Diagramm, *1985 August* [ca. 21,9 × 137,5 cm]

19.12.1985–7.1.1986
- Diagramm, *ab 19.12.1985, 7.1.1986*
  [ca. 29,7 × 126,6 cm]

25.1.1986
- Diagramm, *25.1.86* [ca. 22 × 56 cm]

2.1986–19.5.1986
Elektronisches Werk II (HMV 97, 1986)
- Diagramm, *zu Elektronikstück II, Feb. 1986*
  [ca. 57 × 125 cm]
- Diagramm, *4.3.86* [ca. 34,8 × 125,5 cm]
- Diagramm, *19.5.1986* [29,7 × 415 cm]

11.–12.8.1986
- Diagramm, *11.8.86, 12.8.86* [29,7 × 42 cm]

15.1.–27.4.1987
Elektronisches Stück (HMV 98, 1987)
- Diagramm, *Anfang ab 15. Jan. 87, fertig am
  27.4.1987* [ca. 43 × 233 cm]

13.5.1987
– Diagramm, *13.5.87, 14.5.[1987], 603* [aus AH *601–640, 1987*] [ca. 22 × 34,6 cm]

16.6.–14.10.1987
Klavierstück für Urs Peter Schneider (HMV 99, 1987)
– Diagramm (Entwurf), *28.7.87* [ca. 14,8 × 62,3 cm]
– Diagramm, *ab 16.6.87, 12.8.87, am 14. Okt. 1987 fertig* [ca. 29,7 × 545,5 cm]

13.–28.12.1987
– Diagramm, *13.12.87, 760; 28.12.87* [aus AH *760–800, 1987*] [ca. 33,3 × 35 cm]
– Diagramm, *18.12.87, 764* [aus AH *760–800, 1987*] [ca. 9 × 53 cm]

5.1.–4.12.1988
Grosse Wand ohne Bilder für Klavier, Cembalo und elektrische Orgel je vierhändig (HMV 100, 1988–1989)
– Diagramm (Skizzen), [1988] [ca. 21,9 × 150 cm]
– Diagramm, *5.1.88, 4.12.88* [ca. 82 × 165 cm]

[1989]
– Diagramm, [Kalenderblatt 1989] [ca. 57,4 × 83,8 cm und 3 Fragmente]

12.3.–2.11.1989
Quintett für Piccolo, Oboe, Horn, Bassklarinette und Kontrafagott (HMV 101, 1989)
– Diagramm (Skizzen), *1989* [ca. 11 × 65,5 cm]
– Diagramm (Reinschrift), *ab 12.3.1989, ab 28.3.89* [ca. 89 × 106 cm]
– Diagramm, *ab 11.4.89* [ca. 21,9 × 69,6 cm]
– Diagramm, *G* [30.9.1989] [ca. 21 × 41,6 cm]
– Diagramm (Skizzen), *2.11.89, 267* [aus AH *241–280, 1989*] [ca. 35,5 × 59 cm und verso Skizzen und ca. 21 × 41,6 cm]

20.12.1991
– Diagramm (Entwurf), *20.12.91* [ca. 10,6 × 18,3 cm und verso 1 S. Skizzen]

17.2.1999
– Diagramm (Entwurf), *17. Feb. 1999* [ca. 16,2 × 22,9 cm und verso 1 S. Notiz]

3. Übungen, Studien und unvollendete Werke

Übungen und Studien (1926–1932) [123 S.]
enthält u. a.:
  – Übungen im Unterricht mit Georg Haeser
  – Übungen im Unterricht mit Ernst Müller

Giraffe (1930–1943)
Übungen und Entwürfe von Jugendwerken
[14 S. und 58 S. und 28 S. und 313 S. und 2 S. Umschlag]
enthält u. a.:
– Skizzen und Entwürfe zu HMV 1 (1935), HMV 3 (1937), HMV 4 (1937), HMV 6 (1940), HMV 7 (1940), HMV 8 (1940) und HMV 9 (1941)
– Übungsstücke aus dem Unterricht bei Ernst Müller (1933–1938)
– *Ecce Homo. Das Narrenschiff*, op. 1
– Instrumentationsübungen sowie Abschriften von Werken anderer Komponisten (Wolfgang Amadeus Mozart, Ludwig van Beethoven, Arnold Schönberg u. a.)

Skizzenheft (1931–1933)
Taschenskizzenbuch I
– Entwürfe zu verschiedenen Klavierstücken, *26.06.1931; 16.03.1933* [24 S. und 2 S. Notizen]

Zwölftonstudien (1948–1950) [40 S.]

Melodik (1950)
– Reinschrift, *15.01.1950; 18.03.1950* [30 S.]

Adagio (Kl; 1950)
– Skizzen, *27.5.50, Juni 50* [8 S.]
– Entwurf (Fragment), *13. Sept. 50* [2 S.]

Geometrische Variationen (Kl; 1950–1951)
– Skizzen und Entwürfe, *ab 21. Nov 50, Fine 19. Jan 1951* [18 S. und 3 S. unidentifizierte Skizzen]

Skizzenheft (1992)
– Skizzen, *ab 9.1.92; 25.11.92* [10 S.]

4. Nicht identifizierte Manuskripte

4.1. Skizzen und Entwürfe

1938–1956
– unidentifizierte Skizzen [17 S.]

1950–1984
– unidentifizierte Skizzen [202 S.]

1954–1967
– unidentifizierte Skizzen und Notizen [126 S. und 1 S. Makulatur und 1 S. Umschlag]

1980–1999
– unidentifizierte Skizzen und Notizen [222 S.]

13.12.1989–20.10.1992
– Rhythmuspartitur (Entwurf), *ab 13.12.89* [ca. 21,8 × 200 cm]
– Rhythmuspartitur (Skizze), *ab Juli 90 begonnen* [ca. 22 × 35 cm] [2 S.]
– Rhythmuspartitur (Entwurf), *20.10.1992* [21,8 × 69,2 cm] [1 S.]

24.10.1991–1997
– unidentifizierte Skizzen, *24. Okt. 1991, 1.3.1994, 26.5.94, 1996, 1997* [11 S.]

4.2. Diagramme

195?
– unidentifiziertes Diagramm [ca. 17,3 × 360 cm]
– unidentifiziertes Diagramm [ca. 7,5 × 105,5 cm]

196?
– unidentifiziertes Diagramm [3 Bl., je 21 × 29,7 cm]
– unidentifiziertes Diagramm [2 Bl., ca. 21 × 19,5 cm und 21 × 42 cm]
– unidentifiziertes Diagramm [2 Bl., ca. 16,5 × 33 cm und ca. 24 × 42 cm]
– unidentifiziertes Diagramm [ca. 35 × 106 cm]

1960?
– unidentifiziertes Diagramm [ca. 21 × 81 cm]

1961?

- unidentifiziertes Diagramm (Entwurf), [ohne Datum] [ca. 29,8 × 126 cm]
- unidentifiziertes Diagramm (Entwurf), [ohne Datum] [ca. 26,7 × 42 cm, enthält verso eine Freihandzeichnung]

1970?

- Diagramm, [1970?] [ca. 42 × 315 cm]
- unidentifizierte Diagramme, *Tabellen* [1970?] [10 S. und Fragmente]

1979?

- unidentifiziertes Diagramm, *Gera* [1979?] [22 × 120 cm]
- unidentifiziertes Diagramm, [1979?] [ca. 22 × 103,5 cm]

1983–1990

- unidentifizierte Diagramme [9 S.]

ohne Datum

- unidentifiziertes Diagramm, [1987?] [ca. 21 × 59,4 cm]
- unidentifiziertes Diagramm, [ohne Datum] [ca. 21,2 × 29,7 cm]
- unidentifiziertes Diagramm, [ohne Datum] [ca. 18,6 × 29,7 cm]
- unidentifiziertes Diagramm, [ohne Datum] [ca. 11 × ca. 45,9 cm]
- unidentifiziertes Diagramm, [1980?] [ca. 11 × ca. 37 cm]
- unidentifiziertes Diagramm, [ohne Datum] [ca. 14,5 × 98,2 cm]
- unidentifiziertes Diagramm, [ohne Datum] [ca. 21,8 × 34,9 cm]
- unidentifiziertes Diagramm, [ohne Datum] [4 Streifen, ca. 7 cm × 10 cm / 60 cm / 30 cm]
- unidentifiziertes Diagramm, [ca. 14 × 88 cm]
- unidentifiziertes Diagramm (verworfen), [ohne Datum] [ca. 34,7 × 87 cm]
- unidentifiziertes Diagramm (Fotokopie mit hss. Eintragungen), [ohne Datum] [ca. 29,7 × 78,7 cm] [Original verschollen]
- unidentifizierte Diagramme [Mappe 1] [70 S.]
- unidentifizierte Diagramme [Mappe 2] [243 S.]

Register der erwähnten Werke von Hermann Meier

22¾-Minuten-Stück für Elektronik HMV 93 174
Dreizehn Stücke für zwei Klaviere HMV 45 12, 13, 143, 179
Elektronisches Stück HMV 79 141
Elektronisches Stück HMV 80 174
Flecken für Elektronik HMV 90 166–167, 174
Grosse Wand ohne Bilder für Klavier, Cembalo und elektrische Orgel je vierhändig HMV 100 95, 114f., 116
Klangflächengefüge oder Wandmusik für Hans Oesch HMV 75 31, 140, 148, 149, 150–153
Klangschichten für Tonband HMV 83 13, 154, 169, 170–173, 188, 192
Klavierstück für Urs Peter Schneider HMV 99 176–178
Klavierstück HMV 16 83, 84, 85, 178f.
Klavierstück HMV 3 143
Klavierstück HMV 39 25, 26f., 179
Klavierstück HMV 40 143, 175, 179, 192
Klaviervariationen für Hermann Gattiker HMV 27 12, 179
Orchestermusik – *Hommage à Hans Arp* HMV 31 55, 98, 99f., 133
Orchesterstück HMV 32 12, 99, 100f., 103, 111, 191
Orchesterstück HMV 48 105, 134–138, 134f., 143
Orchesterstück Nr. 1 HMV 25 12, 98, 132, 190
Orchesterstück Nr. 2 HMV 26 98f., 100
Orchesterstück Nr. 3 HMV 30 99
Orchesterstück Nr. 4 – *A Mondrian* HMV 34 56, 100, 101f., 132f., 138, 143, 185f., 191
Orchesterstück Nr. 5 HMV 35 101, 102f., 114, 132, 133f., 138, 191
Orchesterstück Nr. 6 HMV 38 102, 103, 133f.
Orchesterstück Nr. 8 HMV 41 103, 143, 182
Orchesterstück Nr. 9 HMV 42 103, 104, 143
Orchesterstück Nr. 10 HMV 43 103–105
Quintett für Piccolo, Oboe, Horn, Bassklarinette und Kontrafagott HMV 101 142
Requiem für Orchester und zwei Klaviere HMV 66 112, 113, 120, 122, 130
Sinfonie Nr. 1 HMV 21 10, 96, 97, 190

Sinfonie Nr. 2 HMV 24 12, 97, 98, 110, 132, 191
Sonate für Klavier HMV 23 17, 175, 179, 180
Stück für grosses Orchester HMV 49 106, 124
Stück für grosses Orchester HMV 50 17, 106, 116
Stück für grosses Orchester HMV 53 13, 107f.
Stück für grosses Orchester HMV 56 109, 111, 114
Stück für grosses Orchester und drei Klaviere HMV 60 66, 109, 109–111, 120, 136f., 138–140, 143
Stück für grosses Orchester und Klavier vierhändig HMV 55 108f.
Stück für grosses Orchester und Klavier vierhändig HMV 62 110f., 113, 120
Stück für grosses Orchester und zwei Klaviere HMV 54 108
Stück für grosses Orchester, Klavier vierhändig und Schlagzeug HMV 52 78f., 107, 108
Stück für Streicher, Bläser und zwei Klaviere für Oscar Niemeyer HMV 65 77, 111–113, 124, 139
Stück für Streicher, Bläser und zwei Klaviere für Werner Heisenberg HMV 71 17, 114, 115, 118, 122, 123–125, 126f., 128, 140, 143, 191
Stück für Streichorchester, zwei Hammondorgeln und zwei Klaviere je vierhändig HMV 68 113f.
Stück für Violine solo HMV 2 9
Stück für zwei Klaviere für Paul Baumgartner HMV 58 13, 143
Stück für zwei Klaviere HMV 44 18, 58, 179, 191
Stück für zwei Klaviere HMV 64 120, 120f., 182f.
Stück für zwei Klaviere HMV 94 14, 192
Stück für zwei Klaviere, zwei Cembali und zwei elektrische Orgeln HMV 78 154, 155–158
Stück für zwei Klaviere, zwei elektrische Orgeln und zwei Cembali HMV 73 140
Stück für zwei Klaviere, zwei elektrische Orgeln und zwei Cembali je vierhändig HMV 76 13, 151
Stück für zwei Violinen HMV 1 9
Trio für Flöte, Klarinette und Fagott HMV 11 10, 190
Zwei Klavierstücke für Lilo Mathys HMV 36 17, 191

Ausstellungsverzeichnis

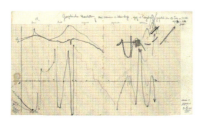

Kat. 1
Graphische Darstellung aus meinem 1. Lebenslaufe, auto-biographische Aufzeichnung, 13. Juni – 30. Oktober 1924, ca. 18,5 × 33,1 cm, Abb. S. 30.

Kat. 5
Hermann Meier in seinem Arbeitszimmer im Schulhaus, Zullwil, ca. 1940, Photographie, 29,7 × 21 cm.

Kat. 2
Konservatorium Basel Harmonielehre, Arbeitsheft aus dem Unterricht bei Georg Haeser, 3. November 1931, S. 1, ca. 34 × 25,7 cm.

Kat. 6
Historische Aufnahme des Dorfes Zullwil, ca. 1940, Photographie, 13 × 18 cm (Gemeindearchiv Zullwil), Abb. S. 190.

Kat. 3
Klavierstück HMV 3 (1937), Reinschrift, S.1, 34 × 25,5 cm.

Kat. 7
Hermann Meier, 1943, Photographie, 29,7 × 21 cm, Abb. S. 190.

Kat. 4
Hermann Meier beim Reparieren eines Motorrades, Zullwil, 1932, Photographie, 29,7 × 21 cm.

Kat. 8
Hermann Meier, 1945, Photographie, 59,4 × 42 cm, Abb. S. 2.

Kat. 9
Wladimir Vogel an Hermann Meier, Brief vom 20. Oktober 1945, Manuskript, S. 1, 27,5 × 18,5 cm.

Kat. 10
Wladimir Vogel, ca. 1957, Photographie, 14,6 × 10,3 cm (Paul Sacher Stiftung, Fonds Annie Müller-Widmann), Abb. S. 75.

Kat. 11
Hermann Gattiker an Hermann Meier, Brief vom 25. Mai 1946, Manuskript, 1. S., 29,7 × 21 cm.

Kat. 12
Programm des 35. Hausabends für zeitgenössische Musik Bern, 10. April 1947, auf dem Programm: Francis Engel, *Grabstele für ein junges Mädchen* (1946–47), Robert Suter, Improvisationen für Oboe und Viola (1944), Franz Tischhauser, Sonatine für Klavier (1941), Hermann Meier, Trio für Flöte, Klarinette und Fagott (o. J.), May Breguet, Zwei Lieder nach chinesischen Texten (1946), Niklaus Aeschbacher, Sonatine für Klarinette und Klavier (1937), Marcel Wahlich, *Schilflieder* (o. J.), Ausführende: Katharina Marti, Diego Ochsenbein, Leonelle Righetti, Gustave Kunz, Karl E. Kremer jun., Werner Amstad, Eduard Gros, Armin Leibundgut, Hans Heusi, Marcel Wahlich, Mario Mastrocola, Gernot Essig, Niklaus Aeschbacher, 29,7 × 21 cm, Abb. S. 10.

Kat. 13
Hermann Meier und Wladimir Vogel, Tessin, 1948, Photographie, 29,7 × 21 cm, Abb. S. 92.

Kat. 14
Wladimir Vogel, «Della musica dodecafonica», in: *Svizzera italiana* 105 (Aprile 1954), S. 18–19, enthält eine Photographie des Vorbereitungstreffens zum Ersten Internationalen Zwölftonkongress, Orselina, 1948, 24,3 × 17 cm (Paul Sacher Stiftung, Sammlung Werner Kaegi), Abb. S. 11.

Kat. 15
Sinfonie Nr. 1 HMV 21 (1947–48), Partiturreinschrift, S. 1, ca. 34 cm × 25,4 cm.

Kat. 16
e. [Hans Ehinger], «Konzert ohne Publikum», in: *Basler Nachrichten*, 20. April 1949, Beilage zum Abendblatt Nr. 165, S. [5]–[6] (Ausschnitt), 18 × 18 cm.

Kat. 17
Willi Schuh, «Schweizer Komponistennachwuchs», in: *Neue Zürcher Zeitung*, 27. April 1949, S. 1 (Ausschnitt), 14 × 33,3 cm.

Kat. 18
-y, «Orchester-Leseproben», in: *Nationalzeitung*,
27. April 1949, Abendblatt Nr. 192, S. 3 (Ausschnitt),
16,7 × 18,2 cm.

Kat. 23
Heinrich Strobel (Südwestfunk) an Hermann Meier,
Brief vom 16. März 1955, Typoskript mit Unterschrift,
1 S., 21 × 14,8 cm, Abb. S. 44.

Kat. 19
René Leibowitz an Hermann Meier, Brief vom 21. September 1950, Manuskript, 1 S., 21,7 × 14 cm.

Kat. 24
Rolf Liebermann (Schweizerische Rundspruchgesellschaft) an Hermann Meier, Brief vom 3. April
1954, Typoskript mit Unterschrift, 1 S., 29,7 × 21 cm,
Abb. S. 44.

Kat. 20
René Leibowitz, Paris, 1958, Photographie von Charles
Leirens, ca. 13 × 18 cm, Abb. S. 11.

Kat. 25
M. Koller (Schweizerischer Tonkünstlerverein) an
Hermann Meier, Brief vom 21. Mai 1952, Typoskript mit
Unterschrift, 1 S., 21 × 14,8 cm.

Kat. 21
Arbeitsheft *Leibowitz*, [13.09.1950–07.11.1950], Umschlag mit handschriftlichem Titel, ca. 22 × 17,8 cm.

Kat. 26
Jean Henneberger (Schweizerischer Tonkünstlerverein) an Hermann Meier, Brief vom 18. März 1954,
Typoskript mit Unterschrift, 1 S., 29.7 × 21 cm.

Kat. 22
Paul Sacher an Hermann Meier, Brief vom 19. August
1952, Typoskript mit Unterschrift, 1 S., 29,7 × 21 cm.

Kat. 27
Jean Henneberger (Schweizerischer Tonkünstlerverein)
an Hermann Meier, Brief vom 6. Juni 1956, Typoskript
mit Unterschrift, 1 S., 29,7 × 21 cm.

Kat. 32
Arbeitsheft *Klavier, Dreiecksschicksale 1953, Hommage
à Arp f. Orchester 1953* [24.06.1953–17.08.1953],
Eintrag vom 17. August 1953, S. [16]–[17], je
ca. 22 × 17,5 cm, Abb. S. 56.

Kat. 28
Teilnehmerkarte für die Tagung für elektronische und
konkrete Musik, Radio Basel, 19.–21. Mai 1955, Druck
mit handschriftlicher Eintragung, 10,4 × 14,7 cm,
Abb. S. 147.

Kat. 33
Orchestermusik – *Hommage à Hans Arp* HMV 31 (1953),
Partiturreinschrift, S. 1, ca. 36 × 27 cm, Abb. S. 98.

Kat. 29
Quartierschein Städt. Verkehrsamt Donaueschingen,
15. Oktober 1955, Druck mit Typoskript-Eintragungen,
7,8 × 12,4 cm.

Kat. 34
Exzerpt aus *Punkt und Linie zu Fläche* von Wassily
Kandinsky, 7. Mai 1954, 6 Seiten in: Notizbuch *91
Kandinsky, Doesburg, Eckstein, Corbusier* [07.05.1954–
30.05.1954], S. 1, ca. 22 × 17,5 cm, Abb. S. 56.

Kat. 30
Programm der Donaueschinger Musiktage für zeitgenössische Tonkunst, 15.–16. Oktober 1955, S. 1–3, je
ca. 21,2 × 9,9 cm, Abb. S. 12.

Kat. 35
Arbeitsheft *A Mondrian*, [24.02.1955–17.03.1956],
Umschlag mit handschriftlichem Titel, ca. 22 × 17,5 cm.

Kat. 31
Georg Schmidt, *Sophie Taeuber Arp*, 1. Auflage, Basel
1948, S. 106, 30 × 21 cm (Paul Sacher Stiftung,
Bibliothek).

Kat. 36
Orchesterstück Nr. 5 HMV 35 (1955), Diagramm,
27. Oktober – 4. Dezember 1955, ca. 17, 6 × 634,5 cm,
Abb. S. 132.

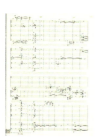

Kat. 37
Orchesterstück Nr. 5 HMV 35 (1955), Partiturreinschrift, S. 1, 35,9 × 26,8 cm, Abb. S. 101.

Kat. 42
Hermann Meier im Schulzimmer, Zullwil, 1960er Jahre,
Photographie, 10,5 × 14,8 cm, Abb. S. 190.

Kat. 38
2. Klavierstück, Zweites Klavierstück für Lilo Mathys
HMV 36 (1955–56), Diagramm, 25. März 1956,
ca. 17,2 × 458,5 cm (Ausschnitt).

Kat. 43
Orchesterstück Nr. 6 HMV 38 (1956–57), Diagramm,
18.–28. Februar 1957, ca. 17,5 × 175,5 cm.

Kat. 39
Zwei Klavierstücke für Lilo Mathys HMV 36
(1955–56), Reinschrift auf Transparentpapier, S.11,
ca. 38,5 × 29 cm.

Kat. 44
Klavierstück, 2. Version Allegro vivace, Klavierstück
HMV 39 (1957), Diagramm, 3.–31. März 1957,
ca. 17,4 × ca. 519,5 cm, Abb. S. 26–27.

Kat. 40
Hermann Meier und seine Klasse der Oberschule,
Zullwil, Juli 1956, Photographie, 13 × 18 cm, Abb. S. 9.

Kat. 45
Stück für zwei Klaviere HMV 44 (1958), Skizzen,
18. Juni – 18. Oktober 1958, S. 1 und 4,
je 35,8 × 27 cm, Abb. S. 58.

Kat. 46
Stück für zwei Klaviere HMV 44 (1958), Diagramm, 11. Oktober – 17. November 1958,
ca. 17,8 × ca. 202,5 cm, Abb. S. 18.

Kat. 41
Hermann Meier vor dem neu gebauten Haus in Zullwil,
1. August 1958, Photographie, 29,7 × 21 cm.

Kat. 47
Stück für zwei Klaviere HMV 44 (1958), erste Reinschrift, S. 1, 33,6 × 25 cm.

Kat. 48
Arbeitsheft *Komposition für 2 Klaviere ab 20. April 1959*, [20.04.1959–08.06.1959], Eintrag vom 9. Juni 1959 zum letzten der *Dreizehn Stücke für zwei Klaviere* HMV 45 («Mondrian-Musik»), S. 20, ca. 22 × 17,5 cm, Abb. S. 13.

Kat. 53
Iannis Xenakis, Diagramm zu *Achorripsis* für 21 Instrumente (1956–57), 64 × 114 cm (Archives famille Xenakis, Paris), Abb. S. 24.

Kat. 49
Dreizehn Stücke für zwei Klaviere HMV 45 (1959), erste Reinschrift auf Transparentpapier, S. 50–51, je 33,5 × 25 cm.

Kat. 54
Edgard Varèse, *Poème électronique* für Tonband (1958), collagierte Verlaufsgraphik, 30,2 × 48,5 cm (Paul Sacher Stiftung Basel, Sammlung Edgard Varèse).

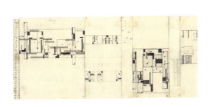

Kat. 50
Matrize f. Orchesterstück Nov.–Dez. 1959, Orchesterstück HMV 48 (1959–60), Diagramm, November–Dezember 1959, ca. 22,5 × 307 cm, Abb. S. 134–135.

Kat. 55
Roman Haubenstock-Ramati, *Décisions* (1959–61), Musikgraphik, Nr. 1, 35 × 50 cm (Paul Sacher Stiftung Basel, Sammlung Roman Haubenstock-Ramati), Abb. S. 38.

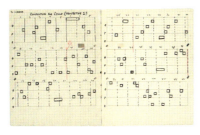

Kat. 51
Morton Feldman, *Projection 1 for Cello solo* (1950–51) in *Skizzenbuch I* (1950–51), Reinschrift, [S. 37–38], je 21,3 cm × 17,4 cm (Paul Sacher Stiftung Basel, Sammlung Morton Feldman), Abb. S. 29.

Kat. 56
György Ligeti, *Volumina* für Orgel (1961–62, rev. 1967), Reinschrift der revidierten Fassung, S. 2, 13 und 16, je ca. 29,6 × 42cm (Paul Sacher Stiftung Basel, Sammlung György Ligeti), Abb. S. 123.

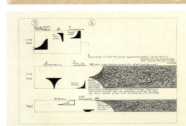

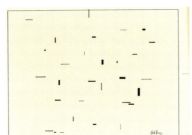

Kat. 52
Earle Brown, *December 1952*, aus: *Folio* (1952/53), Reinschrift auf Transparentpapier, 29,8 × 42 cm (Paul Sacher Stiftung Basel, Sammlung Mauricio Kagel), Abb. S. 28.

Kat. 57
Moderato, Stück für grosses Orchester HMV 50 (1960), Diagramm, 15. August 1960, ca. 29,7 × 39,7 cm, Abb. S. 116.

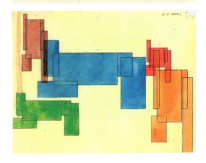

Kat. 58
Stück für grosses Orchester, Klavier vierhändig und
Schlagzeug HMV 52 (1960–61), Diagramm, 9. Januar
1961, ca. 43 × 135 cm, Abb. S. 78–79.

Kat. 65
Stück für grosses Orchester und drei Klaviere HMV 60
(1964), Diagramm, 11. Juni 1964, ca. 39 × 64 cm,
Abb. S. 138.

Kat. 59
Stück für grosses Orchester und drei Klaviere HMV 60
(1964), Diagramm, 3. Mai 1964, ca. 22 × 110,5 cm,
Abb. S. 136.

Kat. 60
Stück für grosses Orchester und drei Klaviere HMV 60
(1964), Diagramm, 6. Mai 1964, ca. 22 × 66,5 cm,
Abb. S. 136.

Kat. 66
Stück für grosses Orchester und drei Klaviere HMV 60
(1964), Diagramm, 12. Juni 1964, ca. 39 × 63 cm,
Privatbesitz.

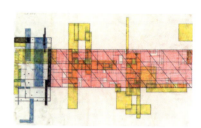

Kat. 61
Stück für grosses Orchester und drei Klaviere HMV 60
(1964), Diagramm, 8. Mai 1964, ca. 22 × 105,2 cm,
Abb. S. 136.

Kat. 67
Stück für grosses Orchester und drei Klaviere HMV 60
(1964), Diagramm, 23. Juni 1964, ca. 39 × 65 cm,
Privatbesitz, Abb. S. 139.

Kat. 62
Stück für grosses Orchester und drei Klaviere HMV 60
(1964), Diagramm, 16. Mai 1964, ca. 22 × 114,5 cm,
Abb. S. 137.

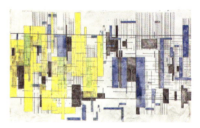

Kat. 63
Stück für grosses Orchester und drei Klaviere HMV 60
(1964), Diagramm, 17. Mai 1964, ca. 22 × 107,5 cm,
Abb. S. 137.

Kat. 68
Stück für zwei Klaviere HMV 64 (1965), Diagramm,
28. Juni 1965 – 18. September 1965, ca. 21 × 383,5 cm,
Abb. S. 120–121.

Kat. 69
Stück für zwei Klaviere HMV 64 (1965), Diagramm,
28. Juni 1965 – 18. September 1965, unrestaurierter
Zustand, ca. 29 × 350 cm, Abb. S. 182–183.

Kat. 64
Stück für grosses Orchester und drei Klaviere HMV 60
(1964), Diagramm, ohne Datum, ca. 39 × 103,5 cm,
Abb. S. 137.

Kat. 70
Stück für Streicher, Bläser und zwei Klaviere für
Werner Heisenberg IIMV 71 (1968), Diagramm,
4. August 1968, ca. 29,7 × 165,5 cm, Abb. S. 126–
127.

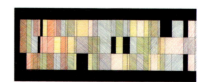

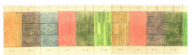

Kat. 71
Grundplan des «Heisenberg», Stück für Streicher, Bläser und zwei Klaviere für Werner Heisenberg HMV 71 (1968), Diagramm, 2. September 1968, ca. 22 × 188 cm, Abb. S. 126–127.

Kat. 72a–b
Klangflächengefüge oder Wandmusik für Hans Oesch HMV 75 (1970–71), Stück für zwei Klaviere (Klavier I vierhändig), zwei Cembali und elektrische Orgel, Diagramm *Hauptplan Baslerwand* mit Transparentauflage, 11.– 31. Januar 1971, ca. 20,7 × 68,2 cm, Abb. S. 150.

Kat. 73
Klangflächengefüge oder Wandmusik für Hans Oesch HMV 75 (1970–71), Stück für zwei Klaviere (Klavier I vierhändig), zwei Cembali und elektrische Orgel, graphische Skizze, 23. Januar 1971, ca. 47 × 35 cm, Abb. S. 151.

Kat. 77a–d
Klangflächengefüge oder Wandmusik für Hans Oesch HMV 75 (1970–71), Stück für zwei Klaviere (Klavier I vierhändig), zwei Cembali und elektrische Orgel, Partiturreinschrift und Formplan auf Transparentpapier, S. 1–2 und S. 63–64, je ca. 27 × 34 cm, Abb. S. 148.

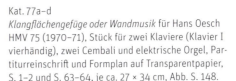

Kat. 78
Hans Oesch an André Zumbach, Brief vom 4. März 1971, Typoskript-Durchschlag mit Unterschrift, 1 S., 29,7 × 21 cm.

Kat. 74
Klangflächengefüge oder Wandmusik für Hans Oesch HMV 75 (1970–71), Stück für zwei Klaviere (Klavier I vierhändig), zwei Cembali und elektrische Orgel, Diagramm ohne Datum, ca. 41,9 × 91,5 cm, Abb. S. 152.

Kat. 79
Hermann Meier, Bodensee, Mai 1973, Photographie, 14,7 × 10,6 cm, Abb. S. 191.

Kat. 75
Klangflächengefüge oder Wandmusik für Hans Oesch HMV 75 (1970–71), Stück für zwei Klaviere (Klavier I vierhändig), zwei Cembali und elektrische Orgel, 2. April 1971, graphische Skizze zum «1. Gebiet» in Arbeitsheft *81–130,* [21.03.1971–18.05.1971], S. 89c–d, je 22 × 17,4 cm, Abb. S. 153.

Kat. 80
Wladimir Vogel, Hans Oesch und Charles Dobler im Hause Oesch, Anwil, 25. Juli 1983, Photographie, 8,8 × 13 cm, Abb. S. 191.

Kat. 76
Klangflächengefüge oder Wandmusik für Hans Oesch HMV 75 (1970–71), Stück für zwei Klaviere (Klavier I vierhändig), zwei Cembali und elektrische Orgel, 9. April 1971, graphische Skizze *Plan des 5. Gebietes,* in: Arbeitsheft *91–129, Pläne zur Wand,* [05.04.1971–21.05.1971], S. 96b–c, je 22 × 17,4 cm, Abb. S. 31.

Kat. 81
Hermann Meier, 15. März 1984, Photographie, 8,4 × 12,8 cm, Abb. S. 191.

Kat. 82
Stück für zwei Klaviere, zwei Cembali und zwei elektrische Orgeln HMV 78 (1973), Instrumentalversion, Diagramm, 14. Juli – 19. August 1973, ca. 27 × 82 cm, Abb. S. 155.

Kat. 88
Elektronisches Stück HMV 79 (1975), Diagramm, 12. Juni 1975, Reinschrift auf Transparentpapier, ca. 54 × 214 cm, Abb. S. 141.

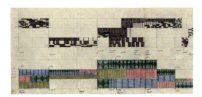

Kat. 83
Stück für zwei Klaviere, zwei Cembali und zwei elektrische Orgeln HMV 78 (1973), elektronische Version, Diagramm, 14.–18. Oktober 1973, ca. 22 × 69,5 cm, Abb. S. 155.

Kat. 89
Diagramm, 20. April 1976, nicht zugeordnet, kolorierte Photokopie, ca. 29,5 × 156 cm, Abb. S. 176–177.

Kat. 84
Stück für zwei Klaviere, zwei Cembali und zwei elektrische Orgeln HMV 78 (1973), elektronische Version, Diagramm, ohne Datum, ca. 22 × 35 cm, Abb. S. 158.

Kat. 90
Hans Peter Haller (Heinrich-Strobel-Stiftung des Südwestfunks e.V., Experimentalstudio) an Hermann Meier, Brief vom 25. Juni 1975, Typoskript mit Unterschrift, 1 S., 29,7 × 21 cm.

Kat. 85
Stück für zwei Klaviere, zwei Cembali und zwei elektrische Orgeln HMV 78 (1973), elektronische Version, Diagramm, ohne Datum, ca. 21,9 × 82,6 cm (Ausschnitt).

Kat. 91
Arbeitshefte *225–260, 262–300, 301–340, 341–380, 381–420,* [10.04.1976–06.12.1976] zur Komposition *Klangschichten* für Tonband HMV 83 (1976), S.225–420, fünf Hefte mit Umschlägen, je ca. 22 × 17,5 cm, Abb. 188.

Kat. 86
Stück für zwei Klaviere, zwei Cembali und zwei elektrische Orgeln HMV 78 (1973), elektronische Version, Diagramm, 20. Oktober – 3. November 1973, ca. 34,8 × 150,5 cm (Ausschnitt), Abb. S. 157.

Kat. 92
Klangschichten für Tonband HMV 83 (1976), Diagramm, 14. September 1976, Reinschrift auf Transparentpapier, ca. 29,7 cm × 270 cm, Abb. S. 171.

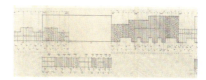

Kat. 87
Diagramm, 24.–26. August 1974, nicht zugeordnet, ca. 22 × 104 cm, Abb. S. 159–160.

Kat. 93
Klangschichten für Tonband HMV 83 (1976), Diagramm, Ende November 1976, 22 × 70 cm, Abb. S. 172.

Kat. 94
Klangschichten für Tonband HMV 83 (1976), Diagramm,
25. November 1976, Reinschrift auf Transparentpapier,
ca. 20,5 × 141,5 cm, Abb. S. 173.

Kat. 100
Diagramm, 22. August – 26. September 1978, nicht
zugeordnet, ca. 38 × 89 cm, Abb. S. 144.

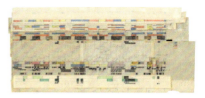

Kat. 95
Klangschichten HMV 83 (1976), durch den SWR ange-
fertigte Tonbandkopie mit Hülle, 2. Dezember 1976,
ca. 19,5 × 19,6 cm, Abb. S. 174.

Kat. 101
Flächen-Konstellationen für Elektronik HMV 88 (1978),
Diagramm, 16. Oktober 1978, Reinschrift auf Transpa-
rentpapier, ca. 21,1 cm × 336 cm.

Kat. 102
Nr. 247a, Diagramm, 20. April 1979, nicht zugeordnet,
ca. 22 × 103 cm, Abb. Umschlag.

Kat. 96
Hermann Meier an Charles Dobler, Brief vom
20. Oktober 1976, Manuskript (Photokopie), S. 1–2,
je 29,7 × 21 cm.

Kat. 103
Flecken für Elektronik HMV 90 (1980), Diagramm,
14. März – 21. Mai 1980, Reinschrift auf Transparentpapier, ca. 21,2 × 359 cm, Abb. S. 166–167.

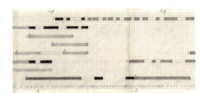

Kat. 97
Kantonaler Kunstpreis Solothurn 1976, Einladungs-
karte zur Preisverleihung, 10. Dezember 1976, Druck,
S. 2–3, je 21 × 14,5 cm.

Kat. 104
Diagramm, 28. Juli 1980 – Anfang 1981, nicht zu-
geordnet, unrestaurierter Zustand, ca. 32 × 47 cm,
Abb. S. 15.

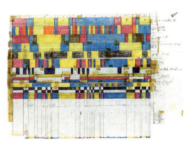

Kat. 105
Konstellationen für Klangplatten HMV 92 (1981–1982),
Diagramm, 14. November 1981 – 20. Januar 1982,
Reinschrift auf Transparentpapier, ca. 21,1 × 369,3 cm.

Kat. 98
Fast ein Wiegenlied für Elektronik HMV 85 (1977),
Diagramm, 5. Juni 1977, Reinschrift auf Transparent-
papier, ca. 21 × ca. 281 cm.

Kat. 99
Hommage à Judd für Elektronik HMV 87 (1978), Diagramm, 6. April 1978, Reinschrift auf Transparentpapier, ca. 30 × 346 cm.

Kat. 106
Hermann Meier an Urs Peter Schneider, Brief vom
3. Januar 1984, Manuskript, 1 S., 29,7 × 21 cm.

Kat. 111
Programm von Neue Horizonte Bern, 25. April 1992,
Collage von Urs Peter Schneider, auf dem Programm:
Hermann Meier, Plan vom 5.1.–4.5.1988, Ausführende:
Thomas Gröli (Realisation), Urs Peter Schneider (Ein-
führung), 14,9 × 21 cm, Abb. S. 14.

Kat. 107
Hermann Meier an Urs Peter Schneider, Brief vom
31. Januar 1984, Manuskript, 1 S., 29,7 × 21 cm.

Kat. 112
Grosse Wand ohne Bilder für Klavier, Cembalo
und elektrische Orgel je vierhändig HMV 100
(1988–89), Partiturreinschrift, S. 1–71 (Ausschnitt),
je 21 × 29,7 cm, Abb. S. 114–115.

Kat. 108
ksc [Klaus Schädeli], «‹Abseitiges› von grosser Bedeutung. Konzert der ‹Neue Horizonte Bern› im Radiostudio Bern», in: *Der Bund*, 7. Februar 1984, S. 23
(Ausschnitt), 11 × 11 cm.

Kat. 109
Zu Elektronikstück II (1986), Elektronisches
Werk II HMV 97 (1986), Diagramm, Februar 1986,
ca. 57 × 125 cm.

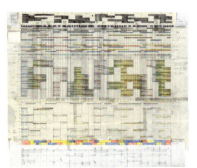

Kat. 110
Quintett für Piccolo, Oboe, Horn, Bassklarinette und
Kontrafagott HMV 101 (1989), Diagramm, 12.–28. März
1989, ca. 89 × 106 cm, Abb. S. 142.

Abbildungsnachweise

Die Originalvorlagen der Abbildungen befinden sich, wenn nicht anders vermerkt, in der Paul Sacher Stiftung, Basel, dort überwiegend in der Sammlung Hermann Meier sowie in weiteren Sammlungen.

Der Abdruck der Notenbeispiele erfolgt mit freundlicher Genehmigung der Verlage aart-Verlag, www.aart-verlag.ch (Hermann Meier, passim), Boosey & Hawkes / Bote & Bock, Berlin (Wladimir Vogel, S. 71), Edition Modern, München (Jacques Wildberger, S. 87), C. F. Peters, New York (Morton Feldman, S. 37). Reproduktionen aus anderen Quellen und Archiven: Archiv Anestis Logothetis, Wien (S. 40), Stockhausen-Stiftung für Musik, Kürten (www.karlheinzstockhausen.org) (S. 53), Archives famille Xenakis, Paris (S. 24), Gemeindearchiv Zullwil (S. 190). Anestis Logothetis, *Zeichen als Aggregatzustand der Musik,* Wien und München 1974 (S. 38–39).

Richard Paul Lohse, *Cinq thèmes en même formes,* 1950, Öl auf Leinwand, 59,5 × 59,5 cm Kunstmuseum Basel, Schenkung Marguerite Arp-Hagenbach 1968, Inv. G 1968.81 (S. 57).
Photo: © Kunstmuseum Basel, Martin P. Bühler
Camille Graeser, *Kolor-Sinfonik,* 1947/50, Öl auf Leinwand, 48 × 120 cm Musée de Peinture et de Sculpture, Grenoble, MG 8641 (S. 60)
Photo: © Camille Graeser Stiftung, Betty Fleck
Camille Graeser, Skizzenblatt mit diversen Systemstudien, o. J., Bleistift auf kariertem Papier, 91 × 146 mm, verso weitere Skizzen, Camille Graeser Stiftung, Zürich, Inv.-Nr. BAL01.02 (S. 60)
Photo: © Camille Graeser Stiftung, Beat Bühler
Richard Paul Lohse, *Zwölf vertikale und zwölf horizontale Progressionen,* 1943–44, Öl auf Leinwand, 78 × 90, Kunsthaus Zürich, Leihgabe der Richard Paul Lohse Stiftung, Zürich (S. 61)
Photo: © Richard Paul Lohse-Stiftung / ProLitteris
Max Bill, Plakat für das 25. Jazz Festival in Montreux 1991, Siebdruck, 100 × 70 cm, AuftraggeberIn: Montreux Jazz Festival, CH, Druckerei: Serigraphie Uldry AG, Hinterkappelen, CH Museum für Gestaltung, Zürich, Plakatsammlung, ZHdK, Archiv-Nr: 62-0238 (S. 63)
Photo: © Museum für Gestaltung, Zürich, Plakatsammlung, ZHdK

Max Bill, Plakat, Akademie Amriswil, Amriswiler Orgeltage 1979, Lithographie, 100 × 70 cm, Auftraggeber: Akademie Amriswil, Drucker: Erker Presse, St. Gallen, Museum für Gestaltung Zürich, Plakatsammlung, ZHDK, Archiv-Nr. 30-0841 (S. 65)
Photo: © Museum für Gestaltung, Zürich, Plakatsammlung, ZHdK
Richard Paul Lohse, *Zehn gleiche Themen in fünf Farben,* 1946-47, Öl auf Leinwand, 64 × 200 cm, Richard Paul Lohse Stiftung, Zürich (S. 66)
Photo: © Richard Paul Lohse-Stiftung / ProLitteris
Camille Graeser, *Triade,* 1946/55 (Triadisches Thema), Öl auf Leinwand, 108 x 108 cm, Aargauer Kunsthaus, Aarau (Geschenk der Freunde der Aargauischen Kunstsammlung), (S. 66)
Photo: © Camille Graeser Stiftung, Jean-Pierre Kuhn (SIK)
© 2017 der abgebildeten Werke von Max Bill bei ProLitteris, Zürich.
© 2017 der abgebildeten Werke von Camille Graeser bei der Camille Graeser Stiftung/ProLitteris, Zürich.
© 2017 der abgebildeten Werke von Richard Paul Lohse bei der Richard Paul Lohse-Stiftung/ProLitteris.

Herausgeber und Verlag haben sich bemüht, alle Rechteinhaber ausfindig zu machen. In Fällen, bei denen dies nicht gelungen ist, bitten wir um Mitteilung.

Autorinnen und Autoren

Dominik Blum machte einen Konzertabschluss in Klavier bei Urs Peter Schneider. Autodidaktisches Studium der Hammond- und der Kirchenorgel. Rock- und frei improvisierte Musik. Repertoire: beide Wiener Schulen, Schubert, Debussy, Skrjabin, Hauer, Stockhausen, Feldman, durchkomponierte Soloprogramme. 2000 Ersteinspielung der Klavierwerke Hermann Meiers, zahlreiche Aufführungen. Weitere Projekte: Steamboat Switzerland (Marino Pliakas/Lucas Niggli), Klavierduo mit Tamriko Kordzaia, AZEOTROP (Peter C. Zumthor). Enge Zusammenarbeit mit den Komponisten Felix Profos, Michael Wertmüller, David Dramm, Marc Kilchenmann sowie Kit Powell. 2000 Werkjahr der Stadt Zürich (mit Steamboat Switzerland), Kulturpreise in Winterthur 1999 und 2001. Klavierlehrer an der Kantonsschule Küsnacht.

Der Musikwissenschaftler **Roman Brotbeck** arbeitet als Forscher an der Hochschule der Künste Bern (HKB) und als freier Publizist und Berater. Von 1999–2014 war er in der Leitung der HKB tätig, zuletzt als erster Leiter der Graduate School of the Arts Bern, einer Kooperation der philosophisch-historischen Fakultät der Universität Bern und der HKB. Seine Forschungsgebiete sind die Musik des 20. Jahrhunderts, Mikrotöne, das experimentelle Musiktheater sowie Musik und Politik. Er leitete zahlreiche Forschungsprojekte und konzipierte verschiedene kulturelle Grossprojekte.

Pascal Decroupet ist Professor für Musikwissenschaft an der Université Côte d'Azur, Nizza, Mitglied der Forschungseinheit CTEL EA 6307. Er studierte in Liège (Belgien), Berlin und Paris und wurde in Tours (Frankreich) mit einer Arbeit über die Verzweigungen des seriellen Denkens bei Boulez, Pousseur und Stockhausen promoviert. Er publizierte vorwiegend zur Musik seit 1945 und ist Herausgeber zweier Schriftenbände von Henri Pousseur (Mardaga, 2004 und 2009) sowie eines Faksimiles der Manuskripte zum *Marteau sans maître* von Pierre Boulez (Schott, 2005).

Gilles Grimaître ist ein Schweizer Pianist, Improvisator und Performer. 2013 schloss er seinen Master Performance an der Hochschule der Künste in Bern bei Pierre Sublet mit Auszeichnung ab. 2013/2014 war er Stipendiat der Internationalen Ensemble Modern Akademie in Frankfurt/Main. Er ist festes Mitglied des Collegium Novum Zürich, des HYPER DUO, des Ensemble Lemniscate und Mitwirkender mehrerer Ensembles für zeitgenössische Musik wie Ensemble Modern, Ensemble Contrechamps, NEC, Ensemble Proton. 2013 gewann er den ersten Preis beim Nicati Wettbewerb für Interpretation zeitgenössischer Musik.

Christoph Haffter studierte Philosophie und Musikwissenschaft in Basel, Paris und Berlin, wo er 2015 sein Masterstudium abschloss. Seit 2015 schreibt er im Rahmen der eikones Graduate School der Universität Basel an seiner Dissertation in zeitgenössischer Musikphilosophie, seit 2016 ist er zudem Redakteur der Schweizer Musikzeitschrift *dissonance*.

Michael Harenberg studierte Musikwissenschaft in Giessen, Komposition in Darmstadt und Medienwissenschaften in Basel, wo er 2008 mit einer Arbeit über *Virtuelle Instrumente im akustischen Cyberspace* promoviert wurde. Seine Schwerpunkte sind kompositorische Virtualitätsmodelle des Digitalen sowie die Körperlichkeit elektroakustischer Musik. Harenberg ist Professor für Komposition und Medientheorie an der Hochschule der Künste in Bern und Co-Leiter des Studiengangs «Sound Arts – Musik und Medienkunst» (medien-kunst.ch). Im Wintersemester 2016/17 hatte er die Edgard-Varèse-Gastprofessur für Computermusik des DAAD an der TU-Berlin inne.

Vera Hausdorff, geb. 1966 in Düsseldorf, studierte Kunstgeschichte, Geschichte und Europäische Ethnologie an den Universitäten Marburg, Köln und Wien. Seit 2000 ist sie Geschäftsführerin und Konservatorin der Camille Graeser Stiftung in Zürich. Sie ist Mitautorin, Koordinatorin und Kuratorin der Werkübersichten und Wanderausstellungen «Camille Graeser–Design» (2002/2003), «Camille Graeser. Vom Entwurf zum Bild» (2009–2012), «Camille Graeser und die Musik» (2015–2016) sowie Kuratorin bzw. Autorin weiterer Ausstellungen und Publikationen zu Camille Graeser.

Marc Kilchenmann, 1970 in Bern geboren, hat sich im Zeitalter des Spezialistentums den Anspruch bewahrt, als Generalist tätig sein zu wollen. Konkret arbeitet er als Komponist, Improvisator, Orchester- und Kammermusiker. Er ist Dozent an der Hochschule der Künste Bern und betreut beim aart verlag die Gesamtausgabe Hermann Meiers. An der Graduate School of the Arts Bern schreibt er an einer Dissertation, welche den kritischen Vergleich verschiedener mikrotonaler Tonsysteme zum Ziel hat.

Doris Lanz studierte Musikwissenschaft und Germanistik in Bern (Lizentiat 2001) und war anschliessend u. a. Dramaturgin des Berner Symphonieorchesters. 2005/2006 absolvierte sie ein Forschungssemester an der Harvard University, 2007 wurde sie an der Universität Bern mit einer Arbeit über *Exilerfahrung und politische Utopie in Wladimir Vogels Instrumentalwerken* promoviert. 2007–2013 war Lanz als Oberassistentin/Lektorin an der Université de Fribourg tätig, seit 2007 ist sie Lehrbeauftragte am Musikwissenschaftlichen Institut der Universität Zürich. Ihre Publikationen widmen sich vor allem der Musik des 20. Jahrhunderts.

David Magnus studierte Philosophie an der Universität von Buenos Aires (2002), später in Kombination mit Musikwissenschaft an der Freien Universität Berlin. 2009–2013 war er Doktorand am NFS «Bildkritik: Die Macht und Bedeutung der Bilder» in Basel sowie assoziiertes Mitglied des Graduiertenkollegs «Schriftbildlichkeit» an der FU Berlin. Nach seiner Promotion in Philosophie (2014) war er Postdoc am Graduiertenkolleg «Materialität und Produktion» an der HHU Düsseldorf (2015–2016) und Visiting Lecturer am Institut für Philosophie der Universität von Buenos Aires (2017).

Michel Roth ist Professor für Komposition und Musiktheorie an der Hochschule für Musik Basel und Mitglied der dortigen Forschungsabteilung. Als Komponist beschäftigt er sich intensiv mit literarischen Texten (u. a. von Peter Weber, Robert Walser, Fernando Pessoa, Franz Kafka und Hermann Burger), teils in Form von Musiktheaterproduktionen u. a. am Theater Basel und am Lucerne Festival. Daneben forscht und publiziert er über musiktheoretische und interdisziplinäre Themen (u. a. über Arnold Schönberg, David Tudor und Dieter Roth).

Michelle Ziegler studierte Musikwissenschaft, Kunstgeschichte und Medienwissenschaften/Journalistik in Freiburg (CH). Sie ist freischaffende Journalistin (u. a. für die *Neue Zürcher Zeitung*) und hat verschiedene Musik- und Kunstprojekte konzipiert und geleitet. 2013–2016 war sie im durch den Schweizerischen Nationalfonds geförderten Forschungsprojekt «Das Auge komponiert» am Forschungsschwerpunkt Interpretation der Hochschule der Künste Bern tätig, in dessen Rahmen eine Dissertation zum Klavierwerk Hermann Meiers entstanden ist.

Heidy Zimmermann ist wissenschaftliche Mitarbeiterin der Paul Sacher Stiftung und betreut dort u. a. den Nachlass von Hermann Meier. Sie studierte Musikwissenschaft, Germanistik und Judaistik in Basel, Luzern und Jerusalem (Promotion 1999), war 1995–2002 Assistentin an der Universität Basel und nahm Lehraufträge an verschiedenen Universitäten wahr. Ihre Publikationen befassen sich mit Aspekten jüdischer Musik sowie mit Musik des 20. Jahrhunderts, zuletzt erschienen *Avatar of Modernity.* «*The Rite of Spring*» *Reconsidered* (2013) und *Holligers Walser* (2014).

Namenregister

Erfasst sind alle Personennamen im Haupttext und in den Anmerkungen, sofern sie über einen bibliographischen Nachweis hinausgehen. Halbfett gesetzte Seitenzahlen verweisen auf Abbildungen.